北大社·"十四五"普通高等教育本科规划教材
高等院校汽车专业"互联网+"创新规划教材

现代汽车新技术

（第 4 版）

主　编　姜立标
副主编　马　乐　姜思羽　王志皓

北京大学出版社
PEKING UNIVERSITY PRESS

内 容 简 介

本书以现代汽车新技术为主要内容，系统地介绍了各种与现代汽车相关的新技术、新材料和新工艺。全书共分 8 章，包括汽车发动机新技术、汽车传动系统新技术、汽车底盘新技术、先进汽车安全技术、汽车新材料及轻量化、智能网联与自动驾驶、新能源汽车和汽车先进制造技术。

本书可作为高等院校车辆工程、汽车运用工程、交通运输、交通工程、汽车服务工程和机械工程及自动化等相关专业的本科生或研究生的教材，也可作为从事汽车行业的工程技术人员和管理人员的参考用书。

图书在版编目(CIP)数据

现代汽车新技术/姜立标主编. —4 版. —北京：北京大学出版社，2023.8
高等院校汽车专业"互联网+"创新规划教材
ISBN 978-7-301-32654-1

Ⅰ.①现… Ⅱ.①姜… Ⅲ.①汽车工程—高等学校—教材 Ⅳ.①U46

中国版本图书馆 CIP 数据核字(2021)第 208523 号

书　　　名	现代汽车新技术（第 4 版）
	XIANDAI QICHE XIN JISHU （DI-SI BAN）
著作责任者	姜立标　主编
策 划 编 辑	童君鑫
责 任 编 辑	黄红珍
数 字 编 辑	蒙俞材
标 准 书 号	ISBN 978-7-301-32654-1
出 版 发 行	北京大学出版社
地　　　址	北京市海淀区成府路 205 号　100871
网　　　址	http://www.pup.cn　新浪微博:@北京大学出版社
编辑部邮箱	pup6@pup.cn
总编室邮箱	zpup@pup.cn
电　　　话	邮购部 010-62752015　发行部 010-62750672　编辑部 010-62750667
印 刷 者	天津中印联印务有限公司
经 销 者	新华书店
	787 毫米×1092 毫米　16 开本　23.25 印张　556 千字
	2012 年 2 月第 1 版　2016 年 8 月第 2 版　2018 年 4 月第 3 版
	2023 年 8 月第 4 版　2023 年 8 月第 1 次印刷
定　　　价	69.00 元

未经许可，不得以任何方式复制或抄袭本书之部分或全部内容。
版权所有，侵权必究
举报电话：010-62752024　电子信箱：fd@pup.pku.edu.cn
图书如有印装质量问题，请与出版部联系，电话：010-62756370

第 4 版前言

《现代汽车新技术》自 2012 年 2 月出版以来，得到车辆工程教学与研究工作者的认可，同时汽车工业迅速发展带来的新技术也在不断发展、创新。因此，在出版社的建议下，编者对《现代汽车新技术》进行了再版修订。在修订过程中，编者结合近年来在教学与科研过程中积累的经验，对相关章节进行了适当的补充与删减。

本书取材丰富，图文并茂，结合大量实例，呈现了国内外汽车新技术、新材料和新工艺的相关内容，力求反映现代汽车新技术发展前沿。本书可作为车辆工程等相关专业的本科生或研究生的教材，也可作为从事汽车行业的工程技术人员和管理人员的参考用书。

本次修订完成了以下几个方面的工作。

(1) 修改了第 3 版中的文字和图形错误。

(2) 更新了部分插图并增加了多幅新插图。

(3) 重新编写了汽车传动系统新技术、新能源汽车和汽车先进制造技术部分，对其余章节内容进行了适当的增减及整合。

本书由华南理工大学的姜立标担任主编并统稿，马乐、姜思羽、王志皓担任副主编，负责部分知识更新、文字编辑与校正工作，并制作了多幅插图、表格。

在本书的编写过程中，编者参考了国内外大量文献资料及网络资源，谨此对相关作者深表感谢。

随着现代汽车新技术的迅速发展，新的理论与技术不断诞生，由于编者掌握的资料不足及知识水平有限，书中难免有疏漏、不妥之处，恳请广大读者批评、指正。

编 者
2023 年 2 月

目 录

第 1 章 汽车发动机新技术 ········· 1

1.1 发动机进排气控制新技术·········· 2
1.1.1 可变气门正时技术 ········· 3
1.1.2 可变长度进气歧管技术 ··· 10
1.1.3 电子节气门技术············ 10
1.1.4 停缸技术 ···················· 13

1.2 汽油缸内直喷技术·················· 16
1.2.1 汽油发动机的发展进程 ··· 16
1.2.2 汽油缸内直喷技术原理和控制策略 ····················· 17
1.2.3 汽油缸内直喷技术的特点 ························· 20
1.2.4 汽油缸内直喷技术应用的技术 ················· 23

1.3 发动机均质充量压缩燃烧技术 ··· 24
1.3.1 传统燃烧概念的局限性 ··· 24
1.3.2 均质充量压缩燃烧技术的特点 ····················· 24
1.3.3 均质充量压缩燃烧技术面临的问题及展望 ······· 28

1.4 发动机可变压缩比技术············ 29
1.4.1 可变压缩比技术的实现方案 ····················· 30
1.4.2 可变压缩比技术的特点及展望 ························· 33

1.5 汽车起动停止系统·················· 34
1.5.1 汽车起动停止系统的结构与工作原理 ············ 34
1.5.2 博世公司的起动停止系统 ························· 35

1.6 发动机综合技术应用··············· 38
1.6.1 发动机小型化的关键技术 ························· 39
1.6.2 双燃油喷射系统············ 39
1.6.3 水喷射系统 ················· 41
1.6.4 可变截面涡轮增压系统 ··· 42
1.6.5 发动机可变排量机油泵 ··· 43

思考题 ··· 44

第 2 章 汽车传动系统新技术 ········· 45

2.1 双离合器变速器技术··············· 46
2.1.1 概况 ·························· 46
2.1.2 双离合器变速器的结构 ··· 46
2.1.3 双离合器变速器的工作原理 ························· 49
2.1.4 双离合器变速器的工作过程 ························· 51
2.1.5 七速双离合器变速器的传动分析 ··················· 53
2.1.6 双离合器变速器的性能特点和应用 ··············· 57

2.2 驱动防滑系统························ 58
2.2.1 驱动防滑系统的理论基础 ························· 58
2.2.2 驱动防滑系统的控制方式 ························· 59
2.2.3 驱动防滑系统的控制过程和结构特点········ 62

2.3 混合动力汽车的传动技术········· 64
2.3.1 微混合动力系统············ 65
2.3.2 轻混合动力系统············ 65
2.3.3 中混合动力系统············ 67
2.3.4 完全混合动力系统········· 69
2.3.5 混合动力电动汽车的特点 ························· 69

2.4 纯电动汽车的驱动系统··········· 71

思考题 ··· 74

第3章 汽车底盘新技术 ················ 75

3.1 悬架系统新技术 ················ 76
3.1.1 空气悬架 ················ 76
3.1.2 可调阻尼减振器 ········ 83
3.1.3 主动悬架 ················ 85
3.1.4 多连杆悬架 ············ 92

3.2 转向系统新技术 ················ 96
3.2.1 可变转向比转向系统 ····· 96
3.2.2 电动助力转向系统 ······ 99
3.2.3 线控转向系统 ·········· 104
3.2.4 四轮转向系统 ·········· 109

3.3 制动系统新技术 ··············· 112
3.3.1 制动盘新技术 ·········· 112
3.3.2 制动辅助系统 ·········· 115
3.3.3 电子制动系统 ·········· 117
3.3.4 未来制动系统技术发展趋势 ···················· 122

3.4 轮胎新技术 ····················· 123
3.4.1 低压安全轮胎 ·········· 124
3.4.2 防滑水轮胎 ············ 125
3.4.3 无气轮胎 ··············· 127
3.4.4 轮胎发电技术 ·········· 128

思考题 ································ 129

第4章 先进汽车安全技术 ············ 130

4.1 先进汽车主动安全控制技术 ··· 131
4.1.1 电子稳定程序 ·········· 132
4.1.2 轮胎气压监测系统 ····· 140
4.1.3 安全预警技术 ·········· 144

4.2 智能乘员约束技术 ············· 151
4.2.1 智能安全气囊 ·········· 151
4.2.2 气囊式安全带 ·········· 156
4.2.3 头颈部保护系统 ······· 157

4.3 侧面碰撞保护技术 ············· 159
4.3.1 侧面碰撞的研究 ······· 159
4.3.2 车身结构新技术 ······· 161
4.3.3 侧面安全气囊和气帘 ···· 162

4.4 行人碰撞保护技术 ············· 163
4.4.1 行人碰撞法规的新进展 ·················· 163
4.4.2 车辆智能安全保障系统 ·················· 164
4.4.3 主动式发动机舱盖技术 ·················· 165

思考题 ································ 167

第5章 汽车新材料及轻量化 ········ 168

5.1 概述 ······························· 169
5.2 车用高强度钢 ··················· 173
5.3 车用轻质合金 ··················· 179
5.3.1 铝合金 ··················· 179
5.3.2 镁合金 ··················· 183
5.3.3 钛合金 ··················· 186

5.4 车用新型材料 ··················· 187
5.4.1 复合材料 ··············· 187
5.4.2 碳纤维复合材料 ······· 191
5.4.3 塑料制品 ··············· 196
5.4.4 轻量化橡胶构件 ······· 199
5.4.5 各种新型轻材料 ······· 201

5.5 轻量化设计 ····················· 202
5.5.1 结构优化案例 ·········· 202
5.5.2 铝蜂窝板 ··············· 204
5.5.3 激光拼焊变截面板 ····· 209
5.5.4 连续变截面板 ·········· 209
5.5.5 空心变截面钢管 ······· 210
5.5.6 轻型结构对比 ·········· 210

5.6 国内外材料和技术发展动向 ···· 211
思考题 ································ 213

第6章 智能网联与自动驾驶 ········ 214

6.1 智能汽车概论 ··················· 215
6.1.1 智能汽车简介 ·········· 215
6.1.2 智能网联汽车技术原理 ·················· 218
6.1.3 国内外智能汽车的发展现状及研究 ··········· 220
6.1.4 智能汽车通用技术 ····· 222

		6.1.5	智能汽车的发展方向 ……	224
		6.1.6	高级驾驶辅助系统 ……	225
	6.2	自动驾驶汽车体系结构 ……		227
		6.2.1	分层递阶式体系结构 ……	227
		6.2.2	反应式体系结构 ……	228
		6.2.3	Boss 自动驾驶汽车体系结构 ……	228
	6.3	环境感知技术 ……		229
		6.3.1	传感器介绍 ……	230
		6.3.2	结构化道路检测 ……	234
		6.3.3	非结构化道路检测 ……	236
		6.3.4	运动目标检测方法 ……	237
		6.3.5	交通信号灯与交通标志的识别 ……	238
	6.4	自动导航 ……		239
		6.4.1	GPS 组成和定位原理 ……	240
		6.4.2	航迹推算 ……	243
		6.4.3	GPS/INS 融合导航定位系统 ……	243
	6.5	路线规划 ……		244
		6.5.1	环境地图表示法 ……	245
		6.5.2	路线规划分类 ……	248
		6.5.3	Dijkstra 算法与 BFS 算法 ……	248
		6.5.4	经典路线规划 A* 算法 ……	250
		6.5.5	高精度导航地图 ……	252
	6.6	运动控制 ……		258
		6.6.1	自动驾驶汽车的纵向控制 ……	259
		6.6.2	自动驾驶汽车的横向控制 ……	260
	6.7	车联网技术与智能交通 ……		261
		6.7.1	智能交通发展现状 ……	261
		6.7.2	智能交通与主动安全技术 ……	262
		6.7.3	车联网通信系统的设计 ……	264
		6.7.4	车联网应用系统 ……	268
		6.7.5	车联网在智能交通的应用展望 ……	269
	思考题 ……			272
第7章	新能源汽车 ……			273
	7.1	新能源汽车概述 ……		274
		7.1.1	纯电动汽车 ……	275
		7.1.2	增程式电动汽车 ……	278
		7.1.3	氢燃料电池电动汽车 ……	280
		7.1.4	太阳能电池电动汽车 ……	282
	7.2	电动汽车关键技术 ……		286
		7.2.1	动力电池 ……	286
		7.2.2	驱动电动机 ……	292
		7.2.3	整车控制 ……	296
	7.3	电动汽车充电技术 ……		298
		7.3.1	充电设备结构组成 ……	298
		7.3.2	电动汽车对充电技术的要求 ……	300
		7.3.3	电动汽车充电方式 ……	301
	7.4	新能源汽车产业现状 ……		304
		7.4.1	新能源汽车产业概况 ……	304
		7.4.2	新能源汽车产业链概况 ……	305
	思考题 ……			307
第8章	汽车先进制造技术 ……			308
	8.1	冲压技术 ……		309
		8.1.1	冲压技术简介 ……	309
		8.1.2	冲压模具 ……	312
		8.1.3	冲压新技术 ……	315
		8.1.4	冲压工艺的有限元分析技术应用 ……	322
		8.1.5	汽车冲压技术的展望 ……	324
	8.2	焊接技术 ……		324
		8.2.1	搅拌摩擦焊在汽车制造中的应用 ……	325
		8.2.2	激光焊接技术在汽车制造中的应用 ……	327
		8.2.3	冷金属过渡焊在汽车制造中的应用 ……	331
		8.2.4	新型焊接技术 ……	334

8.2.5　汽车制造中焊接数值
　　　　　模拟技术的应用 ……… 337
　　8.2.6　汽车工业焊接的总体
　　　　　发展趋势 …………… 337
8.3　涂装技术 …………………… 338
　　8.3.1　涂装漆前处理 ………… 338
　　8.3.2　电泳涂装 ……………… 340
　　8.3.3　中涂、面漆涂装技术 …… 342

　　8.3.4　涂装后处理技术 ……… 348
8.4　总装技术 …………………… 353
　　8.4.1　汽车总装线的仿真
　　　　　建模 ………………… 354
　　8.4.2　新能源汽车总装工艺 …… 356
　　8.4.3　总装车间自动化质检 …… 359
思考题 ……………………………… 362
参考文献 ………………………… 363

第 1 章 汽车发动机新技术

思维导图

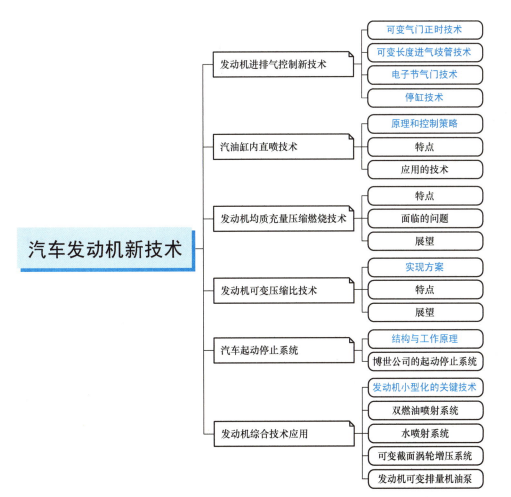

> **导入案例**

发动机是汽车最为关键的部分，是决定汽车性能的最重要的因素，是汽车的心脏。目前汽车使用的发动机均属于内燃机，发动机的功能就是将燃料的化学能转换为热能再转换为机械能，而机械能也就是一般所谓的动力。发动机在将燃料转换成动力的过程中会经过一定的工作程序，而且此工作程序是周而复始、连续不断的循环。发动机是由机体组、曲柄连杆机构、配气机构、进排气系统、燃油供给系统、冷却系统、润滑系统、起动系统和有害排放物控制装置组成的。另外，汽油发动机还包括点火系统，增压发动机还有增压系统。图1.1所示为发动机零件分解图。

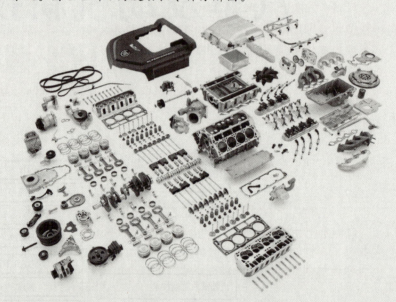

图1.1 发动机零件分解图

伴随汽车产销量快速增长而来的是石油消耗和大气污染。先进的发动机技术在汽车节能、环保技术开发中起着关键作用。越来越严格的排放法规和人们对节能认识的加深，使得高效率、低排放车用发动机技术的开发受到高度重视，从而促使传统内燃机技术不断创新。

1.1 发动机进排气控制新技术

发动机进气系统的功用是提供清洁新鲜空气、提供合适浓度的混合气和将进气均匀充分地分配到各个气缸。排气系统的功用是以尽可能小的排气阻力和噪声，将气缸内的废气排到大气中。现代高速汽油发动机的转速和负荷范围广，在发动机高速运转和低速运转时需要的气门叠开角不同。在高速运转时，需要较大的气门叠开角以达到进气充分的目的；

在怠速时，气门叠开角应相应减小，以达到降低排放的目的。

发动机气门的开启升程、开启和关闭时刻，对发动机性能有重要影响。为改善发动机的进、排气过程，提高发动机性能，日本本田、丰田和德国大众等公司生产的发动机，相继采用了气门升程和配气相位控制技术，并实现对进气门的升程和开闭时刻的全电子控制。

1.1.1 可变气门正时技术

传统发动机的配气相位和升程是固定的，不能在各种工况下都得到最佳的配气正时。可变气门正时(variable valve timing，VVT)技术指的是发动机气门升程和配气相位正时可以根据发动机工况做实时的调节。VVT 技术可分为三种：可变相位技术、可变升程技术及可变相位和升程技术。具有代表性的 VVT 技术是日本本田公司的 VTEC 技术、日本丰田公司的 VVT-i 技术及德国宝马公司的 Valvetronic 技术。VVT 技术使发动机设计师无须再在低速转矩与高速功率之间作抉择，实时的气门正时调整使得同时顾及低速转矩与高速功率成为可能。

连续可变气门正时技术加上先进的发动机控制策略，可以巧妙地实现可变压缩比(variable compression ratio，VCR)。如在大负荷时，发动机容易发生自燃引起的爆燃，通过推迟进气门关闭的时间来达到降低有效压缩比的目的，从而避免爆燃。而在中小负荷时，爆燃不再是问题，可以通过调整气门关闭时间达到提高有效压缩比的目的，从而使发动机在中小负荷时有优异的热效率。VVT 技术也可使汽油发动机排放品质达到更好的水平。发动机采用 VVT 技术可以提高进气充量，使充量系数增大，发动机的转矩和功率可以得到进一步的提高。VVT 技术的特点是在大幅提高了燃油经济效益的同时增大发动机的功率，但对油品的要求十分苛刻。

1. VTEC 技术

日本本田公司自行研制的可变气门配气相位和气门升程电子控制系统(variable valve timing and valve life electronic control system，VTEC)是第一个能同时控制气门开闭时间及升程的气门控制系统。与普通发动机相比，VTEC 发动机同样是每缸四气门、凸轮轴和摇臂等，不同的是凸轮与摇臂的数目及控制方法。

图 1.2 所示为 VTEC 配气机构。整个 VTEC 由发动机电子控制单元(electronic control unit，ECU)控制，ECU 接收并处理发动机传感器(包括转速传感器、进气压力传感器、车速传感器、冷却液温度传感器等)的参数，输出相应的控制信号，通过电磁阀调节摇臂活塞液压系统，从而使发动机在不同的转速工况下由不同的凸轮控制，影响进气门的开度和时间。

图 1.3 所示为 VTEC 工作原理。发动机低速时，小活塞在原位置上，三根摇臂分离，主凸轮和次凸轮分别推动主摇臂和次摇臂，控制两个进气门的开启、关闭，气门升量较小，情形类似普通发动机。虽然中间凸轮也推动中间摇臂，但由于摇臂之间已分离，其他两根摇臂不受它的控制，因此不会影响气门的开闭状态。

发动机达到某个设定的高转速(3500r/min)时，ECU 使电磁阀启动液压系统，推动摇臂内的小活塞，使三根摇臂锁成一体，一起由中间凸轮驱动，由于中间凸轮比其他凸轮都高,升程都大,因此进气门开启时间延长,升程也增大了。发动机转速降低到某个设定的低转速时,摇臂内的液压也随之降低,活塞在回位弹簧作用下退回原位,三根摇臂分开。

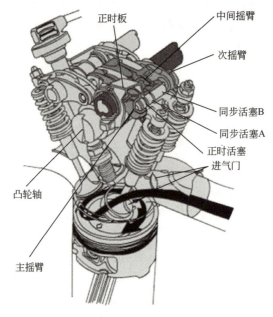

图 1.2 VTEC 配气机构

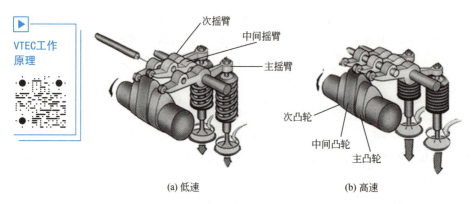

图 1.3 VTEC 工作原理

为了改善 VTEC 的性能,近年日本本田公司推出了 i-VTEC。图 1.4 所示为 i-VTEC 构成。简单地说,i-VTEC 是在现有系统的基础上,添加一个称为可变正时控制(variable timing control,VTC),即一组进气门凸轮轴正时可变控制机构,通过 ECU 控制程序,从而控制进气门的开启、关闭。i-VTEC 可连续调节气门正时,并且能调节气门升程。i-VTEC 的工作原理如下:当发动机由低速向高速转换时,ECU 自动将机油压向进气凸轮轴驱动齿轮内的小涡轮,在压力的作用下,小涡轮就相对于齿轮壳旋转一定的角度,从而使凸轮轴在 60°的范围内向前或向后旋转,从而改变进气门开启的时刻,达到连续调节气门正时的目的。

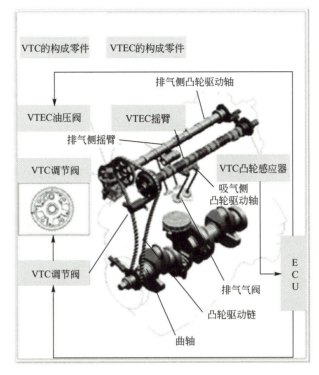

图 1.4　i-VTEC 构成

当发动机处于低转速时，每缸都关闭其中一个进气门，使燃烧室内形成一道稀薄的混合气涡流，集结在火花塞周围点燃做功。发动机处于高转速时则在原有基础上提高进气门的开度及时间，以获取最大充气量。VTEC 令气门重叠时间更加精确，达到最佳的进、排气门重叠时间，并将发动机功率提高 20%。同时，i-VTEC 发动机采用进气歧管放在前、排气歧管放在后（靠车厢一端）的布置。在进气歧管上增设了可变长度装置，低转速时增长进气行程，提高气流速度，有利于提升转矩；而排气歧管缩短了长度，也就是缩短了与三元催化转化器之间的距离，使三元催化转化器更快进入适当的工作温度，能有效控制废气排放。由于发动机起动后 i-VTEC 就进入状态，无论低转速还是高转速其都在工作，因此消除了原来 VTEC 存在的缺陷。

表 1-1 所示为 i-VTEC 在各种工作模式下的状态及实现目标。

表 1-1　i-VTEC 在各种工作模式下的状态及实现目标

工作模式	VTC 工作状态	VTEC 工作状态	控制目标
急速控制模式	VTC 以较小气门重叠角（进气门滞后）控制凸轮正时，有助于减少废气倒流入进气管内	VTEC 分别控制两个气门各自独立工作，产生强烈涡流，以便急速时增大混合气空燃比（稀燃）	获得最佳燃油经济性和降低燃烧室废气排放
稀薄燃烧控制模式	VTC 以较小气门重叠角（进气门滞后）控制凸轮正时	VTEC 分别控制两个气门各自独立工作，产生强烈涡流，有助减少废气倒流入进气管内	增大混合气空燃比（稀燃），改善经济性和排放

续表

工作模式	VTC 工作状态	VTEC 工作状态	控制目标
普通燃烧控制模式	VTC增大气门重叠角,使部分废气倒流入进气管内,以便在下一进气行程稀释空气中的氧气含量,降低NO_x排放	VTEC分别控制两个气门各自独立工作,产生强烈涡流,加快燃料空气混合和燃烧速度	产生废气再循环(exhaust gas recirculation,EGR)效果,以增加经济性和降低排放
低速高负荷控制模式	VTC控制最佳凸轮相位(滞后),获得发动机最佳转矩	VTEC分别控制两个气门各自独立工作,产生强烈涡流,加快低转速时混合状态和燃烧速度	获得最大转矩
高速控制模式	VTC控制最佳凸轮相位(滞后),充分利用气流惯性,增大冲量	VTEC切换同步活塞连接高速凸轮和低速凸轮,两个气门由高速凸轮驱动获得大升程,充分进气	获得最大功率

2. VVT-i 技术

日本丰田公司的 **VVT-i(智能可变气门正时)** 系统可连续调节气门正时,但不能调节气门升程。VVT-i系统的工作原理如下:当发动机由低速向高速转换时,ECU自动将机油压向进气凸轮轴驱动齿轮内的小涡轮,在压力的作用下,小涡轮就相对于齿轮壳旋转一定的角度,从而使凸轮轴在60°的范围内向前或向后旋转,从而改变进气门开启的时刻,达到连续调节气门正时的目的。

图1.5所示为VVT-i系统的组成。VVT-i系统由传感器、ECU和凸轮轴正时液压控制阀及执行器等元件组成。在该系统中,ECU存储了最佳的气门正时参数值,根据曲轴位置传感器、进气压力传感器、节气门位置传感器、冷却液温度传感器和凸轮轴位置传感器等信号,并将这些信号与预定的参数值进行对比计算,最终计算出修正参数。在计算出修正参数后,ECU发出指令控制凸轮轴正时液压控制阀,控制阀根据ECU指令控制机油槽阀位置,改变液压流量,按照提前、滞后或保持不变等信号指令选择输送至VVT-i控制器的不同油道上。其中执行器是该系统的核心元件,该执行器属于螺旋槽式VVT-i执行器,包括正时带驱动的外齿轮、与进气凸轮轴刚

VVT-i 发动机1

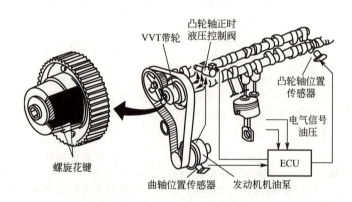

图1.5 VVT-i系统的组成

性连接的内齿轮及一个位于内齿轮与外齿轮之间的可移动活塞。随着活塞的移动，进气凸轮轴控制进气门提前或延迟。当得到理想的配气正时时，凸轮轴正时液压控制阀就会关闭油道使活塞两侧压力平衡，活塞停止移动。VVT-i系统的执行元件部分是一个液压控制系统，受ECU控制。

VVT-i技术是丰田领先发动机技术，其最大特点是可根据发动机的状态控制进气凸轮轴，通过调整凸轮轴转角对配气时机进行优化，以获得最佳的配气正时，从而在所有速度范围内提高转矩，并能大大改善燃油经济性，有效提高汽车的功率与性能，减少油耗和废气排放。

图1.6所示为双VVT-i系统。双VVT-i系统指的是分别控制发动机的进气系统和排气系统。在急加速时，控制进气的VVT-i会提前进气时间，并提高气门的升程，而控制排气的VVT-i会推迟排气时间，此效果如同一个较小的涡轮增压器，能有效地提升发动机动力。同时，进气量增大也使得汽油的燃烧更加完全，实现低排放的目的。

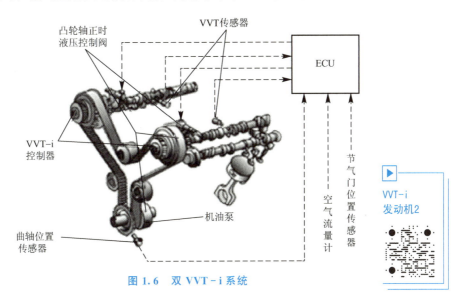

图1.6 双VVT-i系统

3. Valvetronic技术

传统的气门空气进气量由节气阀控制。燃油喷射系统监视经由流通节气阀的空气流量，以决定发动机燃烧时所需要的燃油量，也就是说节气阀开度越大，流入燃烧室的空气也就越多。在节气门开度较小时，节气阀部分甚至接近关闭。当活塞仍在运转时，部分空气进入进气歧管，此时在燃烧室与节气门之间的进气歧管存在部分真空，真空吸力与泵气作用力抵抗，浪费能量，工程师将这个现象称为"泵气损失"。当怠速运转时，节气门只开启一部分，因此有更多的能量损失。

采用德国宝马公司Valvetronic技术的发动机结构极其复杂。图1.7所示为Valvetronic系统组成。该系统的气门开启、闭合仍由凸轮轴来控制，而凸轮轴上的凸轮并非与气门直接贴合，而是通过一个摇臂机构，然后才作用到气门。这个摇臂机构通过自身角度的改变以控制气门开启的深度，从而使气门的行程发生改变。而摇臂本身是由一个步进电动机带动一个凸轮来控制的，步进电动机对凸轮的作用则由ECU来控制。

图 1.8 为常规发动机气门控制示意图。几乎所有的发动机都有节气门，节气门通过对进气量的控制，来实现驾驶人的加减速意图。节气门由过去的简单拉索机械式，逐步演变成电子控制式，通过 ECU 发出指令以实现对节气门的智能化控制，避免驾驶人操作不当，同时提高燃油经济性。

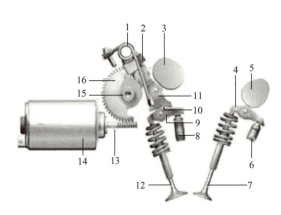

1—扭转弹簧；2—支架；3—进气凸轮轴；
4, 10—下摇臂；5—排气凸轮轴；6, 8—液压挺柱；
7—排气门；9—上摇臂；11—中间推杆；12—进气门；
13—蜗杆轴；14—伺服电动机；15—偏心轮；16—蜗轮

图 1.7 Valvetronic 系统组成

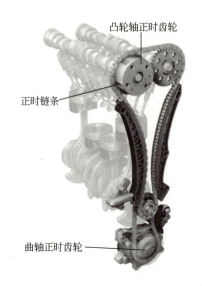

图 1.8 常规发动机气门控制示意图

Valvetronic 技术最显著的特点就是取消了节气门。与传统的双凸轮发动机相比，采用 Valvetronic 技术的发动机利用一支附加的偏心轴、步进电动机和一些中置摇臂，来控制气门的开启、关闭，假如摇臂压得深一点，进气门就会有较大的升程，Valvetronic 系统可自由控制气门的升降，长进气就是大的气门升程，短进气就是小的气门升程。改进电动机的螺旋齿轮则改变偏心轴的旋转量。

由于气门开启、关闭的大小可以由步进电动机来实现无级控制，因此直接通过控制气门的开启、关闭可以实现类似节气门的功能。当驾驶人踩下加速踏板时，通过步进电动机，令进气门以此时最佳的开启行程打开即可；而当驾驶人松开加速踏板时，ECU 发指令给步进电动机，令其将进气门的开启行程缩短到最小程度，从而实现关闭节气门的功能。

电子气门发动机去除了节气门也就去除了泵气损失。各种标准测试结果都显示，电子气门发动机可以比传统发动机节省 10% 以上的耗油量。另外，由于没有了节气门的阻碍，新鲜空气进入也更顺畅，使燃烧更加充分，废气排放更少。这种进气门升程功能可以控制发动机吸入的空气量，将功率损失保持在极低的水平。

Valvetronic 技术通过对气门行程的无级调节，实现发动机不同转速状态下以最佳功率输出。发动机的配气技术，归结起来，其实就是进、排气门开启与关闭的时间和大小的问题。传统的发动机，气门开启、关闭的时间和大小都是固定不变的，设计师只能通过折中的办法设定一个最佳运转的正时和行程，这使得发动机在较低转速(2000r/min 以下)和较高转速(4000r/min 以上)工况下，都无法获得最佳的配气正时和行程。相对来说，正时的改变要容易一些，目前即使是入门级的三缸发动机，也大多采用了 VVT 技术。而气门行程的可变比较难，目前全球拥有实现气门行程可变技术的厂家还不多。图 1.9 所示为采用 Valvetronic 技术的发动机。

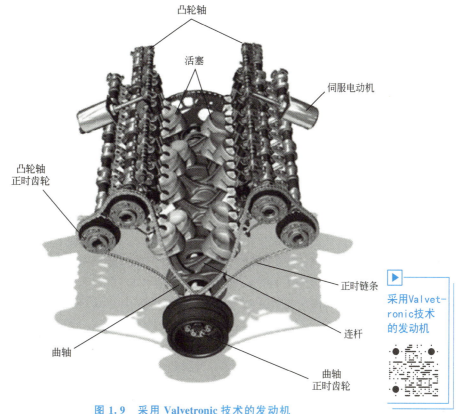

图 1.9　采用 Valvetronic 技术的发动机

发动机在不同转速下，对气门行程的需求差别是非常大的。在低转速下，由于进气量小，如果此时气门行程很大，将无法产生足够的进气负压，喷油器在喷油以后（无论是在缸内喷射还是在缸外喷射），无法和吸入的空气充分混合，造成燃烧效率低，低转速转矩将大幅度减小，而且排放会增加。此时较小的气门行程才能满足需求，由于气门行程小，增大了进气负压，由此产生的大量涡流可以将混合气充分混合，满足低转速下发动机的正常运转。

发动机在高转速下的情况则恰好相反，此时的进气量需求非常大，如果气门行程过小，会导致进气气阻过大，无法吸入足够的空气，从而影响动力的发挥。因此在高转速下，气门行程较大才能获得最佳的配气需求。

德国宝马公司通过 Valvetronic 技术解决了这些问题，其发动机的气门行程是可以实现无级调节的，只要 ECU 的控制程序设定得当，理论上就可以做到在任何转速下，都可以获得最佳的气门行程匹配。Valvetronic 技术不仅可以使进气行程满足不同转速下的配气需求，而且整个过程变化极为顺滑，驾驶人从感官上根本无法感知到，可以充分体验低转速下充沛的转矩和高转速下的畅快。Valvetronic 系统的气门行程的最大开启量可以达到 9.7mm，调节幅度非常大。

1.1.2　可变长度进气歧管技术

发动机的进气道是连接进气门和进气总管的,进气歧管的形状能直接影响发动机的性能。图 1.10 所示为可变长度进气歧管。

可变长度进气歧管的工作原理如下:随着进气门的开启和关闭,在进气歧管内会产生压力波动,形成吸气波和压力波,并以声速传播,进气歧管的长度必须根据发动机转速来调整,以保证最高压力波在进气门关闭前到达进气门,从而提高进气量。发动机 ECU 根据转速信号,控制驱动电动机来调整进气歧管开度,从而改变进气歧管长度。根据发动机转速调整进气歧管长度,低转速时使用长进气歧管来提高进气量,增大转矩,高转速时,使用短进气歧管来提高进气量,提高发动机功率。

可变长度进气歧管的工作原理如图 1.11 所示。粗、短、直的进气歧管对进气流的阻力较小,因此在高转速过程中响应较快,气流速度也较快,长、细、弯的进气歧管则有利于进气歧管中油与气的混合,因此较短的进气歧管更适合高转速,而较长的进气歧管更适合低转速,因此就出现了可变进气歧管这项技术。通过技术手段可以实现进气歧管长度在不同转速时的变化,从而兼顾高、低转速时的进气需求。在低转速时短进气歧管关闭,发动机使用长进气歧管进气;在高转速时长进气歧管关闭,使用短进气歧管进气;或者在进气歧管内设置阀门,通过开关来控制进气歧管内的阀门,以此来控制进气歧管的长度,分段可调能够实现多种长度,更能适应发动机转速的要求。

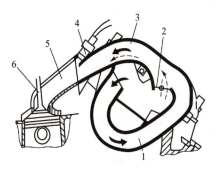

1—细长进气歧管；2—控制阀；
3—粗短进气歧管；4—喷油器；
5—进气道；6—进气门

图 1.10　可变长度进气歧管

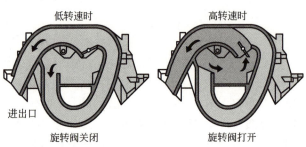

图 1.11　可变长度进气歧管的工作原理

1.1.3　电子节气门技术

汽车电子节气门技术是伴随汽车电子驱动理念而诞生的。它摒弃了传统加速踏板采用钢丝绳或杠杆机构与节气门间的直接连接,通过增加相应的传感器和控制单元,实时精确控制节气门开度。**电子节气门控制(electronic throttle control,ETC)系统可实现发动机转矩控制和精确空燃比控制,有助于提高汽车行驶的动力性、平稳性、经济性及降低排放污染。**目前,ETC 系统广泛运用于汽车的驱动防滑控制、巡航控制、车辆稳定性控制及自动变速控制等汽车动力控制系统中,并已成为高档乘用车的标准配置。ETC 系统是汽车发动机完全电子控制的重要组成部分，对提高汽车的动力性、可靠性、舒适性、便利性及燃油经济性，以及实现汽车的完全电子控制具有重要意义。

1. 电子节气门结构和工作原理

图 1.12 所示为 ETC 系统工作原理。该系统主要由加速踏板、传感器、节气门、控制单元、数据总线及执行器等部分组成。加速踏板位置传感器用于反映驾驶人的控制意愿；节气门位置传感器作为控制系统的反馈控制信号；控制单元包括信息处理模块和驱动电路；执行器包括减速机构和执行电动机，一般采用步进电动机或脉宽调制(pulse width modulation, PWM)控制直流伺服电动机。

图 1.13 所示为 ETC 系统的控制简图。在工作时，驾驶人操纵加速踏板，加速踏板位置传感器产生相应的电压信号并输入 ETC 控制单元，ETC 控制单元首先对输入的信号进行滤波，以消除

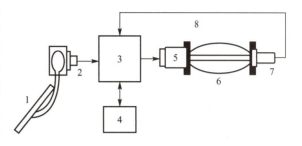

1—加速踏板；2—加速踏板位置传感器；
3—ETC 控制单元；4—其他控制单元；
5—电动机及减速机构；6—节气门；
7—节气门位置传感器；8—反馈信号

图 1.12　ETC 系统工作原理

环境噪声的影响，然后根据当前的工作模式、踏板移动量和变化率解析驾驶人意图，计算出对发动机转矩的基本需求，得到相应的节气门转角的基本期望值。经过 CAN 总线与整车 ECU 进行通信，获取其他工况信息及各种传感器信号（如发动机转速、挡位、节气门位置、空调能耗等），由此计算出整车需求的全部转矩，通过对节气门转角期望值进行补偿，得到节气门的最佳开度，并把相应的电压信号发送到驱动电路模块，驱动控制电动机使节气门达到最佳的开度位置，节气门位置传感器则把节气门的开度信号反馈给节气门 ECU，形成闭环的位置控制。

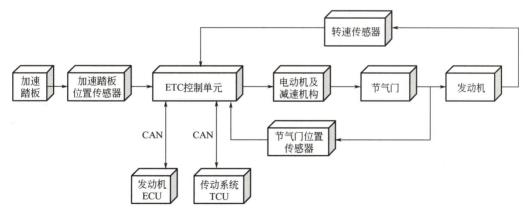

图 1.13　ETC 系统的控制简图

图 1.14 所示为德国宝马公司采用的电子节气门体。图 1.15 所示为 ETBBOVIH 公司生产的 BW-001 电子节气门，其应用于奥迪 A4 1.8T、奥迪 A6 1.8T 和帕萨特 1.8T 等车型上。

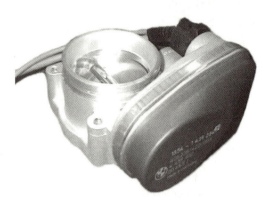

图 1.14 德国宝马公司采用的
电子节气门体

图 1.15 ETBBOVIH 公司生产的
BW-001 电子节气门

2. ETC 系统的优点

（1）精确控制节气门开度。

先由 ETC 控制单元对各种工况信息和传感器信号做出判断并处理，接着计算出最佳的节气门开度，再由驱动电动机控制节气门达到相应的开启角度。

（2）改善了发动机的排放性能。

ETC 系统在各种情况下都可以对空燃比进行精确控制，使燃烧更加充分，同时减少了废气的产生；在怠速状态下，节气门保持在一个极小开启角度来稳定燃烧，提高了燃油经济性，排放也得到进一步控制。

（3）具有更高的汽车行驶可靠性。

ETC 系统采用传感器冗余设计，从控制角度讲，使用一个传感器即可使系统正常运转，但冗余设计可使两个传感器相互检测，当一个传感器发生故障时能及时被识别，在很大程度上增强了系统的可靠性，保证了行车的安全性。

（4）可选择不同的工作模式。

驾驶人可根据不同的行车需要通过模式开关选择不同的工作模式，通常有正常模式、动力模式和雪地模式三种，区别在于节气门对加速踏板的响应速度不同。

（5）可获得海拔高度补偿。

在海拔高度较高的地区，大气压下降，空气稀薄，氧气含量下降，导致发动机输出动力下降。此时，ETC 系统可按照大气压强和海拔高度的函数关系对节气门开度进行补偿，使发动机输出动力和加速踏板位置的关系保持稳定。

3. ETC 系统的发展方向

（1）向集成化和综合控制方向发展。

集成化和综合控制不仅是 ETC 系统的发展方向，也是将来汽车电子控制系统的发展方向。目前，ETC 系统已经向集成化和集中控制方向发展，如集成怠速控制、巡航控制、减小换挡冲击控制、节气门回位控制及车辆稳定性控制等多种功能；或者是将制动防抱死控制系统（antilock brake system，ABS）、牵引力控制系统（traction control system，TCS）及驱动防滑控制（anti slip regulation，ASR）系统综合在一起进行制动控制。

(2) 结合多种控制方法进行综合控制。

将多种控制策略相结合，可以提高 ETC 系统的控制精度及反应速度。目前的发展方向是从线性控制发展到非线性控制，从单一模式控制发展到多模式控制，以及从传统的 PID 控制发展到采用 PID 与现代控制理论相结合的控制。由于传统 PID 控制受到参数整定方法繁杂的困扰，参数往往整定不良、性能欠佳，对运行工况的适应性很差。因此，多模态控制、神经网络控制及滑模变结构控制等方法被引入 ETC 中。滑模变结构控制有良好的鲁棒性和很强的非线性，该方法与系统的参数和扰动无关，也体现了 ETC 技术今后的发展方向。神经网络控制与 PID 控制相结合，可以提高 ETC 系统的自适应能力。但这些理论自身还有待完善和进一步发展，因此需要更深入的研究才能将这些综合控制策略成熟地应用到 ETC 系统中。

(3) 车载网络、总线技术在 ETC 系统中的应用。

随着 ETC 系统等电子控制系统在汽车上应用越来越多，各种传感器和 ECU 急剧增加，造成整车控制电路复杂、汽车上的导线增加。此外，各个系统的信息资源要能够共享，这些都对汽车的综合布线和信息共享提出了更高要求。现在国际上普遍采用的车载网络技术是 CAN 总线控制器局域网。它能够满足汽车上电子系统数据传输安全可靠、数据共享及系统集成等需要，并且大大降低了布线的复杂度，提高了汽车电子系统的运行可靠性。

1.1.4 停缸技术

车用发动机的工作范围广，高负荷时燃油经济性较好，中低负荷时燃油经济性较差。固定排量的发动机很难同时兼顾汽车高速动力性和低速燃油经济性。一般情况下，为了保证汽车的动力性和环境适应性，发动机的排量会适当选大一点；然而日常生活中，汽车经常低速行驶（市区、红灯等），此时发动机运行在低负荷状态，燃油经济性恶化。停缸技术可有效解决这一矛盾问题。停缸技术也称可变气缸排量技术，是指发动机处在部分负荷运行时，通过相关机构、控制策略或切断部分气缸的燃油供给、点火和进排气，停止其工作，使剩余工作缸运行在效率较高的高负荷率区域，达到节油的目的；当急加速或爬坡需要增大动力时，又会启动所有气缸，快速提升发动机的动力输出。随着电子控制技术的发展及燃油消耗法规的持续加严，停缸技术正在获得汽车公司的重视。

1. 停缸技术的节油原理

停缸前后发动机的能量平衡关系如图 1.16 所示，由此可以详细分析出停缸节油的理论根据。

(1) 为了得到相同的转矩输出，停缸后发动机节气门开度会增大，这将大幅度减小发动机的泵气损失，从而改善发动机的燃油消耗。

(2) 停掉的气缸由于没有燃烧膨胀做功行程，因此也没有由燃烧引起的摩擦损失。

(3) 由于停缸后节气门开度增大，进气节流效应减弱，缸内气流运动强度增大，因此缸内混合气的燃烧效率提高。

(4) 停缸后参与燃烧的气缸减少，则混合气燃烧过程与气缸壁相接触的传热面积会减小，相应传热损失也会减小。

综合来讲，停缸节油效果主要源自发动机泵气损失和表面传热损失的降低。

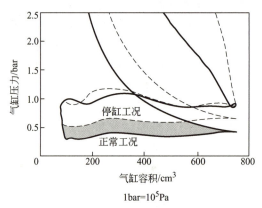

图 1.16　停缸前后发动机的能量平衡关系

根据福特公司的研究，发动机泵气损失的节油效果随着发动机负荷的增大而逐渐减小。在低负荷通过降低泵气损失可节油高达15%。在中低负荷停缸时，表面传热损失会减小；在高负荷停缸时，受爆燃的影响，传热损失会增大，如图1.17所示。

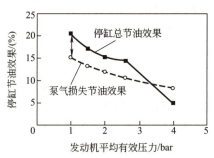

图 1.17　某发动机转速 1500r/min 时的停缸节油效果

停缸技术应用的一大难点就是停阀机构的设计、空间布置及由此带来的其他零部件的改动。目前，停缸技术的研究和应用主要基于液压挺柱阀系结构，基于机械挺柱阀系结构的停缸技术报道较少。下面的技术方案也主要针对液压挺柱阀系结构。目前，主流的停缸机构原理上主要有两种，一种是液压摇臂式停缸机构，另一种是凸轮移位式停缸机构。

伊顿公司采用的就是典型的液压摇臂式停缸机构。其核心部件有停缸摇臂、多油路的液压挺柱及油压控制阀。停缸系统零部件结构及停缸摇臂结构如图1.18所示。液压电磁阀控制给油腔充油，弹簧在油压的作用下回缩，锁止销也同步回收，内、外摇臂实现分离，停缸摇臂只有一端有支撑，无法驱动气门。

液压挺柱式停缸机构的主要优点是在小排量发动机上应用较方便，不太受限于发动机缸心距的影响。其缺点一方面是需要设计复杂的油路，系统的响应受油压的限制；另一方面是停缸摇臂相对较宽，大部分发动机的凸轮轴轴承盖设计在两个气门之间，这样凸轮轴轴承盖的位置被挤占，由此带来很大的设计变动。

凸轮移位式停缸方案的典型应用就是大众公司的AVS停缸技术。大众公司的AVS停缸技术（图1.19）设计了可轴向滑动的套筒式凸轮轴机构，套筒与内部凸轮轴通过花键间隙配合，套筒上设计了不同升程的凸轮，控制套筒的移动即可实现多段式气门升程。套筒

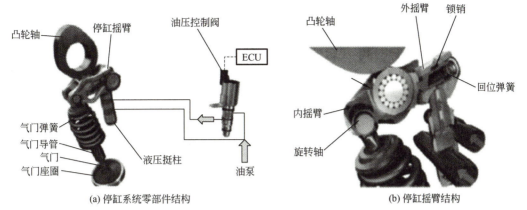

(a) 停缸系统零部件结构　　　　　　(b) 停缸摇臂结构

图 1.18　停缸系统零部件结构及停缸摇臂结构

上有螺旋式沟槽，电磁控制机构通过卡销与螺旋式沟槽的配合，推动套筒轴向移动来决定哪个凸轮与摇臂贴合。零升程的凸轮与摇臂接触时，气门关闭、气缸停缸。

(a) 所有气缸全部工作　　(b) 1、4 缸工作　2、3 缸关闭

图 1.19　大众公司的 AVS 停缸技术

凸轮移位式停缸机构的主要优点是在大排量发动机上应用较方便，不需要设计复杂的油路，运行不受系统油压的影响，而且设计变动相对较小。其缺点是需要设计较复杂的凸轮移位机构，小排量发动机由于缸心距较小而布置较困难。

2. 停缸技术对 NVH 的影响

停缸技术应用的另外一大难点就是停缸后整车 NVH（噪声、振动和声振粗糙度）的控制。几个气缸停止工作后，发动机点火间隔增大，激振频率降低，而低频振动会更加接近发动机振动系统较低的固有频率，更趋向于形成共振。因此周期性强迫振动的频率降低，而振幅增大，导致发动机振动加剧，传递到座椅和转向盘等，使舒适性降低。同样因为发动机点火间隔增大，进气频率和排气频率降低，进、排气系统消声器消声频率有一定范围，并且对低频噪声消声效果较差，停缸后恰恰增大了低频噪声，因此进排气噪声恶化。根据福特公司在一台 V10 发动机上的研究，在发动机转速为 500r/min，平均有效压力为 0.8MPa 的工况点，停止一半气缸工作后，发动机输出转矩波动的频率减小了一半，波幅增大了一倍多，发动机振动加剧。

针对停缸带来的 NVH 问题，发动机本体上一方面可优化曲轴平衡系统的设计，如曲轴平衡结构、扭转减振器结构、飞轮结构等；另一方面可对前端附件驱动系统进行优化，如轮系的布局,各带轮之间的传动带跨距,传动带的材质和结构,以及采用超越带轮技术等。除了发动机本体之外,还需要通过限制停缸工作范围来减小 NVH 的不良影响。根据福特公司的研究,怠速、暖机、发动机转速 1000r/min 以下等工况不宜进行停缸。停缸前后曲轴转矩输出对比如图 1.20 所示。

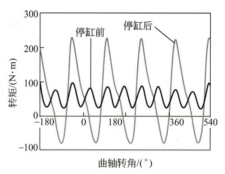

图 1.20　停缸前后曲轴转矩输出对比

1.2　汽油缸内直喷技术

随着节能和环保要求的日益严格,缸内直喷汽油发动机稀薄燃烧技术在动力性、燃油经济性、排放性能等方面都有出色的表现和潜力。汽油缸内直喷(gasoline direct injection,GDI)技术作为第三种燃烧方式得到了广泛重视和发展,已经成为汽车工业发展的重要方向。目前,一些国家的缸内直喷汽油发动机在保持汽油发动机动力性优势的同时,在燃油经济性方面已达到甚至超过柴油发动机水平。车用汽油发动机 GDI 技术已得到更大发展,并逐渐取代进气道直喷,成为电控喷射的主要形式。

1.2.1　汽油发动机的发展进程

随着科学技术的进步及能源短缺和排放污染问题的日益严重,汽油发动机技术也在不断地革新,到目前为止,汽油发动机经历了三次改革:从化油器发动机到电控汽油喷射发动机,再到现在广泛应用的直喷式汽油发动机。图 1.21 所示为三种形式的汽油发动机。

(a) 化油器发动机

(b) 电控汽油喷射发动机

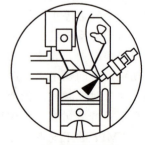
(c) 直喷式汽油发动机

图 1.21　三种形式的汽油发动机

（1）化油器发动机：传统型发动机，在进气管道的化油器位置上依靠节气门后的真空度将喉管内的汽油吸出，与空气混合，雾化形成混合气，经气门进入气缸内进行燃烧。

（2）电控汽油喷射发动机：将汽油喷射在进气歧管或进气管道上，在气门之前的位置与空气混合形成混合气后，再通过进气门进入气缸燃烧室内被点燃做功。

（3）直喷式汽油发动机：通过电子控制系统的控制将汽油直接喷射在燃烧室内，与通过气门进来的空气进行混合，从而形成可燃混合气进行燃烧。

从三种供油形式可以看出，实际上这三种形式的汽油发动机的最大区别在于汽油喷射的位置不同，因此技术也就不同。

1.2.2 汽油缸内直喷技术原理和控制策略

缸内直喷汽油发动机的结构如图 1.22 所示。ECU 根据传感器测得的参数计算所需供给的油量，并及时向喷油嘴发出喷油的指令，使燃油直接喷入气缸，而不是像传统发动机那样喷入进气歧管进行预先混合，这是 GDI 技术的最大特点。

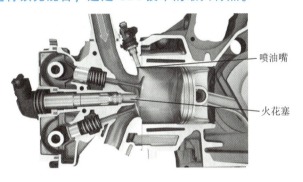

缸内直喷汽油发动机

图 1.22 缸内直喷汽油发动机的结构

1. 缸内直喷汽油发动机的工作原理

缸内直喷汽油发动机与一般汽油发动机的主要区别在于汽油喷射的位置；GDI 装置引进了柴油发动机直接将柴油喷入缸内的理念直接在缸内喷射汽油，利用缸内气体流动与空气混合组织形成分层燃烧。汽油直喷入缸内有利于汽油的雾化，使汽油和空气更好地混合，燃烧更完全。另外，进气管道中没有狭窄的喉管，空气流动的阻力小，充气性能好，因此输出的功率也较大。喷油嘴喷油后大部分油雾都集中在活塞的凹坑中，靠进气系统形成涡流带动油雾在缸内形成混合气，与周围的稀区形成分层气体，虽然空燃比达到 40∶1，但高压旋转喷射器喷射出雾状汽油，在压缩行程后期的点火前夕，被气体的纵涡流融合成球状雾化体，形成一种以火花塞为中心，由浓到稀的层状混合气状态，聚集在火花塞周围的混合气很浓厚，很容易点火燃烧。这种形式与直喷式柴油发动机相似，因此有人认为缸内直喷式汽油发动机是将柴油发动机的形式移植到汽油发动机上的一种创举。

2. 缸内直喷汽油发动机稀薄燃烧技术的原理

缸内直喷汽油发动机稀薄燃烧技术分为均质稀薄燃烧和分层稀薄燃烧两种燃烧模式。中低负荷时，在压缩行程后期开始喷油，通过与燃烧系统的合理配合，在火花塞附近形成较浓的可燃混合气,在远离火花塞的区域,形成稀薄分层混合气;高负荷及全负荷时,在早期进气行程中将燃油喷入气缸,使燃油有足够时间与空气混合,形成完全的均质化计量比混合气并燃烧。另外,也有采用分段喷油技术分层混合气的,即在进气早期开始喷油,使燃油在气缸中均匀分布,在进气后期再次喷油,最终在火花塞附近形成较浓的可燃混合气,将一个循环中的喷油量分两次喷入气缸可以很好地实现混合气的分层。

3. 缸内直喷汽油发动机要达到两个主要目标

缸内直喷汽油发动机要达到两个主要目标:一是大幅度改善车用汽油发动机的燃油经济性;二是控制排放,主要是 NO_x 和未燃 HC 的排放控制。图 1.23 所示为缸内直喷汽油发动机控制系统原理。

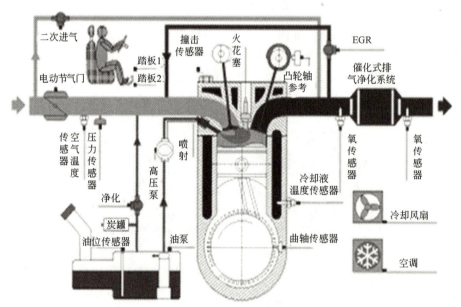

图 1.23 缸内直喷汽油发动机控制系统原理

4. GDI 控制模式

(1) 按工况区分控制模式。

不同的工况对混合气浓度及喷油正时等要求各异,所以 GDI 电子控制策略应区分低负荷工况和高负荷工况两个区域,采用不同的控制模式,见表 1-2。一般来说,推迟喷油、充量分层的控制模式只适用于 50% 以下的负荷,此时尚有足够的过量空气可在短时间内燃尽生成的黑烟,超过 50% 负荷时会排放黑烟,必须切换成提早喷油、均质充量的控制模式。

表 1-2 GDI 按工况区分控制模式

工况	主要目标	空燃比	节气门	转矩调节	充量	喷油正时	喷油压力	燃油雾化	油束穿透
低负荷	经济性	25~40	不全开	变质调节	分层	压缩行程的晚期	高	好	浅
高负荷	动力性	14.7 左右	全开	变量调节	均质	吸气行程的早期	低	差	深

(2) 转矩控制策略。

ECU 在任何工况下都要先识别对转矩的需求。无特殊要求时，ECU 主要根据加速踏板的位置确定应有的转矩。如果这个转矩和转速对应于低负荷工况区域，即加速踏板位移量较小时，电子节气门就保持不全开，通过改变空燃比调节燃油量进而控制转矩，这就是变质调节，此时进气量和点火提前角几乎不影响转矩；如果这个转矩和转速对应于高负荷工况区域，即加速踏板位移量较大，空燃比就稳定在 14.7 左右，通过改变电子节气门开度调节进气量，进而改变燃油量，控制转矩，这就是变量调节，此时点火提前角对转矩有很大影响。

(3) 喷油正时控制策略。

在低负荷工况下，要求燃油恰好喷在活塞顶部凹坑内，结合活塞的向上运动，在很短的时间内完成混合；而在高负荷工况下，要求阻止油束沾湿活塞和缸壁，同时要求有充足的时间形成均质充量。所以，在低负荷工况下要求油束集中，不必穿透很深，但是要雾化好，喷油时间应该推迟到压缩行程后期；在高负荷工况下要求油束分散，并且穿透深度适中，相应地应该将喷油正时提早到吸气行程的前期。图 1.24 所示为缸内直喷汽油发动机供油系统。

(4) 喷油压力控制策略。

喷油压力至少与油束的两个特性参数有关，一个是燃油雾化程度，另一个是油束穿透程度。在低负荷工况下，混

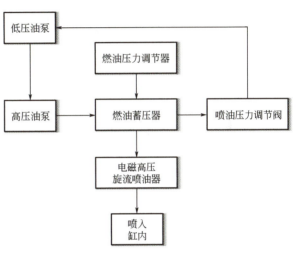

图 1.24　缸内直喷汽油发动机供油系统

合气形成时间短，所以对燃油的雾化要求很高，但油束穿透深度不能过大，以免出现湿壁现象，增加 HC 排放，但穿透深度必须达到一定水平，使得在低负荷工况下油束能够撞到活塞凹坑内；而在高负荷工况下穿透深度应当更大一些，以便扩大油束在气缸内的分布范围。喷油压力升高时，一方面因为燃油雾化改善，油滴不能喷到很远的地方，油束穿透不深；另一方面因为喷油初速度提高，所以会增大穿透深度。两者在一定程度上互相抵消。在喷油量控制方面 GDI 与进气口喷射的区别在于，进气口喷射时用燃油压力调节器保持喷油器孔内外的压力差恒定，确保喷油速率恒定，以便通过脉冲宽度控制每循环喷油量；而在 GDI 中喷油速率和喷油压力都是可控的，如果提高喷油压力，则燃油雾化得好一些，但油束穿透深度小一些，正适合低负荷工况、分层充量情况对混合气的要求，降低喷油压力，则燃油雾化得差一些，但油束穿透深度大一些，正适合高负荷工况、均质充量情况对混合气的要求。

5. 燃烧过程控制策略

缸内直喷汽油发动机可自由控制转矩输出，即当空气量保持一定时，只要改变燃油喷射量，就能改变转矩，可最大限度降低燃油消耗。缸内直喷汽油发动机采用"二次燃烧"方式，即在进气行程喷射 1/4 的喷油量，形成与理论空燃比相比为 0.25 左右的极稀薄混合气（此为预燃混合气），剩余的 3/4 燃油则在压缩行程后期喷射，形成高度集中的浓混合气，前期反应时间极短，限制了爆燃现象的发生。为控制排放，发动机起动后处于怠速状

态时，采用分层燃烧方式，即压缩行程的喷油在做功行程前半期完成燃烧，后半期重新喷油使催化器迅速达到工作所需温度，则起动后排放的HC大幅度降低。

1.2.3 汽油缸内直喷技术的特点

1. GDI技术的主要优点

（1）动力性。

从结构上看，缸内直喷汽油发动机去除了传统意义上的节气门，大大减少了在部分负荷时的节流损失和泵气损失，在部分负荷时可充分进气，提高了充气效率和升功率。缸内的活塞顶部一半是球形，另一半是壁面，空气从气门冲进来后在活塞的压缩下形成一股涡流运动，当压缩行程将结束时，燃烧室顶部的喷油嘴开始喷油，汽油与空气在涡流运动的作用下形成混合气，这种急速旋转的混合气是分层次的，越接近火花塞越浓，易于点火做功。由于组织稀薄燃烧，采用电子控制精确配油，使得产生爆燃的极限压力提高，因此可以提高发动机的压缩比，也使发动机具有更高的热效率，燃料热得到充分利用。试验证明，缸内直喷汽油发动机的功率要比同排量的其他发动机大40%左右。

（2）燃油经济性。

缸内直喷汽油发动机具有卓越的燃油经济性、燃油消耗量低、升功率大等优点，原因如下。

① 中低负荷组织稀薄燃烧，空燃比可达40∶1（一般汽油发动机的空燃比是15∶1），不必在中低负荷时按标准空燃比配油，与普通电控燃油喷射汽油发动机相比，配给的燃油少。

② 缸内直喷汽油发动机可以实现高压缩比，燃油热效率较高，相对来说也就降低了燃油消耗。

③ 缸内直喷汽油发动机省去了节气门，减少了节流损失和泵气损失，有效功率提高，减少了燃油消耗量。一般来说，与点燃式汽油发动机相比，缸内直喷汽油发动机的燃油消耗可以减少15%～20%。

④ 火焰周围的超稀气体形成隔热层，可减少向缸壁的传热损失。

图1.25所示为三菱公司的一台缸内直喷汽油发动机和一台进气道喷射汽油发动机在转速2000r/min时的燃油经济性对比，由于缸内直喷汽油发动机采用分层燃烧，空燃比可达40∶1，燃油经济性改善30%。

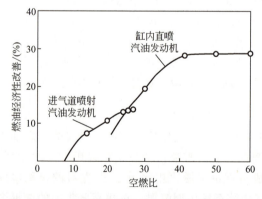

图1.25 缸内直喷汽油发动机和进气道喷射汽油发动机在转速2000r/min时的燃油经济性对比

（3）污染排放量。

缸内直喷汽油发动机能有效地降低HC、NO_x和CO等污染物的排放。

① HC：普通电控燃油喷射汽油发动机起动时容易产生大量的HC，因为气道中容易留有未蒸发的油膜，而油膜是由多余的燃油未完全燃烧造成的。缸内直喷汽油发动机直接在燃烧室内喷油，不形成残留油膜，以较大的空燃比工作，燃油可以较充分燃烧，减少HC生成的机会。

② NO_x：NO_x的生成条件是高温时间

较长，又存在富氧状态。缸内直喷汽油发动机的高温区(火焰区)接近理论空燃比，没有特别多余的氧气，氧气充足的超稀区只在火焰周围，没有形成 NO_x 的温度，等到点燃超稀混合气时活塞已经下行做功，缸内温度已下降，因此缸内直喷汽油发动机限制了 NO_x 的生成；缸内直喷汽油发动机采用了 EGR 技术，将排出气缸的废气利用气门重叠时间再回到气缸中，降低燃烧的最高温度，从而降低 NO_x 的排放量。缸内直喷汽油发动机的 NO_x 排放量下降了 90%。

③ CO：传统的汽油发动机过量空气系数接近 1，大多是小于 1 的，也就是说燃油过量，燃油不能完全燃烧造成了 CO 的存在。缸内直喷汽油发动机在总体富氧条件下，即使浓区燃油未能完全燃烧，也可以在稀区和排气中继续氧化，有效降低了 CO 的排放量。

综上所述，缸内直喷汽油发动机理论上的优势见表 1-3。

表 1-3 缸内直喷汽油发动机理论上的优势

性　能	优　点
燃油经济性	提高燃油经济性(经济性的对比取决于测试循环，最大可以提高 20%~30%) 降低泵气损失(取消节气门、采用分层充气模式) 降低热损失(取消节气门、采用分层充气模式) 可以提高压缩比(进气过程喷油冷却充气) 降低辛烷值要求(进气过程喷油冷却充气) 提高充气效率(进气过程喷油冷却充气) 减速时可以实现断油控制 加速时加浓量较少
驾驶性能	提高瞬态响应性能 提高冷起动稳定性
空燃比控制性能	空燃比控制更准确 缩短起动过程和提高燃烧稳定性 降低起动加浓量 降低加速加浓量
燃烧稳定性	可以扩大 EGR 工作界限(降低 NO_x 的排放)
排放性能	可实现更低的排放 降低冷起动 HC 排放 降低发动机瞬态 HC 峰值排放 降低 CO 排放
系统优化	提高系统优化的潜力

2. GDI 技术存在的主要问题

(1) 排放问题。

缸内直喷汽油发动机极大地提高了汽油发动机的燃油经济性，但其排放总体上要高于工作在理论空燃比下、附加三元催化转化器等尾气处理装置的进气道喷射汽油发动机。其排放问题主要如下。

① 中低负荷下未燃 HC 排放较多。采用混合气分层后，极易造成火焰从浓区向稀区传播时熄灭。同时，稀燃造成缸内温度偏低，不利于未燃 HC 随后的继续氧化。壁面阻挡

型直喷系统，因喷雾碰壁较多，而活塞顶和缸壁的温度低，故 HC 排放较高。

② NO 的排放。虽然因采用较稀混合气，气缸内的反应温度较低，但由于分层混合气由浓到稀将不可避免地出现混合气过浓或浓混合气区域过大的状况，这些区域恰恰是高温区域，使 NO 生成量增大。另外，缸内直喷汽油发动机较高的压缩比和较快的反应放热率也会引起 NO_x 排放量升高。

③ 微粒排放。因为局部区域过浓的混合气和未蒸发的液态油滴扩散燃烧而引起颗粒排放增加，并且缸内温度低也造成了微粒氧化不完全。

(2) 催化器问题。

缸内直喷汽油发动机工作在稀混合气条件下，其造成的富氧和较低的排气温度使传统的三元催化转化器对 NO_x 的转化率不高，废气排放温度较低，不利于三元催化转化器的起燃，限制了三元催化转化器在缸内直喷汽油发动机上的应用。

(3) 积炭问题。

对于缸内直喷汽油发动机，火花塞点火燃烧掉占据小部分空间的分层混合气，其他空间只有极微量的燃油存在，并且燃料的汽化蒸发使缸内温度偏低，点火后火焰在传播过程中逐渐减弱，到达分层混合气以外的其他空间时，极易造成熄火，使混合气不能充分燃烧，产生积炭。

(4) 喷油器问题。

缸内直喷汽油发动机的喷油器在气缸内，由于喷油压力低，喷孔没有自洁能力，很容易积垢，因此喷油量减小、喷雾特性变差，进而使发动机的燃烧恶化，影响发动机的功率输出和排放。

(5) 控制策略问题。

在实际缸内直喷汽油发动机上，理想的混合气浓度均匀递降的分层不可能实现，使得精确分层混合气的控制和燃烧过程组织的难度相当大。发动机不同负荷的喷油时刻相差较大，各种负荷间平滑过渡所要求的喷射策略也较复杂，因此实现发动机输出动力的连续变化需要较复杂的控制策略。缸内直喷汽油发动机的开发难点，还体现在燃烧系统的优化和喷油系统的开发比较复杂，电子控制系统精确控制难、开发成本高，对汽油喷雾和空气的混合运动认识不足等方面。另外，缸内直喷汽油发动机较高的喷射压力要求也造成汽油泵和喷油器功率要求高，汽油的润滑性差，因此，开发出抗磨损能力强、功率消耗低的供油系统和燃油喷射系统，也是缸内直喷汽油发动机需要解决的一个问题。

表 1-4 所示为缸内直喷汽油发动机开发和应用面临的挑战。

表 1-4 缸内直喷汽油发动机开发和应用面临的挑战

性 能	存在的问题
排放性能	部分负荷、分层充气时局部产生较多的 NO_x，混合气较稀不利于三元催化转化器的起燃 低负荷时相对较高的 HC 排放 高负荷时相对较高的 NO_x 排放 增加了微粒的排放
稳定燃烧和控制	中低负荷区域内分层充气稀薄燃烧的控制 负荷变化时实现无缝过渡，控制和喷油策略变得非常复杂 为了降低 NO_x 排放，采用较高的 EGR 率

续表

性　能	存在的问题
燃油经济性	提高喷油压力和油泵回流造成的损失 三元催化转化器快速起燃和再生消耗的额外燃油 喷油嘴和高压油泵增加的额外电量消耗
性能和可靠性	相对多的喷油嘴沉淀物和积炭 由于提高了系统压力，因此增加了燃油系统的磨损 增加了缸套的磨损 增加了进气门和燃烧室的沉淀物
控制复杂性	需要更复杂的排放控制系统和控制策略 实现从冷起动到全负荷各种工况的控制，需要复杂的供油系统和燃烧系统控制技术 增加了系统优化的标定参数

1.2.4　汽油机缸内直喷技术应用的技术

1. 降低 NO_x 排放的技术

（1）稀燃催化器。

稀燃催化器的开发将直接影响缸内直喷汽油发动机排放问题的解决，目前已有稀燃催化还原型 NO_x 催化器、NO_x 搜捕型等。但这些催化器都不同程度地存在转化率低、工作温度范围窄、控制复杂、性能不如传统的三元催化转化器等问题。日本三菱汽车公司采用稀燃 NO_x 催化剂加三元催化剂的技术，NO_x 可以达到美国加利福尼亚州排放标准。

（2）EGR 系统。

EGR 是通过降低缸内最高燃烧温度及氧气的相对浓度来降低 NO_x 排放的一种有效方法。在缸内直喷汽油发动机中，因稀燃使缸内富余氧气较多，可使用较高的 EGR 率而不会使燃烧恶化。如果将再循环废气与可燃混合气进行分层，减少废气与可燃混合气的掺混，保证点火时刻火花塞附近有适合着火的混合气，避免废气靠近火花塞，能大大提高 EGR 率，从而大大降低 NO_x 排放。采用电控 EGR 系统可以精确控制 EGR 率，能较好地解决发动机的动力性和经济性与 NO_x 排放之间的协调问题。

2. 二次燃烧技术

二次燃烧技术是指在进行正常分层燃烧的怠速工况下，除了在压缩行程后期喷油外，在膨胀行程后期再次喷入少量燃油，在缸内高温、高压气体的作用下点火燃烧并使排气温度提高。日本三菱汽车公司采用二次燃烧和反应式排气管技术，较好地降低了 HC 和 NO_x 排放。通常，起动后怠速状态下的排气温度为 200℃ 左右，使用二次燃烧可使排气温度上升到 800℃，这样可大大加快催化剂工作。反应式排气管可使发动机的排气在排气管中滞留，激活与空气的反应，并使膨胀行程后期的二次燃烧反应在排气管中继续进行，从而加速激活催化剂，使 HC 排放降低。

3. 二次混合技术

二次混合技术是指在进气行程中先喷入所需燃料的 1/4，形成极稀的匀质混合气。在压缩行程后期再次喷入剩余燃料,形成分层混合气。在火花塞点火前,缸内混合气形成超稀均质混合气和较浓的分层混合气。火花塞点火时,先在浓混合气处形成较强的火焰,然后迅速向稀混合气空间传播,因火焰较强,故稀混合气易点燃。稀混合气的燃烧又会反射,促进浓混合气再次燃烧,使燃料充分燃烧,减少了积炭的产生。

4. 均质混合压燃技术

分层稀燃缸内直喷汽油发动机的混合气不均匀,NO_x 会在混合气较稀的高温区产生,而在混合气较浓的区域易产生炭烟。在均质混合稀薄燃烧过程中,理论上是均匀混合气完全压燃、自燃、无火焰传播过程,这样可以阻止 NO_x 和微粒的生成,同时能够实现较高的燃油经济性。均质压燃汽油发动机解决了汽油发动机指示热效率低的问题,空燃比不再受混合气点燃和火焰传播的限制,同时,压缩比也不会受到爆燃的限制,因而热效率大幅度提高。由于均质压燃汽油发动机可以在稀薄混合气中进行燃烧,因此 NO_x 的生成得到抑制,减轻了尾气处理的压力。

1.3 发动机均质充量压缩燃烧技术

1.3.1 传统燃烧概念局限性

压缩点燃式燃烧概念(用于柴油发动机)与火花点燃式燃烧概念(用于汽油发动机)相比,最大的特点在于所使用的燃油特性不同,使得两者在以下方面有差别,如燃油引燃方法、燃烧方式、空燃比、转矩调节方式、泵气损失、压缩比、燃烧剧烈程度、燃油经济性、有害物质排放和振动、噪声等。出于对汽车排放的有害物质的毒害作用、CO_2 的温室效应和 NO_x 形成酸雨的关注,人们对高效能、低污染的动力源的需求与日俱增。

空燃比精确控制、带三元催化转化器的汽油发动机(火花点燃式发动机)正在成为非常清洁的动力源。但是由于节气损失、爆燃和稀燃极限,这类发动机在热效率方面有很大的局限性。还有一种常见的动力源是直喷式柴油发动机(压缩点燃式发动机)。这是一种效率很高的发动机,其温室气体 CO_2 和有害气体 HC、CO 的排放都比汽油发动机低。但是它的扩散燃烧和燃烧产生的局部高温等一些燃烧特点,很难遏制 NO_x 和炭烟(包括微粒)的生成,并且存在 NO_x 和微粒物排放控制目标之间相互冲突的问题。为了避免扩散燃烧和降低局部的燃烧温度,必须促进燃油和空气的混合。

传统的汽油发动机属于预混均质燃烧,由于汽油特性及爆燃等诸多因素的限制,因此压缩比低,热效率低。与汽油发动机相比,柴油发动机具有较高的热效率和优越的燃油经济性,但是,传统柴油发动机的燃烧是燃料喷雾的扩散燃烧,依靠发动机活塞压缩到接近终点时的高温使混合气自燃着火。由于喷雾与空气的混合时间很短,燃料与空气混合得严重不均匀,因此混合气分为高温过浓区和高温火焰区,导致炭烟和 NO_x 的生成及排放增加。

1.3.2 均质充量压缩燃烧技术的特点

均质充量压缩燃烧(homogeneous charge compression ignition,HCCI)是一种全新的内

燃机燃烧概念，既不同于柴油发动机(非均质充量压缩点燃)，又不同于汽油发动机(均质充量火花点燃)，是火花点燃式发动机和压缩点燃式发动机概念的混合体。三种发动机的燃烧比较如图1.26所示。

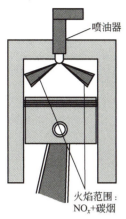
(a) 柴油发动机：压缩点燃

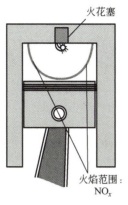
(b) 汽油发动机：火花点火

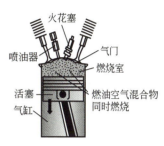
(c) HCCI发动机：HCCI

图1.26 三种发动机的燃烧比较

HCCI是一种预混合燃烧和低温燃烧相结合的新型燃烧方式：在进气行程形成均质的混合气，当压缩到上止点附近时均质混合气自燃着火。由于不受燃油和氧化物分离面处混合比的限制，也没有点火式燃烧的局部高温反应区，因此NO_x和微粒排放很低，而且具有较高的热效率。将压缩点燃式发动机改装成HCCI发动机的主要目的是减少NO_x和微粒排放；将火花点燃式发动机改装成HCCI发动机的目的是减少部分负荷时的燃油消耗，就是减少泵气损失。

HCCI发动机

HCCI发动机为预混合均质压缩点火燃烧，其采用从优化燃烧的角度来降低NO_x和炭烟排放的新燃烧理论与技术。其燃烧模式是在进气及压缩行程形成均质混合气，当活塞压缩到上止点附近时，均质混合气自燃着火。从HCCI的燃烧方式看，HCCI发动机可以同时综合火花点火(点燃式)发动机和直接喷射压缩点火(压燃式)发动机的优点，实现降低排放和达到高热效率的目的。表1-5所示为三种燃烧方式的发动机比较。

表1-5 三种燃烧方式的发动机比较

比较内容	点燃式发动机	压燃式发动机	HCCI发动机
燃料	汽油等	柴油、乙醇、天然气等	均可,范围更广
过量空气系数	1左右	1.6～2.2	范围更广
混合气形成方式	喷射-均质	喷射-浓稀	均质
稀薄燃烧	否	是	是
点火方式	点燃	压燃	压缩自燃
点火系统	有	无	无

续表

比较内容	点燃式发动机	压燃式发动机	HCCI 发动机
燃烧方式	预混合燃烧	扩散燃烧	同时着火
节气门	有	无	无
转矩调节方式	变量调节	变质调节	变质调节
压缩比	较低	较高	较高
火焰	有	有	无明显火焰前锋
压缩终了温度	较低	较高	较高
燃烧温度	较高	局部较高	相对低温
理论循环	等容加热	混合加热	等容加热
泵气损失	较高	较低	较低
向气缸散热	较多	较少	较低
热效率	低	高	高
燃油经济性	低	高	高
NO_x 排放	高	高	低
微粒排放	低	高	低
HC 排放	高	低	高
CO 排放	高	低	高
燃烧起点控制	点火定时	喷油定时	综合控制
燃烧剧烈程度	较小	较大	较大

HCCI 发动机燃烧为稀薄燃烧，采用均质压缩多点着火，主要具有以下几个特点。

1. NO_x 和炭烟排放超低

造成传统柴油发动机 NO_x 和炭烟排放较高的主要原因是传统柴油发动机燃烧存在于高温区，即在火焰前锋高温区容易产生 NO_x，在火焰内部高温区由于缺氧容易产生炭烟。而 HCCI 发动机为稀薄燃烧，所以不存在缺氧情况，可以有效降低炭烟排放；同时 HCCI 发动机燃烧为预混合均质压缩点火燃烧，即燃烧室内部混合气为均质混合气，在活塞压缩作用下燃烧室内多点同时着火，减小了火焰传播距离，缩短了燃烧持续期，避免了高温区的产生，可大大降低 NO_x 排放。众多研究者通过实验确认，HCCI 发动机在部分工况下燃烧产生的 NO_x 相对压燃式发动机有所降低。

2. 燃烧热效率高

由于 HCCI 发动机采用压缩自燃，因此可以大大提高压缩比，从而提高燃烧效率。另外，压缩点火方式避免了点燃式发动机的节流损失，其热效率与点燃式相比更显优势。图 1.27 所示为 HCCI 发动机和直喷式柴油发动机的放热效率曲线，在一定工况下，放热效率接近奥托循环,而且没有高温区和不发光的燃烧,热损失较小。热效率的提高来源于以下三方面。

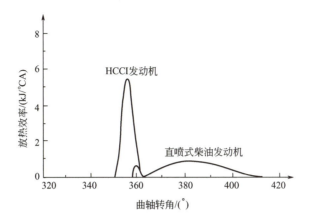

图 1.27　HCCI 发动机和直喷式柴油发动机的放热效率曲线

(1) 减少了节流损失。

HCCI 发动机对负荷的控制是通过调节燃油喷射量、改变空燃比来实现的,因此它可以减少节气门带来的节流损失。

(2) 提高了压缩比。

常规汽油发动机由于空燃比限制在化学计量比附近,因此其压缩比不能太高(8~12),否则容易出现爆燃。HCCI 发动机工作混合气较稀,如采用汽油作燃料可以在过量空气系数为 3~9 的范围内进行稳定燃烧,为了实现压缩自燃,必须采用高压缩比(12~21),与直喷式柴油发动机相近。高压缩比意味着高的指示效率。

(3) 缩短了燃烧持续期。

HCCI 是多点同时着火,火焰不需要在整个气缸内传播,使燃烧持续期缩短。较短的燃烧持续期使得 HCCI 发动机在燃烧效率上具有优势。

3. 燃烧过程主要受燃烧化学动力学控制

HCCI 的能量释放过程是受多种化学动力学因素支配的,这些因素又受流体静力学和热力学状态历程的影响。普遍认为,燃烧的引发受化学动力学的控制,因为缸内的混合气受到压缩,其温度和压力上升。因此,HCCI 具有非常小的循环偏差,而且不存在火焰传播过程。为了获得 HCCI,要考虑各种不同的参数。压缩行程结束时的缸内温度和压力、燃油的自燃特性和残余废气量都会影响 HCCI 的点燃过程。与火花点燃式发动机相比,HCCI 发动机压缩行程结束时的温度必须更高一些,以使传统的用于火花点燃式发动机的燃油也能够自燃。

4. 发动机运行范围较窄

HCCI 发动机可以使用多种燃料(汽油、柴油、天然气、二甲醚、氢气、乙醇等)在一定工况下实现稳定运行,得到较好的运行效果和排放效果,但燃烧受到失火(混合气过稀)和爆燃(混合气过浓)的限制,发动机运行范围比较窄。对于高十六烷值燃料,由于 HCCI 发动机燃烧非常迅速,因此在高负荷工况下(混合气浓度大)易发生爆燃;对于高辛烷值的

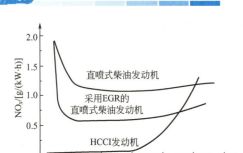

图 1.28 三种发动机 NO_x 排放比较

燃料,由于 HCCI 为稀薄燃烧,因此发动机在低负荷工况下容易熄火。

5．HC、CO 排放较高

虽然对 HCCI 发动机的研究在降低 NO_x 和炭烟排放方面取得了很大的进展,但与普通的柴油发动机相比,HCCI 发动机的 HC 和 CO 排放稍高,这主要是由于 HCCI 发动机通常采用较稀的混合气和较高的 EGR 率,缸内温度比较低。图 1.28 所示为三种发动机 NO_x 排放比较。

1.3.3 均质充量压缩燃烧技术面临的问题及展望

1．HCCI 技术面临的主要问题

（1）适用工况范围窄。

HCCI 发动机在一定工况下可以稳定运行,得到较好的燃烧效果和排放效果。但在低负荷工况下,混合气过稀,需要很高的进气温度和缸内压力才能实现压燃,而通常由于实际条件的限制不能很好地满足压燃条件,因此可能导致燃烧不完全甚至熄火。在高负荷工况下,混合气浓度大,燃烧非常迅速且效率极高,压缩自燃时过多的燃料参与燃烧,易发生爆燃。研究表明,分层燃烧可以有效地拓宽 HCCI 发动机的运行工况范围,采用两种特性的燃料也能拓宽 HCCI 发动机的运行工况范围。

（2）燃烧进程难以控制。

由于 HCCI 是预混合压燃,不能像汽油发动机一样由点火时刻控制燃烧始点,也不能像柴油发动机一样由喷油时间控制燃烧始点,因此没有直接控制燃烧始点的措施,混合气的自燃受混合物特性、温度时间历程等的影响。

目前,控制 HCCI 的方法可分为两类：一类是控制混合气着火前的温度,包括控制缸内燃油喷射时间、喷水,调节进气温度,采用可变压缩比和可变气门正时等；另一类是改变燃料本身的燃烧特性。从理论上讲,HCCI 的燃烧过程中,均匀的空气与燃料混合气及残余废气被压缩点燃,燃烧在多点同步发生,无明显火焰前锋,燃烧温度比较均匀,NO_x 和微粒的形成能够被有效抑制。在发动机整个工作过程中,燃烧始点和燃烧速度的控制是两个主要问题。在 HCCI 中控制燃烧始点很困难,为了获得良好的自燃就需要较高的充量温度和压缩比,而在发动机的整个工况范围内,由于爆燃和失火的限制,这样高的温度和压缩比不可能在所有工况都实现。传统的燃烧系统靠空气与燃油的混合率或火焰传播率来控制燃烧速率,但在 HCCI 系统中这两种方式均不能被采用,采用高的 EGR 率和稀的混合气能较好地控制燃烧速率。

（3）均匀混合气的制备比较困难。

均匀混合气的制备和避免燃料与壁面相互作用对实现高燃烧效率、降低 HC 和微粒排放及润滑油稀释很重要。混合气均匀对控制 HCCI 的自燃反应有一定影响,但研究表明,即使在燃烧室内混合气的不均匀程度很高时,NO_x 排放仍较低。对于挥发性较差的柴油而言,均匀混合气的制备更加困难。目前,限制 HCCI 技术运用的核心问题是着火点控制、燃烧放热速率的控制及拓宽 HCCI 发动机的运行工况范围。

2. HCCI 技术展望

(1) 耦合详细化学动力学探索燃烧机理。

数值模拟研究方法作为 HCCI 研究的重要方法一直被研究人员所看重。但由于 HCCI 较复杂,如何更加高效、准确地对其燃烧过程进行数值模拟仍是挑战。目前已经得出了正庚烷和异辛烷的详细氧化机理,如何在这些成果基础上探索车用汽油、柴油及其他燃料的动力学机理,是实现 HCCI 控制的关键。

目前,进行数值模拟研究一般都借助专业计算软件,如 CHEMKIN、STAR - CD、Fluent 等。这些计算软件各有优缺点,如 STAR - CD、Fluent 对模拟一定时刻燃烧室内的温度场和流场准确性很高,但它们不能准确描述详细化学反应过程;CHEMKIN 软件可以准确模拟燃料的化学反应机理,但其燃烧模型是假定燃烧室里为均匀流场和温度场。因此,可以考虑综合两种专业计算软件的优点,从而更准确地对 HCCI 发动机的燃烧情况进行模拟预测。

(2) 改变气体/燃料混合气的混合特性。

改变气体/燃料混合气的混合特性也可以在一定程度上对 HCCI 的着火和放热进行控制,并可适当拓宽 HCCI 发动机的运行工况范围。目前所运用的方法有改变进气温度、改变空燃比、采用 EGR、运用添加剂等。例如,瑞典的 Lund 技术中心利用 EGR 技术使不同燃料的运行工况得到了提高:以天然气作燃料的 HCCI 发动机的平均指示压力可达 14bar,以乙醇作燃料的平均指示压力可达 12bar,以异辛烷作燃料的平均指示压力可达 10bar。

(3) 改变发动机设计和工作参数。

调节压缩比、改变气门正时、使用不同喷射技术(提前和延后喷射)和增压等方法已应用于 HCCI 发动机研究。提高压缩比能提高进气温度,从而使 HCCI 的着火时刻提前。另外,托马斯(Thomas)等发现,高压缩比与冷 EGR 相配合可以控制 HCCI 速率,从而扩大 HCCI 发动机的运行工况范围;而改变发动机气门的开启持续时间、升程和相位,可以改变缸内新鲜工质和残余废气量,从而达到 EGR 的功效。美国斯坦福大学的一项研究表明,使用 VVT 技术可以实现未定的 HCCI,并且在根据不同运行工况进行调整或进行不同燃烧模式的切换时可实现无节流损失。缸内早期喷射可以使燃油和空气在着火前充分混合,从而降低 HC 和 CO 的排放,而缸内延迟喷射对降低 NO_x 和炭烟排放有显著的效果;增压可以提高发动机的平均指示压力、拓宽 HCCI 发动机的运行工况范围,但同时会提高气缸压力。

1.4 发动机可变压缩比技术

我们知道,发动机从设计制造好之后,其很多参数(如配气相位、压缩比等)就是固定不变的,这些参数只是综合各种工况下最好状态后的折中,这使发动机不能完全发挥其性能。如果将一个个不可变的结构及参数变成可随相应工况和需要灵活可变的，则能在很大程度上改善发动机的综合性能。可变技术就是基于这种想法而出现的，其在解决较大转速和负荷范围内的动力性与经济性及排放性的矛盾方面显示出独特的优势。

压缩比是气缸总容积与燃烧室容积的比值，表示活塞由下止点运动到上止点时气缸内气体被压缩的程度，是衡量发动机性能的重要参数，是影响发动机效率最重要的因素之一。一般来说，压缩比越高，发动机的性能就越好。现代汽车发动机的压缩比，汽油发动机一般为8～12，柴油发动机一般为12～22。

VCR技术主要是针对增压发动机的一种技术。固定的压缩比不能充分发挥发动机的性能，事实上在低负荷、低转速运转时，发动机的热效率低，相应地综合性能比较差，这时可以用较大的压缩比；而在高负荷、高转速运转时，若压缩比过大，则很容易发生爆燃并产生很大的热负荷和机械负荷，这时可以用较小的压缩比。随着负荷的变化连续调节压缩比，可以最大限度地挖掘发动机的潜力，使其在整个工况区域内有效提高热效率，进而提高发动机的综合性能。

采用VCR的目的是提高增压发动机的燃油经济性。在增压发动机中，为了防止爆燃，其压缩比低于自然吸气式发动机。在增压压力低时热效率降低，使燃油经济性下降。特别在涡轮增压发动机中，由于增压度上升缓慢，在低压缩比条件下转矩上升也很缓慢，形成所谓的增压滞后现象。也就是说，发动机低速运转时，增压作用滞后，要等到发动机加速至一定转速后增压系统才起作用。为了解决这个问题，可采用VCR。一方面，在增压压力低的低负荷工况下使压缩比提高到与自然吸气式发动机压缩比相同或超过；另一方面，在高增压的高负荷工况下适当减小压缩比。换言之，随着负荷的变化连续调节压缩比，以便能够从低负荷到高负荷的整个工况范围内有效提高热效率。

1.4.1 可变压缩比技术的实现方案

由压缩比的定义可知，要想使压缩比有所变化，就必须从改变燃烧室容积和工作容积方面入手。发动机的燃烧室由活塞顶、气缸和气缸盖三部分构成，迄今为止出现的一些VCR实现方案都是围绕这三个元素进行的。通常采用的手段有三种：①改变气缸盖的结构；②改变缸体结构；③改变活塞及曲柄连杆机构。下面介绍几种VCR发动机。

1. 萨博公司的SVC发动机

图1.29所示为萨博公司的SVC发动机。萨博公司的SVC技术是通过活塞运动到上止点位置的变化来改变燃烧室容积，从而改变压缩比的。其压缩比范围为8∶1～14∶1。在发动机低负荷时采用高压缩比以节约燃油，在发动机高负荷时采用低压缩比，并辅以机械增压器以实现大功率和高转矩输出。我们先简单地看一种比较直观的实现方式，就是在气缸的下止点再向下的地方设置一个可以相互上下活动的结构，这样通过提升和降低这个位置上方的气缸体及气缸盖，就可以改变活塞上止点的位置，从而改变燃烧室的容积，达到改变压缩比的目的。向上提升，压缩比低；向下降低，压缩比高。

之所以要在气缸下止点再向下的位置，是为了不影响活塞在气缸内的正常工作，即在改变压缩比时不影响活塞的往复运动。在气缸下止点再向下的地方为一个圆心，通过旋转这个圆心上部的气缸体和气缸盖来改变燃烧室的容积。由于气缸体和气缸盖这个"整体"

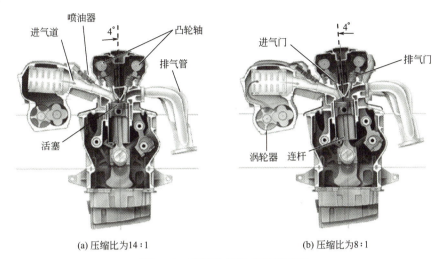

(a) 压缩比为14∶1　　　　　　(b) 压缩比为8∶1

图 1.29　萨博公司的 SVC 发动机

在偏离垂线开始旋转时(SVC 发动机为直列布置)，气缸的上止点与曲轴的距离就缩短了，而且随着角度的增大，与曲轴的距离越来越短，在曲柄连杆要和气缸体相碰的临界时停止旋转。此时气缸的上止点与曲轴的距离最近，燃烧室的容积达到最小，压缩比最大；与之相反，在这个"整体"没有旋转的情况下，压缩比最小。气缸体与气缸盖这个"整体"是通过一组摇臂来进行调节的，而这组摇臂是通过 ECU 来控制的。这样萨博公司的 SVC 技术就可以实现根据当时的工况由 ECU 来控制压缩比的变化，实现动力输出及燃油消耗的最佳化。

萨博公司的
SVC发动机

由于萨博公司的 SVC 发动机采用了这种技术，因此它可以采用较大的增压值，甚至是强增压。一般涡轮增压发动机不会用大增压，主要原因就是大增压迟滞更明显的矛盾性。但是由于萨博公司的 SVC 发动机采用了 SVC 技术，低速时可以提供高压缩比，保持发动机以正常的压缩比进行工作，减少甚至消除迟滞现象；在涡轮增压器工作达到最大化时还可以降低压缩比，防止增压过大引起爆燃，同时适应强增压；在这两种情况期间，由于压缩比的变化得到了 ECU 的控制，因此是一个连续的线性变化，使发动机在每种情况下都能得到最佳的工作效率。

2. 法国 MCE-5 发动机

图 1.30 所示为法国 MCE-5 发动机。该发动机采用附加装置实现预期功能，是一种机械的组合方案，整合了功率传输和压缩比控制功能。MCE-5 发动机活塞往复运动不是通过连杆实现的，而是通过一个中间齿轮传动实现的。中间齿轮通过右边的控制齿条位置的变化来调整压缩比，控制齿条与控制阀相连，而控制阀是由 ECU 控制的。MCE-5 发动机采用了长使用寿命的齿轮和滚珠轴承系统导向的活塞，并且活塞相较以前没有大的活塞裙部，该结构使活塞不会产生垂直拍击和径向负荷，保证发动机坚固耐用及其可靠性，能有效地降低摩擦损失，提高机械效率。

MCE-5 发动机采用的活塞只有很小的活塞裙部，可以大大降低摩擦损失，因为减小了活塞与气缸的接触面积，所以较好地解决了活塞侧击问题。MCE-5 发动机的摩擦损失、活塞敲击现象大大减少，进而降低了发动机噪声，密封性好，提高了发动机效率；齿轮的配合精度高，提高了发动机的机械效率。

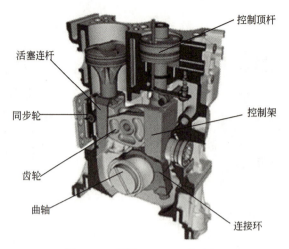

图 1.30　法国 MCE‐5 发动机

多连杆增压会使传统活塞的侧向力增大，MCE‐5 发动机则不存在这个问题，可以和任何增压技术配合使用；而且 MCE‐5 发动机实现了长行程，如果在传统机器上采用长行程，会增加增压的响应时间，增长连杆和曲柄臂，但是 MCE‐5 发动机不会。MCE‐5 发动机的控制杆不需要任何外加动力驱动，而且可以防止过载。

3. 多连杆 VCR 发动机

图 1.31 所示为多连杆 VCR 发动机。

多连杆 VCR 发动机的运动规律如下：活塞与曲轴通过上连杆与下连杆连在一起。下连杆还通过控制连杆连接到了控制连杆偏心轴颈中心。曲轴旋转导致下连杆围绕着控制连杆主轴颈的中心旋转，同时围绕着曲柄销的中心转动。

压缩比改变的原理如下：控制连杆偏心轴颈的中心向上移动使下连杆顺时针倾斜，使活塞的上止点和下止点的位置同时下降以降低压缩比；相反，控制连杆偏心轴颈的中心向下移动可以提高压缩比。可以根据发动机的转速与转矩（图 1.32）来改变压缩比。转矩大，承受的负荷大。在低速低负荷时采用高压缩比（14∶1）以获得提高燃油经济性的最佳效果；随着负荷的增加，减小压缩比以防止爆燃发生；为了在全负荷时采用高增压，将压缩比设为最低值（8∶1）。

1.4.2　可变压缩比技术的特点及展望

1. VCR 技术的优点

（1）提高发动机的热效率，在很大程度上可改善发动机的燃油经济性。采用 VCR 技术后，无论何种工况，发动机都在爆燃限制条件下工作，可获得最佳热效率。

（2）适合多元燃料驱动。VCR 技术使得发动机在所用燃料种类方面非常机动灵活，因为 VCR 发动机总是以最适合所选用的燃料的压缩比工作。如果 VCR 发动机采用辛烷值超过汽油的燃料，那么上述优点就会变得更显著。例如，甲醇是一种经常用于代替汽油的代用燃料，其马达法辛烷值为 106，而研究法辛烷值为 112。因此，在高转速下，甲醇实际上达到了与汽油相同的抗爆燃性；而在低转速下，它的抗爆燃性远远超过了汽油的。VCR 发动机概念能够充分利用这种高抗爆燃性，更好地利用燃料的能量。

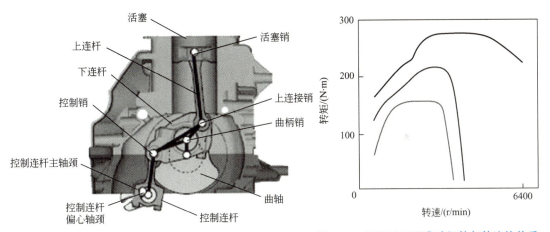

图 1.31　多连杆 VCR 发动机　　图 1.32　不同工况下发动机转与转速的关系

(3) 有利于降低排放。为了使催化转化过程能够顺利地进行，三元催化转化器必须达到 400℃ 左右的工作温度。冷发动机起动后需要经历一段所谓的"起燃时间"才能达到这一温度，一般为 1～2min。在起燃时间尚未结束之前，三元催化转化器对排放的净化转化作用十分有限。采用 VCR 技术，与推迟点火一样，能够降低热效率，进而提高单位排量的废气热流量，迅速地加热三元催化转化器，缩短起燃时间，明显地降低冷起动和暖机阶段排放。在部分负荷工况，针对 HC 排放随着压缩比增大而增加的现象：一方面，由于 VCR 技术可以接受较大的 EGR 率，因此能够更多地降低 NO_x 排放；另一方面，在较高负荷下通过提高压缩比能够提高热效率，增大转矩，可以部分地替代混合气加浓的程度，因而降低对混合气加浓的要求，这样就可以扩大闭环控制的工况范围，进一步降低有害物质 CO 和 HC 的排放。

(4) 提高运行稳定性。传统的固定压缩比汽油发动机在冷机怠速阶段为了加热三元催化转化器，要大幅度地减小点火提前角以降低热效率。这样一来就会明显地降低转矩，有可能使得发动机运行不稳定。在全负荷工况为了减小增压汽油发动机的爆燃倾向性也要减小点火提前角。但是，过多地减小点火提前角会导致转矩过多地下降，使得发动机运行不稳定。

VCR 汽油发动机可以先通过减小压缩比，在一定程度上降低热效率，然后根据实际的转速变动情况在较小范围内调节点火提前角，使得发动机在冷机怠速和全负荷时平稳地运行。另外，通过提高压缩比可以提高转矩，抵消高 EGR 率给发动机运行带来的负面效应。

(5) 实现发动机的小排量，结构更紧凑，比质量更高。

2. VCR 技术存在的问题

(1) VCR 发动机一般结构复杂，通常需要对发动机结构进行大幅改变，有时加工困难。如何简化机构以在有限的空间里实现理想的效果是需解决的一个问题。

(2) 新增的控制机构及辅助机构等可活动零部件导致了振动、摩擦损失和磨损的增加，也使发动机质量增大，这些大质量体的移动需要消耗很大一部分能量。

(3) 适时、准确地改变发动机的压缩比，需要相应的高精度控制设备，匹配难度大。

(4) 密封性问题。当压缩比过大时，漏气会耗损发动机的动力，并导致发动机机体等零部件的故障。过多的混合气漏入曲轴箱内,会引起润滑油变质。

(5) 研发成本及制造成本高。

3. VCR 技术的展望

(1) 随着发动机相关理论、计算机技术、电子技术、结构优化设计等的飞速发展,VCR 技术会越来越多地应用在发动机上,以使发动机的各项性能在各工况变化范围内得到优化。

(2) VCR 技术使未来的发动机趋向于小型化、节能环保且能提供强大的动力。

(3) 未来的 VCR 发动机应具有与现有发动机之间的互换性,以推动量产。例如,现有的排气后处理系统、VVT 系统、变速器等均可照常使用,而不需要重新开发。

(4) 未来的 VCR 发动机应与先进的电子控制系统相配合,以尽可能精确地连续调节压缩比,使其满足不同的工况和使用要求,获得更高的效率。

(5) 应加大 VCR 技术研发投入,结合 VVT、GDI、HCCI、涡轮增压、稀薄燃烧等新技术来改善和提高发动机的综合性能。

1.5 汽车起动停止系统

在城市中,由于人口和汽车比较集中,因此城市车辆运行工况特殊,特别是对于城市公交车来说,停靠的站点多,再加上交通道口红灯停车,起步和停车十分频繁,造成了发动机产生的大部分能量在制动过程中以摩擦生热的形式消耗。又由于存在长时间的停车工况,因此发动机长时间地处于怠速运转状态,造成车速低、燃油消耗高、污染严重等问题。汽车起动停止系统(start stop system)由此应运而生,同时也称汽车怠速停止和起动系统(idling stop and start system,ISS)。

1.5.1 汽车起动停止系统的结构与工作原理

汽车起动停止系统的结构如图 1.33 所示,包括发动机、变速器、液力变矩器(图中未给出)、电动机/发电机、逆变器、蓄电池、变速器挡位传感器、加速踏板传感器、制动踏板传感器、车速传感器、发动机转速传感器、蓄电池电量传感器等。

汽车起动停止系统的工作原理可简要叙述如下:**在汽车停止、发动机处于怠速状态时,发动机将自动关闭,当驾驶人有重新起动汽车的意愿时,可以自动起动发动机来驱动汽车行驶。**

下面根据汽车起动停止系统结构图来详细描述其具体工作原理:当车速传感器检测到汽车停止,发动机转速传感器检测到发动机处于怠速状态,制动踏板传感器检测到制动踏板被踩下,而且变速器挡位传感器检测到变速器未处于 R 位时,这些信号将传递至起动停止系统控制器,起动停止系统控制器判定汽车满足了怠速停止的条件,则将关闭发动机的命令发送到发动机 ECU,发动机 ECU 发送信号给点火系统停止点火或燃油泵停止供应燃油来关闭发动机;当制动踏板传感器检测到驾驶人松开制动踏板,加速踏板传感器检测到加速踏板被踩下,而且变速器挡位传感检测到变速器处于 D 位时,起动停止系统控制器则

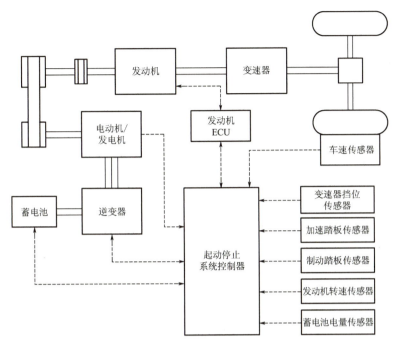

图 1.33　汽车起动停止系统的结构

判定驾驶人试图起动汽车,并发送信号给电动机/发电机,电动机/发电机利用蓄电池的电力来起动发动机,同时发动机 ECU 发送命令给点火开关开始点火或燃油泵开始供应燃油,基于电动机/发电机的减振效果,发动机可以平顺地起动,然后驱动汽车继续前进。

由于汽车处于停车期间,发动机停止运转,相应的一些车载电器(如空调等)暂时失去电力供应,这就降低了乘坐的舒适性。为了解决这一问题,在汽车上可以安装不使用电力驱动的空调压缩机。例如,可以安装一个液压蓄能器来储存由液压泵(如液压助力转向泵等)传递过来的发动机所产生的液压能,利用液压蓄能器可以在发动机怠速停止期间驱动空调压缩机来保证汽车空调的正常运行。

1.5.2　博世公司的起动停止系统

图 1.34 为博世公司的起动停止系统开启示意图。汽车起步后,一旦其行驶速度超过 3km/h 且时间持续约 4s,起动停止系统就会自动开启。该起动停止系统的工作原理如下:当汽车在铁道路口或者红绿灯前停车时,该系统会自动将发动机暂时关闭;而再次起步时,不需要再次操作点火钥匙就能自动起动发动机,从而达到减少燃油消耗的目的。

对于起动停止系统来说,评估蓄电池的充电状态,以判断是否可以使发动机再次起动是很重要的。这个过程称为起动电压预测。这表明,对涉及再次起动的所有发动机特性和数值都要进行评估。因此,蓄电池状态和发动机特性曲线一直都被监控分析。根据起动电压预测的具体情况,来判定起动停止系统是否可以使用,或者是否需要关闭某些用电器(以避免用电需求过大)。目前,涉及的用电器有座椅加热装置、后风窗加热装置、后视镜加热装置、转向盘加热装置和电预热装置。这些用电器在发动机再次起动前会被关闭,并在发动机起动过程中不工作(被锁止)。

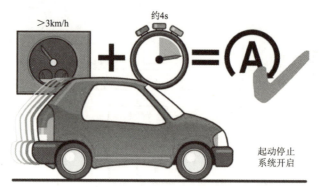

图 1.34　博世公司的起动停止系统开启示意图

起动停止系统既可用于手动变速器汽车的发动机,也可用于双离合器变速器汽车的发动机。这两种变速器的操作特点有所不同。因此,对于配备这两种变速器的汽车,起动停止系统的操作和工作过程有其各自的特点。

1. 手动变速器汽车上起动停止系统的运作

图 1.35 所示为手动变速器汽车上起动停止系统发动机的关闭过程。具体过程如下：①汽车以 50km/h 的速度行驶到一个红灯前；②驾驶人换低挡并制动汽车直至其停止；③驾驶人挂入空挡并松开离合器踏板；④起动停止系统将发动机关闭,组合仪表显示屏上出现起动停止系统符号,表明系统已经为发动机再次起动做好准备。

图 1.35　手动变速器汽车上起动停止系统发动机的关闭过程

图 1.36 所示为手动变速器汽车上起动停止系统发动机的起动过程。具体过程如下：①交通灯由红灯转为绿灯；②驾驶人踩下离合器踏板；③起动停止系统自动使发动机再次起动,组合仪表显示屏上的起动停止系统符号熄灭；④驾驶人挂挡、加速,继续行驶。

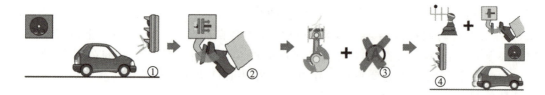

图 1.36　手动变速器汽车上起动停止系统发动机的起动过程

2. 双离合器变速器汽车上起动停止系统的运作

图 1.37 所示为双离合器变速器汽车上起动停止系统发动机的关闭过程。具体过程如下：①汽车以 50km/h 的车速行驶到一个红灯前,驾驶人制动汽车直至其停止；②驾驶人保持踩住制动踏板；③起动停止系统将发动机关闭,组合仪表显示屏上出现起动停止系统符号,表明系统已经为发动机再次起动做好准备；④驾驶人保持踩住制动踏板,直至交通灯由

红灯转为绿灯。

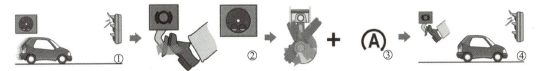

图 1.37　双离合器变速器汽车上起动停止系统发动机的关闭过程

图 1.38 所示为双离合器变速器汽车上起动停止系统发动机的起动过程。具体过程如下：①交通灯由红灯转为绿灯；②驾驶人松开制动踏板；③起动停止系统自动使发动机再次起动，组合仪表显示屏上的起动停止系统符号熄灭；④驾驶人踩加速踏板加速，继续行驶。

图 1.38　双离合器变速器汽车上起动停止系统发动机的起动过程

3. 起动停止系统结构

起动停止系统控制器集成在发动机 ECU 软件内，它要与汽车的很多部件和子系统进行数据交换，以便控制起动停止系统。图 1.39 所示为手动变速器汽车上使用的博世公司的停止起动系统结构。

博世公司推出的带滑行功能的起动停止系统可使汽车在大部分行驶时间内实现零排放、无噪声、低阻力驾驶模式。这项技术创新在汽车行进中（如在平缓的下坡）即可关闭发动机，从而减少燃油消耗。而当驾驶人踩下加速踏板或松开制动踏板时，发动机将重新起动。

起动停止系统的创新之处在于，使用已有的传感器数据令软件系统得到加强。与此同时，装配起动停止系统的起动机可承受更大的电流并使起动更快速。另外，这个系统几乎不需要额外零件，就可安装在任一款车型上。无论是欧洲的柴油车、北美的汽油车还是亚洲的天然气车，全世界的驾驶人都会从这项技术中获益，环境也将得到有效改善——起动停止系统的滑行功能可有效降低燃油消耗，减少 CO_2 的排放量。

如今，得益于双离合器变速系统，一些汽车已有"轻量版"滑行功能。当驾驶人松开加速踏板时，系统会自动把发动机转为怠速状态。第一代起动停止系统只能在汽车完全停下来时才关闭发动机，而加强版起动停止系统在汽车滑行准备停止时即可关闭发动机（如遇到红灯）。当驾驶人松开加速踏板和制动踏板时，配备滑行功能的起动停止系统在汽车行进时就会自动关闭发动机，以节省更多燃油。此外，因为发动机和传动系统分离，比起倒拖断油系统，带有滑行功能的汽车可以滑行更长的距离。

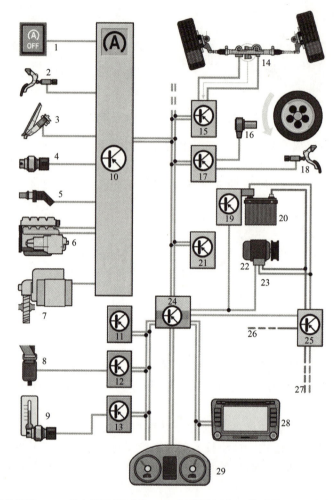

1—起动停止系统按键；2—离合器踏板开关；3—加速踏板位置传感器；4—冷却液温度传感器；
5—变速器空挡位置传感器（仅手动变速器）；
6—发动机管理系统（如点火、燃油供给、混合气制备、EGR、二次空气、废气净化等）；
7—起动机；8—安全带识别；9—暖风、鼓风机和空调调节；10—发动机 ECU；
11—车载电网 ECU；12—舒适系统 ECU；13—自动空调 ECU；
14—电控机械式转向助力系统；15—转向助力 ECU；16—车速信号，行程识别；
17—ABS ECU；18—制动灯开关；19—蓄电池监控 ECU（带有蓄电池传感器）；
20—蓄电池；21—自动泊车辅助系统 ECU；22—交流发电机；23—调压器；
24—数据总线诊断接口；25—稳压器；26，27—接线端；
28—收音机/导航系统；29—仪表板 ECU

图 1.39　手动变速器汽车上使用的博世公司的起动停止系统结构

1.6　发动机综合技术应用

从减少 CO_2 排放技术的研发所需成本来看，混合动力技术的费用无疑是比较高的。

然而，涡轮增压、降低发动机排量及采用 GDI 技术等，在减少同等质量 CO_2 排放的费用方面，仅是混合动力技术的 1/3。

降低汽油发动机的排量，一般来说可以减少 20% 的 CO_2 排放。其效果可能不如混合动力车那么显著，但是这种解决方案的成本是比较低的。先进的小型化汽油发动机在城市工况时，能减少 20%～25% 的 CO_2 排放，在高速公路工况下则能减少 10%。

1.6.1 发动机小型化的关键技术

小型化汽油发动机需要涡轮增压技术和 GDI 技术来提高功率。但是，涡轮增压所产生的动力越大，由质量产生的惯性也就越大。这将引起发动机低速时的转矩损失。路特斯公司通过使用 VVT 技术来补偿转矩的不足。大众公司在其高性能的 TSI 1.4 发动机上通过增加一个机械增压器来作为现有涡轮增压器的补充。

目前，汽油发动机的涡轮增压设计是一种折中的方法。涡轮增压单元必须足够小以满足低速时的性能要求。但是小部件在高负荷时容易过热。为了冷却充分，系统必须增加额外的燃油，这就造成了浪费。还有一种解决方案，是采用与已经用于部分宝马车型和标致雪铁龙车型上的产品相类似的双涡轮装置。该装置的工作原理是，一个小型的涡轮增压器用于低负荷工况，当负荷增加时，一个大型的涡轮增压器开始工作。目前，霍尼韦尔和博格华纳公司正在生产双涡轮增压器。

能够实现发动机小型化的关键技术还有 GDI 技术。该技术的零部件供应商有博世、电装、德尔福、大陆等公司。

1.6.2 双燃油喷射系统

从化油器到进气歧管燃油喷射（缸外喷射）再到缸内直接喷射，每次创造都是无数工程师智慧的结晶。进气歧管燃油喷射起动排放少，进气门、喷油嘴积炭少，但是发动机热效率低，喷油量利用不充分。GDI 发动机效率高，燃烧更充分，但是其起动时排放多，喷油嘴和进气门容易积炭。

1. 双燃油喷射系统的关键技术

以日本丰田公司四冲程发动机缸内直喷升级版（direct-4 superior version，D-4S）技术为代表的发动机双燃油喷射系统则集进气歧管燃油喷射和缸内直接喷射的优势，根据不同工况，使用不同喷射方式，提高发动机功率和动力性的同时降低排放污染。图 1.40 所示为双燃油喷油系统的结构。

D-4S 与在常规的缸内直接喷射系统相比增加了一组进气歧管喷射喷油嘴，拥有两套喷油系统，如图 1.41 所示。两套喷射系统可以互补，发挥各自所长。进气歧管喷射在高负荷高转速下雾化及混合效率方面不及缸内直接喷射，而缸内直接喷射在冷起动时的油气混合效果方面不如进气歧管喷射，热机速度低。双燃油喷射系统则根据缸内直接喷射和进气歧管喷射两种供油方式的优缺点，扬长避短。冷起动、怠速、低负荷使用进气歧管喷射，中低转速、中等负荷两套喷射系统协同工作，高负荷下则由缸内直接喷射完全接管，见表 1-6。

双燃油喷油系统结构图

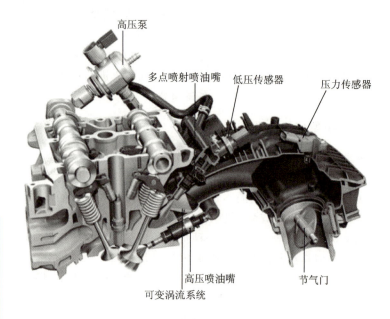

图 1.40　双燃油喷油系统的结构

双燃油喷油系统

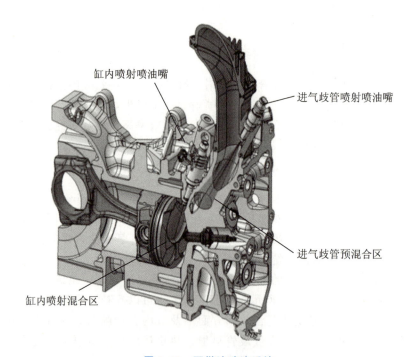

图 1.41　双燃油喷油系统

表 1-6 双燃油喷射系统的工作方式

发动机工况	喷射方式
冷起动	进气歧管喷射（充分利用缸外喷射在起动时燃烧更充分的特点，降低有害气体排放）
中低转速（2500r/min 以下）	双喷射（利用缸内直接喷射热效率高和燃烧充分的特点，来获取更好的发动机性能，配合缸外喷射取得类似分层燃烧的效果，同时可以清洗进气门积炭）
高转速（2500r/min 以上）	缸内直接喷射（高压缩比发动机在高负荷时，气缸内温度非常高，容易发生爆燃。这时充分利用缸内直接喷射能降低气缸温度的作用保证发动机高效稳定工作）

2. 双燃油喷射系统的优缺点

配备了 D-4S 发动机的丰田凯美瑞汽车，具有 123kW 的功率和 199N·m 的转矩，功率与 2.0L 发动机相比提升了 14%，转矩也有 5% 的增幅，同时汽油利用效率提高了 20%。

D-4S 发动机发挥了缸内直接喷射优点的同时，保留了进气歧管喷射喷油嘴，在缸内直接喷射工作效果不良的工况下进气歧管喷射介入，较好地解决了热机慢等问题，减少了 NO_x 排放，并且在中等负荷下通过双喷射实现了分层燃烧，进一步提升了燃油利用效率。

但是，双燃油喷射系统也有不足之处。缸内直接喷射是靠压缩行程时空气被压缩产生的涡流，在极短时间内与喷油嘴喷出的细化燃油颗粒混合，但怠速热机、低负荷时，压缩行程时空气流速相对较低，混合的效率就低。另外，缸内直接喷射相当于将喷油嘴的位置从进气道移到了气缸内，燃油在进气道的润洗效果消失，结果就是进气道积炭，从而造成发动机效能下降。还有，其工作特点决定了缸内直接喷射在低负荷下 NO_x 排放较进气歧管喷射多。

1.6.3 水喷射系统

在进气歧管注入雾化水汽的系统，称为水喷射系统，最具代表的应用是 WRC 赛车竞技改装。博世公司发表模组化的水喷射系统，代表车厂可以直接采用这套系统植入量产车中。

如图 1.42 所示，左侧位于进气歧管旁的黑色喷嘴就是水喷射系统。

以往水冷系统是由水对发动机外围进行降温，无法针对产生热源的燃烧室直接降温，对于加装涡轮的大功率车种，高转速产生的温度便无法快速降低，故进气温度更高，空气含氧量不足会造成爆燃且降低燃油使用效率。所以水喷射系统将水雾化后注入进气歧管，水气进入燃烧室后必能有效降温，燃烧后的水成为水蒸气，跟着废气由排气阀门排出，不会有水残留，而且能在每次爆炸时进行降温。水喷射系统能够直接降低燃烧室温度，燃烧后的水蒸气还具有清除积炭的作用。

燃料进入燃烧室后约有 20% 用于降温，汽油在火花塞尚未点火爆炸之前就因燃烧室的高温而消耗，所以雾化的水气便能起到降温作用，使燃油的燃烧效率更好，还能减少发动机爆燃，提高运转顺畅度。由博世公司提供的数据来看，水喷射系统能够减少燃油消耗高达 13%。博世公司的水喷射系统已经搭载于宝马 M4 GTS 六缸涡轮发动机中。

水喷射系统

图1.42 水喷射系统

1.6.4 可变截面涡轮增压系统

1. 可变截面涡轮增压系统的工作原理和实现方式

可变截面涡轮增压系统的工作原理如图1.43所示,通过调节涡轮的转速,使得增压器在发动机不同转速工况下可以保证最佳的增压效率,从而提高增压器的低速介入性能和对发动机转速的响应性,并有效提高增压器的可靠性和使用寿命,改善发动机的排放。

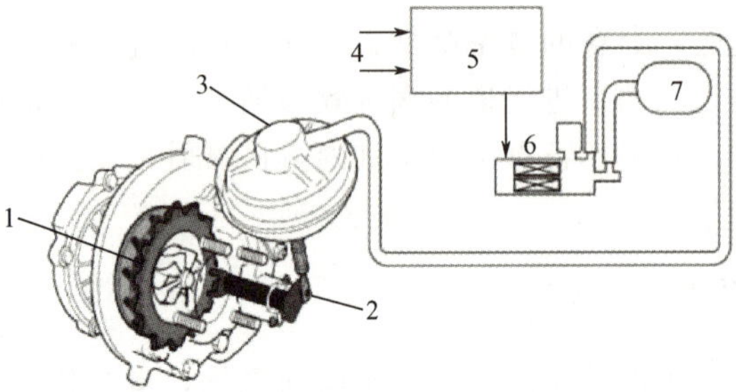

1—叶片;2—真空执行器阀杆;3—真空执行器;4—转速信号;5—ECU;6—电磁阀;7—真空泵

图1.43 可变截面涡轮增压系统的工作原理

可变截面涡轮增压系统的实现方式如下:在涡轮增压器的涡轮机一侧的叶片外圈均布一圈叶片,叶片与叶轮之间形成一个喷嘴。叶片在真空执行器的控制下可以转动,从而改变喷嘴开度。喷嘴开度的变化可以改变废气冲击涡轮叶轮的角度,同时可以改变喷嘴的等效流通面积,进而改变涡轮转速。这样,当发动机转速较低时,通过调小喷嘴的开度,使得涡轮的转速变大,从而使发动机的进气量明显增加,提高了此工况下发动机的动力性并降低了尾气排放。当发动机转速较高时,通过调大喷嘴的开度,使得涡轮的转速变小,降低了增压压力,避免了过高的增压压力带来的发动机的动力损耗和过高的燃油消耗,同时提高了增压器的使用寿命和可靠性。

2. 可变截面涡轮增压系统的具体实施方式

可变截面涡轮增压系统的增压方式因发动机的转速不同而不同。当发动机转速较低时，ECU 控制电磁阀的开度变大，使进入真空执行器中的气体负压变大，真空执行器阀杆的上升行程变大，进而使叶片的位置发生变化。此时，图 1.44 中的喷嘴开度变小，流经喷嘴的废气的转速变大。废气对涡轮的冲击力也大，涡轮的转速较大，涡轮对进气的压缩效率较低。此时，增压器的增压效果比普通涡轮增压器好。这样，就提高了发动机在高负荷时发动机的动力输出，同时降低了发动机的排放。当发动机转速较高时，ECU 控制电磁阀的开度变大，使进入真空执行器中的气体负压变小，真空执行器阀杆的上升行程变小，进而使叶片的位置发生变化。此时，喷嘴的开度变大，流经喷嘴的废气的转速变小。废气对涡轮的冲击力和转速变小，对进气的压缩效率也变低。此时，增压器的工作状态和不可变截面增压器的工作状态是一致的。

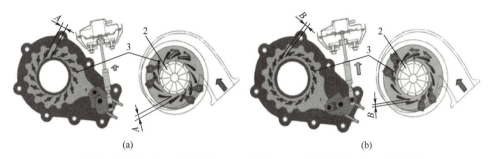

1—叶片控制臂；2—涡轮叶轮；3—喷嘴；A—喷嘴全开；B—喷嘴关闭

图 1.44　可变截面涡轮增压器的结构组成

1.6.5　发动机可变排量机油泵

机油泵从油底壳吸取机油，向整台发动机的各个摩擦部件持续提供压力润滑油。如果机油泵的供油量不足，则发动机缺乏足够的润滑压力，造成发动机严重磨损。但若一直保持非常高的供油量，会增加发动机的内部损耗，造成不必要的浪费。所以，要求机油泵能够按发动机的需求提供供油量。

可变排量叶片泵（图 1.45）主要分为滑动变量式叶片泵和摆动变量式叶片泵。两种类型叶片泵的变量原理大致相同。通过外调节环的滑动或者摆动，改变其与转子的偏心距，进而改变叶片泵的排量。上汽集团的可变排量叶片泵结构如图 1.45 所示。

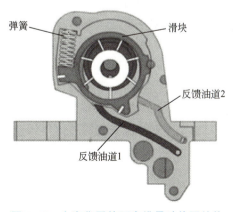

图 1.45　上汽集团的可变排量叶片泵结构

当反馈机油压力达到变量设定值时,弹簧被压缩,外调节环滑动或者摆动,使叶片的内圈和外圈之间的偏心距减小,叶片与内外圈之间形成的压油腔在叶片泵运转过程中的变化量也相应减小,这样就使叶片泵的泵油流量减小,当反馈机油压力降低时,弹簧逐渐回位从而使外调节环复位。

在低转速时,发动机的机油压力随着转速的升高逐渐上升,两个反馈油道均处于通油状态,反馈的油压不足以推动滑块移动,以最大排量工作。当发动机的压力达到一定数值时,反馈的油压可以推动滑块移动,叶片泵排量减小,系统压力基本上维持平稳。当发动机的转速升高至 3500r/min 时,为了保证发动机的安全性,系统需要更多机油,此时电磁阀将反馈油道 2(图 1.45)关闭,滑块回复到一定位置,排量增大,系统油压升高,如图 1.46 中 C 点到 D 点所示。发动机的转速继续升高,系统油压升高,当压力足够推动滑块时,叶片泵排量减小,系统压力趋于平稳,如图 1.46 中 D 点到 E 点所示。

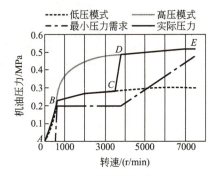

图 1.46　两级叶片泵高低压模式切换示意图

1. 简述 VVT 技术、停缸技术。
2. GDI 技术的原理是什么?
3. 什么是 HCCI 技术?该技术有什么优势?
4. 简述 VCR 技术的优缺点。
5. 简述起动停止系统的组成与工作原理。
6. 简述博世公司的起动停止系统对于配置手动变速器和双离合器变速器的工作过程。
7. 简述发动机小型化技术 D-4S、水喷射系统、可变排量油泵的优缺点。

第 2 章 汽车传动系统新技术

思维导图

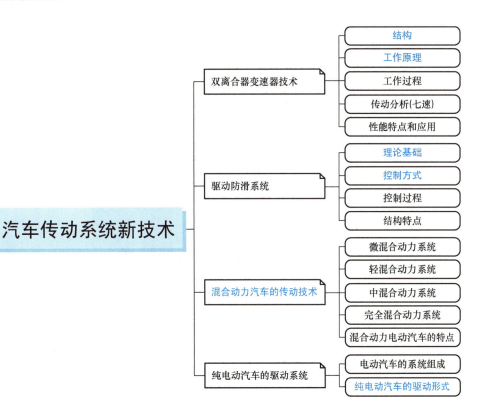

现代汽车新技术(第4版)

导入案例

混合动力汽车的动力传动系统是一项革命性技术成果。在极短的时间内,从头开始,设计出一个低廉、高效、稳定、可靠的传动系统,对工程师来说是一个极大的挑战。先进的工程仿真技术不仅可以帮助工程师深入研究复杂元件和系统的性能,还可以通过虚拟样机设计和测试,来加快和改进动力传动系统的研发。ANSYS仿真技术能够帮助工程师在原型样机制造之前,了解系统在各种工况下的性能。这种先进的CAE技术必将帮助厂商在传统的动力传动系统技术竞争中脱颖而出。电动汽车和混合动力汽车的动力传动系统是非常复杂的系统,其系统、子系统及零部件必须连贯、紧密配合地运行,以保证汽车的效率和性能最优化。

汽车的电传动系统可以在同一个集成化的仿真平台上精确仿真,开发者可以在上面评估每个零部件、子系统及系统之间的相互影响。由于在真实的环境中,零部件会受多个物理域的影响,因此仿真工具必须能准确地预测多方面的外力(包括结构力学、动力学、流体动力学、热物理学、电磁学、电化学、电磁辐射及电磁干扰/电磁兼容等)对它的影响。同时,动力传动系统的设计必须能够将这些复杂的部件模型处理成降阶模型,并用它们来建立系统和子系统模型,最终用于优化子系统或整个电传动系统的性能。

图2.1所示为混合动力汽车的电传动系统。

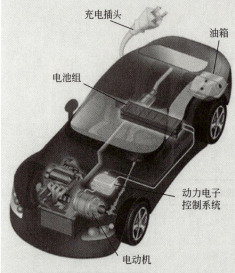

图 2.1 混合动力汽车的电传动系统

2.1 双离合器变速器技术

2.1.1 概况

手动变速器换挡时要求驾驶人踩下离合器踏板,用换挡杆进行操作,而自动变速器可以使用离合器、变矩器和行星齿轮组为驾驶人完成全部换挡工作。有一种介于二者之间并综合了二者优点的变速器——双离合器变速器,如图2.2所示。这种变速器也称半自动变速器、无离合手动变速器和自动手动变速器。

2.1.2 双离合器变速器的结构

双离合器变速器相当于将两个手动变速器的功能集成到一个变速器中。为更好地理解

汽车双离合器变速器

图 2.2　M－DCT 双离合器变速器

这个概念，这里首先介绍传统手动变速器是如何工作的。在标准的装备换挡杆的汽车中，驾驶人想从某个挡位切换到另一个挡位时，首先需要踩下离合器踏板，这将使一个单离合器开始工作，将发动机与变速器脱开并中断传递到变速器的动力。然后驾驶人用换挡杆选择一个新挡位，这是一个驱使齿套从一个齿轮移动到另一个不同尺寸齿轮的过程。被称为同步器的装置在啮合前发挥作用，使齿面线速度一致，以防止发生齿面碰撞。一旦切入了新的挡位，驾驶人松开离合器踏板，这将重新连接发动机和变速器，将动力传递到车轮。因此在传统的手动变速器中，不存在从发动机到车轮的连续不断的动力传递。相反，在换挡过程中，动力传递经历了"传递—中断—传递"的变化过程，这将引起所谓"换挡冲击"或"转矩中断"的现象。对一个不熟练的驾驶人来说，这可能导致换挡时乘员一次次被推向前和抛向后。

与手动变速器形成对照的是，双离合器变速器使用两个离合器，但没有离合器踏板，由电子系统和液压系统控制着离合器，与标准的自动变速器中的一样。在双离合器变速器中，离合器是独立工作的。如图 2.3 所示，一个离合器控制了奇数挡(如 1 挡、3 挡、5 挡)和倒挡，而另一个离合器控制了偶数挡(如 2 挡、4 挡和 6 挡)。使用这个布局，由于变速器控制器根据速度变化，提前啮合下一个顺序挡位，因此换挡时没有动力中断。

双离合器变速器主要由双离合器、机械部分变速器、自动换挡机构、电子控制液压控制系统组成。其中最具创意的核心部分是双离合器和机械部分变速器中的两轴式的输入轴。这个精巧的两轴式结构分开了奇数挡和偶数挡。不同于传统的手动变速器将所有挡位集中在一根输入轴上，双离合器变速器将奇数挡和偶数挡分布在两根输入轴上。外部输入轴被挖空，给内部输入轴留出嵌入的空间。以六挡变速器为例，内部输入轴上安装了 1 挡、3 挡、5 挡和倒挡的齿轮，外部输入轴上安装了 2 挡、4 挡和 6 挡的齿轮。这使得快速换挡成为可能，维持了换挡时的动力传递。标准的手动变速器是做不到这点的，因为它必须使用一个离合器来控制所有的奇数挡和偶数挡。

双离合器变速器

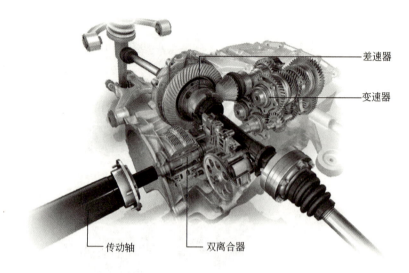

图 2.3　双离合器变速器的结构

　　传统的自动变速器必须装备变矩器以将发动机的转矩传递到变速器，然而双离合器变速器并不需要这种变矩器。目前市场上的双离合器变速器使用了湿式多片式离合器。湿式多片式离合器（图2.4）就是将离合器零部件浸入润滑油中以减少摩擦和限制热量的产生。

　　类似于变矩器，湿式多片式离合器是利用液压压力来驱动齿轮的。当离合器接合时，离合器活塞内的液压使一组螺旋弹簧零件受力，这将驱使一组离合器盘和摩擦盘压在固定的压力盘上，油压的建立是由变速器控制器指令电磁阀来控制的。摩擦盘内缘处有内花键齿，以便与离合器毂上的外花键相啮合。离合器毂与齿轮组相连，这样就可以接收传递过来的力。为分离离合器，离合器活塞中的液压会降低，在弹簧的作用下，离合器会分开。奥迪汽车的DSG变速器在湿式多片式离合器中既有小的螺旋弹簧又有大的膜片弹簧。

　　双离合器变速器中有两个离合器，它们的工作状态是相反的，不会发生两个离合器同时接合的情形，如图2.5所示。

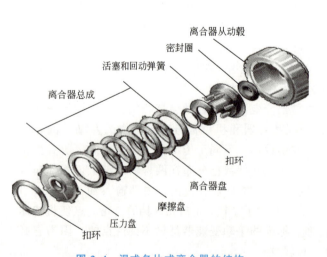

图 2.4　湿式多片式离合器的结构

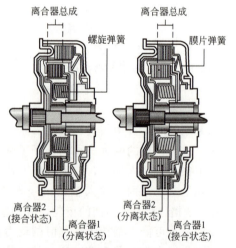

图 2.5　双离合器变速器的工作过程

双离合器变速器的挡位切换是由挡位选择器来操作的，挡位选择器实际上是液压发动机，推动拨叉就可以进入相应的挡位，由液压控制系统来控制它们工作。以一个典型的六挡双离合器变速器为例，液压控制系统中有六个油压调节电磁阀，用来调节两个离合器和四个挡位选择器中的油压压力，还有五个开关电磁阀，分别控制挡位选择器和离合器的工作。

2.1.3 双离合器变速器的工作原理

1. 换挡工作过程

这里以一个较典型的双离合器变速器为例，介绍双离合器变速器的换挡工作原理。

图2.6所示为双离合器变速器的工作原理，为了实现动力换挡，将挡位按奇数挡（1挡、3挡、5挡）与偶数挡（2挡、4挡）分开配置，分别与两个湿式多片式离合器相连。其中，1挡、3挡、5挡与离合器1连接在一起，2挡、4挡连接在离合器2上。离合器1的输出轴是实心轴，而离合器2的输出轴是套在离合器1输出轴外面的空心轴，两个输出轴是同心的。

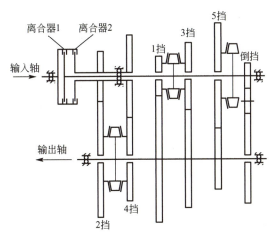

图2.6 双离合器变速器的工作原理

在汽车处于停车状态时，两个离合器都是常开式的，即在平时两个离合器均处于分离状态，不传递动力。当汽车起步时，因离合器1分离，自动换挡机构将挡位切换为1挡，然后离合器1接合，汽车开始起步运行，这时的控制过程与电控机械式自动变速器类似。汽车换入1挡运行后，因为此时离合器2处于分离状态，不传递动力，当汽车加速，达到接近2挡的换挡点时，自动换挡机构可以将挡位提前换入2挡，离合器1开始分离，同时离合器2开始接合，两个离合器交替切换，直到离合器1完全分离，离合器2完全接合，整个换挡过程结束，与目前的自动变速器相同。汽车进入2挡运行后，变速器控制单元（transmission control unit，TCU）可以根据相关传感器信号知道汽车当前的运行状态，进而判断汽车即将进入运行的挡位，如果汽车加速，则下一个挡位为3挡，如果汽车减速，则下一个挡位为1挡。而1挡和3挡均连接在离合器1上，因为该离合器处于分离状态，不传递动力，所以可以指令换挡机构十分方便地预先换入即将进入工作的挡位，当汽车运行达到换挡点时,只需要将正在工作的离合器2分离,同时将离合器1接合,配合好两个离合器的切换时序,整个换挡动作全部完成。汽车继续运行时,其他挡位的切换过程也都类似,在此不再一一叙述。

2. 离合器切换控制

在换挡过程中,发动机的动力始终不断地传递到车轮,所以这样完成的换挡过程为动力换挡。但是在两个离合器切换过程(图2.7)中,与液力自动变速器一样,必然存在工作重叠的部分。如何控制好离合器1与离合器2的配合时序,是双离合器控制策略中最重要的问题之一。在这方面,经过摸索,已经总结出了成熟的控制规律。如果两个离合器的重叠量过大,则会出现双锁死的情况,会产生破坏作用;如果两个离合器的重叠量过小,则会出现少量动力切换中断的情况。所以,需要精确调节两个离合器的工作。

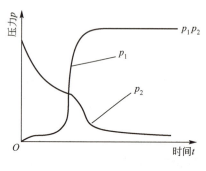

图 2.7 双离合器切换过程

在汽车起步、爬行等工况中,也可以对离合器进行滑差控制,即可以控制离合器在不完全接合的状态下通过滑摩传递动力。

3. 换挡机构与扭转减振器

双离合器变速器在挡位切换时同步器与齿轮的啮合动作同样也要实现自动化操作,而且其工作原理和结构设计与电控机械式自动变速器中的换挡机构几乎完全相同,可以借用已经成熟的经验。并且,在双离合器变速器中不再有选挡过程,每个换挡同步器都需要一个换挡执行机构控制其工作,直接推动同步器换挡。因为这种变速器的离合器为湿式的,其自动换挡机构也往往采用液压控制方式,利用电磁阀来控制液压换挡执行机构。这样,液压能源既可以驱动双离合器,也可以驱动换挡执行机构,还可以为湿式多片式离合器提供冷却油源,提高了系统的集成度。

在此介绍的双离合器变速器是由湿式多片式离合器和液压换挡机构组成的,同样也可以由干式离合器及电控换挡执行机构组成,其工作原理完全相同。但是,由于干式离合器的结构尺寸较大,特别是轴向尺寸长,而且两个离合器的操纵机构布置起来也相对比较困难,因此在一定程度上限制了在双离合器变速器中采用干式离合器的可能。但是,在一些特殊的用途中,如在混合动力汽车的传动系统中,考虑两个离合器具体的布置方案,也有的采用双干式离合器及电控换挡执行机构等,这要根据具体的车型来决定。

因为在双离合器变速器中没有变矩器,所以必须采用扭转减振器来吸收扭转振动。扭转减振器通常布置在发动机飞轮和湿式多片式离合器的动力输入部件之间。这样,在设计扭转减振器的过程中,可以应用双质量飞轮的设计原理,设计基于双质量飞轮的扭转减振器,它的第一质量由质量减小的发动机飞轮构成,而它的第二质量由湿式多片式离合器构成。通过精确设计扭转减振器和湿式多片式离合器的参数,既可以将其结构高度集成化,减小安装尺寸,又可以大大地改善其吸收扭转振动的效果。

4. 系统框图

双离合器变速器的控制系统框图如图2.8所示。

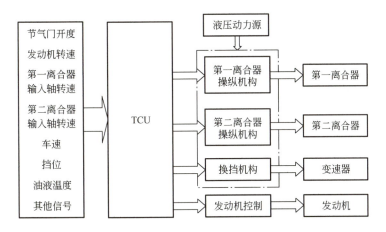

图 2.8 双离合器变速器的控制系统框图

TCU 采集各个传感器的信号，实时对汽车的运行状态进行在线判断。在需要进行换挡等操作时，TCU 发出指令，控制离合器及换挡操纵机构操纵两个离合器和变速器进行工作。湿式多片式离合器和换挡操纵机构的动力由液压动力源提供。

双离合器变速器在换挡过程中同样也需要对发动机进行控制。对电喷发动机的控制往往需要通过 CAN 总线等进行整体匹配；而对于还没有电喷化的发动机，则需要增加电子节气门进行控制。

2.1.4 双离合器变速器的工作过程

下面以大众汽车的 DSG 变速器（图 2.9）为例，简单介绍双离合器变速器的工作过程。

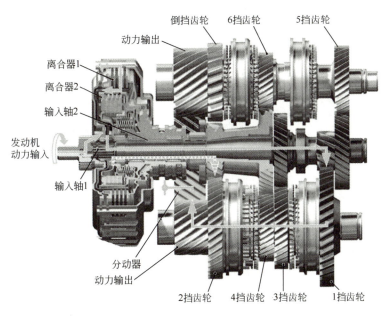

图 2.9 大众汽车的 DSG 变速器

DSG变速器

在1挡起步行驶时,动力传递路线如图2.9中直线箭头所示,外部离合器接合,通过内部输入轴到1挡齿轮,再输出到差速器。图2.9中虚线箭头所示的路线是2挡时的动力传输路线,由于离合器2是分离的,这条路线实际上还没有动力传输,是预先选好挡位,为接下来的升挡做准备。当变速器进入2挡后,退出1挡,同时3挡预先结合。所以在DSG变速器的工作过程中总是有两个挡位是结合的,一个正在工作,另一个则为下一步做好准备。

DSG变速器在降挡时,同样有两个挡位是结合的,如果6挡正在工作,则5挡作为预选挡位而结合。DSG变速器的升挡或降挡是由TCU进行判断的,踩加速踏板时,TCU判定为升挡过程,做好升挡准备;踩制动踏板时,TCU判定为降挡过程,做好降挡准备。

一般变速器总是一挡一挡地升挡,而经常会跳跃地降挡。DSG变速器在手动控制模式下也可以跳跃降挡,如从6挡降到3挡,连续按三次降挡按钮,变速器就会从6挡直接降到3挡,但是如果从6挡降到2挡,变速器会降到5挡,再从5挡直接降到2挡。在跳跃降挡时,如果起始挡位和最终挡位是由同一个离合器控制的,则会通过另一个离合器控制的挡位转换一下,如果起始挡位和最终挡位不是由同一个离合器控制的,则可以直接跳跃降至所定挡位。

DSG变速器各挡动力传递路线如图2.10所示。

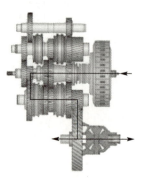

1挡:外部离合器→内部驱动轴→输入轴1→差速器

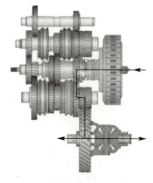

2挡:内部离合器→外部驱动轴→输入轴1→差速器

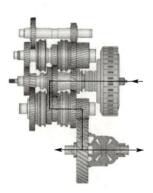

3挡:外部离合器→内部驱动轴→输入轴1→差速器

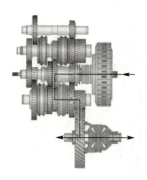

4挡:内部离合器→外部驱动轴→输入轴1→差速器

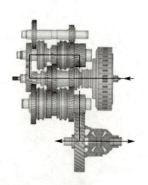

5挡:外部离合器→内部驱动轴→输入轴2→差速器

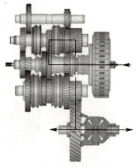

6挡:内部离合器→外部驱动轴→输入轴2→差速器

图2.10 DSG变速器各挡动力传递路线

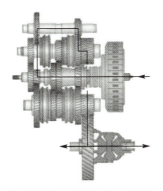

倒挡：外部离合器➡内部驱动轴➡倒挡轴➡输出

图 2.10　DSG 变速器各挡动力传递路线（续）

驾驶人也可以选择一个全自动模式，将所有挡位变化的任务交予 TCU 处理。在这种模式下，驾驶经验与传统的自动变速器非常类似。由于双离合器变速器能逐步退出一个挡位并逐步进入下一个挡位，换挡冲击减少。更重要的是，挡位变化发生在负载情况下，因此得以维持持续不断的动力传递。

2.1.5　七速双离合器变速器的传动分析

某款全时四驱车型配置了七速双离合器变速器与托森差速器（其传动原理如图 2.11 所示），纵向安装在车上，通过托森差速器将动力分配给前驱动桥和后驱动桥，构成全时四驱系统。该变速器具有 7 个前进挡和 1 个倒挡，全部采用电子控制液压操纵锁环式惯性同步器换挡。

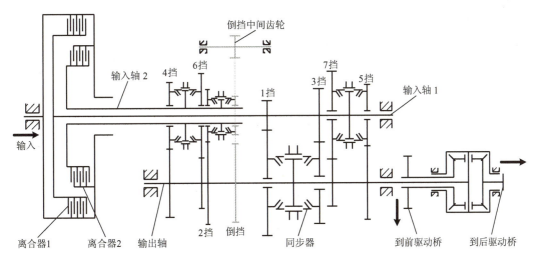

图 2.11　七速双离合器变速器与托森差速器的传动原理

1. 传动分析

如图 2.11 所示，双离合器变速器有一个由实心轴及空心轴组合而成的变速器双输入轴机构，离合器 1 与离合器 2 分别连接输入轴 1 和输入轴 2，离合器 1 负责控制奇数挡（1

挡、3挡、5挡、7挡），离合器2负责控制偶数挡（2挡、4挡、6挡）及倒挡，相当于将两套变速系统合二为一。发动机动力通过曲轴和一个双质量飞轮传递到双离合器。变速器各挡动力传递路线如下。

(1) 1挡。

如图2.12所示，离合器1接合，1挡/3挡接合装置使1挡从动齿轮固锁在输出轴上，输入轴1驱动1挡主动齿轮顺时针转动，使1挡从动齿轮逆时针转动，通过1挡/3挡接合装置将动力传递到输出轴，输出轴驱动轴间差速器将动力分配到前后驱动桥。

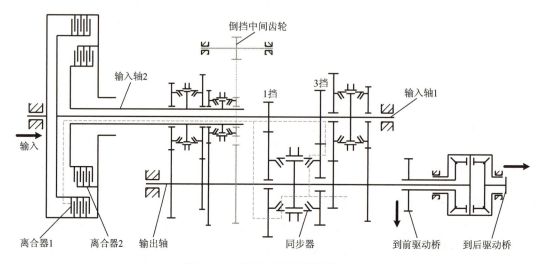

图2.12　1挡和3挡动力传动路线

(2) 2挡。

如图2.13所示，离合器2接合，2挡/倒挡接合装置使2挡主动齿轮固锁在输入轴2上，输入轴2通过接合装置使2挡主动齿轮顺时针转动，逆时针地驱动2挡从动齿轮，从而将动力传递到输出轴，输出轴驱动轴间差速器将动力分配到前后驱动桥。

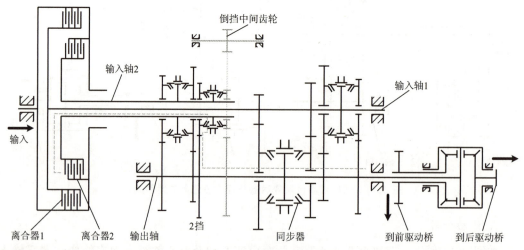

图2.13　2挡动力传动路线

(3) 3挡。

如图2.12所示，离合器1接合，1挡/3挡接合装置使3挡从动齿轮固锁在输出轴上，输入轴1驱动3挡主动齿轮顺时针转动，使3挡从动齿轮逆时针转动，动力通过1挡/3挡接合装置传递到输出轴，输出轴驱动轴间差速器将动力分配到前后驱动桥。

(4) 4挡。

如图2.14所示，离合器2接合，4挡/6挡接合装置将4挡主动齿轮固锁在输入轴2上，输入轴2通过接合装置使4挡主动齿轮顺时针转动，逆时针地驱动4挡从动齿轮，从而将动力传递到输出轴，输出轴驱动轴间差速器将动力分配到前后驱动桥。

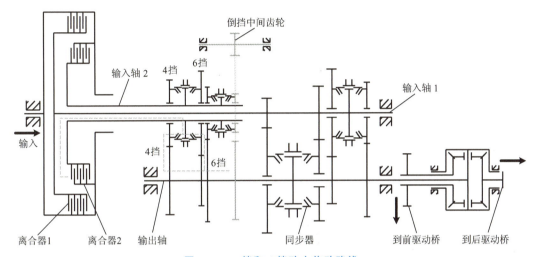

图2.14 4挡和6挡动力传动路线

(5) 5挡。

如图2.15所示，离合器1接合，5挡/7挡接合装置使5挡主动齿轮固锁在输入轴1上，输入轴1通过接合装置使5挡主动齿轮顺时针转动，逆时针地驱动5挡从动齿轮，从而将动力传递到输出轴，输出轴驱动轴间差速器将动力分配到前后驱动桥。

(6) 6挡。

如图2.14所示，离合器2接合，4挡/6挡接合装置将6挡主动齿轮固锁在输入轴2上，输入轴2通过接合装置使6挡主动齿轮顺时针转动，逆时针地驱动6挡从动齿轮，从而将动力传递到输出轴，输出轴驱动轴间差速器将动力分配到前后驱动桥。

(7) 7挡。

如图2.15所示，离合器1接合，5挡/7挡接合装置使7挡主动齿轮固锁在输入轴1上，输入轴1通过接合装置使7挡主动齿轮顺时针转动，逆时针地驱动7挡从动齿轮，从而将动力传递到输出轴，输出轴驱动轴间差速器将动力分配到前后驱动桥。

(8) 倒挡。

如图2.16所示，离合器2接合，2挡/倒挡接合装置使倒挡主动齿轮固锁在输入轴2上，输入轴2通过同步装置使倒挡主动齿轮顺时针转动，逆时针地驱动倒挡中间齿轮，使倒挡从动齿轮顺时针转动，从而将动力传递到输出轴，输出轴驱动轴间差速器将动力分配到前后驱动桥，实现倒挡行驶。

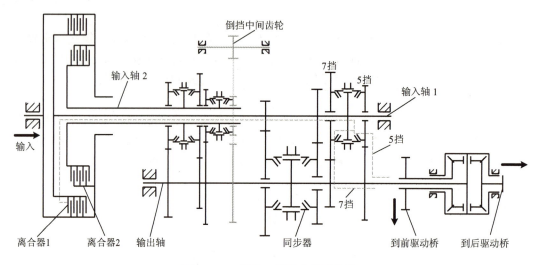

图 2.15　5 挡和 7 挡动力传动路线

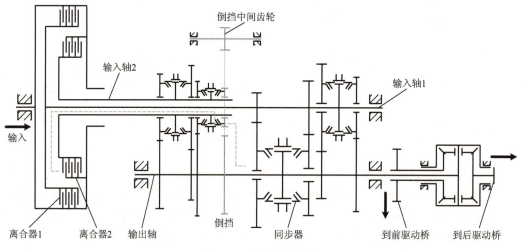

图 2.16　倒挡传动路线

2. 七速双离合器变速器的特点

七速双离合器变速器采用了"直接动力传递"换挡方式，换挡时间短，使驾驶人能获得一种特殊的驾驶体验；传动过程中的能耗损失非常有限，大大提高了汽车的燃油经济性；反应非常灵敏；汽车在加速过程中不会有动力中断的感觉，使汽车的加速更加强劲、平稳。

托森差速器是全时四驱系统的核心，这种差速器有很好的自动防滑性能，当前、后驱动桥中的某个驱动桥因附着力小而出现滑转时，差速器起作用，将大部分转矩分配给附着力好的另一个驱动桥（最大可达 3.5 倍），从而提高了汽车通过坏路面的能力。若后驱动桥分配到的转矩大到一定程度而出现滑转，则后桥转速升高一点，转矩被立刻分配给前驱动桥一些，所以驱动力的分配可根据转弯的要求自动调节，使汽车转弯时具有良好的驾驶性。

2.1.6 双离合器变速器的性能特点和应用

1. 双离合器变速器的性能特点

双离合器变速器不仅继承了手动变速器传动效率高的特点,而且比手动变速器换挡更快,通过两套动力传递路线交错传递。

与传统的手动变速器相比,双离合器变速器使用更方便,因为说到底,它是一个自动变速器,只是使用了双离合器技术,使得变速器具备自动性能,同时大大改善了汽车的燃油经济性,双离合器变速器比手动变速器换挡更加快捷、顺畅,动力输出不间断。

与传统的自动变速器相比,双离合器变速器有着明显的区别。双离合器变速器没有采用液力变矩器,自动转换更加灵活,而且不是在传统的自动变速器基础上开发出来的,设计双离合器变速器的工程师们开创了全新的技术。

与无级变速器相比,双离合器变速器可以承受更高的转矩要求。

总体而言,双离合器变速器的行为就像一个标准的手动变速器:它具有装配了齿轮的输入轴、输出轴、倒挡轴、同步器和离合器,只是少了离合器踏板,多了执行换挡的TCU、电磁阀和液压单元。在没有离合器踏板的情况下,驾驶人可以通过转向盘上的扳键、按钮或换挡杆来"告诉"TCU进行换挡。

驾驶人的体验是双离合器变速器很多优点中的一个。少于8ms的升挡时间使很多驾驶人感受到在市面上所有的整车中装备双离合器变速器能提供最优的动态加速性。当然通过减少换挡冲击,双离合器变速器也提供了更平顺的换挡。

可能双离合器变速器最引人注目的优势是改善了燃油消耗。由于换挡过程中没有动力中断,因此燃油效率显著提高。有数据表明,六挡双离合器变速器与传统五挡自动变速器相比,燃油效率可增大10%。在欧洲,由于消费者更关注驾驶感受和燃油经济性,因此装备双离合器变速器被认为是一个理想选择。

2. 双离合器变速器的应用

双离合器变速器是基于平行轴式手动变速器发展而来的,它继承了手动变速器传动效率高、安装空间紧凑、质量小、价格低等优点,而且实现了换挡过程的动力换挡,即在换挡过程中不中断动力,保留了液力变速器、无级变速器等换挡品质好的优点。这使得汽车在换挡过程中,发动机的动力始终可以传递到车轮,换挡迅速、平稳,不仅保证了汽车的加速性,而且由于汽车不再产生由于换挡引起的急剧减速情况,也极大地提高了汽车运行的舒适性。这对电控机械式自动变速器来说,是一个巨大的改进。

运用双离合器变速器动力换挡的原理,不但可以直接开发设计自动变速器,而且它的一些结构构成也是目前国内外重点研究的混合动力汽车项目中传动系统的基本组成部分。因此,研究双离合器变速器的工作过程和控制规律,对开发新型的自动变速器和促进汽车混合动力传动技术的研究,既有实用价值,又有理论意义。

双离合器变速器的应用范围很广,既可以应用在大型车、中型车上,而且由于它很短的换挡时间,也可以应用在运动车上。并且,通常在较高转矩的汽车中,它的应用更为有利。这是因为,它的两个传动轴一般情况下是同心的,即中间的传动轴是实心的,而套在它外面的则是空心轴,由于轴的刚度、强度及结构尺寸等方面的原因,较大的传动轴轴径有利于双离合器变速器的设计,多适合发动机排量较大的汽车。

对于较小发动机排量的汽车,如果要开发设计双离合器变速器,也可以采用双中间轴的布置方案,这种方案不再采用轴套轴的方式,而是采用两个独立的中间轴,其刚度和强度都不再有问题,而且这样设计的双离合器变速器的轴向尺寸非常紧凑。

2.2 驱动防滑系统

汽车驱动防滑(acceleration slip regulation,ASR)系统是通过调节驱动车轮的驱动力工作的,故常称为牵引力控制系统(traction control system,TCS)(日本称它为 TRC 或 TRAC),是继制动防抱死系统(antilock brake system,ABS)后采用的一套防滑控制系统,是 ABS 功能的进一步发展和重要补充。ASR 系统和 ABS 密切相关,通常配合使用,构成汽车行驶的主动安全系统。其功能就是使汽车自动地将车轮控制在纵向和横向附着系数都比较大的滑动率范围内,一般滑动率为 15%~20%。

2.2.1 驱动防滑系统的理论基础

在驾驶人、汽车、道路组成的行车系统中,影响汽车行驶状态的基本因素是车轮与路面之间的作用力,而该作用力又是由汽车行驶方向的纵向作用力和垂直于汽车行驶方向的水平横向作用力组成的。驾驶人对汽车的控制实际是控制车轮与路面之间的作用力,而该作用力又受车轮与路面间的附着条件(即附着系数)的限制。汽车纵向驱动力受纵向附着系数限制,而抵抗外界横向力受横向附着系数限制。

在硬质路面上,车轮与路面之间的附着力就是车轮与路面之间的摩擦力。由摩擦定律可推知,车轮与地面之间的附着力取决于车轮的垂直载荷与附着系数,即

$$F_\delta = G \cdot \mu \qquad (2-1)$$

式中,F_δ 为车轮与地面之间的附着力(N);G 为车轮与地面之间的垂直载荷(N);μ 为车轮与地面之间的附着系数。

实际车轮附着力受很多因素影响,是一个随机变量。因此,为了控制车轮的滑动率,就要对作用于车轮上的力矩进行实时的自适应调节,即要求防滑控制系统具有足够快的反应速度和足够高的调节精度,否则就难以将车轮的滑动率控制在理想的范围内。

下面引入一个表征车轮滑转时滑动部分所占比例的概念——滑动率。汽车在驱动过程中,滑动率由式(2-2)确定。

$$S = \frac{r\omega - v}{r\omega} \times 100\% \qquad (2-2)$$

式中,S 为车轮的滑动率;r 为车轮的自由滚动半径;ω 为车轮的转动角速度;v 为车轮中心的纵向速度。

实验研究表明,滑动率 S 与附着系数 μ 有图 2.17 所示的对应关系,可以看出,当车轮在路面上做纯滚动($S=0$)时,其与路面之间的横向附着系数最大,随着车轮滑动率的增大,横向附着系数迅速减小;当车轮在路面上做纯滑动时,横向附着系数减小到几乎为零,车轮则完全失去抵抗外界横向干扰力的能力。此时若车轮上存在外界横向的干扰力(如汽车重力的横向分力、路面不平产生的横向力及横向风力等),则车轮将会发生横向滑移。

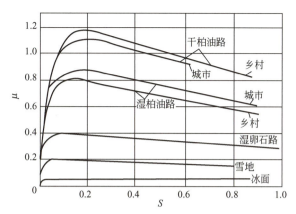

图 2.17 附着系数与车轮滑动率之间的关系

当车轮的滑动率约为 $S_驱$（$S_驱$ 为最大纵向附着系数时的滑动率）时，横向附着系数达到了 50%～70%，则汽车能达到最佳的行驶效果，因为此时纵向方向上的附着力最大，车轮具有最大的驱动力，而此时横向附着力也较大，有利于汽车的操纵和抵抗横向滑移。

2.2.2 驱动防滑系统的控制方式

汽车驱动轮滑转是由于驱动力矩超过了轮胎与地面间的附着极限，因此合理地减小汽车发动机转矩或动力传动中任一环节都可以改变驱动轮上的驱动力矩，实现防滑控制的目的。可以通过许多途径来实现牵引力控制，如发动机管理、离合器控制、改变传动比、主动制动干涉等。

▶ 防抱死制动系统

1. 发动机转矩调节

发动机转矩调节（图2.18）主要有三种方式：点火参数的调节、燃油供给调节和节气门（油门）位置调节。对于汽油发动机，控制方式主要有燃油供给控制、点火正时控制、节气门开度控制（化油器式）或喷油量控制（燃油直接喷射式）。

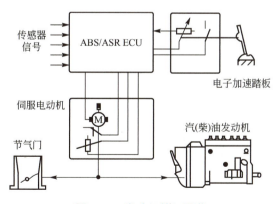

图 2.18 发动机转矩调节

从加速度变化的平顺性、发动机负荷及排放气体成分来考虑，控制节气门开度是最好的方式，但这种方式响应较慢，可以采用供油或点火作为辅助控制手段来弥补这一缺陷。采用点火正时控制，是通过减小点火提前角来减小发动机转矩，如果这样还不够，则可以采用中止气缸点火的方法,但为满足排放要求,必须同时中止供油。对于柴油发动机,则可采用调节喷油量的方法,这种方法的响应时间足够短。随着发动机电喷技术的应用,发动机转矩的调节更加精确,响应时间更短,性能更好,也更方便。但仅靠调节发动机输出转矩控制属于低选控制,可以改善方向稳定性,而无法获得最佳牵引力,因此这种方法适用于两侧驱动轮都发生过度滑转或在高速下某驱动轮发生过度滑转的工况。

2. 驱动轮制动调节

当驱动轮出现打滑时,直接向该轮上施加制动力矩,使车轮转速降至最佳的滑动率范围内。由于制动压力直接施加到打滑的车轮上,因此这种方法的响应时间是最短的。它可与发动机转矩控制联合使用,当汽车在附着系数分离的路面上行驶时,对处于低附着系数路面上的驱动轮施加一定的制动力矩,使高附着系数路面上的驱动轮产生更大的驱动力矩,从而提高汽车的总驱动力。这种方法需要对制动时间进行限制,以免制动器过热。此外,如果汽车处于附着系数分离路面,只对打滑驱动轮施加制动,可能导致两侧驱动轮驱动力相差较大,产生横摆力矩,在汽车高速行驶时,这种情况对汽车的稳定性不利,因此这种方法适用于车速较低的工况。

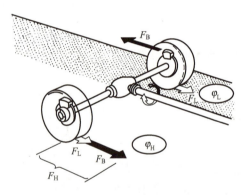

图 2.19 驱动轮制动调节

如图 2.19 所示,高附着系数路面上驱动轮的驱动力为 F_H,低附着系数路面上驱动轮的驱动力为 F_L,根据差速器转矩等量分配特性,汽车驱动力只取决于低附着系数路面上的驱动力 F_L,此时,汽车的最大驱动力 $F_{max}=2F_L$。

为了阻止低附着系数路面上行驶的驱动轮滑转,对其施加一个制动力 F_B,这样便可获得更大的驱动力。此时,汽车的最大驱动力 $F_{max}=F_H+F_L=2F_L+F_B$。

3. 差速器锁止控制

普通的开式差速器左右轮输出相同的转矩,在路面两侧附着系数相差很大时,高附着系数一侧驱动轮的驱动力得不到充分发挥,限制了汽车的牵引性。锁定差速器和黏性耦合差速器虽然提高了汽车的牵引性,但损害了汽车的稳定性。防滑差速器可以根据路面条件在一定程度上锁止,使左右驱动轮的输出转矩因锁定比和路面情况不同而不同。该控制方式只适用于后轮驱动车,比驱动轮制动力矩控制成本高。

差速器锁止控制如图 2.20 所示。

调节作用在离合片上的油压,即可调节差速器的锁止程度。油压逐渐降低时,差速器锁止程度逐渐降低,传递给驱动轮的驱动力就逐渐减小;反之油压逐渐升高时,驱动力将逐渐增大。

4. 离合器控制或变速器控制

离合器控制是指当发现汽车驱动轮发生过度滑转时,控制离合器的接合程度,使离合器主、从动盘出现部分相对滑转,从而减小传递到半轴的发动机输出转矩;变速器控制是通过改变传动比来改变传递到驱动轮的驱动转矩,以降低驱动轮滑转程度的一种驱动防滑控制。由于离合器控制和变速器控制响应较慢,变化突然,因此一般不作为单独的控制方式,而且由于压力和磨损等问题,其应用也受到很大限制。

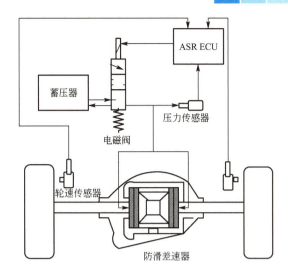

图 2.20 差速器锁止控制

5. 采用电控悬架实现车轮载荷分配

在各驱动车轮的附着条件不一致时,可以通过电控悬架的主动调整使载荷较多地分配在附着条件较好的驱动轮上,使各驱动轮附着力的总和有所增大,从而有利于增大汽车的牵引力,提高汽车的起步加速性能;也可以通过电控悬架的主动调整使载荷较多地分配在附着条件较差的驱动轮上,使各驱动轮的附着力差异减小,从而有利于各驱动轮之间牵引力的平衡,提高汽车的行驶方向稳定性。

上述几种控制方式各有其优点和局限性,实际应用中通常组合应用多种控制方式。表 2-1 列出了不同控制方式的 ASR 性能对比。目前在 ASR 系统中,广泛采用的是节气门开度调节和驱动轮制动力矩调节的控制方式。

表 2-1 不同控制方式的 ASR 性能对比

控制方式	驱动性	操纵性	稳定性	舒适性	积极性
节气门开度调节	－－	－	－	＋＋	＋
点火参数及燃油供给调节	0	＋	＋	－	＋＋
驱动轮制动力矩调节(快)	＋＋	－	－	－－	－
驱动轮制动力矩调节(慢)	＋	0	0	0	0
差速器锁止控制	＋＋	＋	＋	－	－
离合器控制或变速器控制	＋	＋	＋	－－	－
节气门开度＋制动力矩控制(快)	＋＋	＋＋	＋＋	＋	－
节气门开度＋制动力矩控制(慢)	＋	0	0	＋	－
点火参数＋制动力矩控制	＋	＋＋	＋＋	＋	－
节气门开度＋差速器锁止控制	＋	＋	＋	＋	－－
点火参数＋差速器锁止控制	＋＋	＋	＋	＋	－

注:"－－"表示很差,"－"表示较差,"0"表示基本无影响,"＋"表示较好,"＋＋"表示很好。

2.2.3 驱动防滑系统的控制过程和结构特点

1. ASR系统的控制过程

丰田汽车发动机的输出转矩利用步进电动机调节副节气门开度进行调节，驱动轮的制动力利用ASR执行器结合ABS进行控制。在制动驱动轮产生差速作用（即驱动轮转速不同，两个半轴产生差动作用）时，控制驱动轮的制动力可使驱动力得到充分发挥，从而改善行驶稳定性和转向性能，这种作用在两侧车轮所处路面的附着系数不同时更显著。因此这种控制系统特别适用于装备燃油喷射式发动机和ABS的前轮驱动乘用车。

当发动机起动后，ABS/ASR ECU根据轮速传感器产生的车轮转速信号并参考车速，计算确定驱动轮的滑动率。当ABS/ASR ECU判定驱动轮的滑转率超过设定门限值时，ABS/ASR ECU就会控制发动机输出转矩并对驱动轮施加制动以避免发生滑转现象。

ASR系统的控制流程如图2.21所示。

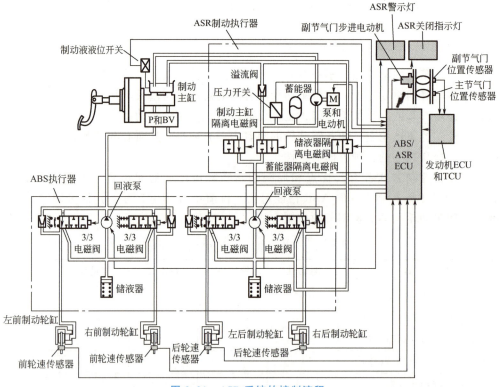

图2.21 ASR系统的控制流程

在ASR系统处于防滑转控制过程中，如果驾驶人踩下制动踏板进行制动，ASR系统会自动退出控制状态，不会影响制动过程正常进行。

尽管不同车上的ASR系统的具体结构有所差别，但它们都具有以下特点。

（1）ASR系统是否进入工作状态可以由驾驶人通过操纵ASR选择开关进行控制。当ASR系统工作时，ASR工作指示灯会自动点亮；如果关闭ASR系统，则ASR关闭指示灯会自动点亮。

（2）当ASR系统处于关闭状态时，副节气门会自动处于打开状态；ASR系统的制动压力调节器不会影响汽车制动系统的正常工作。

（3）当 ASR 系统处于工作状态时，若驾驶人踏下制动踏板，则 ASR 系统会自动退出工作状态，而不会影响汽车的正常制动过程。

（4）ASR 系统的工作是有速度条件的，当车速超过某个值（一般为 120km/h 或 80km/h）后，ASR 系统会自动退出工作状态。

（5）ASR 系统在其工作范围内具有不同的优先选择性，当车速较低时，以提高牵引力为优先选择，此时，对两个驱动轮所加的制动力矩可以不一样，即对两个后制动轮缸进行独立调节。当车速较高时，以提高行驶的方向稳定性为优先选择，此时，对两个驱动轮所加的制动力矩是相同的，即对两个后制动轮缸进行统一调节。

（6）ASR 系统具有故障自诊断功能，当 ASR 系统发生故障时，系统将会自动关闭，同时向驾驶人发出警告信号。

2. ASR 系统的结构特点

在汽车实际装备的 ASR 系统中，为了充分发挥电子控制系统的控制功能并有效地防止驱动轮滑转，一般都将不同的控制方法组合在一起进行控制。常用的组合方式有组合控制发动机的输出转矩和制动力、组合控制发动机的输出转矩和差速器的锁止程度。下面以采用组合控制发动机的输出转矩和驱动轮的制动力的丰田系列乘用车 ASR 系统为例，说明 ASR 系统的结构特点与控制过程。

丰田汽车（雷克萨斯 LS300、LS400）ABS/ASR 系统的组成如图 2.22 所示。可见，ASR 和 ABS 都由液压控制系统和电子控制系统两个子系统组成，并组合在一起的。该系统不仅能够实现 ABS 功能，而且能够实现 ASR 功能。

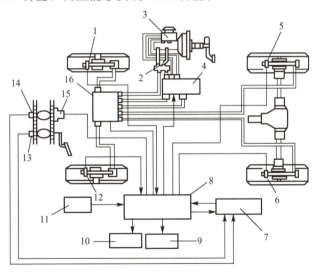

1—右前轮速传感器；2—比例阀和差压阀；3—制动主缸；4—ASR 制动压力调节器；
5—右后轮速传感器；6—左后轮速传感器；7—发动机 ECU 和 TCU；
8—ABS/ASR ECU；9—ASR 关闭指示灯；10—ASR 工作指示灯；
11—ASR 选择开关；12—左前轮速传感器；13—主节气门开度传感器；
14—副节气门开度传感器；15—副节气门控制步进电动机；16—ABS 制动压力调节器

图 2.22　丰田汽车（雷克萨斯 LS300、LS400）ABS/ASR 系统的组成

实践经验表明，在控制驱动轮的制动力时，将 ASR 与 ABS 结合在一起是控制驱动轮制动力的最佳方案。这是因为对于前驱动汽车，考虑到舒适性和操纵稳定性，对 ASR 和 ABS 制动压力的建立速度有不同要求。一般来说，ASR 制动压力的建立速度比 ABS 制动压力的建立速度要低。驱动轮的制动力可直接使用 ABS 的液压控制系统进行控制，只需在 ABS 的液压控制系统中增设一些 ASR 液压调节装置即可。

ASR 系统是在 ABS 的基础上，增设液压调节器（即 ASR 执行器）、ASR 液压泵和蓄能器等的系统。

丰田汽车 ABS/ASR 系统控制部件的安装位置如图 2.23 所示，主要有轮速传感器、ABS/ASR ECU、副节气门位置传感器及控制步进电动机、ASR 液压调节器、各种控制开关、继电器和指示灯等。四只轮速传感器为 ABS 和 ASR 共用，ABS ECU 与 ASR ECU 组合为一体，称为 ABS/ASR ECU。在 ABS 的基础上，增设了 ASR 执行器、副节气门位置控制步进电动机及 ASR 控制开关和指示灯等。其中，副节气门位置控制步进电动机和 ASR 液压调节器是电子控制系统的执行元件。

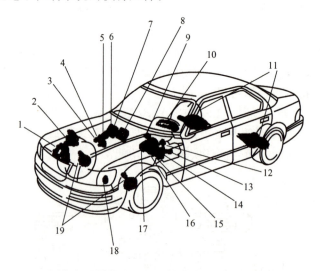

1—ABS 执行器；2—ASR 隔离电磁阀总成；3—副节气门位置传感器；4—主节气门位置传感器；
5—副节气门位置控制步进电动机；6—副节气门步进电动机继电器；
7—ABS/ASR ECU；8—发动机 ECU 和 TCU；
9—ASR 关闭开关；10—ASR 工作指示灯与关闭指示灯；
11—后轮速传感器；12—制动灯开关；13—空挡起动开关；14—ASR 液压泵；
15—ASR 液压泵继电器；16—ASR 蓄能器；
17—制动液位警告灯开关；18—ASR 主继电器；19—前轮速传感器

图 2.23　丰田汽车 ABS/ASR 系统控制部件的安装位置

2.3　混合动力汽车的传动技术

随着石油供应的日趋紧缺和环境污染的日益加剧，以电能为动力、以节能环保为特色的电动汽车越来越受到业界的关注。纯电动汽车技术相对简单成熟，但是蓄电池存量太小、使用寿命短、价格高，这些因素导致电动汽车的性能价格比难以超过传统燃油汽车，因此融合燃油汽车和电动汽车优点的油电混合动力汽车异军突起。油电混合动力汽车不仅燃油经济性高，而且行驶性优越。虽然混合动力汽车的发动机要使用燃油，但是在起步、加速时有电动机辅助，因此可降低燃油消耗，使其成为当前汽车技术发展的热点。图2.24所示为Proton插电式混合动力汽车底盘。根据在混合动力系统中混合度的不同，混合动力系统可以分为微混合动力系统、轻混合动力系统、中混合动力系统和完全混合动力系统四类。

图2.24 Proton插电式混合动力汽车底盘

2.3.1 微混合动力系统

微混合动力汽车是最早的混合动力汽车。其本质是在传统燃油汽车的技术架构之上增加了一个采用48V的具有起动功能的发电机。从严格意义上来讲，微混合动力系统的汽车不属于真正的混合动力汽车，因为它的电机并没有为汽车行驶提供持续的动力。因此在此基础上研制出了轻混合动力系统汽车。

2.3.2 轻混合动力系统

轻混合动力系统除了能够实现用发电机控制发动机的起动和停止，还能够实现以下功能：①在减速和制动工况下，对部分能量进行吸收；②在行驶过程中，发动机等速运转，发动机产生的能量可以在车轮的驱动需求和发电机的充电需求之间进行调节。轻混合动力系统的混合度一般在20%以下。

轻混合动力系统的最大优点在于无须大量改变现有汽车的结构，其工作原理如图2.25所示。由于整个系统的部件都比较小，因此可以直接装载于现有的车型上，无须大幅度改变原有车型的车架及底盘，从而降低了制造成本。最新的轻混合动力系统以48V电力系统连接发电机，而发电机分为带传动起动/发电一体化电机（belt-driven starter generator，BSG）及集成起动/发电一体化电机（integrated starter generator，ISG）。两者均可在汽车制动时回收动能作为蓄电池储电，并负责自动停车熄灭发动机，从而减少燃油消耗。BSG胜在安装成本低，所占的空间也不大。而ISG比BSG更好的地方在于ISG直接连接发动机曲轴，可以为发动机提供动力辅助，可在起步时提供额外的动力及在高速巡航时降低发动机负荷及燃油消耗。

BSG（ISG）是48V混合动力系统最重要的部件，它既是发电机又是电动机。BSG（ISG）能够在汽车自动起停、高速巡航和滑行时，使发动机处于关闭状态，仅通过电机来完成运转，这样就大大降低了燃油消耗。混合动力系统还可以在发动机加速不足时，通过电机的辅助快速加速，在不失动力的同时降低燃油消耗。

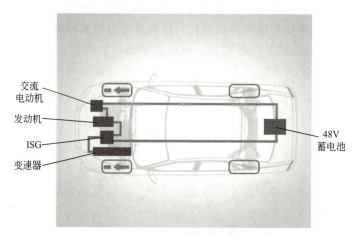

图 2.25　48V 轻混合动力系统的工作原理

12V 蓄电池无法有效地提供长时间供电。要想改善这种状态，最好的方法是提高电压，48V 蓄电池是很好的选择，它能够带动更大的电器，保证动力输出的同时，降低燃油消耗。48V 混合动力系统使用的是锂离子蓄电池，能有效地回收能源，又能够减小发动机的体积，减小车身质量，从而降低排放。48V 混合动力系统使用电动压缩机，代替燃油车的普通发动机，可以在发动机熄火时，保证空调等设备的运转，从而降低燃油消耗。

2016 年 2 月，通用汽车公司宣布通过加利福尼亚州的经销商提供 2016 款 GMC Sierra（图 2.26）和雪佛兰 Silverado 两种车型的混合动力版本。这两种车型中包含一个新的轻混合动力系统，被命名为 eAssist。该系统具有电力升压、自动停止起动和再生制动功能，并且采用紧凑型锂离子电池组，搭载的电动机可提供 13hp（1hp≈735W）和 60N·m 的补充能源。与之匹配的是 5.3L 的 V8 柴油发动机，并配有八速自动变速器。该系统可以在柴油发动机有额外燃油经济效益时将动力转化为电力进行储存，这种特性能够将燃油经济性提升 13%。

图 2.26　混合动力皮卡车 GMC Sierra

图 2.27 所示为奥迪 A8L 汽车轻混合动力系统结构。

目前，48V 混合动力系统最高可节油 20%，面对严苛的排放标准，这个数据还是令人满意的，毕竟该技术的应用并不增加汽车本身的制造成本，只是技术上的调整。由图 2.25

汽车传动系统新技术 第2章

图 2.27　奥迪 A8L 汽车轻混合动力系统结构

可见，48V 轻混合动力系统实体所占空间不大。因此在降低燃油消耗的同时，不增加成本，比较符合消费者的购买期望。

2.3.3　中混合动力系统

中混合动力系统采用的是高压电机。另外，中混合动力系统还增加了一个功能：在汽车处于加速或者大负荷工况时，电机能够辅助驱动车轮，补充发动机本身动力输出的不足，从而更好地提高整车的性能。这种系统的混合程度较高，可以达到 30% 左右，目前技术已经成熟，应用广泛。

通过在 ISG 与发动机之间增加一个自动离合器，并采用较大功率的电机，可以实现轻混合动力系统所不具有的电机单独驱动功能，并且能有效提高再生制动的能量回收率，进一步提高整车的燃油经济性，改善排放。

重庆大学机械传动国家重点实验室改进的 ISG 型中混合动力汽车驱动系统结构如图 2.28 所示，其特点是具有双离合器的机械自动变速混合动力传动系统。发动机和 ISG 联合协同工作，主要通过控制离合器 1 实现纯发动机驱动、纯电机驱动和混合驱动等模式。当汽车起步和低速行驶时，通过分离离合器 1 并接合离合器 2，采用单独驱动汽车，避免发动机怠速工况和减少发动机在低速、排放性能较差的工况下运行；当车速高于某个设定值时，离合器 1 接合，发动机开始工作；当汽车减速或者制动处于能量回收时，通过分离离合器 1 使发动机脱离，消除发动机反拖制动力，提高制动能量的回收率。如果制动强度需要进一步增大，传统的摩擦制动器将进行制动。同时，通过接合离合器 1，实现发动机反拖制动。

在 ISG 型中度混合动力系统中，发动机和 ISG 分别作为汽车高速及低速行驶时的主要动力源。需要对发动机和 ISG 进行协同优化控制，整车基本控制策略如下。

（1）当车速低于某个设定值，蓄电池 SOC 值大于最小值时，ISG 提供全部驱动转矩，发动机关闭。

（2）当发动机在给定的转速下提供所需的转矩，但工作在低效率区域时，若蓄电池允许充电（SOC<0.8），ISG 作为负载工作在发电状态，增大发动机的需求转矩，从而提高发动机的效率。

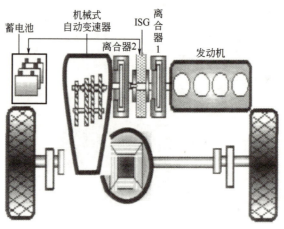

图 2.28 ISG 型中混合动力汽车驱动系统结构

(3) 当蓄电池 SOC 值过低时,发动机除了提供驱动汽车所需功率外,还提供部分功率给 ISG,ISG 工作在发电状态,为蓄电池补充电能。

(4) 当汽车处于加速工况时,发动机和 ISG 同时工作,ISG 对发动机助力。

(5) 当汽车处于减速或者制动工况时,ISG 工作在发电状态给蓄电池充电,回收制动能量。

本田混合动力汽车 Insight(图 2.29)也属于中混合动力系统,Insight 的电池组没有占用后备箱的太多空间,Insight 借鉴了思域汽车的大部分底层架构,对其进行了修改,以适应混合动力系统的电机、电池组的配套技术。

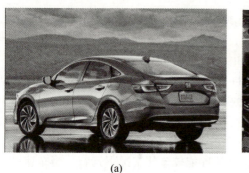

(a)　　　　　　　　　　　　　　(b)

图 2.29 本田混合动力汽车 Insight 及其发动机结构

Insight 搭载的四缸燃气发动机,产生 107hp 和 99lb·ft(1lb·ft=1.355N·m)的转矩。蓄电池供电的电机额定功率为 129hp 和 197lb·ft。本田公司的数据显示,该车的总马力为 151.5hp。仅靠蓄电池在低速下可以行驶不超过 1mile(1mile=1.609km)。燃气和电力之间的转换几乎是完全无缝的。

Insight 提供三种驱动模式:Eco(经济)、Normal(标准)和 Sport(运动)。还有一个"电动汽车"的设置,将尝试尽可能多地使用蓄电池,但从长期来看,这将使燃气发动机更努力地工作,以保持充电,但 Eco 模式的加速反应较迟钝。Sport 模式能加快反应速度,但这可能对燃油经济性产生过度负面影响。

2.3.4　完全混合动力系统

与中混合动力系统相比，完全混合动力系统的混合度可以达到甚至超过50%。技术的发展将使完全混合动力系统逐渐成为混合动力技术的主要发展方向，混合动力系统采用了ISG。

"埃尔法双擎"的混合动力技术（HEV技术，参见图2.30）属于完全混合动力技术。与其他弱混合动力系统不同的是，该系统同时具有发动机和电机两个动力源，在大幅提升动力性能的同时，极大地降低了燃油消耗，汽车可以在只有电机工作或电机与发动机同时工作的情况下运行，最佳组合发动机和电机的长处。此外，由于汽车本身具备充电的功能，因此无须利用外部电源充电，而且在驾驶和日常维护保养方面和普通汽车完全相同。

与埃尔法汽车的混合动力系统相似，雷克萨斯Hybrid Drive（图2.31）为完全混合动力系统，搭载由2.5L阿特金森循环发动机、发电机、电动机和蓄电池构成的混合动力系统，能根据不同行驶状态（起步、低速行驶、加/减速、制动、正常行驶等）选择不同动力来源，从而使节能达到最大化。

图2.30　使用丰田公司HEV技术的车型

图2.31　雷克萨斯Hybrid Drive

迄今为止的汽车都是单靠发动机驱动，而发动机在低速行驶时的燃油消耗并不理想，以完全混合动力系统为动力的油电混合双擎动力车除了以往的发动机以外，还装备了电机这一动力源。有了两大动力源之后，可以单靠电机起动汽车并进行加速，等达到燃油经济性最佳行驶速度时，自动转换为由发动机驱动汽车，通过巧妙组合并发挥发动机和电机的特长，以远远超出普通汽车的性能。

2.3.5　混合动力电动汽车的特点

混合动力电动汽车将发动机、电机、能量储存装置（蓄电池）等组合在一起，它们之间的良好匹配和优化控制可充分发挥燃油汽车和电动汽车的优点。

与燃油汽车相比，混合动力电动汽车具有如下优点。

（1）可使发动机在最佳的工况区域稳定运行，避免或减少了发动机变工况下的不良运行，使发动机的排污和燃油消耗大为降低。

（2）在人口密集的商业区、居民区等地可用纯电动方式驱动汽车，实现零排放。

（3）可通过电机提供动力，因此可配备功率较小的发动机，并可通过电机回收汽车减速和制动时的能量,进一步降低了汽车的燃油消耗和排污。

与纯电动汽车相比,混合动力电动汽车具有如下优点。

(1) 由于有发动机作为辅助动力,蓄电池的数量可减小,质量可降低,从而降低了汽车自身质量。

(2) 汽车的续驶里程和动力性可达到燃油发动机的性能要求。

(3) 发动机的动力可带动空调、真空助力、转向助力及其他辅助电器,不用消耗蓄电池有限的电能,因此保证了驾车和乘车的舒适性。

表2-2对不同类型的混合动力电动汽车在燃油经济性、尾气排放和控制难易程度等方面进行了比较。表2-3对不同类型的混合动力电动汽车在驱动模式、传动效率、整车布置、适用条件等方面进行了比较。

表 2-2 不同类型的混合动力电动汽车性能的比较

项　　目	轻混合动力	中混合动力	完全混合动力
公路行驶燃油经济性	较优	优	优
城市行驶燃油经济性	优	较优	优
无路行驶燃油经济性	较优	优	优
低排放性能	优	较优	较优
成本	低	较低	较低
复杂程度	简单	较复杂	复杂
控制难易程度	简单	较复杂	复杂

表 2-3 不同类型的混合动力电动汽车结构特点的比较

项目	轻混合动力	中混合动力	完全混合动力
动力总成	发动机、发电机/电机两大动力总成	发动机、电动机/发电机两大动力总成	发动机、电动机/发电机两大动力总成
驱动模式	电机是唯一的驱动模式	发动机驱动模式、电机驱动模式、发动机-电机混合驱动模式	发动机驱动模式、电机驱动模式、发动机-电机混合驱动模式
传动效率	能量转换效率较低	传动效率较高	传动效率较高
电机功能	只能作为起动和助力,是发动机的辅助	可与发动机配合,实现油电动力无缝衔接	可独立驱动汽车
制动能量回收	能够回收制动能量	能够回收制动能量	能够回收制动能量

续表

项目	轻混合动力	中混合动力	完全混合动力
整车总布置	两大动力总成之间没有机械式连接装置，结构布置的自由度较大，整个系统的部件都较小	发动机驱动系统保持机械式传动系统，发动机与电机两大动力总成之间被不同的机械装置连接起来，结构复杂，使布置受到一定的限制	两大动力总成之间采用机械装置连接，两大动力总成的质量、尺寸都较小，能够在小型车上布置，但结构更加紧凑
适用条件	可以直接装载于现有的车型，无须大幅度改变原有车型的车架及底盘，适用于原有燃油汽车的转产改装	适用于中小型汽车，适应在城市道路和高速公路上行驶，性能介于普通燃油汽车与纯电动汽车之间	适用于中小型汽车，适合在城市道路和高速公路上行驶，兼具普通燃油汽车与纯电动汽车的性能

2.4 纯电动汽车的驱动系统

电动汽车系统可分为三个子系统，即电力驱动子系统、主能源子系统和辅助控制子系统。其中，电力驱动子系统由控制器、电动机、机械传动装置和驱动车轮组成；主能源子系统由主能源、能源管理系统和充电系统构成；辅助控制子系统具有动力转向、温度控制和辅助动力供给等功能。 电动机的作用是将电源的电能转换为机械能，通过传动装置或直接驱动车轮和工作装置。

电动汽车基本结构如图2.32所示，其组成部分布置位置比普通燃油汽车发动机的布置更灵活、多样化，既可组合也可分开，使整车质量分配合理，结构紧凑。电动汽车结构各式各样，尽管大多数电动汽车从发展成熟的燃油汽车体系借鉴而来，但电动汽车的结构和许多性能与技术参数有独特的特征。

（1）电动汽车的能量主要通过柔性电线传递，而不是刚性联轴器和转轴，因此，电动汽车各部件的布置具有很大的灵活性。

（2）电动汽车驱动系统的布置不同会使系统结构区别很大，采用不同类型的电动机会影响电动汽车的质量、尺寸和形状；不同类型的储能装置也会影响电动汽车的质量、尺寸和形状。

（3）不同的补充能源装置具有不同的硬件和机构。例如，蓄电池可通过感应式和接触式的充电机充电，或者采用替换蓄电池的方式，将替换下来的蓄电池集中充电。

纯电动汽车驱动系统的电气系统和机械系统有多种驱动组合形式。纯电动汽车的驱动形式一般有以下几种：传统机械驱动形式、机电集成驱动形式、机电一体化驱动形式和轮毂电动机驱动形式，如图2.33所示。

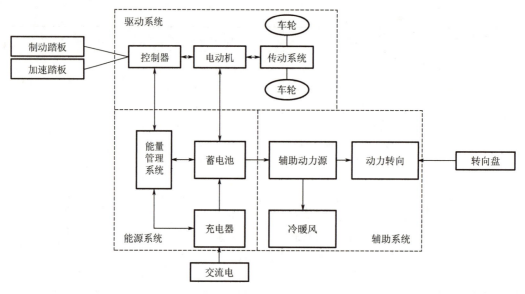

图 2.32　电动汽车基本结构

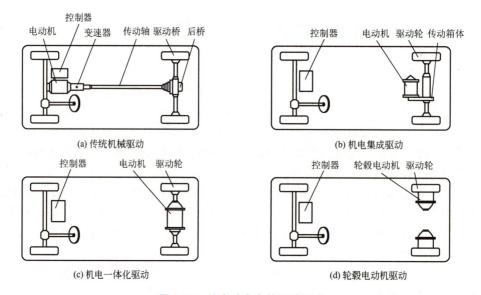

图 2.33　纯电动汽车的驱动形式

表 2-4 为纯电动汽车的驱动形式对比。

表 2-4　纯电动汽车的驱动形式对比

项目	传统机械驱动形式	机电集成驱动形式	机电一体化驱动形式	轮毂电动机驱动形式
结构特征	类似传统燃油汽车的传动系统	将电动机与固定速比的减速器直接相连	电动机前端盖处装配变速齿轮和差速器等驱动总成	电动机嵌入车轮轮毂中，各车轮的同步转动或差速转动由 ECU 控制

续表

项目	传统机械驱动形式	机电集成驱动形式	机电一体化驱动形式	轮毂电动机驱动形式
优点	结构容易实现，工作简单，有利于轴荷的合理分配；设计周期短，成本低	传动机构紧凑，传动效率高；安装方便，布置灵活	传动效率高，结构紧凑；两个驱动电动机单独控制，能够获得更好的动力性；质量小	传动效率高；结构紧凑，有利于提高汽车转向灵活性；充分利用路面附着力
缺点	结构过于冗杂，传动效率相对低；占据空间大，总质量大	对电动机的调速范围和轴承的可靠性要求较高	对电动机转速及转矩调节范围要求高；对电动机的性能及控制策略要求高，结构相对复杂	结构复杂，成本高；受空间限制，电动机功率不高

综合考虑上述驱动形式的优缺点，将电动机、自动变速器一体化，取消离合器、同步器，使其结构紧凑、传动效率高，并采用机电集成驱动形式，不仅能够在低速下获得高的输出转矩，而且能拥有较高的工作效率，提高纯电动汽车的动力性和经济性。图 2.34 所示为纯电动汽车集成驱动系统结构简图。

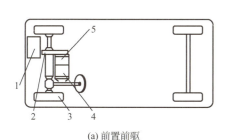 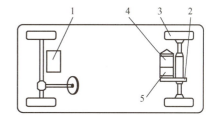

(a) 前置前驱　　　　　　　　　　(b) 后置后驱

1—控制器；2—驱动桥；3—驱动轮；4—电动机；5—变速器

图 2.34　纯电动汽车集成驱动系统结构简图

图 2.34(a) 所示为前置前驱，由于前轮是驱动轮，因此有助于提高汽车高速行驶时的操纵稳定性。但上坡时前轮附着力减小，易打滑，转向能力差；前轮驱动兼转向，结构复杂使汽车维修不便。前置前驱主要适用于大功率电动机的高速汽车。图 2.34（b）所示为后置后驱，电动机位于汽车后部，传动效率高，重心靠后，转向能力较好。图 2.35 所示为特斯拉 Model S 的驱动布置。

图 2.35　特斯拉 Model S 的驱动布置

1. 双离合器变速器是如何进行换挡的？
2. 根据七速离合器变速器与托森差速器的传动原理图，试分析变速器各挡的动力传递过程。
3. 简述双离合器变速器的性能特点。
4. 驱动防滑系统的控制方式有哪几种？
5. 混合动力汽车的动力传动系统的结构类型有哪几种？
6. 试画出完全混合动力传动系统的结构图。
7. 纯电动汽车的驱动形式有哪几种？简述其对比。

第 3 章 汽车底盘新技术

思维导图

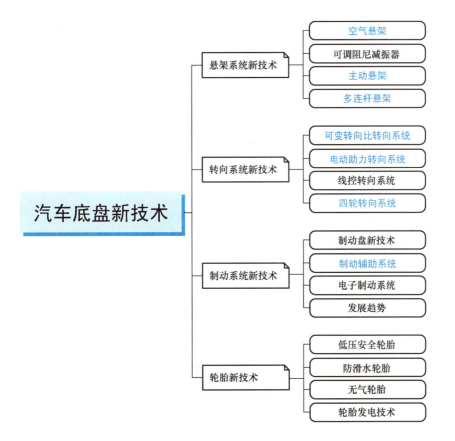

> **导入案例**
>
> 　　如果说发动机是汽车的心脏，那么底盘就是汽车的骨架，它在汽车构造中具有举足轻重的地位。如图3.1所示，现代汽车底盘主要由传动系统、行驶系统、转向系统和制动系统四部分组成，其作用是支承、安装汽车发动机及其各部件、总成，形成汽车的整体造型，并接受发动机的动力，使汽车产生运动，保证汽车的正常行驶。汽车底盘的性能直接影响整车的操控性和稳定性。随着现代汽车技术的飞速发展，底盘新技术也得到越来越广泛的应用。本章主要向读者介绍一些近年来应用在汽车底盘上的新技术。

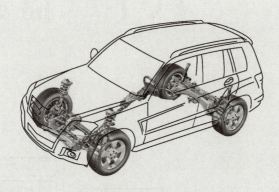

图3.1　现代汽车底盘典型结构

3.1　悬架系统新技术

3.1.1　空气悬架

　　空气悬架早期用于机械设备隔振，后来才应用到汽车上，其优点众多。图3.2所示为德国采埃孚公司的AV132后空气悬架。

1. 空气悬架结构及其工作原理

空气悬架由空气弹簧、高度阀、导向传力机构、减振阻尼装置、横向稳定器、压气机、储能器及管路等组成。 下面主要介绍空气弹簧、高度阀和导向传力机构。

（1）空气弹簧。

　　空气弹簧是以空气作为弹性介质，即在一个密闭的容器内装入压缩空气(气压为0.5～1MPa)，利用气体的压缩弹性实现弹簧的作用。随着载荷的增大，容器内压缩空气的压力升高，弹簧刚度随之增大；载荷减小，容器内压缩空气的压力降低，弹簧刚度随之减小，因而这种弹簧具有较好的变刚度特性。空气弹簧内的空气介质摩擦极小，工作时几乎没有噪声，对于高频振动的吸收和隔音性能极好。空气弹簧可分为囊式空气弹簧和膜式空气弹簧两种，如图3.3和图3.4所示。

图 3.2　德国采埃孚公司的 AV132 后空气悬架

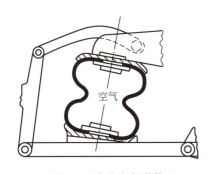

图 3.3　囊式空气弹簧

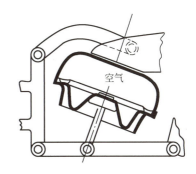

图 3.4　膜式空气弹簧

囊式空气弹簧主要靠橡胶气囊的挠曲获得弹性变形；膜式空气弹簧主要靠橡胶气囊的卷曲获得弹性变形。囊式空气弹簧使用寿命较长、制造方便、刚度较大，常用于载货汽车上；膜式空气弹簧尺寸较小、弹性特性曲线更理想、刚度较小，常用于乘用车上。

(2) 高度阀。

车架高度控制机构包括一个高度传感器、控制机构和执行机构，其功能如下。

① 随车载变化保持合理的悬架行程。

② 高速时降低车身，保持汽车稳定性，减小空气阻力。

③ 在起伏不平的路面情况下，提高车身高度以提高汽车通过性。

在空气弹簧悬架中，高度阀是用来控制空气弹簧内压的执行机构，其工作原理如图 3.5 所示。高度阀固定在车架上，其进、排气口分别与储气筒和空气弹簧相连。当空气弹簧上的载荷增大时，弹簧被压缩，储气筒内的气体通过高度阀的进气口注入气囊，气囊内气压增大，空气弹簧升高，直至恢复到原来的位置，进气口关闭为止；当空气弹簧上的载荷减小时，弹簧伸张，气体通过高度阀的排气口排出，直至空气弹簧下降到原来的位置，排气口关闭为止。所以在高度阀的作用下，空气弹簧的高度可以保持在平衡位置附近波动，从而保证车身不随载荷的变化而变化。

通常，车身高度控制采用独立控制形式，常见的情况是，前悬架由一个高度阀控制，后悬架由两个高度阀分别控制左右两侧的空气弹簧，控制信号取三个高度信号的平均值，

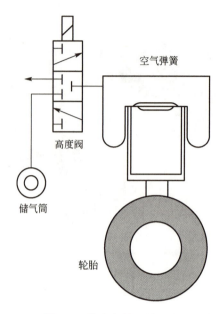

图 3.5 高度阀的工作原理

不但可以保证汽车在发生偏载的情况下,始终维持汽车车身处于水平状态,而且在高速转向时,空气弹簧可显著减小车身的侧倾角。有资料表明,当车速在 24km/h 以下时,空气悬架与板簧这两种悬架的侧倾角基本相同;当车速达到 30km/h 时,空气悬架的侧倾角就可以减小约 30%。

(3) 导向传力机构。

导向传力机构是空气悬架中的重要部件,主要承受汽车的纵向力、侧向力及其力矩,因此要有一定的强度,布置方式要合理。空气弹簧在悬架中主要用于承受垂直载荷、减振、消振,如果导向传力机构设计得不合理,则会增加空气弹簧的负担,甚至会发生扭曲、摩擦等现象,恶化减振效果,缩短空气弹簧的使用寿命。

许多空气悬架的导向传力机构为钢板弹簧式,钢板弹簧兼起导向元件和弹性元件的作用,如图 3.6 所示。采用这种导向传力机构时,易在原来的钢板弹簧基础上变型,结构简单,但是汽车的纵向力、侧向力及其力矩均由钢板弹簧承受,这就要求钢板弹簧有一定的强度,而且刚度不能太低,所以难以得到理想的弹性特性。目前,空气悬架多采用刚、柔结合的方法来设计导向传力机构,如图 3.7 所示,既满足了导向的要求,又具有一定的变形能力。

在大客车设计中,广泛采用双纵臂式四连杆导向传力机构,下纵臂一般布置在两边,上面两根纵向推力杆的布置方式则可根据需要灵活安排,可与下纵臂同样布置,也可将两根上臂合在一起,布置在中间。这两种布置方式不能承受侧向力,需要横向推力杆。还可以将上面的两根推力杆倾斜布置,构成一个三角形架,如图 3.8 所示,它和下面的两根纵向推力杆构成一个四连杆机构,在设计时,应尽可能把两个斜杆的交点布置在垂直于后桥的横向平面内。又如在某些大客车的后悬架上,采用了 V 形导向传力机构,如图 3.9 所示,将两根纵向导向臂的铰链点在车架的连接处合并在一起,空气弹簧布置在后轮附近,增加了弹簧中心距,提高了汽车的抗侧倾能力。

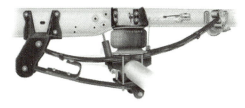

图 3.6 柔性梁式导向传力机构

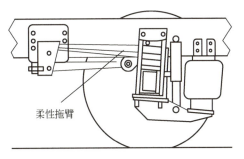

图 3.7 混合式导向传力机构

图 3.8 双纵臂式四连杆导向传力机构

图 3.9 V 形导向传力机构

空气悬架导向传力机构的布置方式多种多样，各有利弊，总的原则是要根据整车的整体布置需要来选择。

2. 空气弹簧的布置方式

空气弹簧在悬架系统中的布置对整车性能有极大的影响。在布置允许的情况下，应尽可能把空气弹簧布置在车架以外，以便增大弹簧的中心距，获得充分大的侧倾角刚度。

（1）转向桥空气悬架。

转向桥空气悬架（图 3.10）的空气弹簧一般与主销的方向保持一致，利于转向的实现。因空气弹簧直径一般较大，若偏离主销位置，在车轮转向时易与车轮相碰引起摩擦，一方面缩短了空气弹簧的使用寿命，另一方面限制了转向轮的最大转向角。

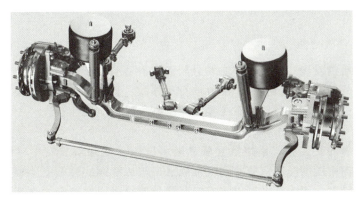

图 3.10 转向桥空气悬架

(2) 驱动桥空气悬架。

驱动桥空气悬架（图 3.11）一般要承受更大的力，因此空气弹簧布置在驱动轴的后面，以提高承载能力。刚性导向杆可以控制驱动桥的位置，承受驱动和制动作用力及垂直载荷。重型车可以采用串联桥结构。图 3.12 所示的串联式驱动桥空气悬架特别适用于重型载货汽车，尤其是一些专用汽车，如自卸车、搅拌车、垃圾车和消防车等，而且只要安装正确，也可用于大多数拖车。

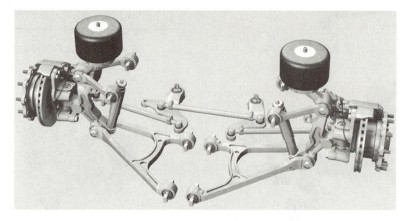

图 3.11 驱动桥空气悬架

在日野、奔驰等大客车的后悬架上，采用了一种变梁结构（托臂梁式），如图 3.13 所示，在每个弯梁的端部都安装了与前悬架气囊尺寸相同的两个气囊，这样就可以加大气囊与气囊之间的中心距。

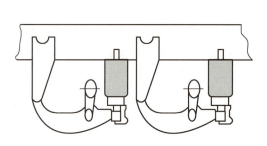

图 3.12 串联式驱动桥空气悬架

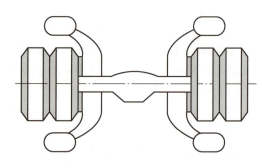

图 3.13 托臂梁式空气悬架

3. 新型空气弹簧悬架

随着悬架系统的发展，传统的非主动悬架已不再适应复杂的路面工况，可变刚度和阻尼的主动悬架为驾驶人和乘员提供了良好的行车体验，日益成为未来悬架的发展方向。其中空气悬架因自身有变刚度特性，在主动悬架上有很好的应用前景。

(1) 交叉双气室空气互联悬架。

囊式空气弹簧的交叉双气室空气互联悬架多应用于侧翻事故发生率极高的全地形车上。具有相同垂向刚度的交叉双气室空气互联悬架与传统螺旋弹簧悬架相比，前者能够提供更大的侧倾角刚度，表明交叉双气室空气互联悬架较普通螺旋弹簧悬架可以在保证平顺性的前提下有效抑制转弯工况下车身的侧倾。

如图 3.14 所示，交叉双气室空气互联悬架包括左右两侧空气悬架系统，左侧空气悬架系统由左上气室、左下气室和左摇臂组成，右侧空气悬架系统由右上气室、右下气室与右摇臂组成。左上气室通过管路与右下气室、附加气室 TA 连通，右上气室通过管路与左下气室、附加气室 TB 连通。左摇臂连接左推杆与左上下两气室，右摇臂连接右推杆与右上下两气室。悬架跳动时，推杆带动摇臂绕支点转动，进而带动上下气室压缩与拉伸，实现气体在交叉气室中流通。

当搭载此种悬架的全地形车向右转弯时，车身朝左侧侧倾，此时，左上气室被压缩，左下气室被拉伸，气体的流通使右上气室收缩，右下气室膨胀，使右摇臂绕车身连接轴处逆时针转动，从而产生"右侧车身被摇臂往下拉"的效果，提升了转弯时全地形车的抗侧倾性能。

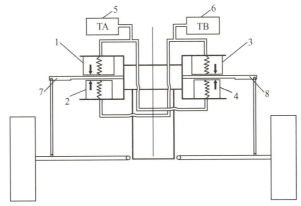

1—左上气室；2—左下气室；3—右上气室；4—右下气室；
5—附加气室 TA；6—附加气室 TB；7—左摇臂；8—右摇臂

图 3.14 交叉双气室空气互联悬架结构

经分析得出，交叉双气室空气互联悬架的垂向刚度与侧倾角刚度远小于非互联悬架。即搭载交叉双气室空气互联悬架的全地形车，管路断开瞬间形成非互联系统，造成垂向刚度与侧倾角刚度瞬间增大，整车平顺性瞬间恶化。

（2）混合空气悬架多工况阻尼自匹配协调控制。

为了改善不同行驶工况下汽车悬架系统的动态性能，有人提出了一种基于空气弹簧和直线电动机作动器的混合空气悬架。

混合空气悬架（图 3.15）主要由空气弹簧系统、直线电动机作动器等组成。其中空气弹簧系统由空气弹簧、空气压缩机、储气罐、电磁阀及传感器组成；直线电动机作动器由直线电动机、功率模块电路、控制器及相应的信号检测装置组成。

混合空气悬架的工作原理如下：根据汽车行驶工况的不同，控制器控制空气弹簧系统中的电磁阀的开闭状态，实现对空气弹簧的充放气，根据高度传感器的输入信号使弹簧处于相应的工况高度模式；同时，车轮受到不平路面的振动激励，车身产生振动，加速度传感器和位移传感器将采集到的信号输入控制器，控制器根据控制算法计算出相应高度模式下的理想阻尼力，输出控制信号对直线电动机进行阻尼系数的自适应匹配。

混合空气悬架多工况阻尼自匹配协调控制是指以优先控制空气弹簧高度模式为原则，根据行驶工况对空气弹簧多工况模式的控制和在各个模式下根据悬架动态响应反馈的直线电动机阻尼力自匹配。其控制框图如图 3.16 所示。

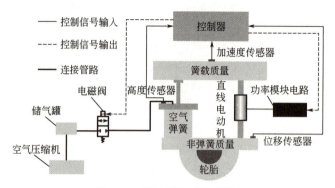

图 3.15 混合空气悬架结构

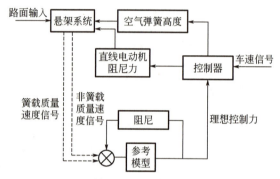

图 3.16 混合空气悬架多工况阻尼自匹配协调控制框图

控制器通过车速信号对行驶工况进行判别,从而确定空气弹簧的高度模式,由于各高度模式下对悬架系统控制要求的侧重不同,因此不同模式下根据悬架动态响应的反馈,采用混合天棚-地棚控制算法对所需理想阻尼力进行匹配,将理想阻尼力输入直线电动机作动器,调节可变电阻控制直线电动机可调电磁阻尼力,并作用于悬架系统。

从图 3.17 和表 3-1 可看出,采用多工况阻尼自匹配协调控制的混合空气悬架在正弦路面激励下,簧载质量加速度均方根值下降 28.08%,验证了混合空气悬架多模式阻尼自匹配控制的有效性,能够有效减小簧载质量加速度,提高悬架的动态特性。

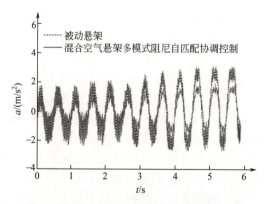

图 3.17 试验条件下簧载质量加速度响应

表 3-1　簧载质量加速度均方根值

垂直加速度均方根值/ (m/s²)		性能改善
被动悬架	混合空气悬架	
1.4314	1.0295	-28.08%

3.1.2　可调阻尼减振器

传统悬架的减振器（即阻尼装置）的阻尼特性一般是固定不变的，因此装备传统悬架系统的汽车在行驶过程中，其悬架性能也是不变的，这使得汽车的行驶平顺性和乘坐舒适性受到了限制。现在，汽车对悬架系统的减振器有更高的要求，希望悬架的阻尼可以根据汽车具体的行驶状况进行动态调节。可调阻尼减振器便可满足这一需求。下面介绍两种可调阻尼减振器：阻尼连续可调减振器和电磁减振器。

1. 阻尼连续可调减振器

采用电控技术调节阻尼特性的筒式液阻减振器的调节机构通常由传感器、控制装置及执行机构等组成，阻尼既可以分级调节又可以连续调节，通常由电控执行器改变节流阀通流面积，调节减振器的阻尼特性。由传感器采集的信号包括车速、转向盘转角、节气门开度、制动管路压力及纵向加速度等。

这种系统通常在驾驶室内设置驾驶风格选择装置，系统根据驾驶人选择的不同驾驶风格，按软、中、硬三级或软、硬两级转换阻尼特性。目前阻尼分级调节的电控减振器使用得较多，其执行器一般采用置于减振器上方的步进电动机，由步进电动机的旋转带动空心活塞杆内部的转子阀旋转，从而改变转子阀节流孔与活塞节流孔的相对位置，进而改变活塞两侧腔室之间的节流面积以实现阻尼特性的转换。对于阻尼分级调节的减振器，转子阀的位置在短时间内改变往往会产生冲击，导致阻尼力出现不连续的问题。电控液阻型减振器技术发展的理想目标是实现对阻尼的连续调节，目前已有这种产品推向市场。

图 3.18 所示是德国采埃孚公司下属的 Sachs 公司生产的阻尼连续调节系统。这套减振系统完全摒弃了传统悬架的螺旋弹簧，采用电控方式调节悬架刚度和阻尼。

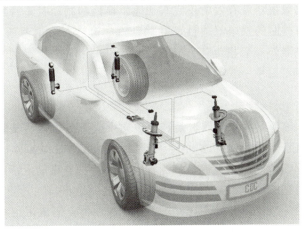

图 3.18　Sachs 公司生产的阻尼连续调节系统

如图 3.19 所示,阻尼连续调节系统的核心部件有 ECU、阻尼连续可调减振器、车身加速度传感器、车轮加速度传感器及阻尼连续可调控制阀。其中阻尼连续可调减振器是基于传统的液力减振器制造的,减振器内有油液,分为内、外两个腔室,油液可通过连通两个腔室间的孔隙流动。在车轮颠簸时,减振器内的活塞便会在套筒内上下移动,其腔内的油液便在活塞的往复运动作用下在两个腔室间往返流动。油液分子间的相互摩擦及油液与孔壁之间的摩擦对活塞的运动形成阻尼,将振动能量转换为油液热能,再由减振器吸收散发到空气中,实现减振作用。

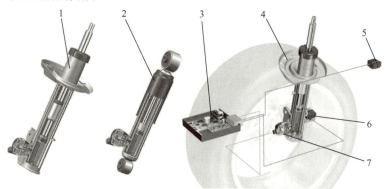

1—前减振器;2—后减振器;3—ECU;4—阻尼连续可调减振器;
5—车身加速度传感器;6—车轮加速度传感器;7—阻尼连续可调控制阀

图 3.19 阻尼连续调节系统的组成

阻尼连续调节系统通过控制阀来改变两个腔室间连通部分的截面面积,在油液流量一定时,截面面积与油液的阻尼成反比,这样就改变了油液在腔室间往复运动的阻力,从而改变减振器阻尼。阻尼连续调节系统不仅可以达到超过 100 次/秒的监测收录并处理路面颠簸,还可以在汽车加速、减速、转弯过程中有效控制车身姿态,给驱动轮提供最好的下压力。在控制策略上,阻尼连续调节系统采用一种称为 Skyhook 的控制策略,根据行驶状况为每个车轮提供独立的悬架阻尼控制,尽最大可能保证车身的行驶平顺性,使汽车在行驶时,像是被悬吊在空中滑行一样平稳。

采用电控制悬架减振器可有效防止汽车加速、换挡和制动时车身的纵倾及转弯时的侧倾,改善汽车低速行驶时的乘坐舒适性,并保证汽车高速行驶时具有良好的车轮-地面附着性能。除悬架减振器外,某些转向系统的减振器也采用了电子控制装置,可满足不同行驶工况的要求,其控制信号一般包括车速和转向盘转角。

2. 电磁减振器

电磁减振器也称磁流变液减振器,是利用电磁反应产生阻力,是智能化独立悬架系统的重要组成部分。该悬架系统利用多种传感器检测路面状况和各种行驶工况,并传输给 ECU,控制电磁减振器瞬间做出反应,抑制振动,保持车身稳定,特别是在车速很高,突遇障碍物时更能显出它的优势。

磁流变液是一种新型智能材料。它可用于电磁减振器,制成阻尼连续顺逆可调的新一代高性能、智能化减振装置。该装置结构简单,功耗极低,控制应力范围大,并可实现对阻尼的瞬间精确控制,而且对杂质不敏感,工作温度范围宽,可在 −50~140 ℃下工作。

电磁减振器可以直接通过普通低伏电源(一般的蓄电池)供电,避免高伏电压带来的危险和不便。与传统的汽车减振器相比,其运动部件大为减少,几乎无碰撞,故噪声低。

如图 3.20 所示,在电磁减振器内采用的不是普通油液,而是上面提到的磁流变液,它是由合成碳氢化合物及 3~10μm 的磁性颗粒组成的。一旦悬架 ECU 发出脉冲信号,线圈内便会产生电压,从而形成一个磁场,并改变粒子的排列方式。这些粒子会立即按垂直于压力的方向排列,阻碍油液在活塞通道内流动的效果,从而提高阻尼系数,调整悬架的减振效果。没有加高电压时,处于无磁状态的磁流变液的阻尼系数会相对较低,悬架会变得较软。这样便可以根据汽车的实际行驶状况动态地调节悬架的阻尼特性。

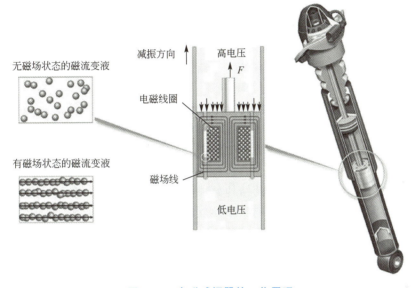

图 3.20 电磁减振器的工作原理

3.1.3 主动悬架

传统悬架系统的刚度和阻尼是按经验或优化设计的方法确定的。根据这些参数设计的悬架结构,在汽车行驶过程中的性能是不变的,也是无法调节的。也就是说,传统的悬架系统只能保证在一种特定的道路状态和行驶速度下达到最佳性能,从而使汽车行驶平顺性和乘坐舒适性受到了限制。随着高速公路网的发展和路面条件的改善,人们希望汽车不仅有很高的行驶速度,而且有很好的行驶平顺性、安全性和乘坐舒适性。因而在 20 世纪 60 年代,国外提出了可根据汽车行驶条件(汽车的运动状态和路面状况及载荷等)的变化,对悬架的刚度和阻尼进行动态调节,以始终处于最佳减振状态的主动悬架。

主动悬架按是否包含动力源可分为全主动悬架(有源主动悬架)和半主动悬架(无源主动悬架)两大类。

1. 全主动悬架

悬架的主动控制就是根据汽车在行驶过程中的实际需要,对悬架的刚度和阻尼进行动态自适应调节,从而使汽车达到最佳的行驶平顺性和乘坐舒适性。例如,汽车在好路面上正常行驶时,希望悬架刚度小一点,而在坏路面上行驶或起步、制动时,希望悬架刚度大一点，以减少车身姿态的变化，从而改善汽车的行驶平顺性；低速时希望悬架软一点，高速时希望悬架硬一点，但是汽车在高速行驶时，为了提高行驶稳定性，又希望悬架变软来降低车身高度；而当车身垂直振动位移过大时，又希望增大悬架系统的刚度和阻尼，从而使悬架变硬。因此主动悬架就是能根据汽车的运动状态和路面状况，适时地调节悬架的刚度和阻尼，以处于最佳减振状态的悬架。它是在被动悬架（弹性元件、减振器、导向装置）中附加一个可控制作用力的装置而成的，通常由执行机构、检测系统、控制系统和能源系统四部分组成。

执行机构的作用是执行控制系统的指令，一般为力发生器或转矩发生器（液压缸、气缸、伺服电动机、电磁阀等）。

检测系统的作用是检测系统的各种状态，为控制系统提供依据。检测系统包括各种传感器：车身加速度传感器、车身高度传感器、车速传感器、转向盘转角传感器、节气门位置传感器等。它们检测出汽车行驶的速度、起动、加速度、转向、制动和路面状况、汽车振动状况、车身高度等信号，并输送给ECU。

控制系统的作用是处理数据和发出各种控制指令，其核心部件是电子计算机。

能源系统的作用是为以上各部分提供能量。

目前，全主动悬架主要有全主动油气悬架、全主动空气悬架和全主动液力悬架三种，但最常见的是全主动空气悬架。

图3.21为空气弹簧非独立悬架的结构原理简图，空气弹簧5的上下端分别固定在车架和车桥上，由压气机1产生的压缩空气经油水分离器10和压力调节器9进入储气筒8。压力调节器9可使储气筒8中的压缩空气保持一定压力。储气罐6通过管路与两个空气弹簧相通。储气罐6和空气弹簧5中的空气压力由车身高度控制阀3控制。空气弹簧5只承受垂直载荷，因而必须加设导向装置，车轮受到的纵向力和横向力及其力矩由悬架中的纵向推力杆和横向推力杆来传递。

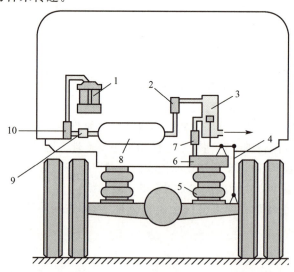

1—压气机；2，7—空气滤清器；3—车身高度控制阀；4—控制杆；5—空气弹簧；
6—储气罐；8—储气筒；9—压力调节器；10—油水分离器

图3.21 空气弹簧非独立悬架的结构原理简图

尽管空气悬架本身性能优良，而且其性能调整方便，但是如果能根据汽车行驶时的特点随时调整，将会更好地发挥它的优势，计算机的出现为其创造了技术上可行的条件。下面将较详细地介绍电控主动空气悬架。

电控主动空气悬架系统的工作原理如图3.22所示。该系统由悬架控制开关、制动灯开关、节气门位置传感器、车速传感器、车门传感器、转向盘转角传感器、车身高度传感器、悬架ECU、高度控制阀及空气悬架等装置组成。系统工作时，悬架ECU根据车身高度、转向盘转角、车速、制动等信号，经过运算分析后输出控制信号，控制各种电磁阀和步进电动机，以便及时改变悬架的刚度、阻尼系数和车身高度，以适应各种复杂的行驶工况对悬架性能的不同要求，保证汽车行驶过程中的乘坐舒适性和操纵稳定性。

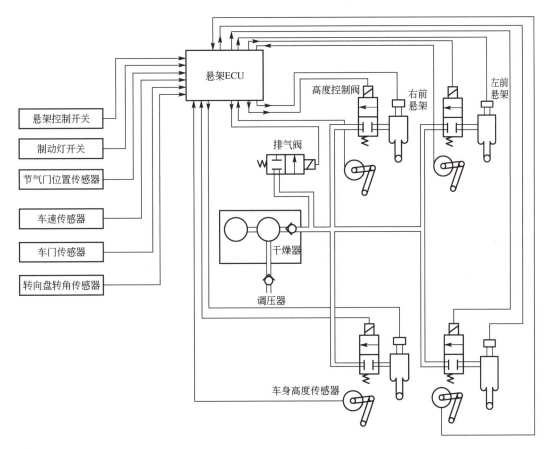

图3.22 电控主动空气悬架系统的工作原理

电控主动空气悬架系统中，悬架的刚度和阻尼有"NORM"（软）和"SPORT"（硬）两种模式，每种模式下按照刚度与阻尼依次又有低、中、高三种状态。"NORM"和"SPORT"模式可以通过手动开关选择，也有的悬架系统是由ECU通过计算后决定的。一旦选定模式，就由悬架ECU根据各种传感器的输入信号在低、中、高三种状态间自动调节刚度和阻尼系数。

一般汽车减振器在硬阻尼状态下会获得较好的汽车高度控制，在软阻尼状态下会获得更好的乘坐舒适性。此外，在紧急制动、加速、减速、高速行

电控主动空气悬架系统

驶和路面崎岖不平工况下,需要使减振器在硬阻尼状态下工作。

电控主动空气悬架系统的控制功能主要包括以下三方面。

(1)车速与路面感应控制。这种控制主要是随着车速和路面的变化,改变悬架的刚度和阻尼,使之处于低、中、高三种状态。车速和路面感应主要有以下三种。

① 高速感应。当车速很高时,悬架ECU输出控制信号,使悬架的刚度和阻尼系数相应增大,以提高汽车高速行驶时的操纵稳定性。

② 前后车轮关联感应。当汽车前轮在遇到路面单个突起时,悬架ECU输出控制信号,相应减小后轮悬架的刚度和阻尼系数,以减小车身的振动和冲击。

③ 坏路面感应。当汽车进入坏路面行驶时,为了抑制车身产生大的振动,悬架ECU输出控制信号,相应增大悬架的刚度和阻尼系数。

(2)车身姿态控制。当车速急剧变化(起步、制动等)及转向时,车身姿态会急剧改变。这种车身姿态的改变既降低了汽车的乘坐舒适性,又造成车身过度倾斜,容易使汽车失去稳定性,所以应该对其进行控制。车身姿态控制主要包括以下三方面。

① 转向时车身的倾斜控制。当驾驶人紧急转动转向盘使汽车急转弯时,转向盘转角传感器将转向盘的转角及旋转速度信号输入悬架ECU,悬架ECU经过计算分析向悬架执行元件输出控制信号,增大或减小相应悬架的刚度和阻尼系数,以抑制车身的倾斜。

② 制动时车身的点头控制。当汽车在紧急制动时(图3.23),车速传感器将车速信号和制动灯开关信号输入悬架ECU,悬架ECU经过计算分析后输出控制信号,增大相应悬架的刚度和阻尼系数,以抑制车身的点头。

③ 当汽车突然起步或急加速时(图3.24),车速传感器将车速信号和节气门开度信号输入悬架ECU,悬架ECU经过计算分析后输出控制信号,增大相应悬架的刚度和阻尼系数,以抑制汽车的后坐(抬头)。

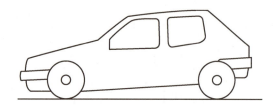
图3.23 汽车紧急制动时的点头

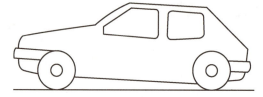
图3.24 汽车突然起步或急加速时的后坐

(3)车身高度控制。车身高度控制是在汽车行驶车速和路面变化时,悬架ECU对执行元件输出控制信号,控制调节车身高度,以确保汽车行驶的稳定性和通过性。

车身高度根据高度控制开关的位置有两种控制模式,即"NORM"和"HIGH",每种模式又有低、中、高三种状态。在"NORM"模式时,车身常处于"低"状态;在"HIGH"模式时,车身高度常处于"高"状态。

车身高度控制主要有以下两个方面。

① 高速感应控制。当车速高于某个设定值(如90km/h或120km/h)时,为了提高汽车的行驶稳定性和减小空气阻力,控制器输出控制信号,降低车身高度;当车速低于某个设定值(如60km/h)时,汽车恢复原有高度。

② 连续差路面行驶控制。汽车在连续颠簸不平的路面行驶,车身高度传感器连续2.5s以上输出大幅度的振动信号,如果此时车速为40~90km/h,悬架ECU就会输出控

制信号,以提高车身高度,减弱来自路面的突然起伏感,提高汽车的通过性;但如果此时的车速在 90km/h 以上,悬架 ECU 会输出控制信号,降低车身高度,以保证汽车行驶的稳定性。

此外,有些悬架系统当点火开关处在运行位置超过 45s 时,还会有下列动作:当一个车门打开,制动踏板松开时,悬架 ECU 会输出控制信号提高车身高度,车门关好后,又降低车身高度,这样可以阻止开着的车门碰到人行道凸边或其他物体;制动器工作且一个车门打开时,悬架 ECU 输出控制信号,提高车身高度。

表 3-2 列出了雷克萨斯 LS400 乘用车电控空气悬架系统的控制功能。

表 3-2 雷克萨斯 LS400 乘用车电控空气悬架系统的控制功能

控制项目	功　能
防侧滑控制	使弹簧刚度和减振力变成"坚硬"状态,以抑制侧倾而使汽车的姿势变化减至最小,以改善操纵性
防点头控制	使弹簧刚度和减振力变成"坚硬"状态,以抑制汽车制动时点头而使汽车的姿势变化减至最小
防后坐控制	使弹簧刚度和减振力变成"坚硬"状态,以抑制汽车加速时后坐而使汽车的姿势变化减至最小
高车速控制	使弹簧刚度变成"坚硬"状态或使减振力变成"中等"状态,以改善汽车高速时的行驶稳定性和操纵性
不平整路面控制	使弹簧刚度和减振力视需要变成"中等"或"坚硬"状态,以抑制汽车车身在悬架上下垂,从而改善汽车在不平坦路面上行驶时的乘坐舒适性
颠动控制	使弹簧刚度和减振力视需要变成"中等"或"坚硬"状态,以抑制汽车在不平坦路面上行驶时的颠动
跳振控制	使弹簧刚度和减振力视需要变成"中等"或"坚硬"状态,以抑制汽车在不平坦路面上行驶时的上下跳振
自动高度控制	不管乘客和行李的质量情况如何,使汽车高度保持某一恒定的高度位置,操作高度控制开关使汽车的目标高度变为"正常"或"高"的状态
高车速控制	当高度控制开关在 HIGH 位置时,汽车高度会降低至"正常"状态,从而改善高速行驶时的稳定性
点火开关 OFF 控制	当点火开关关闭后,因乘客和行李质量变化而使汽车高度高于目标高度时,能使汽车高度降低至目标高度,从而改善汽车驻车时的姿势

全主动液力悬架和全主动空气悬架或全主动油气悬架完全不同的地方是没有弹性介质——气体,执行器(液压缸)中所采用的介质是不可压缩的油液,故其响应的灵敏度较高。当执行器(液压缸)发生作用时,其中的活塞从上、下两侧接受油压,一侧油压上升,另一侧油压下降,从而使活塞做往复伸缩运动,以适应路面的凸凹,保持车身平稳。

瑞典的沃尔沃公司在 Volvo740 乘用车上开发了试验性的全主动液力悬架系统,如

图 3.25 所示。它采用了计算机控制的液压伺服系统,计算机接收并处理传感器测得的汽车操纵系统及车身和车轮的状态信息,不仅能控制液压缸的动作,而且能根据需要改变悬架的刚度和阻尼系数,单独控制各车轮,实现需要的任意运动。在不良路面上进行高速行驶试验时,车身非常平稳,轮胎噪声较小,转向和制动时车身能够保持水平。

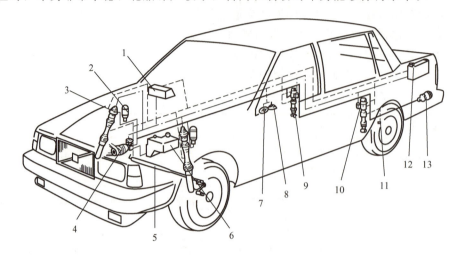

1—控制面板;2,13—蓄能器;3—前作动器液压缸;4—液压泵;5—转向角传感器;6—油箱;7—横摆陀螺仪;8—纵向和侧向加速度传感器;9—后作动器液压缸;10—伺服阀门;11—轮毂加速度传感器;12—控制计算机

图 3.25 Volvo740 乘用车的全主动液力悬架系统

2. 半主动悬架

半主动悬架与全主动悬架的区别是,半主动悬架用可控阻尼的减振器取代执行器,因此它不考虑改变悬架的刚度,而只考虑改变悬架的阻尼。半主动悬架由无动力源且可控的阻尼元件(减振器)和支承悬架质量的弹性元件(与减振器并联)组成,减振器则通过调节阻尼力来控制所耗散的能量。

半主动悬架与全主动悬架相比,具有如下优点:结构简单(省去了油泵、蓄能器、油管、滤油器、油罐等);工作时几乎不消耗汽车的动力;而且制造可控阻尼器没有制造电液伺服的液力执行元件那么复杂,故制造成本低。因而半主动悬架有较好的应用前景。

半主动悬架按阻尼级别可分成有级式和无级式两种。

(1) 有级式半主动悬架。它将悬架系统中的阻尼分成两级、三级或更多级,可由驾驶人选择或根据传感器信号自动选择所需要的阻尼级。也就是说,可以根据路面条件(好路或坏路)和汽车的行驶状态(转弯或制动)等调节悬架的阻尼级,使悬架适应外界环境的变化,从而可较大幅度地提高汽车的行驶平顺性和操纵稳定性。

(2) 无级式半主动悬架。它根据汽车行驶的路面条件和行驶状态,在几毫秒内对悬架系统的阻尼由最小变到最大进行无级调节。

下面以半主动油气悬架为例进行介绍。

半主动油气悬架是在普通油气弹簧悬架的基础上,增设电子控制系统演变而来的。下面先介绍普通油气弹簧的一般情况,然后介绍半主动油气悬架。

油气弹簧装于汽车上,与其他弹簧一样,可以构成独立悬架或非独立悬架。图 3.26

为某矿用自卸汽车前轮的油气弹簧非独立悬架示意图。两个油气弹簧1的两端分别固定在前桥上的支架10和纵梁上的支架2上。左、右两侧各有一根下纵向推力杆11，装在前桥6和箱型断面纵梁4之间。一根上纵向推力杆8安装在前桥上的支架9和箱型断面纵梁4的内侧支架上。上、下两纵向推力杆构成平行四边形，既可传递纵向力，承受制动力引起的反作用力矩，又可保证车轮上下跳动时主销倾角不变，有利于汽车操纵稳定性。一根横向推力杆3装在左侧纵梁与前桥右侧的支架上，传递侧向力。在两纵梁下面装有缓冲块7，以避免在很大的冲击载荷下前桥6直接碰撞车架。

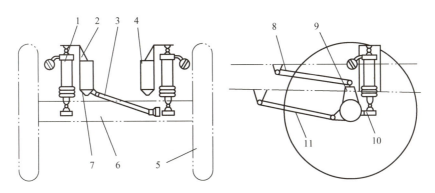

1—油气弹簧；2，9，10—支架；3—横向推力杆；4—箱型断面纵梁；5—车轮；
6—前桥；7—缓冲块；8—上纵向推力杆；11—下纵向推力杆

图 3.26　某矿用自卸汽车前轮的油气弹簧非独立悬架示意图

大吨位的自卸汽车采用油气弹簧悬架，与钢板弹簧悬架相比有以下特点：油气弹簧悬架具有变刚度特性，可保证汽车具有良好的行驶平顺性，特别是工地和矿山用车，其道路条件和装载条件都很恶劣(用大型电铲将矿石从空中往车厢里倾装时，会产生很大的冲击)，采用油气弹簧悬架后，可显著地缓和冲击，减少颠簸，从而改善驾驶人的劳动条件和提高平均车速；油气弹簧悬架结构紧凑、尺寸小，对整车总布置有利，有的自卸汽车采用了烛式独立前悬架，能使转向轮偏转角达45°，大大减小了汽车的转弯半径；改变缸筒工作腔的油量和气室的充气压力，可得到不同的变刚度特性，从而使油气弹簧悬架的主要部件可以在不同吨位的汽车上通用，尤其在大型工矿用自卸汽车上越来越广泛地获得应用。

同样，如在乘用车上采用油气弹簧悬架就可很好地改变车身高度，调平车身。若在一般油气弹簧悬架系统基础上加电子控制，乘用车性能可获得极大改善。

图 3.27 为雪铁龙 XM 乘用车半主动式油气悬架系统示意图。雪铁龙 XM 乘用车半主动油气悬架是在油气弹簧悬架的基础上增设电子控制系统而开发的。它由悬架 ECU 16、转向盘转角传感器7、制动和加速踏板传感器9、制动压力传感器13、车速传感器14、车身位移传感器17、油气弹簧的刚度调节器和电磁阀等组成。

该系统能提供两种弹簧刚度和两种阻尼(软和硬)。从图 3.27 中可以看到，在前、后轴的中部增加了一个中间油气室2(刚度调节器)，实际上它也是油气弹簧。在正常行驶时，依据悬架 ECU 的指令，中间油气室和各相应车轴上车轮的油气弹簧相通，这样，油气弹簧中的压缩气体体积增大了50%，悬架的刚度降低。图中的前电磁阀10和后电磁阀4若各自将一个节流孔打开，则阻尼下降，此时悬架为软设置；反之为硬设置。

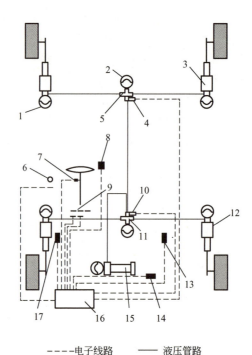

----电子线路　——液压管路

1—油气弹簧；2—中间油气室；3—后悬架；4—后电磁阀；5—后悬架刚度调节器；
6—指示灯；7—转向盘转角传感器；8—控制开关；9—制动和加速踏板传感器；10—前电磁阀；
11—前悬架刚度调节器；12—前悬架；13—制动压力传感器；14—车速传感器；15—油泵；
16—悬架 ECU；17—车身位移传感器

图 3.27　雪铁龙 XM 乘用车半主动式油气悬架系统示意图

该电控油气悬架无动力消耗，虽然其刚度也能调整，但仍属于半主动悬架。

3.1.4　多连杆悬架

多连杆悬架

1. 概述

多连杆悬架是 1982 年梅赛德斯-奔驰公司为 190 系列车首次开发的，如图 3.28 所示。多连杆悬架属于独立悬架的一种，是一种较先进、复杂、精确的悬架。多连杆悬架的连杆要比一般悬架多些，一般可分为多连杆前悬架和多连杆后悬架。其中前悬架一般为三连杆独立悬架或四连杆独立悬架；后悬架则一般为四连杆独立悬架或五连杆独立悬架，其中又以五连杆后悬架应用广泛。

多连杆悬架通过各种连杆配置，使车轮绕着与汽车纵轴线成一定角度的轴线摆动，是横臂式悬架和纵臂式悬架的折中方案。适当地选择摆臂轴线与汽车纵轴线所成的夹角，可不同程度地获得横臂式悬架与纵臂式悬架的优点，能满足不同的使用性能要求。多连杆悬架能实现双摇臂悬架的所有性能，在双摇臂的基础上通过连杆连接轴的约束作用使得轮胎在上下运动时，前束角也能相应改变，这就意味着弯道适应性更好，当用于前驱车的前悬架时，可以在一定程度上缓解转向不足，给人带来精确转向的感觉；当用在后悬架上时，

图 3.28　梅赛德斯-奔驰 190 系列车的多连杆后悬架

能在转向侧倾的作用下改变后轮的前束角，这样后轮可以一定程度地随前轮一同转向，达到舒适、操控两不误的目的。

多连杆悬架结构相对复杂，材料成本、研发实验成本及制造成本远高于其他类型的悬架，而且它占用空间大，中小型车出于成本和空间的考虑，极少使用这种悬架。但多连杆悬架的舒适性是所有悬架中最好的，操控性也可媲美双叉臂式悬架。中、高档乘用车因为空间充裕且注重舒适性与操纵稳定性，所以大多使用多连杆悬架。

2. 多连杆悬架的结构特点

多连杆悬架是指由三根或三根以上连杆构成，并且能提供多个方向的控制力，使轮胎具有更加可靠的行驶轨迹的悬架结构。由于三连杆悬架已不能满足人们对于操控性的更高追求，只有结构更精确、定位更准确的四连杆悬架和五连杆悬架才能称得上是真正的多连杆悬架，因此其结构要比双叉臂悬架和麦弗逊悬架复杂很多。

应用广泛的五连杆悬架一般包括前置定位臂、后置定位臂、上臂、下臂及主控制臂。图 3.29 所示是本田雅阁乘用车的五连杆后悬架。

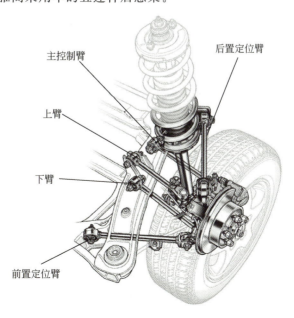

图 3.29　本田雅阁乘用车的五连杆后悬架

图 3.30 所示为奥迪 A6 乘用车的前悬架。该悬架为四连杆结构，可以说是双 A 形双横臂独立悬架的改进型。图 3.31 所示为梅赛德斯-奔驰 E 级乘用车的后悬架，该悬架采用五连杆结构。

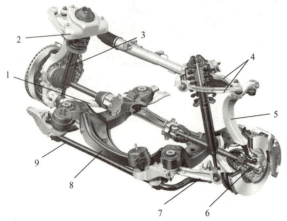

1—导向杆；2—支座；
3—弹簧/减速器总成；
4—上控制臂；5—转向节；
6—车轮轴承/轮毂；7—下支臂；
8—副车架；9—稳定杆

图 3.30 奥迪 A6 乘用车的前悬架（四连杆结构）

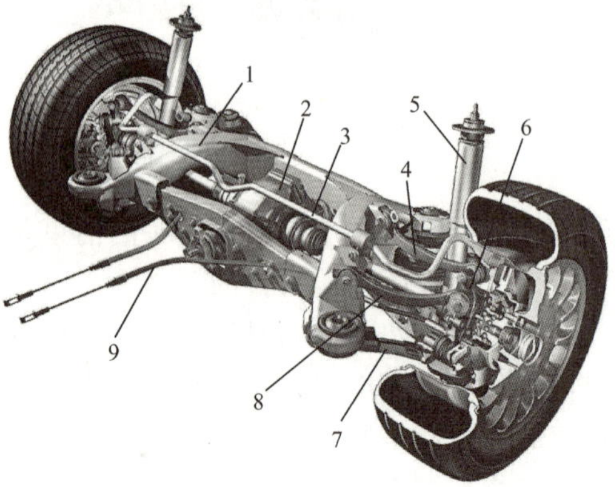

1—后桥；2—后差速器；3—稳定杆；
4—上控制臂；5—减振器；
6—定位臂；7—下控制臂；
8—前控制臂；9—制动油管

图 3.31 梅赛德斯-奔驰 E 级乘用车的后悬架（五连杆结构）

3. 多连杆悬架的性能特征

五连杆悬架的主控制臂可以起到调整后轮前束的作用，以提高行驶稳定性，有效降低轮胎的偏磨。位于上端的支柱减振器与车身相连，下端的叉臂变成了两根连杆，在性能表现上两连杆与麦弗逊悬架有许多相似之处，优点在于质量轻、减振响应速度快，但缺点也非常明显，在刚度、路面支撑、减振方面都不及真正的多连杆悬架。例如，因车速过快造成汽车失控并冲上隔离带，两连杆后悬架的刚度就会因此受到考验，同时因为冲上隔离带致使撞击力过大导致后悬架的两根连杆断裂，于是整个后悬架有脱落的可能性。

多连杆悬架的工作原理是连杆共同作用的组合效应。与这种优化过的麦弗逊悬架相比，真正的多连杆悬架的构造不仅增大了对车轮上方的控制力，对车轮的前后方也有相应的连杆产生作用力。多连杆悬架的主要作用就像一个锁止机构一样，将车轮牢牢地固定在半轴末端，使车轮行进轨迹移位减小，增强悬架的整体性和可靠性。

五连杆悬架的各连杆分别对各个方向的作用力进行抵消。比如，当汽车进行左转弯时，后车轮的位移方向正好与前转向轮相反，如果位移过大则会使车身失去稳定性，摇摆不定。此时，前、后置定位臂的作用就开始显现，它们主要对后轮的前束角进行约束，使其在可控范围内；相反，由于后轮的前束角被约束在可控范围内，如果后轮外倾角过大则会使汽车的横向稳定性降低，因此在多连杆悬架中增加了对车轮上下进行约束的控制臂，这样可以更好地使车轮定位，而且使悬架的可靠性和刚度进一步提高。

从汽车操控性来看，多连杆悬架的吊悬结构能通过前、后置定位臂和上、下臂有效控制车轮的外倾角及前束角。例如，当车轮驶过坑洼路面时，首先上、下臂开始在可控范围内摆动，及时给予车轮足够的弹跳行程；如果路面继续不平，同时汽车的速度加快，此时前、后置定位臂的作用就是把车轮始终固定在一个行程范围内，同时液压减振器也会伴随上、下臂的摆动吸收振动，而主控制臂的工作就是上下摆动配合上、下臂，使车轮保持自由弹跳，令车身始终处于相对平稳的状态。正是因为多连杆悬架具备多根连杆，并且连杆可对车轮进行多个方向作用力控制，所以在做轮胎定位时可对车轮进行单独调整，并且多连杆悬架有很大的调校空间及改装可能性。

尽管多连杆悬架拥有众多优点，但这并不意味着它的运用范围就非常广，相反在一些车身紧凑甚至结构特殊的车型上，多连杆悬架尤其是五连杆悬架更是无用武之地，究其原因主要是五根连杆的结构布置会占用很大横向空间，使发动机不便安置，复杂的悬架结构还会对发动机的维修保养造成不便，所以五连杆悬架通常只应用于后轮。

多连杆悬架的优势非常明显，这使得它逐渐被广泛地应用。对于多连杆悬架来说，完善的结构能使前后轮的主销倾角同时达到最佳位置，当然前提条件是厂方工程师在设计之初，就要有周全的考虑和精密的数据计算。由于多连杆悬架的连杆达到四根甚至五根，因此必须通过车架连接固定，而车架和车身又为柔性连接，此时车架就相当于前悬采用的副车架，可使悬架的整体性得到加强。在众多连杆的作用下，可大幅度降低来自路面的冲击，通过前、后置定位臂的抑制作用，可改善加速或制动时车内乘员仰头和点头动作；结合后轮结构紧凑的螺旋弹簧的拉伸或压缩，还可使车轮的横向偏移量保持在最小值，提高汽车直线行驶和弯道行驶的稳定性。同时，配合阻尼调校到位的减振器，多连杆悬架在汽车上具体表现为转弯时侧倾较小，并且对波形路面的吸振也更加到位。

4. 多连杆悬架的优缺点

多连杆悬架的优点如下。

(1) 可以自由独立地确定主销偏移距，减小因径向载荷引起的干扰力和力矩。

(2) 很好地控制在制动和加速期间车的纵向点头运动。

(3) 有利于控制车轮的前束、外倾和轮距宽度的变化，因此具有良好的操纵稳定性。

(4) 可有效降低轮胎的磨损，延长其使用寿命。

(5) 从弹性运动学角度来看，在侧向力和纵向力条件下，前束角的改变及行驶舒适性都能得到精确的控制。

(6) 车轮受力点分散，因此连杆可以做得细小，减轻了质量。

多连杆悬架的缺点如下。

(1) 由于连杆和衬套增多，因此成本增加。

(2) 悬架运动过程中过约束的可能性增大。因此，在车轮垂直和纵向运动过程中衬套必须有必要的变形，对连接衬套的磨损比较敏感。

(3) 对相关的几何体位置和衬套硬度公差要求较高。

总的来说，多连杆悬架不仅可以保证一定的舒适性（因为它是完全独立式悬架），而且由于连杆较多，可以允许车轮与地面尽最大可能保持垂直、减小车身倾斜、维持轮胎的贴地性，因此装备多连杆悬架的汽车的操控性一般都很好。可以说，从理论上讲，应用多连杆悬架是目前解决舒适性和操控性矛盾的最佳方案。

3.2 转向系统新技术

3.2.1 可变转向比转向系统

一般来说,转向器必须具有如下品质:在汽车直线行驶时没有晃动;低摩擦,从而具有高效率;高刚性;可调整性。目前,只有两种转向器能达到上述要求,即齿轮齿条式转向器和循环球式转向器。普通汽车的转向系统中一般采用这两种转向器。一般乘用车的转向传动比固定在16:1~18:1,也就是说,如果要让转向轮转动1°,无论行驶车速如何,转向盘都需要转动16°~18°。而实际情况往往是在低车速下,驾驶人需要通过将转向盘转动一个较小的角度,使转向轮转动一个较大的角度,以提高转向的效率;而在高车速下,即使转向盘转动角度较大,转向轮也不会产生大角度转向,以保证转向的稳定性和行车安全性。可变转向比转向系统正是应这一需求而产生的。

由于目前可变转向比转向系统尚无明确的分类,因此这里将它们简单地分为机械式和电子式。

1. 机械式可变转向比转向系统

机械式可变转向比转向系统对传统的齿轮齿条转向器进行了改进,得到了可变转向比转向机构。它通过特殊工艺加工出齿距不相等的齿条(图3.32),这样转向盘转向时,齿轮与齿距不相等的齿条啮合,转向比就会发生变化。齿条中间位置的齿距较小,因此在转动转向盘时,齿条在这一范围内的位移较小,在小幅度转向(如变线、方向轻微调整)时,汽车会显得沉稳。齿条两侧远端的齿距较大,在这个范围内转动转向盘,齿条的相对位移会变大,所以在大幅度转向(如泊车、掉头等)时,车轮会变得更加灵活。

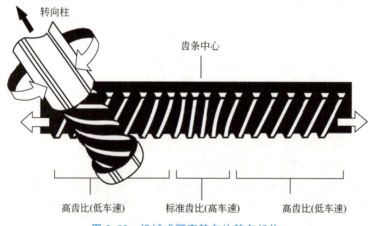

图3.32 机械式可变转向比转向机构

这种技术对齿条的机械加工工艺要求比较严格,并未涉及电子方面的技术,故将其归为机械式可变转向比转向机构。该转向机构的缺点是齿比变化范围有限,并且不能灵活变化。但它的优势也很明显,由于完全是机械结构,因此可靠性较高,耐用性好,结构也非常简单。这就是所谓的可变转向比转向技术,可实现汽车在转向操作时转向比可变。

日本本田公司于1997年首次将可变转向比转向技术应用到汽车上。奔驰的直接转向系统也可归为可变转向比转向系统。

2. 电子式可变转向比转向系统

电子式可变转向比转向系统的典型代表是宝马汽车的前轮主动转向（active front steering，AFS）系统。下面主要以该系统为例介绍电子式可变转向比转向系统，只简单提及其他汽车公司的可变转向比技术。

AFS系统的主要功能包括两方面：一是根据汽车行驶状况实时调节转向器的等效传动比，从而为驾驶人提供最适宜的转向灵敏度；二是在底盘一体化控制中，通过使前轮主动转向产生使汽车行驶稳定的力矩。这里仅介绍主动转向系统结构及改变转向比的原理。

根据反映汽车行驶状况的信号对转向比进行控制，一般将控制转向器转动的输入自由度由一个（转向盘转角）增加到两个（转向盘转角和电动机转角），通过叠加机构输出理想的转角。图3.33为通过电动机驱动角度叠加机构的AFS系统示意图。该系统中，转向齿轮的转角等于转向盘转角与角度叠加机构产生的转角（与转向盘转角同向或反向）之和。

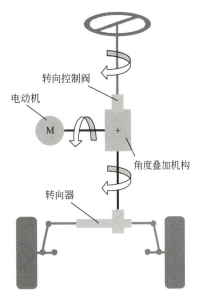

图3.33 通过电动机驱动角度叠加机构的AFS系统示意图

图3.34和图3.35所示分别为德国采埃孚公司的AFS系统及其透视图。该系统是在电控液压助力转向系统的基础上增加电动机5、蜗轮蜗杆机构、双排行星齿轮机构、电磁锁止装置2及ECU（图

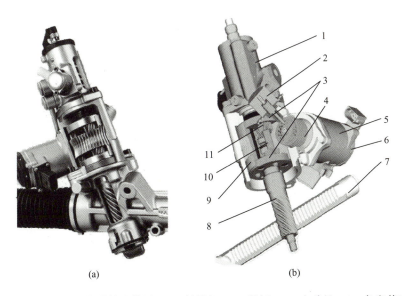

1—转向控制阀；2—电磁锁止装置；3—行星架；4—蜗杆；5—电动机；6—角度传感器；
7—齿条；8—转向齿轮；9—蜗轮；10—行星齿轮；11—上太阳轮

图3.34 德国采埃孚公司的AFS系统

中未绘出)等而成的。作为角度叠加装置的双排行星齿轮机构有两个输入和一个输出。两个输入分别为上太阳轮 11(与转向传动轴相连)及电动机驱动的蜗轮 9(与行星架 3 固连)。作为输出件的转向齿轮 8(下太阳轮)则固定在转向齿轮 8 的上端。当电动机不工作时,转向盘转角通过转向操纵机构、转向控制阀传给上太阳轮 11,再通过上、下行星齿轮传给转向齿轮 8,从而使车轮偏转;当电动机工作时,电动机的转角通过蜗轮蜗杆机构传给行星架,再通过行星齿轮轴、下行星齿轮传给转向齿轮 8,使转向齿轮 8 在转向盘转动引起的转角基础上叠加一个电动机转动所引起的转角。电动机转动方向不同,叠加转角可能与转向盘转角同向或反向,使转向齿轮的转角增大或减小,从而改变转向器的等效传动比。当 AFS 系统出现故障时,ECU 使电动机停止转动,同时电磁锁止装置 2 将蜗杆 4 锁死,使角度叠加装置不起作用。

图 3.35　德国采埃孚公司 AFS 系统透视图

通过上述机构的协同作用,AFS 系统可在 10∶1~18∶1 的转向传动比下连续调节。

雷克萨斯的诸多车型所使用的可变转向比转向系统也是依靠行星齿轮机构对转向盘的转向动作进行放大或缩小的,原理与宝马的 AFS 系统一致,只是在电动机的布置位置和结构的设计上有所差异。这里只简单介绍其转向效果,不详尽介绍其结构。

如图 3.36 所示,在汽车前轮转角相同的情况下,高车速时,需要将转向盘转动一个较大的角度;而低车速时,只需将转向盘转动一个小角度。这样就保证了汽车在高速行驶时转向精准、平稳,而在低速行驶时转向迅速、高效,实现了在不同行驶状况下的可变转向比转向。

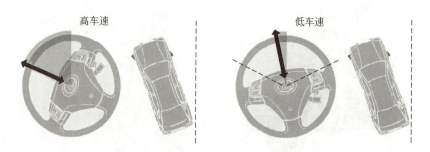

图 3.36　雷克萨斯汽车的可变转向比转向

奥迪汽车的可变转向比转向系统与宝马和雷克萨斯的都不相同。奥迪汽车的动态转向系统(图 3.37)的核心部件是一套以谐波齿轮传动机构为核心的电控系统。它利用柔轮、刚轮和波发生器的相对运动,特别是柔轮的可控弹性变形(形状改变)来实现运动和动力传递，从而实现转向比在一定范围内连续变化。

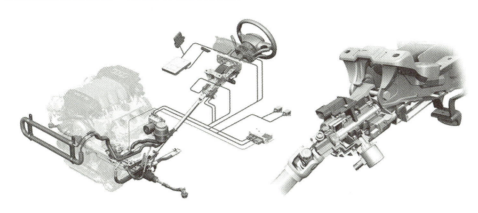

图 3.37 奥迪汽车的动态转向系统

3.2.2 电动助力转向系统

随着电控技术在发动机、变速器、制动器和悬架等汽车系统中的广泛应用，现代汽车正逐步以电动助力转向（electric power steering，EPS）系统取代传统液压助力转向系统。EPS 已成为世界汽车新技术发展的研究热点。

EPS 技术用电动机直接提供助力，助力由 ECU 控制。它能节约燃料，提高主动安全性，并且有利于环保，是一项紧扣现代汽车发展主题的高新技术，所以一出现就受到广泛重视。近年来，随着电子技术的发展，大幅度降低 EPS 系统的成本已成为可能，加上 EPS 系统具有的其他一系列优点，使得它越来越受到人们的青睐。德国采埃孚公司的 Servolectric 电动助力转向器如图 3.38 所示。

液压助力转向系统和电动助力转向系统

图 3.38 德国采埃孚公司的 Servolectric 电动助力转向器

1. 概述

EPS 系统是一种直接依靠电动机提供辅助转矩的动力转向系统，是为了满足人们对驾驶轻便性的要求而产生的。它可以根据不同的使用工况控制电动机提供不同的辅助动力，这也符合当前电控技术与汽车技术相结合的趋势。

EPS系统主要包括机械式转向器、转矩传感器、减速机构、离合器、电动机、ECU和车速传感器等。图3.39为EPS系统示意图。转矩传感器1通过扭杆连接在转向轴2中间。当转向轴2转动时,转矩传感器1开始工作,把两段转向轴在扭杆作用下产生的相对转角转换为电信号传给ECU 7,ECU根据车速传感器和转矩传感器的信号决定电动机6的旋转方向和助力电流,并将指令传给电动机,通过离合器5和减速机构3将辅助动力施加到转向系统(转向轴)中,从而完成实时控制的助力转向。EPS系统可以方便地在不同车速下提供不同的助力,保证汽车在低速行驶时转向轻便灵活,高速行驶时转向稳定可靠。因此,EPS系统助力特性的设置具有较高的自由度。

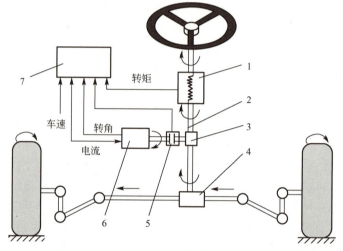

1—转矩传感器;2—转向轴;3—减速机构;4—齿轮齿条式转向器;
5—离合器;6—电动机;7—ECU

图3.39　EPS系统示意图

EPS系统与传统的液压助力转向系统相比,具有以下优点。

(1)节省空间。因为电动机和减速机构集成在转向柱或者转向器壳体中,还省略了液压泵和辅助管路。

(2)质量小。因为仅仅是在机械转向系统的基础上增加了一套电动机和减速机构。

(3)节省动力。因为设计的控制电路使电动机只在需要时才工作,省去了不断工作的液压泵。

(4)更容易集成。因为部件更少且不需要充入液体或滤清空气。

但是,由于使用了电动机和减速机构等部件,因此增加了系统的成本;另外,减速机构、电动机等部件产生的摩擦力和惯性力可能会影响转向特性(如产生过多转向),或者改变了转向盘的自动回正作用及阻尼特性等。因此,正确匹配整车性能至关重要。

由此可见,EPS系统尤其适合使用在对空间、重量要求更高的使用小排量发动机的微型车上。

2. EPS系统的类型

根据电动机布置位置不同,EPS系统可以分为以下三种类型:转向轴助力式、齿轮助力式和齿条助力式，如图3.40所示。

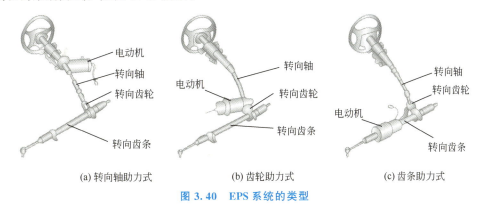

(a) 转向轴助力式　　　(b) 齿轮助力式　　　(c) 齿条助力式

图3.40　EPS系统的类型

转向轴助力式EPS系统的电动机固定在转向轴一侧，并装有一个电磁控制的离合器，通过减速机构与转向轴相连，直接驱动转向轴助力转向。例如，奥拓汽车就采用了这种类型和布置方式，其ECU安装在驾驶人座椅下。

齿轮助力式EPS系统的电动机和减速机构与小齿轮相连，直接驱动齿轮助力转向。例如，在Minica微型汽车上，转速传感器、电动机和减速机构及离合器集成在一起，电动机直接通过减速机构驱动齿轮轴进行助力。它的ECU安装在前排乘员一侧。

齿条助力式EPS系统的电动机和减速机构直接驱动齿条提供助力。例如，在Mira微型汽车中，转矩传感器单独安装在转向小齿轮附近，而电动机和减速机构集成在一起，安装在小齿轮另一面的齿条上，电动机的动力直接作用在齿条上。它的ECU安装在前排乘员一侧仪表板的后面。

EPS系统是根据车速进行控制的，随着车速的升高，所提供的辅助转向力逐渐减小。根据提供辅助转向力的车速范围不同，EPS系统可以分为全速助力型和低速助力型。Mira汽车在所有车速范围内都提供转向助力，而奥拓和Minica汽车只在低速范围内提供助力。奥拓和Minica汽车的助力车速上限分别是45km/h和30km/h。

低速助力型系统的成本较低，但在不同车速（即有助力和没有助力的情况）下转向路感不同，尤其是处于EPS系统开始起作用的车速附近时，对转向路感会有显著影响。

3．EPS系统的主要部件

（1）转矩传感器。

转矩传感器的作用是测量驾驶人作用在转向盘上力矩的大小与方向，有的转矩传感器还能够测量转向盘转角的大小和方向。转矩测量系统比较复杂且成本较高，所以精确、可靠、低成本的转矩传感器是EPS系统占领市场的关键因素之一。

转矩传感器有接触式与非接触式两种。图3.41所示为接触式转矩传感器，它在转向轴1与转向小齿轮5之间安装了一个扭杆2。当转向系统工作时，利用滑环6和电位计4测量扭杆2的变形量并转换为电压信号，通过信号输出端3输出信号并转换得到所产生的转矩。

图3.42所示的非接触式转矩传感器中有两对磁极环4，当输入轴1与输出轴3之间发生相对转动时，磁极环之间的空气间隙发生变化，从而引起电磁感应系数的变化，在线圈2中产生感应电压，并将电压信号转换为转矩信号。非接触式转矩传感器的优点是体积小、精度高，缺点是成本较高。

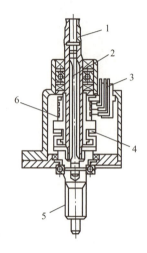
1—转向轴；2—扭杆；3—信号输出端；
4—电位计；5—转向小齿轮；6—滑环
图 3.41 接触式转矩传感器

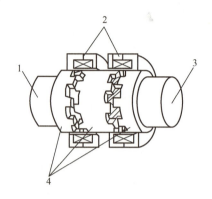
1—输入轴；2—线圈；3—输出轴；4—磁极环
图 3.42 非接触式转矩传感器

汽车的行驶速度也是 EPS 系统的控制信号，是由车速传感器来测量的。

(2) 电动机。

电动机是 EPS 系统的动力源，其功能是根据 ECU 的指令输出适当的辅助转矩。目前采用较多的是永磁式直流电动机，分为有刷式和无刷式两种。电动机对 EPS 系统的性能有很大影响，所以 EPS 系统对电动机有很高的要求，不仅要求转矩大、转矩波动小、转动惯量小、尺寸小、质量轻，而且要求可靠性高、易控制。为此，设计时常针对 EPS 系统的特点，对电动机的结构做一些特殊的处理，如沿转子的表面开出斜槽或螺旋槽，定子磁铁设计成不等厚等。

(3) 减速机构。

EPS 系统的减速机构与电动机相连，起降速增矩作用，常采用蜗轮蜗杆机构、滚珠螺杆螺母机构和行星齿轮机构等。蜗轮蜗杆减速机构和滚珠螺杆螺母减速机构一般应用在转向轴助力式 EPS 系统上，而行星齿轮减速机构则应用在齿条助力式 EPS 系统和齿轮助力式 EPS 系统上。

在图 3.43 所示的蜗轮蜗杆减速机构中，蜗杆 5 与电动机 3 的输出轴相连，通过蜗轮 6 和蜗杆的啮合传动将电动机的转矩作用到转向轴 1 上，以实现助力转向。

低速助力型 EPS 系统还采用了离合器（图 3.43）。它装在减速机构与电动机之间，其作用是保证 EPS 系统只在设定的车速范围内起作用。当车速达到界限值时，离合器分离，电动机停止工作，转向系统成为手动转向系统。此时，系统不再受电动机部件惯性力的影响。另外，当电动机发生故障时，离合器将自动分离。

(4) ECU。

ECU 的功能是根据转矩传感器和车速传感器传来的信号，进行逻辑分析与计算后发出指令，然后由 ECU 控制电动机和离合器的动作。EPS 系统控制原理如图 3.44 所示。

此外，ECU 还有安全保护和自我诊断功能，通过采集电动机的电流、发电机电压、发动机工况等信号，判断系统工作状况是否正常。一旦系统工作异常，ECU 将自动取消

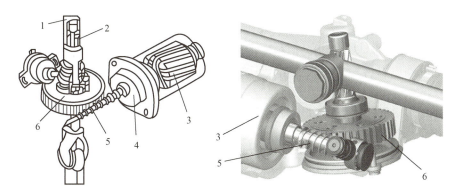

1—转向轴；2—扭杆；3—电动机；4—离合器；5—蜗杆；6—蜗轮

图 3.43 蜗轮蜗杆减速机构

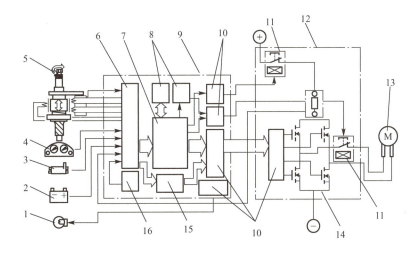

1—警示灯；2—蓄电池；3—车速传感器；4—转矩传感器；5—转速传感器；
6—接口电路；7—微处理器；8—监测电路；9—ECU；10—驱动电路；
11—继电器；12—功率放大器；13—电动机；14—场效应管桥式电路；
15—转矩校验电路；16—稳压电路

图 3.44 EPS 系统控制原理

助力作用，同时将进行故障诊断分析。ECU 通常是一个 8 位单片机系统，也有采用数字信号处理器（digital signal processor，DSP）作为控制单元的。控制系统与控制算法也是 EPS 系统的关键之一。控制系统应有很强的抗干扰能力，以适应汽车多变的行驶环境。控制算法应快速、正确，满足实时控制的要求，并能有效地实现理想的助力规律与特性。

目前，EPS 系统主要应用在乘用车上，其低速转向操纵力在泊车过程中显著降低，这一优点已经得到用户的广泛认可。在 EPS 系统未来的发展中，要在降低成本、提高可靠性和耐久性方面进行研究，并充分发挥 EPS 系统的优点，以适用于更广泛的车型。

4．EPS 系统今后的发展

当前，EPS 系统已在轻型乘用车上得到应用，其性能已得到人们的普遍认可。随着直流电动机性能的改进、EPS 系统助力能力的提高,其应用范围将进一步拓宽,现在 3L 级的运动型跑车上也安装了 EPS 系统。EPS 代表未来动力转向技术的发展方向,EPS 系统将作为标准件装备到汽车上,并将在动力转向领域占据主导地位。低排放汽车、混合动力汽车、燃料电池汽车、电动汽车将构成未来汽车发展的主体,这给 EPS 系统带来了更加广阔的应用前景。

尽管 EPS 系统已达到了其最初的设计目的,但仍然存在一些问题需要解决。其中,进一步改善电动机的性能是关键问题。这是因为电动机的性能是影响控制系统性能的主要因素,电动机本身的性能及其与 EPS 系统的匹配都将影响转向操纵力、转向路感等问题。概括地说,EPS 技术的发展方向主要为改进控制系统性能和降低控制系统的制造成本,只有进一步改进控制系统性能,才能满足更高档乘用车的使用要求。另外,EPS 系统的控制信号将不再仅仅依靠车速与转矩,而是根据转向角、转向速度、横向加速度、前轴重力等多种信号,进行与汽车特性相吻合的综合控制,以获得更好的转向路感。未来的 EPS 系统将朝着电子四轮转向的方向发展,并与电子悬架统一协调控制。

目前,国外各大汽车公司都在研制 EPS 系统,已完成批量生产 EPS 系统的技术储备。人们已普遍认识到 EPS 系统的优越性,所以现在 EPS 系统的市场增长很快。

3.2.3 线控转向系统

线控转向系统

1. 线控技术

线控技术发迹于航空航天领域。近几年来,线控技术开始在高级乘用车、赛车及概念车上得到应用,为自动驾驶提供了良好的平台。**目前应用在汽车上的线控系统包括线控换挡系统、线控制动系统、线控悬架系统、线控加速踏板系统及线控转向系统。**目前线控技术在汽车上的应用主要集中在工业汽车上,在普通乘用车上的应用还很少,可以预计,随着线控技术的成熟和成本的降低,线控技术将会越来越多地应用于普通汽车。下面简要介绍线控转向技术。

2. 线控转向技术的发展概况

德国梅赛德斯-奔驰公司在 1990 年开始了前轮线控转向的研究,并将其开发的线控转向系统应用于概念车 F400 Carving 上。日本 Koyo 公司也开发了线控转向系统,但为了保证系统的安全性,仍然保留了转向盘与转向轮之间的机械部分,即通过离合器连接,当线控转向失效时,通过离合器接合转为机械转向。德国宝马公司的概念车 BMW Z22 应用了线控转向技术,转向盘的转动范围减小到 160°,使紧急转向时驾驶人的忙碌程度得到了很大降低。意大利博通公司设计开发的概念车 FILO、法国标志雪铁龙集团的越野车 C-Crosser、戴姆勒-克莱斯勒公司的概念车 R129,都采用了线控转向系统。2003 年日本本田公司在纽约国际车展上推出了 Lexus-HPX 概念车,该车也采用了线控转向系统,在仪表板上集成了各种控制功能,实现汽车的自动控制。在不久的将来,机械系统将由电缆与电子信号取代。

3. 线控转向系统的结构及特点

线控转向系统的最大特点是转向盘与转向轮之间没有机械连接,如图 3.45 所示。系统主要由转向盘转角传感器 3、反馈电动机 4、转向执行机构 5、转向齿轮转角传感器 6 和转向助力单元 7 等组成。反馈电动机与传动带共同作用,为驾驶人提供合适的路感,转向执行机构和转向助力单元的作用是使转向轮产生偏转,达到转向的目的。

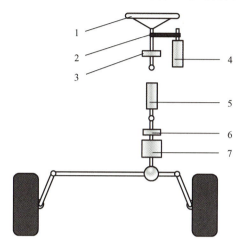

1—转向盘;2—传动带;3—转向盘转角传感器;4—反馈电动机;
5—转向执行机构;6—转向齿轮转角传感器;7—转向助力单元
图 3.45 线控转向系统简图

汽车线控转向系统主要是由转向盘模块、前轮转向模块、主控制器及自动防故障模块组成的。

(1)转向盘模块。转向盘模块包括转向盘组件、转向盘转角传感器、力矩传感器、转向盘回正力矩电动机。其主要功能是将驾驶人的转向意图(通过测量转向盘转角)转换为数字信号并传递给主控制器,同时主控制器向转向盘回正力矩电动机发送控制信号,产生转向盘回正力矩,以提供给驾驶人相应的路感信息。

(2)前轮转向模块。前轮转向模块包括前轮转角传感器、转向执行电动机、电动机控制器和前轮转向组件等。其功能是将测得的前轮转角信号反馈给主控制器,并接收主控制器的命令,控制转向盘完成所要求的前轮转角,实现驾驶人的转向意图。

(3)主控制器。主控制器对采集的信号进行分析处理,判别汽车的运动状态,向转向盘回正力矩电动机和转向电动机发送命令,控制两个电动机协调工作。主控制器还可以对驾驶人的操作指令进行识别,判定在当前状态下驾驶人的转向操作是否合理。当汽车处于非稳定状态或驾驶人发出错误指令时,前轮线控转向系统将自动进行稳定控制或屏蔽驾驶人的错误转向操作,以合理的方式自动驾驶汽车,使汽车尽快恢复到稳定状态。

(4)自动防故障模块。自动防故障模块是线控转向系统的重要模块,包括一系列的监控和实施算法,针对不同的故障形式和故障等级做出相应的处理,以最大限度地保持汽车的正常行驶。线控转向技术采用严密的故障检测和处理逻辑,以最大限度地提高汽车的安全性。

由于线控转向系统中的转向盘和转向轮之间没有机械连接,是断开的,通过总线传输必要的信息,因此线控转向系统也称柔性转向系统。线控转向系统具有如下性能特点。

(1)没有转向传动轴从发动机舱中穿过,发动机及其附件布置自由度较大。

(2)转向盘与前轮间无机械连接,路面对车轮的冲击不会传到转向盘上。

(3)汽车发生正面碰撞时,可以避免转向管柱挤撞驾驶人。

(4) 可以根据驾驶人的喜好，通过软件改变操纵路感。

(5) 可以方便地与汽车上的其他电子控制装置集成，对整车进行自动控制。

但是，由于线控系统价格较高，而且全电子系统的可靠性不如机械系统或液压系统，因此要达到实用化程度，还需要经历一个艰难的历程。

4. 线控转向系统对路感的恢复

与传统的转向系统相比，线控转向系统取消了转向盘与转向总成之间的机械连接，通过弱电信号传输控制命令以实现转向执行机构转向，因此，可以灵活地设计其力传递和角传递特性。也正是由于这一结构特点，驾驶人无法感受到由汽车前轮传递的路面信息反馈。而驾驶人对路况及车身状态的判断是汽车稳定行驶的基础，因此，需要通过路感电动机模拟生成"路感"。

(1) 路感模拟及主动回正控制。

"路感"可以用于表征汽车的运动状态与转向盘力矩之间的对应关系，是驾驶人通过汽车转向系统感受到的来自路面、轮胎的力矩反馈。该反馈主要来自汽车在行驶过程中受到的回正力矩及整个系统的摩擦力矩。线控转向系统控制原理如图3.46所示。在汽车行驶过程中，线控转向系统通过转向电动机出力来克服轮胎受到的地面阻力和转向系统的惯性力及摩擦力，转向电动机驱动器中的电流可以很好地包含路面及汽车的状态信息，因此在路感反馈中引入电流环设计。同时，为了避免阻力变化干扰导致转向盘抖动，在电流反馈的基础上增加了阻尼控制，通过调节力矩反馈系数实现线控转向系统的路感模拟。

为了验证和评估所提出的基于转向电动机驱动电流及阻尼控制的路感控制策略和基于滑模控制的主动回正控制策略的有效性，搭建了线控转向系统验证平台。线控转向系统的硬件在环试验台实物如图3.47所示。

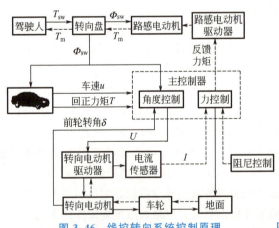

图3.46 线控转向系统控制原理

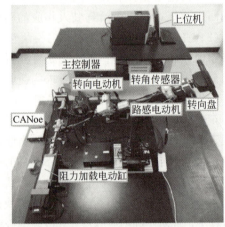

图3.47 线控转向系统的硬件在环试验台实物

对线控转向系统和EPS系统进行比较，由表3-3中的试验结果中可以得出：两系统在转向盘转矩为零时的侧向加速度指标接近，但线控转向系统的回正性能稍优于EPS系统；线控转向系统的转向盘转矩随侧向加速度的变化更大，路感更清晰且具有很好的轻便性和转向灵敏性，路感控制策略能够保证汽车高速运行时驾驶人能够获得清晰的路感。

表 3-3 中心区评价特性指标对比

类型	指标	
	线控转向系统	EPS 系统
转向盘转矩为零时的侧向加速度/(m/s²)	0.05	0.09
侧向加速度为零时的转向盘转矩/(N·m)	0.42	0.9
侧向加速度为零时的转向盘转矩梯度/[(N·m)/g]	21.23	20.6
侧向加速度为 0.1g 时的转向盘转矩/(N·m)	1.57	2.43
侧向加速度为 0.1g 时的转向盘转矩梯度/[(N·m)/g]	8.26	7.9

(2) 线控转向系统摩擦补偿。

随着技术的发展，线控转向系统也应用了新技术以恢复路感。目前有一种新思路是通过改进型库伦摩擦模型来增大转向盘总成内部的摩擦力矩；将遗传算法（genetic algorithm，GA）和反向传播（back propagation，BP）神经网络相结合，对非线性及个体化差异的固有摩擦力矩进行高精度逼近；添加改进型库伦摩擦补偿后转向盘转矩变化更加真实，路感力矩辨识度更好；GA-BP 神经网络不仅有效地抑制了转向盘转矩的抖动，也消除了由制造和装配不同造成的力矩方面的差异。

线控转向系统转向盘总成组成部件少且连接简单，内部摩擦力矩为 0.1~0.3 N·m，远小于机械连接转向系统的内部摩擦力矩，若不对其进行摩擦补偿，则最终仿真和试验的路感力矩与传统转向系统操纵力存在很大差异。

采用神经网络方法对转向盘总成固有摩擦力矩补偿的原理如图 3.48 所示。BP 神经网络结构如图 3.49 所示。其中，输入量为路感电动机目标电流与实际电流之间的偏差 I_P 和该偏差的导数；T_{mxG} 为经神经网络转矩补偿后的输出值。

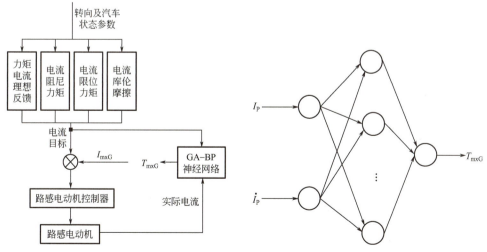

图 3.48 采用神经网络方法对转向盘固有摩擦力矩补偿的原理

图 3.49 BP 神经网络结构

为了得到 GA-BP 神经网络训练的理想数据，在 MATLAB 中建立线控转向系统路感模型和 PID 电流跟踪控制器，利用随机函数随机产生 0.1~0.3N·m 的固有摩擦力矩，并在 CarSim 中设置各种不同的车速进行多组仿真实验，经公式计算后即可得到大量电动机电流和摩擦补偿电流的变化数据。

基于 GA 的 BP 神经网络设计流程如图 3.50 所示。

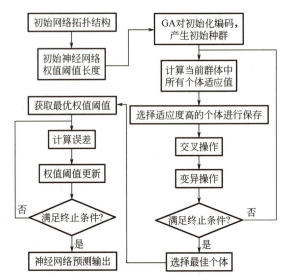

图 3.50　基于 GA 的 BP 神经网络设计流程

该补偿控制策略不仅提高了转向盘转动过程中力矩的辨识度，与真实转动力矩相似，还有效地抑制了转向盘转矩的抖动，消除了由制造和装配不同而造成的力矩方面的差异。

5. 线控转向系统的前景展望

汽车线控转向系统的设计以减轻驾驶人的体力和脑力劳动，提高整车主动安全性为根本出发点，使汽车性能适合更多非职业驾驶人的要求，对广大消费者有着巨大的吸引力。下面从几方面来说明其前景。

（1）从生产成本来看，随着电子芯片和电子元器件成本的降低，处理能力和可靠性却大大提高，这将使得线控转向系统的成本在不久的将来达到消费者可接受的水平。

（2）从其实现的条件看，42V 电源将会得到快速发展，各种传感器精度将会有所提高、成本会有所降低，模拟路感的电动机振动控制技术将会更加成熟，这些为线控转向系统在汽车上的应用创造了条件。

（3）从现代汽车的发展趋势来看，未来汽车的主体是低排放汽车、混合动力汽车、燃料电池汽车、纯电动汽车，辅助驾驶系统和无人驾驶是热门研究领域，实现汽车智能转向的最佳方案就是采用线控转向系统，因而线控转向系统的研制开发也为自动驾驶汽车的开发提供了良好的科研平台，其自身也具有良好的应用前景。线控转向系统由汽车产业向工程车辆转移，是工程车辆发展的必然趋势，国内外生产厂商已注意这个问题，故线控转向系统以其特有的优势，必然会在工程车辆中得到广泛的应用。

综上所述，汽车线控转向技术要求获得最佳的汽车转向性能，提高汽车的操纵性、稳定性和安全性，使汽车具有一定的智能化。汽车线控转向技术的发展代表未来汽车转向技术的发展方向，并将在汽车转向领域占据主导地位。我国的线控转向技术研究刚起步，技术尚不成熟，无法与国外相比。从我国现有条件出发，对该系统进行深入、细致的研究，对于拓展电气传动技术的应用、加快国产汽车的电子化发展及为未来智能汽车提供转向技术支持,都将有深远的意义。

3.2.4 四轮转向系统

四轮转向系统

1. 概述

除了传统两前轮转向外,两后轮也是转向轮的汽车,称为四轮转向汽车。汽车的四轮转向系统在 20 世纪 80 年代中期开始发展。与传统的两轮转向汽车相比,**四轮转向汽车具有以下优点:提高了汽车在高速行驶时和在滑溜路面上的转向性能;驾驶人操纵转向盘反应灵敏,动作准确;在不良路面和侧风等条件下,汽车也具有较好的方向稳定性,提高了高速下的直线行驶稳定性;提高了汽车高速转弯的行驶稳定性,不但便于转向操纵,而且在进行急转弯时能保持汽车的行驶稳定性;通过使后轮转向与前轮转向相反,减小了低速行驶时的转弯半径,不但便于在狭窄路面上进行 U 形转弯,而且在驶入车库等情况下便于驾驶。**

对于四轮转向汽车,主要控制后轮的转向角。当后轮与前轮的转向相同时称同相位转向,当后轮与前轮的转向相反时称为逆相位转向,如图 3.51 所示。

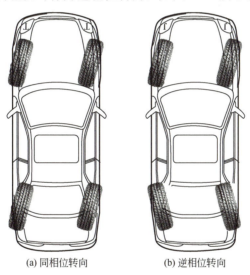

(a) 同相位转向　　　　(b) 逆相位转向

图 3.51　四轮转向汽车后轮的两种转向方式

2. 四轮转向系统的分类

四轮转向系统可按后轮的偏转角与前轮的偏转角或车速之间的关系分为转角传感型与车速传感型两种。

(1) 转角传感型。后轮的偏转角与前轮的偏转角之间存在某种函数关系,即后轮可以按与前轮旋转方向相同的方向旋转,即同相位偏转;也可以按与前轮旋转方向相反的方向旋转,即反相位偏转。此外,前后轮转角值之间也有一定关系。

(2) 车速传感型。根据设计程序,当车速达到某个预定值(通常为 35~40km/h)时,后轮能与前轮同方向偏转,而当低于这个预定值时,则反方向偏转。

按照四轮转向系统的控制种类,四轮转向系统可分为五类,即机械控制式、机械+电子控制式、电子控制液压工作式、液压控制液压工作式及电子控制电动工作式。

3. 四轮转向系统的工作原理

不同的四轮转向系统，工作原理不相同。这里仅以日本本田公司四轮转向系统为例，介绍四轮转向系统的工作原理。

日本本田公司四轮转向系统属于机械控制式四轮转向系统。日本本田公司从1987年开始生产由机械系统操纵的四轮转向Prelude乘用车，如图3.52所示。此车前轮采用的是液压助力的齿轮齿条式转向器。该转向器附带一套辅助齿轮，其功能是将齿条的轴向移动转换为辅助齿轮的转动。同时，辅助齿轮用一根埋设在车厢地板之下的长轴与后轮转向机构的输入轴（即偏心轴）相连。

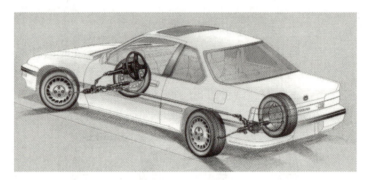

图 3.52　本田 Prelude 乘用车的四轮转向系统

如图3.53所示，当偏心轴旋转时，与偏心轴相连但不同轴的曲柄Ⅰ带动行星齿轮绕固定的齿圈做自转和公转，与此同时行星齿轮带动曲柄Ⅱ运动，从而通过滑块和滑块导向器驱动输出杆轴向运动，使后轮偏转。这种机构可保证在高速行驶而转向盘转角较小时，使后轮与前轮一起在同一方向做有限的偏转；而当低速行驶而转向盘转角较大（如急转弯）时，可使前、后轮做相反方向偏转。只要适当选择行星齿轮系的传动比和两个曲柄的偏心距就可实现上述功能，其关键在于行星齿轮上曲柄Ⅱ的运动轨迹。曲柄Ⅱ运动轨迹的形状由偏心轴上的曲柄Ⅰ至偏心轴的轴线的距离、行星齿轮上的曲柄Ⅱ至行星齿轮轴线的距离及行星齿轮系的传动比共同决定。

日本本田公司的四轮转向系统属于转角传感型，其后轮的偏转情况与车速无关，而只与转向盘转角有一定关系。当转向盘转角为120°左右时，后轮与前轮转向一致，但其转角不如前轮大；继续转动转向盘，后轮逐渐恢复直线行驶；当转向盘转角为240°左右时，后轮与汽车前进方向一致；当转向盘转角大于240°时，后轮与前轮转向相反，如图3.54所示。

这样设计的理由是汽车在高速行驶时，转向盘转角是很小的，后轮向相同方向转动角度就更小了。转向盘转角较大时，一般车速较低，后轮可不动；而当转向盘转角很大时，后轮转向与前轮相反，这样缩短了转向半径，适合停车场地泊车。

4. 四轮转向系统的不足

尽管四轮转向能提高汽车高速稳定性和在停车场进出的灵活性，但目前仍有人对四轮转向提出异议，其理由如下。

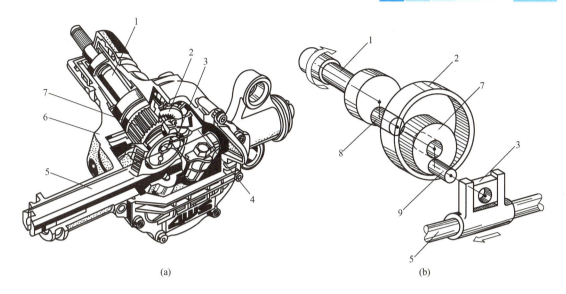

1—偏心轴；2—齿圈（固定的）；3—滑块；4—滑块导向器；
5—输出杆；6—壳体；7—行星齿轮（偏心齿轮）；
8—曲柄Ⅰ；9—曲柄Ⅱ

图3.53 本田公司的机械控制式四轮转向机构

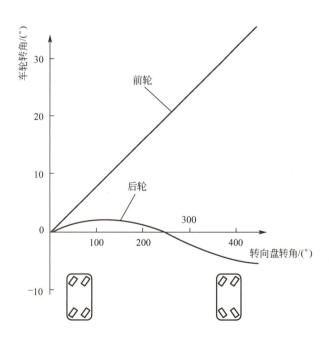

图3.54 转向盘转角与车轮转角的关系

（1）现在的前轮转向是非常完善的，可以充分地满足汽车行驶需要，四轮转向并不能使汽车转向性能有明显改善。

（2）四轮转向与两轮转向在性能上仅有极微小的差别，但四轮转向成本高，并把汽车设计得很复杂。

（3）如何组合汽车的平移和转动这两种运动，使得汽车在每个瞬时都处于最佳转向行驶状态，这无论是在理论上还是在实用性技术上都未达到成熟的地步。

（4）如果能把同样的研制费用用于提高汽车轮胎性能和改善悬架设计，很可能在操纵性良好的两轮转向汽车上收到更好的效果。

3.3 制动系统新技术

3.3.1 制动盘新技术

1．陶瓷制动盘

陶瓷具有质地坚硬、耐磨性好及抗高温等优点，因此由陶瓷制成的产品在汽车上不断得到应用。利用陶瓷在高温下具有良好的刚度和形状变化很小的特性，陶瓷被制成了制动盘、三元催化转化器、涡轮增压器的涡轮和泵轮、轴承、发动机活塞及气门等部件。图 3.55 所示为梅赛德斯-奔驰 AMG 乘用车的陶瓷制动盘。

图 3.55 梅赛德斯-奔驰 AMG 乘用车的陶瓷制动盘

事实上，采用铸铁材料制造制动盘更容易一些，只需要经过铸造过程和简单的机械加工就可以完成，而用陶瓷制造制动盘的过程要复杂得多。需要先将碳纤维和合成树脂及其他液态聚合物混合在一起，再注入模具中压缩，冷却烘干后成为坚硬的制动盘毛坯。将毛坯放入充满氮气的高温分解炉中加热至 1000℃，直到碳聚合物完全转化为碳元素，这样就制成了碳纤维制动盘。最后一步是将碳纤维制动盘置于硅化炉中，加热到 1500℃，使制动盘的表面吸收液态硅，冷却后制动盘的表面就形成了硅碳化合物，也就是通常所说的陶瓷材料，这种材料的硬度几乎和金刚石一样。同时，这种陶瓷制动盘内部的碳纤维材料可以使制动盘具有很好的刚度。

陶瓷制动盘克服了碳纤维制动盘的缺点，它在低温时也具有很好的制动效果，能承受 1400℃ 的高温而不变形、不产生裂缝、不抖动。陶瓷制动盘与铸铁制动盘相比具有更明显的优势。

（1）陶瓷制动盘比铸铁制动盘的质量降低了 50% 左右，减轻了簧下质量。例如，安装在保时捷911 Turbo跑车上的陶瓷制动盘的直径比传统制动盘直径大2cm，但四个车轮的制动器总质量减少了16kg。

（2）陶瓷制动盘的摩擦系数比铸铁制动盘高25%左右，大大提高了制动效率。

（3）铸铁制动盘在连续高速制动后会因为温度过高而变形，制动盘表面会形成波纹，导致制动时车轮发生抖动，降低制动效率。在高温下，陶瓷制动盘的摩擦系数和刚度几乎不会发生变化，所以陶瓷制动盘不会出现上述问题。

（4）由于陶瓷制动盘的表面硬度很高，因此它在制动时的磨损很小。测试结果表明，陶瓷制动盘的使用寿命能够超过30万千米，是钢制制动盘平均使用寿命的4倍。

尽管陶瓷制动盘能够承受很高的温度，但制动系统中的其他部件（如车轮转速传感器等）不具备抗高温的能力，因此很多陶瓷制动盘上开有贯通的通风孔，在制动盘内部也铸有冷却管，在制动盘和制动器活塞之间还有一层起隔温作用的特制陶瓷护板。

目前，陶瓷制动盘的价格仍然很高，因为制造所需的时间很长。强化的碳纤维制动盘已经出现，这种制动盘的制动性能能够与陶瓷制动盘相媲美，而且其制造周期更短，所以其经济性更好。

2. 碳纤维制动盘

碳纤维材料具有质量小、强度高、耐高温等优点，由于这些原因，它作为一种轻量化材料广泛用于制造高档汽车车身。近年来，由碳纤维材料制成的碳纤维制动盘也在一些汽车上开始使用。与传统的制动盘相比，碳纤维制动盘性能更加稳定，质量更小，更能耐受制动时产生的高温。

碳纤维制动盘广泛用于竞赛用汽车（如F1赛车）和高性能摩托车（图3.56）。碳纤维制动盘能够在50m的距离内将汽车的速度从300km/h降低到50km/h，此时制动盘的温度会升高到900℃以上，制动盘会因为吸收大量的热而变红。碳纤维制动盘能够承受2500℃的高温，而且具有非常优秀的制动稳定性。

图3.56 高性能摩托车上的碳纤维制动盘

虽然碳纤维制动盘具有卓越的减速性能，但是目前在量产的汽车上使用碳纤维制动盘并不实际，因为碳纤维制动盘的性能在温度达到800℃以上时才能够达到最好。也就是说，必须在行驶了数千米之后，汽车的制动装置才能进入最佳工作状态，这对大多数只是短途行驶的汽车并不适用。另外，碳纤维制动盘的磨损速度很快，制造成本也非常高。

3. 通风式制动盘

汽车的制动过程实际上是把汽车行驶的动能通过制动器吸收转换为热能的过程，所以制动器在温度升高后能否保持冷状态时的制动效能，已成为设计制动器时要考虑的一个重要问题。对于安装普通铸铁或钢制实心制动盘的汽车，高速行驶时紧急制动或下长坡时连续制动，都会使制动盘的温度急剧升高，如果这些热量不能及时散发出去，就会严重降低制动盘的摩擦系数，从而大大降低汽车制动时的制动效能。

通风式制动盘（ventilated disc brake）设计的初衷就是改善传统实心式制动盘的散热效果。通风式制动盘具有更好的散热效果，制动盘内有许多沿径向按一定规律设计排列的通风槽(图 3.57),汽车制动时产生的热量会随着制动盘高速旋转产生的离心力,沿着这些通风槽快速散发到空气中,从而有效避免制动时产生的热量在制动盘内积聚使制动盘温度急剧升高而降低制动效能。此外,很多通风式制动盘不仅在内部开有通风槽,在其表面还加工了许多小孔,其目的也是改善汽车制动时制动盘的散热效果。

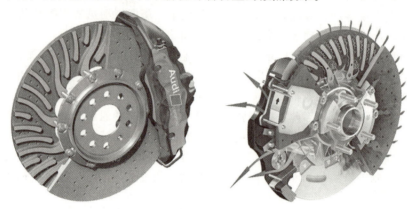

图 3.57　通风盘式制动盘散热效果示意

尽管具有良好的散热效果,但由于制造工艺与成本的关系,一般乘用车基本还是使用实心盘式制动器,有些乘用车往往还是前轮使用实心盘式制动器,后轮使用鼓式制动器。即便是在中高级乘用车中,也普遍采用的是前通风盘式制动器、后实心盘式制动器的配置。一般只在豪华商务车和对制动性能要求很高的高档跑车及经常需要制动的高档大货车上才前后轮都采用通风盘式制动器。

4. 全接触式制动盘

全接触式制动盘(full contact disc brake)是由加拿大的 NewTech 公司设计研发的一种新型制动盘,这种制动盘可以说是汽车制动器的一次革命性改进。如图 3.58 所示,全接触式制动盘主要由内侧制动块、外侧制动块、浮式制动盘、毂盘、散热片等组成。

1—散热片;2—浮式制动盘;3—外侧制动块;4—毂盘;
5—驱动轴;6—内侧制动块;7—轮毂总成

图 3.58　全接触式制动盘

传统的汽车盘式制动器在制动时，制动块与制动盘的接触面积只占制动盘总面积的15%。而全接触盘式制动器在制动盘的两侧都另加了5个制动块，这样在汽车制动时，制动盘与制动块的接触面积将高达75%，大大提高了汽车的制动效率。全接触式制动盘外部盖着毂盘，毂盘内部共有6个制动块。制动时，液压系统推动内侧制动块，与外侧制动块一起夹紧制动盘，这样制动盘与所有12个制动块接触并产生摩擦，提供制动力。另外，为了使制动器能够在合适的温度下工作，在外侧制动块及轮毂总成中都有散热片，这些散热片可以将制动时产生的热量及时散发出去，保证制动器制动效能的稳定性。

3.3.2 制动辅助系统

1. 电子制动力分配系统

汽车制动时，如果四个车轮附着地面的条件不同，比如，左侧轮附着在湿滑路面，而右侧轮附着于干燥路面，四个车轮与地面的附着力不同，在制动时（四个车轮的制动力相同）就容易产生打滑、倾斜和侧翻等现象。电子制动力分配（electronic brake force distribution, EBD）系统的功能就是在汽车制动的瞬间，高速计算出四个车轮由于附着条件不同而导致的附着力数值，然后调整制动装置，使制动力与附着力相匹配，以保证汽车的平稳性和安全性。

本质上讲，EBD系统是ABS的辅助功能，它可以提高ABS的功效，所以在安全指标上，汽车的性能更胜一筹。当驾驶人用力踩制动踏板时，EBD系统在ABS作用之前，依据汽车的质量和路面条件，自动以前轮为基准去比较后轮轮胎的滑动率，如发觉此差异程度必须调整时，制动油压系统将会调整传至后轮的油压，以得到更平衡且更接近理想化制动力的分布。所以EBD+ABS就是在ABS的基础上，平衡每个车轮的有效地面附着力，改善制动力的平衡，防止出现甩尾和侧滑，并缩短汽车制动距离。

现在，一般配备ABS的汽车都配有EBD系统，即许多车型制动系统的说明已经改为EBD+ABS。从文字上就不难看出EBD+ABS是ABS的升级版本。图3.59所示为有无ABS+EBD时的汽车制动效果对比。EBD系统和ABS共用同样的传感器，以及执行机构（制动装置），并且EBD系统必须配合ABS使用，在汽车制动的瞬间，分别对四个车轮附着的不同地面进行感应、计算，得出附着力数值，根据各轮的附着力分配相应的制动力，避免因各轮制动力不同而导致打滑、倾斜和侧翻等危险。

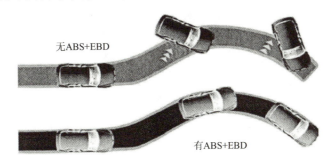

图 3.59 有无 ABS+EBD 时的汽车制动效果对比

像任何汽车安全装置一样，EBD系统只能有限地减少行车事故的发生，而不能完全避免。

2. 电控辅助制动系统

在正常情况下，大多数驾驶人开始制动时只施加很小的力，然后根据情况增大或调整对制动踏板施加的制动力。如果必须突然施加非常大的制动力，或驾驶人反应过慢，这种方法会阻碍他们及时施加最大的制动力。许多驾驶人也对需要施加比较大的制动力没有准备，或者他们反应得太晚。

据统计，在紧急情况下有90%的汽车驾驶人踩制动踏板时不够果断，另外传统的制动系统，其设计是将驾驶人施加于制动踏板上的力以固定的倍数放大，因此对于体力较弱的驾驶人而言，其可能面临制动力不足的问题，而在紧急状况下，将可能造成事故的发生。汽车电控辅助制动(electronic brake assist，EBA)系统正是针对上述情况设计的。

如图3.60所示，EBA系统通过驾驶人踩踏制动踏板的速率来理解制动行为，如果察觉到制动踏板的制动压力恐慌性增加（即出现紧急制动情况），EBA系统会在几毫秒内启动全部制动力，其速度要比大多数驾驶人移动脚的速度快得多。因此EBA系统可显著缩短紧急制动距离并有助于防止在停停走走的交通中发生追尾事故，提高行车安全性。

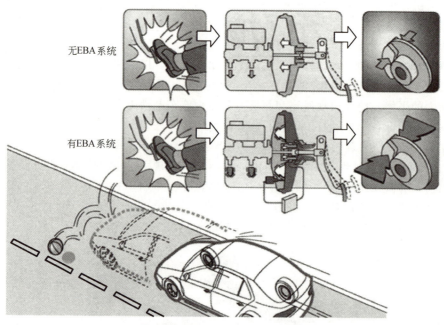

图3.60　EBA系统工作原理示意

EBA系统通过驾驶人踩踏制动踏板时制动压力增长的速率来判断制动行为：靠时基监控制动踏板的运动，一旦监测到踩踏制动踏板的速率陡增，而且驾驶人继续大力踩踏制动踏板，则确认制动压力是急速增大，EBA系统就会启动，释放出储存的18MPa的液压，施加最大的制动力，从而自动大幅度提高制动压力，其速度要比驾驶人用脚产生压力的速度快得多。驾驶人一旦释放制动踏板，EBA系统就转入待机模式，而对于正常情况制动，EBA系统会通过判断不予启动。

通常情况下，EBA系统的响应速度会远远快于驾驶人，这对缩短制动距离、增强安全性非常有利。此外,对于脚力较差的女性驾驶人及高龄驾驶人,EBA 系统在闪避紧急危险的制动方面有很大帮助。有关测试表明,EBA 系统可以使车速高达 200km/h 的汽车完全停下的距离缩短 21m 之多,尤其是对在高速公路上行驶的汽车,EBA 系统可以有效防止常见的"追尾"意外。

3.3.3 电子制动系统

1. 概述

电子制动系统

随着汽车技术及电子技术的迅猛发展,现代汽车制动控制技术正朝着电子制动的方向发展。

传统的汽车制动系统管路长,阀类元件多。对于长轴距汽车、多轴汽车、汽车列车,气体的传输路线长、速度慢,常产生制动滞后现象,制动距离增大,安全性降低,而且制动系统的成本也比较高。如果省去制动系统的许多阀,并以电线代替制动管路,用电控元件来控制制动力和各轴制动力的分配,便是汽车的电子制动系统(electronic braking system,EBS)。

ABS 可以沿用传统制动系统的阀类控制元件,而 EBS 是完全的电控制动系统。EBS 可以实现 ABS 的功能,只需在 EBS 的控制器里设计相应的防抱死程序即可。汽车制动系统的电子化,使其能方便地与其他电控系统结合在一起,如汽车发动机燃油和点火的控制、主动或半主动悬架、自动换挡和防碰撞系统的控制等,为汽车实现电子化提供了良好条件。此外,EBS 还具有监控作用,在汽车起步、匀速或加(减)速过程中,电子控制器还可监视各车轮的速度或加速度,一旦发现某个车轮有打滑趋势,便可对打滑车轮实现部分制动,使其他车轮获得更大的驱动力矩,以便顺利起步或加速。同时 EBS 容易实现系统的故障自诊断,随时将制动系统的故障通过警报系统报告驾驶人,以便及时进行修复,保证行车安全。

EBS 主要分为电子液压制动(electro-hydraulic brake,EHB)系统和电子机械制动(electro-mechanical brake,EMB)系统两种,两种系统的共同点和不同点见表 3-4。

表 3-4 EHB 系统和 EMB 系统的共同点和不同点

项　目	EHB 系统	EMB 系统
共同点	取消制动主缸及真空助力等零部件,使制动系统的结构变得更加简洁、紧凑	
	采用电子制动踏板代替传统制动踏板,易实现驾驶人制动意图识别,能提供良好的踏板感觉,ABS 起作用时无踏板抖动的感觉	
	使用非人力作为动力源,驱动制动器产生制动力矩,提高制动性能	
不同点	使用液压泵作为动力源	使用电动机作为动力源,响应更快
	仍保留部分液压管路	完全取消液压管路,摒弃制动液,提高了制动响应,更加环保

2. EHB 系统

EHB 系统是在传统的液压制动器基础上发展而来的,是将电子系统与液压系统相结合的制动系统，结构如图 3.61 所示。与传统的汽车制动系统有所不同，EHB 系统以电子元件替代部分机械元件，是一个先进的机电一体化系统。传统制动系统制动主缸与制动轮缸通过制动管路相连，制动压力直接由人力通过制动踏板输入，而真空助力器作为辅助动力源也要受到发动机真空度的限制。这种结构限制了制动压力的建立、各轮制动力的分配及与其他系统的集成控制等，在进一步提高制动效果方面潜力有限。EHB 系统由于改变了压力建立方式，踏板力不再影响制动力，弥补了传统制动系统设计和原理所导致的不足。

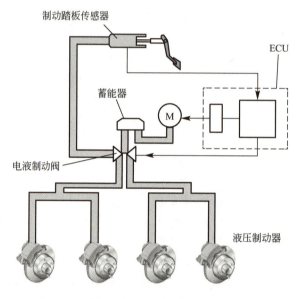

图 3.61　EHB 系统结构

（1）EHB 系统的组成。

① 制动踏板单元。制动踏板单元包括制动踏板感觉模拟器、制动踏板传感器（制动踏板力传感器或制动踏板行程传感器）及制动踏板。制动踏板感觉模拟器是 EHB 系统的重要组成部分，为驾驶人提供与传统制动系统相似的制动踏板感觉（制动踏板反力和踏板行程），使其能够按照自己的习惯和经验进行制动操作。制动踏板传感器用于监测驾驶人的操纵意图，一般采用制动踏板行程传感器，采用制动踏板力传感器的较少，也有同时应用二者的，以提供冗余传感器且可用于故障诊断。

② 液压控制单元。制动压力调节装置用于实现车轮增减压操作。液压控制单元中一般包括以下部分。

a. 独立于制动踏板的液压控制系统。该系统带有由电动机、泵和高压蓄能器组成的供能系统，经制动管路和方向控制阀与制动轮缸相连，控制制动液流入、流出制动轮缸，从而实现制动压力控制。

b. 人力驱动的应急制动系统。当伺服系统出现严重故障时，制动液由人力驱动的主缸进入制动轮缸，保证最基本的制动力，使汽车减速停车。

c. 平衡阀。同轴的两个制动轮缸之间设有平衡阀，除需对车轮进行独立制动控制的工况之外，平衡阀均处于断电开启状态，以保证同轴两侧车轮制动力的平衡。

③ 传感器。液压控制单元的传感器包括轮速传感器、压力传感器和温度传感器，用于监测车轮运动状态、轮缸压力的反馈控制及不同温度范围的修正控制等。

（2）EHB 系统的工作原理。

EHB 系统用电子制动踏板取代传统的制动踏板，用来接受驾驶人的制动意图，产生并传递制动信号给 ECU 和执行机构，并根据一定的算法进行模拟，然后将信息反馈给驾驶人，保证驾驶人有足够的踏板感。在制动过程中，车轮制动力由 ECU 和执行器控制，制动踏板传感器不断地将制动踏板转角信号转换为电信号，并将其输入 ECU。ECU 将控制信号及电流分别输入阀驱动器和电液制动阀，阀驱动器根据两个输入信号中的较大值产生控制电流并输入电液制动阀。电液制动阀根据输入电流调整输出至制动器的压力。在制动过程中，ECU 还可以根据轮速传感器等其他各种信号进行分析计算，实现 ABS、ASR 等功能。为了保证在系统发生故障时也能安全停车，系统中设计了后备液压系统，以保证控制系统在失灵时仍有制动能力，确保行车安全。

（3）EHB 系统的特点。

与传统制动系统相比，EHB 系统具有以下优点。

① 可以提供平稳的制动功能，使制动过程变得平顺柔和，大大提高了汽车制动的舒适性。

② 整个制动系统结构简单紧凑，省去了传统制动系统中的部分管路及液压阀等部件，而且不需要真空助力装置，使整车质量降低，节省汽车前部的大量空间，因此提高了汽车碰撞安全性，同时使发动机性能得到改善，提高了汽车燃油经济性。

③ 取消了部分液压部件而采用模块结构，汽车装配变得更加灵活，维护更加方便，适应汽车未来发展方向。

④ 传统制动系统的制动管路长，阀类元件多，制动系统反应慢，安全性较差；而 EHB 系统采用制动踏板感觉模拟器，制动踏板特性得以改善，有效地缩短了制动响应时间，从而缩短了制动距离，提高了制动灵敏度及制动安全性。

⑤ 不仅能缩短制动距离，而且能保持汽车良好的行驶方向稳定性，还能弱化由制动器摩擦片磨损等原因造成的制动效果下降，提高了制动效能。

⑥ 所需的制动踏板力较小，制动踏板没有脉冲回振，从而提高了驾驶人的驾驶舒适性。

⑦ 具有清干功能，当汽车在湿滑路面上行驶时，微弱的制动脉冲可以清干制动片上的水膜，确保制动的充分性。

同时，EHB 系统也存在以下不足：EHB 系统工作的可靠性与传统的制动系统相比，还有待进一步提高；EHB 系统要比传统的机械制动系统更容易受电磁干扰。

EHB 系统的现状：适用于智能汽车，需求迫切，在自动紧急制动系统法规下，有望 2025 年取代真空助力器。

3. EMB 系统

EHB 系统具有传统制动系统无法比拟的优越性，但其仍然采用电液控制方式，严格意义上说并不是纯粹的线控制动系统，与 EMB 系统相比，EHB 系统当前技术更加成熟，因而在短期内有极佳的发展前景。但据相关研究调查表明，EHB 系统作为传统制动系统与 EMB 系统的过渡产品，生命周期非常短，将在近年内被 EMB 系统取代。

EMB 系统与传统的液压制动系统、气压制动系统相比，取消了液压或气压管路等部件，采用电子制动踏板取代传统的制动踏板，同时取消了真空助力装置。

如图 3.62 所示，采用 EMB 系统后，汽车制动系统包括安装在四个车轮上的独立的 EMB 执行器及相应的 EMB 控制器，制动踏板模拟器(图中未画出)，汽车行驶动力学调整系统等中心控制单元，电源系统，轮速、横摆角速度等各种传感器。中心控制单元根据制动踏板模拟器传来的信号，识别驾驶人的意图，再根据车速、轮速等多个传感器的信息来获得汽车的运行状态，综合处理各种信息后，发送相应的目标制动压力信号给四个 EMB 控制器，控制器得到信号后将控制四个 EMB 执行器分别对四个车轮独立进行制动。再通过传感器将每个制动器对制动盘的实际夹紧力等信息反馈给中心控制单元，形成闭环控制，从而保证最佳制动效果。

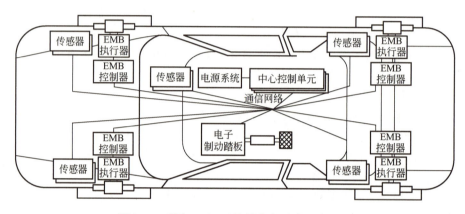

图 3.62 装备 EMB 系统的汽车制动系统结构

EMB 系统使制动系统更加简洁，从而减轻了整车质量，实施和解除制动的响应速度更快；无须增加其他附件就可集成 ABS、TCS、ESP、ACC 等控制系统；直接控制电动机，能进行制动压力的精确调节；EMB 系统采用电能作为驱动能源，不使用制动液，绿色环保。

EMB 系统最早应用于飞机，后来慢慢转化运用到汽车上。近些年，一些国际大型汽车零配件厂商和汽车厂进行了一些对 EMB 系统的研究工作，并已经取得了一定的研究成果。但由于 EMB 系统取消了制动踏板与制动执行器之间的机械连接及液压连接，不符合现有法规的要求而不能实现装车应用。图 3.63 所示是德国西门子 VDO 公司研制的电子楔块制动器样机。

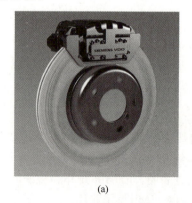 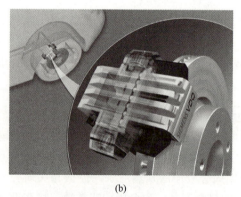

(a) (b)

图 3.63 德国西门子 VDO 公司研制的电子楔块制动器样机

如图 3.64 所示，EMB 系统主要由 EMB 控制器和 EMB 执行器组成，EMB 控制器的输入是电子制动踏板或其他控制单元传来的目标制动压力，经过相应的控制算法后，输出电压信号给 EMB 执行器，从而得到所需的制动压力。EMB 执行器作为制动系统的执行机构，也是其核心部件，一般有三个基本组成部分：EMB 电动机、传动装置和制动钳。其工作原理是电动机的输出经减速增矩装置减速增矩，再由运动转换装置将旋转运动转换为直线运动。驱动制动钳对制动盘进行夹紧、放松，实施对车轮的制动。EMB 电动机的运动由 EMB 控制器控制，它的性能直接影响制动的效果。

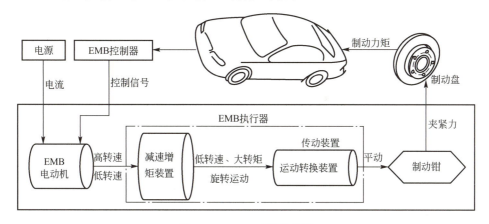

图 3.64 EMB 系统的结构

下面以德国西门子 VDO 公司的电子楔块制动器为例，说明 EMB 系统的工作原理。该制动器是在 2005 年法兰克福车展上由德国西门子 VDO 公司推出的。该新型制动技术源于德国航空太空中心。

如图 3.65 所示，该制动器主要由电动机、螺杆传动机构、楔块Ⅰ、楔块Ⅱ、滚柱、制动块、制动盘等组成。当制动时，电动机通过螺杆传动机构（传动装置）推动楔块Ⅰ，使之沿螺杆轴向平动，与此同时，两楔块之间的滚柱也随着楔块Ⅰ的运动而沿着楔块上波浪形的凹槽滚动，并推动连接到楔块Ⅰ上的制动块，使制动块和制动盘压紧，从而产生制动摩擦力，完成对汽车的制动。

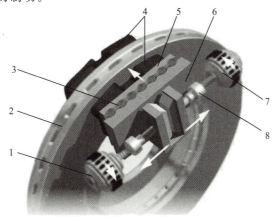

1，7—电动机；2—制动盘；3—滚柱；4—制动块；5—楔块Ⅰ；6—楔块Ⅱ；8—螺杆传动机构

图 3.65 德国西门子 VDO 公司的电子楔块制动器

EWB 系统产生的摩擦力能够随着车轮的旋转被放大,因而用很小的力就可以产生不同程度的制动力。EWB 系统比现有的液压制动更快,而且仅需要现有能量的 1/10 就可以制动。配备 EWB 系统的汽车的每个车轮配备一个独立的智能制动模块,模块中的传感器每秒对每个车轮的转速测量 100 次。对于制动力的大小和楔块的位置,EWB 系统测量的分辨率更高。当驾驶人踩制动踏板时,该系统将电子制动信号传输给系统的网络模块。根据传感器搜集的信号和所接收的制动信号强度,电动机将楔块推到需要的位置,将制动块与制动盘压在一起。

3.3.4 未来制动系统技术发展趋势

1. 新能源汽车制动系统需要具备的特质

面对整车电气化方面的要求,制动器必须更轻,并且有更好的耐腐蚀性,需要实现制动零拖滞,需要与再生制动集成在一起,并进一步减少灰尘和颗粒物排放。对于新能源汽车来说,轻量化有利于增大续航里程,而且能达到提升操控性、舒适性等方面的效果。

图 3.66 布雷博公司的活塞制动卡钳和碳陶瓷纤维制动盘

2019 年 9 月,在法兰克福国际车展上,布雷博公司推出了全新带复合背板的制动衬块(图 3.66),这一尖端设计成果通过了严格的台架测试及道路试验,其耐久性和制动性能得到了有效的保证。新的制动衬块减重达到 60% 以上。同时,它完全消除了在钳体中的腐蚀并降低了导热性,从而确保在所有路况下驻车和紧急制动时的最高安全性。

除轻量化之外,新能源汽车还要求汽车制动器具有零拖滞。制动拖滞是指驾驶人在完全放松制动踏板以后,汽车的制动不能立即解除或不能完全解除,仍然具有相当强度制动力的现象。拖滞越小,电动汽车的续航里程越长。布雷博铝制对置活塞制动卡钳质量更轻,拖滞更小,同时具有均匀的制动片磨损、更高的刚度、更好的制动踏板感觉,非常适合新能源汽车。此外,轻量化也是铝制对置活塞制动卡钳非常重要的特征,这与目前广泛使用的滑动式活塞制动卡钳和铸铁活塞制动卡钳完全不同。

此外,布雷博公司还推出了主动式制动衬块回缩系统,这一系统可确保制动衬块更好地回缩,从而在释放制动踏板时可实现更小的拖滞,更好地满足新型电动汽车更严格的拖滞要求。

制动能量回收也是减少新能源汽车能量消耗的关键技术之一。相关数据显示,在城市工况中,制动消耗的能量占总驱动能量的 50% 左右,若对这部分能量进行回收,将产生十分可观的经济效益和环境效益。基于此,如今制动能量回收系统已基本成为新能源汽车的必备品。

能量回收型制动系统的使用会产生两个可能性:①能量回收型制动将减少摩擦型制动的使用,而更低的摩擦型制动使用率将降低通过摩擦"清洁"制动盘表面的可能性,并且制动盘和制动衬块可能会由于腐蚀而失去效能;②摩擦制动器的尺寸逐渐减小。

2. 线控制动系统将被引入

为了减少道路交通事故的发生,在技术发展的驱动下,先进驾驶辅助及自动驾驶逐步发展起来,而它们对汽车制动系统的要求又有所不同。

要实现驾驶辅助和自动驾驶,制动器就必须能够自主动作,这意味着驾驶人不再需要踩下制动踏板来激活制动器。而为了实现这一点,采用"干式"制动卡钳(图3.67和图3.68),即引入不带任何制动液的机电式制动卡钳的线控制动系统,通过这一系统来实现制动器的促动和调节,每个车轮带有由ECU控制的独立执行器。

据了解,为了确保紧急情况下的最高安全性,布雷博公司研发了动态制动的控制软件:即使制动卡钳的两条液压线路均出现故障,驾驶人也可以通过机电部件来停止汽车。此外,布雷博公司的新款制动卡钳还具备热制动件卡紧功能:当汽车停在斜坡上时,软件会自动启用制动卡钳的这一功能,用来补偿制动盘和制动衬块的热变形,确保在高温情况下的斜坡驻车效果。

图3.67 布雷博公司的机电组合滑动产品

图3.68 布雷博公司的机电组合式单体模块产品

3.4 轮胎新技术

现代汽车大多采用充气轮胎。轮胎安装在轮辋上,直接与路面接触,与汽车行驶安全直接相关。轮胎的作用如下。

(1)和汽车悬架共同作用来缓和汽车行驶时所受到的冲击,并衰减由此产生的振动,以保证汽车具有良好的乘坐舒适性和行驶平顺性。

(2)保证车轮和路面有良好的附着性,以提高汽车的牵引性、制动性和通过性。

(3)承受汽车的重力,并传递其他方向的力和力矩。

因此,轮胎必须有适宜的弹性和承受载荷的能力。同时,在轮胎与路面直接接触的胎面部分,应具有用以增强附着作用的花纹。

此外,车轮滚动时,轮胎在所承受的重力和由道路不平产生的冲击载荷作用下被压缩。压缩消耗的功,在去除载荷后并不能完全回收,有一部分消耗于橡胶的内摩擦,结果使得轮胎发热。温度过高将严重地影响橡胶的性能和轮胎的组织,从而大大增加轮胎的磨损而缩短轮胎的使用寿命。

轮胎是典型的黏弹性结构,其材料组成十分复杂。实际上,橡胶混合物的材料构成、胎面花纹及内部结构都是决定轮胎品质的重要因素。

轮胎的结构特性很大程度上影响了轮胎的物理特性,包括前进方向所受的滚动阻力、所能提供的垂向减振与缓冲作用，以及为汽车提供转向的能力。因此，现代汽车设计中对轮胎的设计提出了很高的要求。

随着汽车技术的发展，传统的轮胎在某些方面已经不能满足现代汽车的需求。各种轮胎新技术应运而生。一般来说，对未来轮胎的要求包括注意车轮、轮胎组件的相互影响；减少当前繁多的轮胎品种；在开发新轮胎时，至少要达到或超过目前对轮胎安全性、经济性和使用寿命的要求；减小轮胎阻力；统一的车轮轮胎；减轻轮胎质量；能兼容防雪链；降低轮胎滚动噪声；轮胎不均匀性较低；具有高的纵向、横向附着系数，能与其他汽车轮胎兼容；及早得到轮胎特性场，以试验和优化行驶动力学设计。

另外，在对轮胎进行研究和设计时，常常使用各种轮胎模型来研究轮胎输入与输出之间的关系，轮胎模型描述了轮胎六分力与车轮运动之间的数学关系，即轮胎在特定工作条件下的输入和输出之间的关系，如图 3.69 所示。

图 3.69　轮胎在特定工作条件下的输入和输出之间的关系

3.4.1　低压安全轮胎

1. 概述

为了预防由轮胎失压或爆胎带来的行车安全隐患，各大轮胎厂商几乎都研制出了自己的低压安全轮胎。

低压安全轮胎（run‑flat tyre）往往又称"防爆轮胎"，但这种叫法并不准确，因为这种轮胎并不能防爆，只要是充气轮胎，都有可能爆胎。低压安全轮胎技术的核心在于如何让轮胎即使失压也可以支撑车体质量。低压安全轮胎一般是用非常坚韧的材料作为轮胎胎壁，这样即使汽车爆胎，也可以依靠胎壁来支撑汽车质量，使轮胎不会立刻变形扁掉。一般来说，各轮胎厂商生产的低压安全轮胎在完全没有空气的状况下也能够以 80～90km/h 的车速行驶 80km 以上。

2. 低压安全轮胎的分类

低压安全轮胎具体可分为三类：自体支撑式（self‑supporting）、自封式（self‑sealing）和加物支撑式（auxiliary‑supported）。

(1) 自体支撑式。

如图 3.70 所示,自体支撑式低压安全轮胎在轮胎内部结构上比普通轮胎强度高,因为它的胎侧比普通轮胎更厚,这样高强度的胎侧可以在轮胎失压后暂时支承汽车的质量。

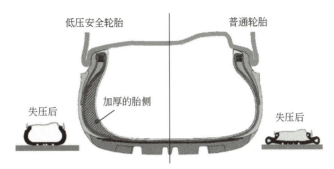

图 3.70 自体支撑式低压安全轮胎

这种轮胎在应对轮胎失压方面表现极佳,因此往往需要另外安装轮胎压力监控装置,用来提醒驾驶人轮胎处于失压状态,以防止驾驶人未注意到轮胎已经失压而继续正常行车,从而对车轮造成更大的损坏。

与普通轮胎相比,自体支撑式低压安全轮胎要重15%~27%,由于附加的质量主要集中在轮胎的外缘,增大了簧下质量和旋转质量,因此安装自体支撑式低压安全轮胎的汽车,在燃油经济性上有一定程度的降低,由于胎侧刚度较大,其操控性也不如普通轮胎。

自体支撑式低压安全轮胎的代表有普利司通的 RFT,邓禄普的 DSST,固特异的 EMT,米其林的 ZP,横滨的 ZPS 等。

(2) 自封式。

与普通轮胎相比,自封式低压安全轮胎的轮胎内有一层特殊的密封胶,可以在轮胎扎破时(扎破的地方不能太大),从轮胎内部永久密封住被扎破的地方。与自体支撑式低压安全轮胎相比,自封式低压安全轮胎无须额外加装轮胎气压监控装置,因为轮胎被扎破后立即就能被密封胶密封住,多数驾驶人甚至都不知道自己的汽车轮胎被扎破过。采用这一技术的有德国大陆轮胎公司的 Conti Seal,如图 3.71 所示。

(3) 加物支撑式。

加物支撑式低压安全轮胎的轮辋外缘加装一圈支承圈,如图 3.72 所示。在轮胎失压后,主要由

图 3.71 自封式低压安全轮胎
(德国大陆轮胎公司的 Conti Seal)

支承圈来承担车身质量。支承圈的等效刚度与轮胎正常行驶情况下的刚度相仿。加物支撑式低压安全轮胎的胎侧厚度与普通轮胎相同,因此其操控性能并未削弱。由于在轮辋外缘安装了支承圈,因此加物支撑式低压安全轮胎需要使用特殊的车胎,故这种轮胎价格高,普通消费者还承担不起。米其林的 PAX 轮胎是这种低压安全轮胎的典型代表。

3.4.2 防滑水轮胎

轮胎在湿路面上的行驶性能与汽车的安全性密切相关。据统计,雨天的行车事故约为

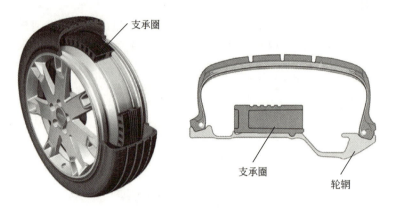

图 3.72　加物支撑式低压安全轮胎

晴天的两倍,其中的原因,除了雨天驾驶人视野不好以外,主要是轮胎在湿路面上附着性能不好。近年来,各大轮胎公司加强了提高轮胎在湿路面上行驶性能的研究工作,并开发出了具有良好湿路面行驶性能的防滑水轮胎。

汽车行驶时可能遇到两种附着能力很小的危险情况:一种情况是刚开始下雨,路面上只有少量雨水时,雨水与路面上的尘土、油污相混合,形成黏度高的水液,滚动的轮胎无法排挤出胎面与路面间的水液膜,由于水液膜的润滑作用,轮胎在路面上的附着性能将大大降低,平滑的路面有时会像冰雪路面一样滑;另外一种情况是高速行驶的汽车经过有积水层的路面,出现了滑水现象。如图 3.73 所示,轮胎在有积水层的路面上低速滚动时,由于水的黏滞性,接触面前部的水需要一定时间才能挤出,因此接触面中轮胎胎面的前部将越过楔形水膜滚动。车速提高后,高速滚动的轮胎迅速排挤水层,由于水的惯性,接触区的前部水中产生动压力,其值与车速的平方成正比。压力使胎面与地面分开,随着车速继续提高,在某车速下,当胎面下水的动压力的升力等于垂直载荷时,轮胎将完全漂浮在水膜上面而与路面毫不接触,轮胎与路面的附着系数几乎为零,这就是滑水现象。

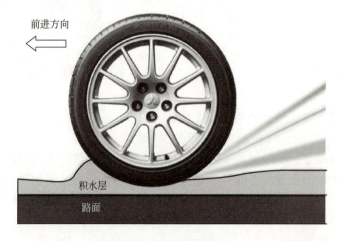

图 3.73　滑水现象示意

对于光滑胎面、细花纹胎面等胎面无排水沟槽的轮胎及一般花纹轮胎,在路面水层深度超过轮胎沟槽深度的情况下，汽车高速经过路面水层时极易发生滑水现象，严重影响行车安全。防滑水轮胎就是为改善汽车在湿路面上的行驶性能而设计的。

要提高轮胎在湿路面上的行驶性能，应以不降低其在干路面上的行驶性能为前提，着重提高轮胎在湿路面上的抗滑水和抗湿滑性能，即着重提高轮胎的滑水临界速度和降低湿路面制动距离，同时兼顾对轮胎的低滚动阻力、低磨耗和低噪声等方面的使用要求。轮胎的滑水性能主要与轮胎的花纹设计有关。防滑水轮胎有着与普通轮胎明显不同的外观，其胎面至少有一条周向深花纹沟（图3.74），形成独特的双胎冠或多胎冠轮廓，从而大大地提高了汽车在湿路面上的行驶安全性。

图3.74 德国Semperit公司的防滑水轮胎

3.4.3 无气轮胎

有些小问题会导致大事故的发生，如轮胎爆胎或者被刺破，这些问题可能缘于轮胎质量或者保养方面的问题。米其林轮胎公司每年大约有20%的轮胎（约2亿条轮胎）因穿刺或损伤而报废。为此米其林轮胎公司研发了一种不用充气的Uptis无气轮胎，如图3.75所示。

图3.75 Uptis无气轮胎

与传统轮胎由气体承受垂向压力相比，常规的无气轮胎的减振橡胶轮面将压力分散到数十根具有弹性的聚亚氨酯车辐上，用弹性高分子车辐代替了具有弹性的空气。这些辐条依次由铝心轴支撑。因为这种轮胎中没有气体，所以它比充气轮胎坚固，不会出现爆胎的情况，但是带来了汽车的NVH性能恶化的后果。Uptis无气轮胎采用了另一种无气设计：轮胎最重要的肋骨在设计上位于铝轮和外胎面之间。它由复合橡胶和高强度树脂嵌入式玻璃纤维材料组成，实际是把传统轮胎的空气部分用弹性高分子材料骨架填充，并通过结构优化改善了轮胎的NVH性能，具有良好的耐用性。

3.4.4 轮胎发电技术

1. 轮胎压力发电技术

许多国家对压电陶瓷发电做了大量的研究，并研制出了一些实用性的发电装置，比如，日本公司在东京站利用人体踩踏压电陶瓷元件发电，点亮了白炽灯；以色列技术研究院利用汽车碾压路面中的压电晶体来发电等，但目前尚无人将压电陶瓷安装在轮胎中，将汽车行驶时的无效机械能转换为电能。显然，在石油能源极为珍贵的今天，利用汽车行驶时的无效机械能实现压力发电有着极为重要的意义。轮胎压力发电系统（图3.76）不但能将汽车行驶时的无效机械能转换为电能，而且不会增加燃油消耗，易于实现，制造成本低，使用寿命长。

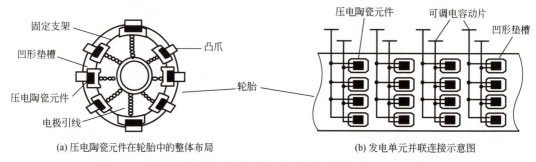

图 3.76　轮胎压力发电系统压电陶瓷元件布局与发电单元连接情况

轮胎压力发电系统模型设计的指导思想是，在不增加燃油消耗的前提下，借助压电陶瓷材料的正压电效应，将汽车行驶过程中的无效机械能转换为电能，辅助汽车发电机发电系统对蓄电池充电，将电能储存在蓄电池中。具体操作是将压电陶瓷元件嵌入汽车轮胎中，当汽车行驶时，压电陶瓷元件受到碾压而产生电压，将此电压形成的交变感应电流整流成直流电流对汽车蓄电池充电，实现无效机械能的回收，如图3.77所示。

图 3.77　轮胎压力发电电能采集与储存电路组成框图

2. 轮胎静电发电技术

轮胎作为汽车的重要组成部分，无论是在安全还是在节能方面，作用都至关重要。早在20世纪40年代，就有人发现了轮胎与道路界面产生静电的现象。汽车运行过程中，特别是电子/电器设备专用车，其电子/电器设备长时间运行感应电荷集聚，电位可高达几千伏乃至几十万伏，从而干扰车内电子设备正常运行，甚至会导致汽车自燃起火等灾难性危害。如何利用好汽车中的静电，成为汽车相关行业需要攻克的共同课题。

住友橡胶工业株式会社与日本关西大学的HiroshiTani教授合作，研发了轮胎静电发电装置（图3.78），能够利用轮胎的旋转发电。住友橡胶工业株式会社通过在轮胎内部安装发电装置，将轮胎内产生的静电能量储存起来。该装置内部有两层橡胶，每层橡胶都被电极和带电荷的薄膜覆盖。当轮胎滚动并发生变形时，带负电荷的薄膜与带正电荷的薄膜连接，产生一种叫作摩擦生电的静电。该能量可成为各种汽车数字工具（车载配件）的动力来源，故该技术将有巨大的实际应用潜力。

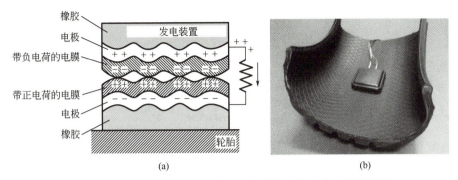

图 3.78 住友橡胶工业株式会社研发的轮胎静电发电装置结构

1. 简述空气悬架系统中高度阀的工作原理。
2. 简述电磁悬架的工作原理。
3. 简述主动悬架的分类与工作原理。
4. 与传统悬架系统相比，多连杆悬架具有哪些优点？
5. 简述机械式可变转向比转向系统的工作原理。
6. 线控转向系统具有哪些特点？
7. 四轮转向系统存在哪些不足？
8. 简述 EMB 系统的工作原理。
9. 哪些结构可以提高制动盘的散热能力？
10. 简述电子楔块制动器的工作原理。
11. 对未来汽车轮胎的要求包括哪些？
12. 简述低压安全轮胎的分类及原理。
13. 简述轮胎发电技术的分类及原理。

第 4 章
先进汽车安全技术

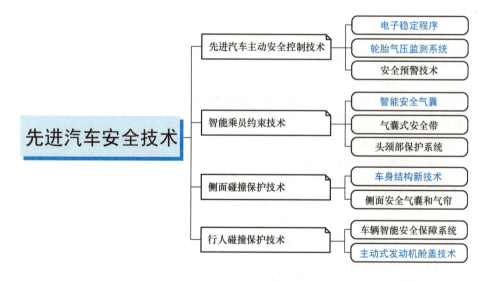

先进汽车安全技术 第4章

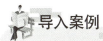导入案例

根据联合国和世界卫生组织的报告,在诸多日常交通事故中,汽车交通事故(图4.1)伤害是最大的。世界卫生组织的报告指出,全世界每天有3500多人死于汽车交通事故伤害。因汽车交通事故伤害引起的死亡人数中的95%及导致的95%的伤残发生在中等收入和低收入国家。汽车交通事故伤害者中40%为行人、自行车骑行者、摩托车骑行者等弱势交通参与者。

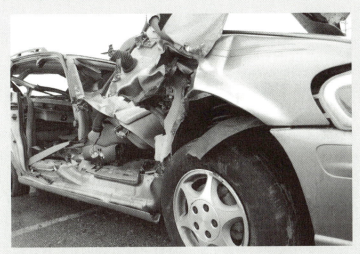

汽车交通事故

图 4.1 汽车交通事故

虽然从2002年开始,我国因交通事故死亡人数有所下降,但仍多年持续为世界最高,其中16~40岁的年轻人居多,而且我国交通事故的致死率远高于日本和美国。2018年,机动车辆交通事故为我国居民伤害死亡原因第一位。

汽车交通事故伤害在给人的生命造成巨大损失的同时,还造成巨大的经济损失。因此,世界各国政府都将治理汽车交通事故伤害问题列为重要的事项,而且提出了具体的目标。在此基础上,许多国家和地区还制定了具体的政策和分解目标。这些政策的提出,大大刺激了汽车安全技术的发展,对汽车安全性能提出了更高的要求。

4.1 先进汽车主动安全控制技术

主动安全性又称事故前汽车安全性,是指事故要发生时,操纵制动系统或转向系统,防止事故发生的能力,以及汽车正常行驶时保证动力性、操纵稳定性、驾驶舒适性正常的能力。主动安全性包括行驶安全性、环境安全性、感觉安全性和操作安全性。汽车主动安全性主要包括制动性能、操纵稳定性能、动力性能、轮胎性能、照明灯和信号灯的性能及

131

汽车前后视野性能等。它们综合起来，形成了对汽车主动安全性的一个评价体系，也是对整车性能进行全面考量的诸多因素。

4.1.1 电子稳定程序

1. 概述

德国博世公司将直接横摆力矩控制（direct yaw moment control，DYC）、制动防抱死系统（antilock brake system，ABS）及牵引力控制系统（traction control system，TCS）结合起来，开发出了基于制动力横向分配的电子稳定程序（electronic stability program，ESP），形成了同时控制车轮滑动率和整车横摆运动的综合系统。ESP是汽车上的一个重要系统，通常支持ABS及驱动防滑（acceleration slip regulation，ASR）系统的功能。EPS技术通过对从各传感器传来的汽车行驶状态信息进行分析，合理分配纵向和侧向轮胎力，然后向ABS、ASR系统发出纠偏指令，来帮助汽车维持动态平衡。该技术被公认为汽车安全技术中继安全带、安全气囊、ABS之后的又一项里程碑式的突破。ESP是ABS和ASR两种系统功能的延伸，它们之间的差别在于ABS或ASR只能被动地做出反应，而ESP能够探测和分析车况并纠正驾驶的错误，防患于未然。在汽车行驶过程中，ESP通过不同传感器实时监控驾驶人转弯方向、车速、节气门开度、制动力及车身倾斜度和侧倾速度，并以此判断汽车正常安全行驶与驾驶人操纵汽车意图的差距；然后通过调整发动机的转速和车轮上的制动力分布，修正过度转向或转向不足。

行业中车企对车身电子稳定控制系统有不同称谓，各厂商开发类似ESP的基本情况见表4-1。

表4-1 各厂商开发类似ESP的基本情况

厂　　商	名　　　　称	
博世	电子稳定程序	electronic stability program，ESP
宝马	动态稳定控制系统	dynamic stability control，DSC
丰田	车辆稳定控制系统	vehicle stability control，VSC
本田	车辆稳定辅助系统	vehicle stability assist，VSA
沃尔沃	动态稳定与牵引控制系统	dynamic stability tracing control，DSTC
日产	车辆行驶动力学调整系统	vehicle dynamic control，VDC

虽然这些类似系统名称不同，但是其结构、功能、作用和原理基本相同，其中ESP最早投入，影响力最大。

ESP在提高汽车行驶稳定性方面效果显著。图4.2所示是ESP的典型工作工况，装备ESP的乘用车在急转弯车道上高速行驶、在躲避前方突然出现障碍物及在不同地面附着力路面上行驶的运动工况均有很好的行驶稳定性。

美国交通部国家公路交通安全管理局（National Highway Traffic Safety Administration，NHTSA）调查统计显示：ESP能够降低26%的碰撞事故，而这一比重对于越野车及SUV更高，为48%；并且该机构认为ESP能够减少64%的侧翻事故，对于SUV为85%。美国《联邦机动车安全标准》（FMVSS）126法规规定：2011年9月后在北美生产

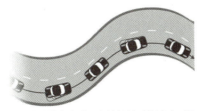

(a) 在急转弯车道上高速行驶时的运动工况

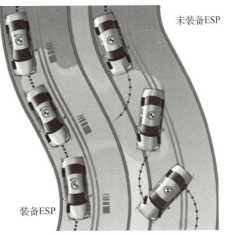

未装备ESP

装备ESP

ESP

(b) 在躲避前方突然出现障碍物时的运动工况

(c) 在不同地面附着力路面上装备与未装备ESP汽车行驶效果对比

图 4.2　ESP 典型工作工况

和销售的 4.5t 以下汽车均需安装 ESP/ESC 系统。美国交通部预测，安装 ESP 后将有可能使每年交通事故中人员死亡数量减少近 1 万。同时新车碰撞测试（new car assessment program，NCAP）的汽车碰撞安全等级测试中引入了汽车主动安全控制技术评分准则，只有安装 ESP 等主动安全电子控制产品的汽车才可能获得较高的安全等级。

2. ESP 的结构及工作原理

ESP 是一项综合控制技术，整合了下列多项电子制动技术，通过对制动系统、发动机管理系统和自动变速器施加控制，防止汽车滑移。

（1）ABS。防止制动时车轮抱死，并保持良好行驶稳定性和转向性能，缩短制动距离。

（2）ASR 系统。通过对驱动轮制动并降低发动机转矩来阻止驱动轮空转打滑，如在砂石及冰面上。

（3）电子制动力分配。在 ABS 起作用前，或者 ABS 失效后，防止后轴出现过度制动导致甩尾。

（4）电子差速锁。驱动轮在附着系数低的路面出现打滑空转时，对其采取制动，使汽车能起步行驶。

（5）发动机牵引力力矩调整。当突然松开加速踏板或挂入低挡时，阻止可能由发动机制动过大产生的驱动轮抱死。

在不同的工况下，各个子系统能起到的控制汽车稳定性的作用都有各自有效工作范围，如图 4.3 所示，图中离圆心越远表示受地面切向力越大。四轮驱动系统在附着圆中心部位，作用在侧向力、纵向力较小的轮胎

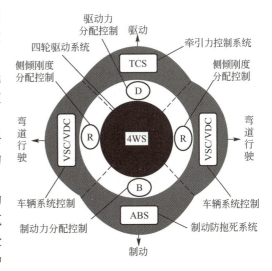

图 4.3　子系统的有效工作范围

线性区；TCS 作用在大驱动力附近的极限区；ABS 作用在大制动力附近的极限区；ESP/VSC 作用在大侧偏力的极限区；其余在较大地面反作用力的轮胎非线性区。

ESP 的主要部件：ECU、转向盘转角传感器、轮速传感器、横向偏摆率传感器、纵/侧向加速度传感器及液压系统等。ESP 组成及控制示意图如图 4.4 所示，主要部件介绍如下。

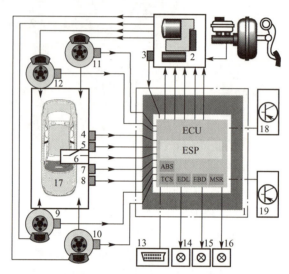

1—ECU；2—液压控制单元；3—制动压力传感器；4—侧向加速度传感器；
5—横向偏摆率传感器；6—ASR/ESP 按钮；7—转向盘转角传感器；8—制动灯开关；
9～12—轮速传感器；13—自诊断接口；14—制动系统报警灯；15—ABS 报警灯；
16—ASR/ESP 报警灯；17—车辆和驾驶状态；18—发动机控制调整；19—变速器控制调整；
EDL—电子差速锁；EBD—电子制动力分配；MSR—发动机阻力矩控制系统

图 4.4　ESP 组成及控制示意图

（1）ECU 是控制核心，为确保高可靠性，采用冗余控制，用两个相同的处理器同时处理信号，并相互比较监控。接通点火开关后，系统进入自检，连续监控所有电气连接，并周期性检查电磁阀功能。若 ECU 出现故障，汽车仍可按常规制动，但 ABS/EBS/ASR/ESP 功能失效。

（2）转向盘转角传感器依据光栅原理测量转向盘转角，ECU 以此获得预定的行驶方向。若无此信号，则无法确定行驶方向，ESP 失效。

（3）制动压力传感器检测实际制动管路的压力，ECU 由此算出车轮上的制动力和整车的纵向力。如果 ESP 正在对不稳定状态进行调整，ECU 将该数值包含在侧向力计算范围内。若无此传感器信号，则无法准确算出侧向力，ESP 失效。

（4）横向偏摆率传感器检测汽车绕其纵轴旋转角度和转动速率，ECU 以此来获得汽车的实际行驶方向，依据音叉式振动陀螺仪原理工作。若无此传感器信号，则 ECU 无法确定汽车是否发生横向偏摆，ESP 失效。

（5）纵向加速度传感器只安装在四驱车上。对于单轴驱动汽车，通过计算制动压力、车轮转速信号及发动机管理系统信息，得出纵向加速度。

（6）侧向加速度传感器检测汽车侧向力。若无此传感器信号，则 ECU 无法算出汽车的实际行驶状态，ESP 失效。

（7）ASR/ESP 按钮，在积雪路面或松软路面上起步时、安装了防滑链的汽车、在测功机上检测时，按动此按钮，关闭 ESP。

ESP 控制框图如图 4.5 所示。通过传感器搜集转向盘转角、横摆角速度、侧向加速度等信息，输入 ECU，检测转向盘转角输入和实际行驶状态，一旦识别出汽车不稳定状态，立刻对制动系统、发动机管理系统和变速器管理系统等综合协调控制，来降低汽车横向滑移，防止在制动时车轮抱死、起步时打滑和汽车侧滑。一般情况下，如果单独制动某个或某几个车轮不足以稳定汽车，ESP 将通过降低发动机转矩输出或其他方式来进一步控制。在不踩制动踏板时，制动预压力一般来源于 ABS 液压控制单元。

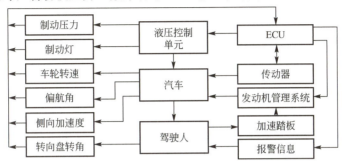

图 4.5 ESP 控制框图

ESP 的工作原理和控制措施如下。

(1) 通过转向盘转角传感器及各轮速传感器识别驾驶人转弯方向（驾驶人意愿）→转向角 A。

(2) 由横向偏摆率传感器识别汽车绕纵轴的旋转角度，侧向加速度传感器识别汽车的实际运动方向→转向角 B。

(3) 若 $A>B$，ESP 判定为出现转向不足，则制动内侧后轮，使汽车进一步增大转向。

(4) 若 $A<B$，ESP 判定为出现转向过度，则制动外侧前轮，防止出现甩尾并减弱过度转向趋势。

(5) 若单独制动某个车轮不足以稳定汽车，ESP 则进一步降低发动机转矩输出或制动其他车轮以达到要求。

转向不足：出现转向不足时，后内侧车轮制动，ESP 液压系统控制示意图如图 4.6 所示。

ECU 监测并比较来自横向偏摆率传感器、转向盘转角传感器和轮速传感器等信号，以确定车轮是否滑移。

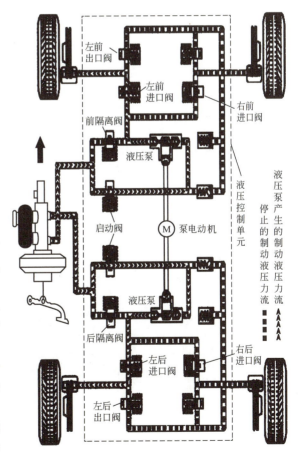

图 4.6 ESP 液压系统控制示意图

当 ECU 检测到汽车转向不足时,控制液压调节器过程为关闭前/后隔离阀→打开前/后启动阀→关闭右前/右后进口阀→运行液压泵。

这将促使以下操作。

a. 当液压泵积累了液压力时,关闭后隔离阀,后轮制动回路与总泵隔开,防止制动液返回总泵。

b. 右前进口阀和右后进口阀关闭,以隔离右轮液压回路,液压调节器只向左轮提供制动液压力。

c. 后启动阀打开,制动液从总泵进入液压泵中。

d. 液压泵将合适的制动液压力施加到左轮制动钳上,使汽车朝驾驶人想要的方向偏转。

e. 液压控制单元像在 TCS 模式下那样调节左前进口阀和左后进口阀及出口阀,以便获得最大的路面牵引力。

转向过度:出现转向过度时,液压系统控制过程与转向不足相似。

综合控制过程实例:无 ESP 的汽车在行驶时,躲避突然出现的障碍物,首先向左急打转向盘,接着又向右急打转向盘,出现甩尾现象,汽车沿垂直轴线转动出现失控状态,如图 4.7(a)所示。

装备 ESP 的汽车在突然遇到障碍物时,其行驶情况如图 4.7(b)所示,具体分析见表 4-2。

(a) 无ESP

(b) 有ESP

图 4.7　有无 ESP 汽车突遇障碍物时躲避情况对比

表 4-2 装备 ESP 的汽车躲避突遇障碍物时行驶状况分析

工作过程	汽车转向	行驶状态	受制动车轮	目的
第 1 阶段	向左	不足转向	左后轮	前轮保留侧向力,有效保证汽车的转向
第 2 阶段	向右	不足转向	右前轮	保证后轴的最佳侧向力,后轴车轮自由转动
第 3 阶段	向左	过度转向	左前轮	为阻止车辆出现甩尾并限制前轴产生侧向力,在特殊危险情形下该车轮将强烈制动
第 4 阶段	中间	稳定	无	在所有不稳定行驶状态被校正后,ESP 结束调整

3. ESP 的展望

在汽车安全系统日益增多的情况下,如果分别独立地去考虑和设计各种汽车主动安全系统,然后将它们融合起来,难免会出现某些控制功能不兼容甚至冲突的现象,这与汽车主动安全控制的目标背道而驰,而且造成了控制资源的浪费,使系统可靠性降低。所以在设计阶段就应综合考虑各种汽车主动安全系统,实现多层面集成式的全局优化控制,以及底盘一体化控制,这对汽车主动安全是十分重要且十分必要的。

德国大陆集团研发的 ESPⅡ体现了"集成控制"思想,革新点主要体现在控制器及其功能的集成通信上。在设计 ESPⅡ之初,设计人员就综合考虑了各种汽车主动安全系统,以 ESP 技术为平台,拓展和集成各种新型制动技术、汽车悬架及车身控制技术(图 4.8),如辅助制动系统(brake assist system,BAS)、电控制动技术(electronic control braking,ECB)、电子制动力分配(electronic brakeforce distribution,EBD)、主动悬架(active suspension,AS)技术、前轮主动转向(active front steering,AFS)或者四轮转向(four-wheel drive,4WD)技术及防侧翻控制技术等,实现了制动、驱动和转向联合控制和多层面集成式的全局优化控制,使得各个系统之间相互兼容,对汽车的控制也更加平滑,从而提高了汽车的舒适性和安全性。

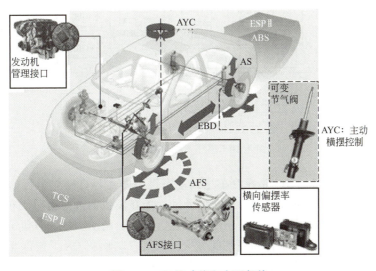

图 4.8　ESPⅡ功能和主要部件

开发ESPⅡ时的主要目标是实现对底盘的全局控制。整个系统采用CAN总线连接所有执行器和传感器,达到共用的目的,节省了冗余的部件;通过采用状态估计器进一步节约了传感器;通过采用协调控制算法,按照工况决定AFS和ESP的工作负荷,既提高了对汽车的控制效果,又延长了制动器、转向器的使用寿命。整个系统的控制结构如图4.9所示。实现集成底盘控制将是未来底盘技术发展的方向。

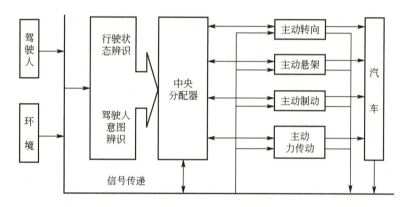

图4.9　ESPⅡ控制结构

另外,基于"集成控制"思想的还有丰田公司的汽车动力学集成管理(vehicle dynamics integrated management,VDIM),它以制动控制系统(brake control system,BCS)为集成控制平台,进一步将电动助力转向(electric power steering,EPS)技术和变传动比转向(variable gear ratio steering,VGRS)技术集成到VDIM平台中,如图4.10所示。VDIM综合了ABS、EBD、陡坡起步辅助控制(hill-start assist control,HAC)、制动辅助(brake assist,BA)控制、TRC和VSC功能,并加以融合,从而获取整车动力学状态及实现整车稳定性最优的控制方式。

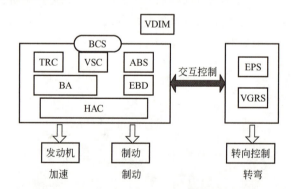

图4.10　基于VDIM控制方案

传统的VSC、TRC、ABS是在汽车达到动态极限时才各自独立运行的,而VDIM启动得更早,在汽车达到动态极限之前就开始介入,能在发生侧滑之前对汽车实行控制,不仅保证了更高的预防安全性能,同时还使"加速、转弯、制动"这一汽车的基本运动性能迈上了一个更高的台阶,汽车行驶更加流畅,如图4.11所示。为了使汽车真正达到人车一体的境界,VDIM还采纳了通过ASV技术等建立起来的识别及判断技术,并将在今后对这些技术进行更进一步的改进。

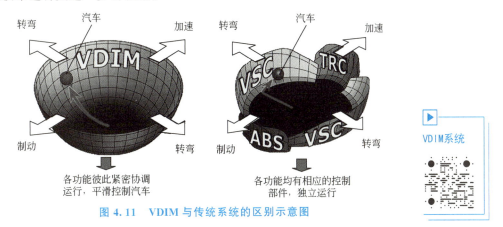

图 4.11　VDIM 与传统系统的区别示意图

此外，将 EPS 和 AFS（图 4.12）两个主动轮胎力子系统进行集成，以充分发挥纵、侧向主动轮胎力对汽车操纵稳定性的控制效能，成为汽车主动安全控制重要的发展方向之一。

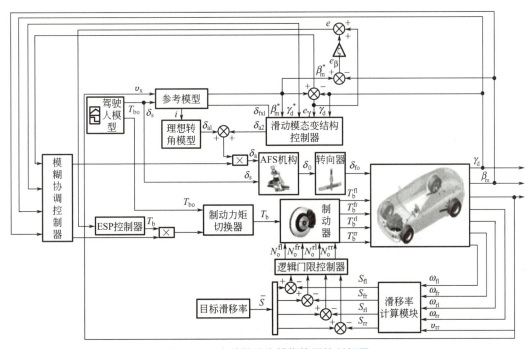

图 4.12　主动轮胎力模糊协调控制框图

当质心侧偏角 β_{th} 的最大值 β_m 小于门限值时，表明汽车仍具有较好的轨迹保持能力，此时，控制系统以横摆角速度 γ_d 跟踪为主要目标，根据 γ_d 及其偏差符号判断汽车的动态转向特性，并结合横摆角速度偏差状态指令执行系统。当汽车为不足转向特性时，由于 AFS 系统的纠摆控制能力受限，因此 ESP 始终保持作动状态。当汽车为过度转向特性时，若横摆角速度偏差小于门限值，仅 AFS 系统介入，只有横摆角速度偏差大于门限值时，ESP 才施加控制；当质心侧偏角的最大值 β_m 大于门限值时，表明汽车已经丧失了轨迹保持能力，而此时的轮胎处于大侧偏角的非线性范围内,AFS系统不仅难以实现对汽车的有效纠摆,甚至还会恶化汽车动力学系统的性能,此时,系统完全交由ESP控制。

β_{th}的值直接影响整个系统的控制性能。该值过小,ESP过于频繁作动,从而会降低乘坐的舒适性;该值过大,则会导致系统的反应略显迟缓,甚至可能造成汽车失稳事故。在路面附着系数$\mu=0.9$时,汽车不发生侧滑失稳等危险工况的质心侧偏角最大值为$10°$;而在湿滑路面($\mu=0.3$)时,期望的质心侧偏角上限只有$4°$。为保证β_{th}的值在不同的附着路面上能自适应地调整,采用线性插值法在($\mu_0=0.35$,$\beta_0=4°$)和($\mu_1=0.9$,$\beta_1=10°$)区间及之外进行插值。

实验结果表明,单移线操纵时,仅AFS系统控制的汽车偏离了期望路径,而仅ESP控制的汽车和并存控制的汽车的车速及制动距离变化较大,模糊协调控制汽车的纵向位移变化较小,具有较好的侧向动力学性能和纵向行驶性能。双移线操纵时,在移线的路径拐点处,协调控制汽车能较好地实现对期望路径的跟踪,改善汽车侧向动力学的全局鲁棒性能。

4.1.2 轮胎气压监测系统

轮胎气压监测系统(tire pressure monitoring system,TPMS)是一种采用无线传输技术,利用固定于汽车轮胎内的高灵敏度微型无线传感装置在行车或静止状态下采集汽车轮胎气压、温度等数据,并将数据传送到驾驶室内的主机中,以数字化的形式实时显示汽车轮胎气压和温度等相关数据,并在轮胎出现异常时(预防爆胎)以蜂鸣或语音等形式提醒驾驶人进行预警的汽车主动安全系统。

轮胎的使用状况直接影响汽车安全性,轻者导致爆胎,重者导致汽车失控,造成重大交通事故。因此,TPMS(图4.13)显得非常重要。当轮胎处于25%的亚充气状态时,TPMS将向驾驶人发出警告,以有效地防止轮胎破损,从而避免汽车在轮胎充气不足的情况下负重行驶而导致交通事故。

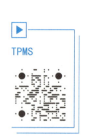

图4.13 TPMS

TPMS分为间接型和直接型。间接型TPMS是通过ABS的轮速传感器来比较轮胎之间的转速差别，以达到监测轮胎气压的目的，其特点是性能差、价格低。直接型 TPMS 利用安装在每个轮胎里的压力传感器来直接测量轮胎的气压，利用无线发射器将压力信息从轮胎内部发送到中央接收器模块上的系统，然后显示各轮胎气压数据。直接型 TPMS 是未来的发展趋势。

1. TPMS 的结构及工作原理

（1）TPMS 的结构。

下面以奥迪 A6 汽车的新一代 TPMS（直接型）为例介绍 TPMS，其结构如图 4.14 所示。

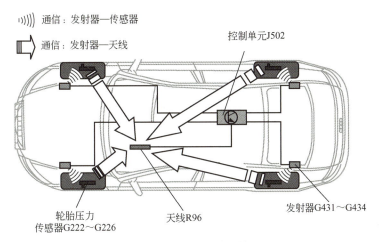

图 4.14 TPMS 的结构

① 控制单元 J502 连接在 CAN 舒适总线上。
② 每个车轮罩内都安装了一个发射器(G431～G434)。
③ 后部天线 R96 位于车顶上的车内灯和滑动车顶模块之间。
④ 发射器和天线通过 LIN 总线与控制单元相连，每个车轮(左前、右前、左后、右后和备用胎)都有一个轮胎压力传感器（G222～G226）。

（2）TPMS 的工作原理。

如图 4.15 所示，当打开驾驶人侧车门时，系统开始初始化过程，然后控制单元给发射器 G431～G434 和天线 R96 各分配一个 LIN 地址。初始化完成后，发射器发射出无线电信号；由于这种无线电信号的作用半径很小，因此它们只会分别被相应的轮胎压力传感器所接收。传感器被这个无线电信号激活，然后就会发送测量到的当前压力和温度值；这些测量值由天线接收后再经 LIN 总线传送到控制单元。

轮胎压力传感器上装有离心力传感器，可以识别出车轮是否在转动，只要车停着，就不再进行任何通信。

汽车起步时，轮胎压力传感器在约 2min 后开始与车轮位置进行匹配。当车速超过约 20km/h 时，每个轮胎压力传感器会自动发射当前的测量值，而无须等待来自各自发射器的信号。

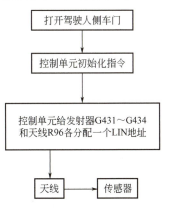

图 4.15 TPMS 工作原理图

发射出的无线电信号中包含轮胎压力传感器的 ID,这样控制单元就可识别出是哪个传感器发出的信息及其位置。正常情况下,发射器每隔约 30s 就发射一次信号。如果传感器发现压力变化较快(大于 0.2bar/min,$1bar=10^5 Pa$),那么传感器会自动切换到快速发送模式,这时每隔 1s 就发送一次当前测量值。

(3) 轮胎压力传感器结构及工作原理。

① 结构。轮胎压力传感器安装在车轮金属气门嘴处,由四部分组成,如图 4.16 所示。各部分相互协调通信,逻辑结构如图 4.17 所示。

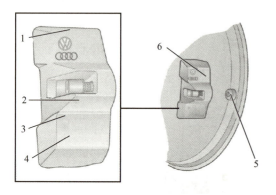

1—发射天线;2—压力/温度传感器;
3—测量和控制电子装置;4—锂亚电池;
5—金属气门嘴;6—轮胎压力传感器
图 4.16 轮胎压力传感器的组成

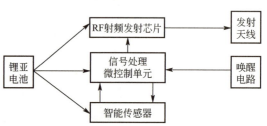

图 4.17 轮胎压力传感器逻辑结构

a. 压力/温度传感器。该传感器是具有压力、温度、加速度、电压检测和后信号处理 ASIC 芯片组合的智能传感器,如图 4.18 所示。

b. 测量和控制电子装置。4～8 位信号处理微控制单元(单片机)、RF 射频发射芯片。

c. 锂亚电池。

d. 发射天线。

在新型的发射模块中还可能包含唤醒电路,用于节省电池,外壳选用高强度塑料,所有器件、材料都

图 4.18 压力/温度传感器

要满足 −40～125℃ 的使用温度范围。

② 工作原理。轮胎压力传感器工作时会向 LIN 总线发送信息,其中包括轮胎压力、轮胎温度、专用识别号、集成的电池的状态和为保证数据传输所要用到的状态、同步及控制信息。

③ 轮胎压力传感器的关键技术。

a. 电池低功耗技术。为了实现 TPMS 发射模块在一节锂电池下能工作 3～5 年,甚至更长时间的目标,系统节电是十分重要的。因此只有在大多数时间让系统进入睡眠状态,才能省电与延长电池使用寿命,唤醒 TPMS 则是重中之重。汽车激活和进入高速行驶时,唤醒 TPMS 的方法一般有两种:一是利用软件设定定时检测,在发射模块上安置 Wake-up 芯片,由接收器发出 Wake-up 信号;二是在传感器模块中增加惯性传感器,利用对物体移动的感应,自动进入系统自检,行驶时可依照行驶速度自动调整检测周期。

b. 信号的可靠性传输及其抗干扰性技术。TPMS 涉及信号的无线收发，系统信号的可靠性是设计中始终要考虑的问题，特别是高速行驶时信号传输的稳定性。由于高速行驶下工作环境比较恶劣，并且汽车内电子产品众多，信号会出现漂移和时有时无的情况；另外在使用手机、汽车音响等产品时，信号相互产生干扰，信号的稳定性会受到影响，因此，系统的屏蔽和抗干扰等问题就显得尤为重要。这些问题的解决主要还是在 RF 发射器和 RF 接收器芯片的选择上。

2. TPMS 的展望

TPMS 将是未来智能汽车不可缺少的功能要素之一。图 4.19 所示为集成的 TPMS。目前 TPMS 技术逐渐成熟，已有产品完善可靠。2020 年 1 月 1 日开始生产的乘用车强制安装 TPMS。TPMS 技术的发展趋势可概括为以下几个方面。

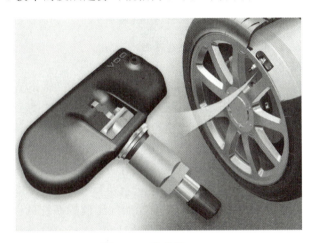

图 4.19　集成的 TPMS

（1）TPMS 向着功耗低、配重低、成本低的方向发展。

功耗与电池使用寿命有绝对关系；而配重牵涉 TPMS 发射模块的安装。故 TPMS 设计方案的发展也依此考量为蓝图，如图 4.20 所示。为降低功耗，设计趋势第一步走向内建惯性传感器，侦测到汽车移动才唤醒发射模块借以节省电能，最终走向无电源模块，即内建微机电系统（microelectro mechanical system，MEMS）电源以提供电能。至于配重及成本，整合型芯片为设计趋势。整合压力传感器与微控制单元，再将 RF 发射器也包含进来，最后将 MEMS 电源也设计在一起，不但可减小模块体积，也可节省成本、提高市场竞争力。

（2）TPMS 的多功能化。

随着体积小、集成度高、功能多的新型传感器系统的出现，除了测量轮胎压力和温度外，TPMS 还能够反馈轮胎载荷、滑动摩擦系数、胎面磨耗、道路表面质量等参数，从而为行车安全提供更好的服务。

（3）TPMS 与其他汽车电子系统相融合。

这种融合可提升整车性能并降低成本。比如，TPMS 与 ESP 相结合，可将轮胎的重力、气压和温度、路况、轮胎类型等附加信息提供给 ESP，从而改善汽车在任何情况下的稳定性。又如，TPMS 与 ABS 相结合，形成所谓的爆胎监测与制动系统，可以在驾驶人

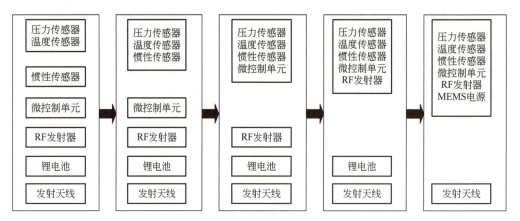

图 4.20　TPMS 发展趋势

无法做出反应时,自动实施制动,从而避免爆胎的危险。

(4) TPMS 的无源化。

使系统不依赖于电池而工作是 TPMS 技术发展的重要方向。无源(无电池)式 TPMS 可彻底避免现有 PSBTPMS(pressure sensor based TPMS,直接式 TPMS)因存在电池而产生的诸多问题,如体积和质量较大、无法全天候监控(为省电)、稳定性和可靠性不高(电池易受温度影响)等;同时可避免在低功耗设计方面的技术困扰。目前已经有压电发电、磁场电磁耦合、声表面波等 TPMS 无源化设计方案出现,但真正实现无源式 TPMS 还需时日。

强制性国家标准 GB 26149—2017《乘用车轮胎气压监测系统的性能要求和试验方法》于 2018 年 1 月 1 日起实施。我国于 2019 年 1 月 1 日起,在 M1 类车型上强制安装 TPMS;2020 年 1 月 1 日起,在所有车上强制安装 TPMS。

4.1.3　安全预警技术

1. 自适应巡航控制系统

自适应巡航控制(adaptive cruise control,ACC)系统将自动巡航控制系统(cruise control system,CCS)和前碰撞预警系统(forward collision warning system,FCWS)有机地结合起来,既有定速巡航功能,实现在前方无目标车时按驾驶人设定车速稳定行驶,又有跟车巡航系统,完成前方有目标车时,根据前车状态跟车巡航的功能。

(1) ACC 系统的组成。

图 4.21 所示为 ACC 系统的组成和互联主件系统。不同模块之间通过串行通信网络——CAN 进行通信。

① ACC 模块。ACC 模块的主要功能是处理雷达信息并判断是否存在前方车。当 ACC 系统处于"时间间隙控制状态"时,它会发送信息到发动机控制模块和制动器控制模块,以控制本车和目标车之间的时间间隙。

② 发动机控制模块。发动机控制模块的主要功能是接收来自 ACC 模块和仪表板的信息并根据这些信息调整车速。发动机控制模块通过控制发动机节气门(油门)控制车速。

③ 制动控制模块。制动控制模块的主要功能是在 ACC 控制模块的要求下通过对每个

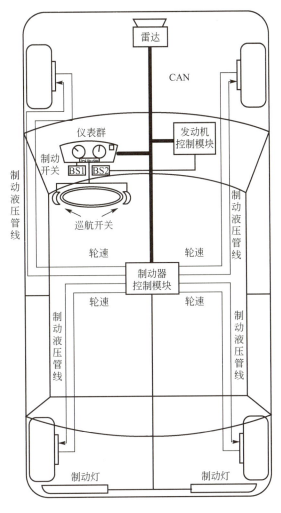

图 4.21 ACC 组成和互联主件系统

轮胎进行制动来降低车速。制动系统采用电子增强液压式的,如 ABS,而不是通过有线全权制动。

④ 仪表群。仪表群的主要功能是处理巡航开关及将它们的信息发送至 ACC 系统和发动机控制模块。同时,仪表群将显示信息,以便驾驶人了解 ACC 系统的运行状态。

⑤ CAN。CAN 是一个机动车网络标准,它使用两根总线来传递和接收数据。网络上的每个节点都具备每个消息帧发送 0~8B 数据的能力。一个消息帧由一个 0~8B 的前端消息和一个校验消息组成。前端消息是一个独特的标识符,用于确定优先级。在总线空闲时网络上的每个节点都可以发送数据。若有多个节点在同一时间发送数据,将会有一个仲裁机制来确定由哪个节点来控制总线。具有最高优先级的消息将赢得仲裁,其信息将被传送。一旦检测到总线空闲,发送失败的消息将重试发送。

⑥ 巡航开关。巡航开关是装在转向盘上的几个按钮,用于驾驶人命令和操作 ACC 系统。

巡航开关包括以下几个。

ON 开关：将系统置于"ACC 待机状态"。
OFF 开关：取消 ACC 操作并将系统置于"ACC 关闭状态"。
SET＋开关：启动 ACC 并设置设定速度或加速。
COAST 开关：减速。
RESUME 开关：恢复到设定速度。
TIME GAP＋开关：增加时间间隙。
TIME GAP－开关：减小时间间隙。

⑦ 制动开关。共有两个制动开关，分别为制动开关 1(BS1)和制动开关 2(BS2)；当其中一个制动开关被激活时，巡航控制操作取消，系统进入"ACC 待机状态"。

⑧ 制动灯开关。当制动控制模块响应 ACC 要求进行制动时，将会打开制动灯提醒后方车注意本车正在减速。

（2）ACC 系统的五种状态。

①ACC 关闭状态——ACC 系统处于禁用状态。

②ACC 待机状态——系统处于准备被驾驶人激活的状态。

③ACC 启动状态——ACC 系统处于启动并控制车速的状态。

④ACC 速度控制状态——ACC 启动状态的一个子状态，在前方没有车的情况下其控制系统使车速达到设定速度是典型的传统巡航控制。

⑤ACC 时间间隙控制状态——ACC 启动状态的一个子状态，用于控制本车与目标车之间的时间间隙。

图 4.22 所示为 ACC 状态及其过渡。

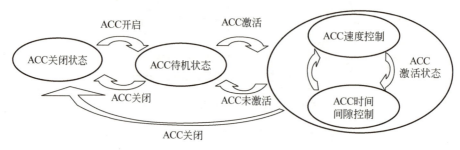

图 4.22　ACC 状态及其过渡

（3）当 ACC 被激活后的典型的操作。

① 速度控制状态时的操作（ACC 速度控制）。如图 4.23（a）所示，当本车前方无车时，本车将处于普通的巡航行驶状态，ACC 系统按照设定的行驶车速对本车进行匀速控制。

② 跟车模式时的操作（ACC 时间间隙控制）。ACC 系统进入跟车模式或"ACC 时间间隙控制状态"，若雷达侦测到有前方车进入间隙距离之内，在此模式的操作下，ACC 系统将发送一个目标速度给发动机控制模块，并向制动控制模块下达减速指令，以保证车间设定的时间间隙。

a. 减速控制。如图 4.23（b）所示，当本车前方有目标车且目标车的行驶速度小于本车的行驶速度时，ACC 系统将控制本车进行减速，确保两车间的距离为所设定的安全距离。

b. 跟随控制。如图 4.23（c）所示，当 ACC 系统将本车减速至理想的目标值之后采用

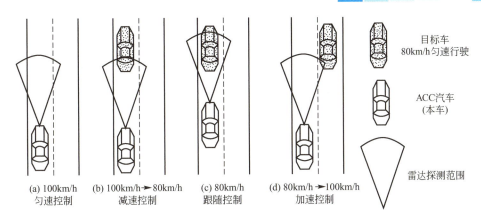

图 4.23 ACC 系统四种典型操作

跟随控制,与目标车以相同的速度行驶。

c. 加速控制。如图 4.23(d)所示,当前方的目标车发生移线,或本车移线行驶使得前方又无车时,ACC 系统将对本车进行加速控制,使本车恢复至设定的行驶速度。在恢复行驶速度后,ACC 系统又转入对本车的匀速控制。当驾驶人参与汽车驾驶后,ACC 系统将自动退出对汽车的控制。

ACC 系统可在速度控制模式和时间间隙控制(跟车)模式间自动转换,此运作模式取决于相对设定速度更慢的目标速度,以维持本车和前方车之间的间隙。总的来说,如果没有车处于间隙距离内,该系统处于速度控制模式,否则,它将维持时间间隙控制模式。另外,驾驶人可以通过"TIME GAP+"和"TIME GAP-"开关调整时间间隙。按"TIME GAP+"开关,时间间隙值增大,两车之间的间隙也随之增加。按"TIME GAP-"开关,时间间隙值减小,两车之间的间隙也随之减少。

ACC 系统允许系统通过调整速度以适应交通状况,其最大的好处就是降低了驾驶疲劳。ACC 系统加上车道偏离辅助系统,可以使驾驶人在较好的城市路况下极大地解放双脚甚至双手。特别是轻微堵车的路况驾驶疲劳感很大部分来源于不停踩制动踏板,利用 ACC 系统可以轻松保持车距。但是,智能系统还是不能完全替代人工。为了行车安全,ACC 系统最小的跟车距离也不会很小,在拥堵严重的路况下易被加塞或者强行变道。道路情况较复杂时,在遇到前方车紧急制动或者路口突然出现车辆的情况下,ACC 系统很难精确控制,不能保证安全;当遇到运载货物的汽车且货物尺寸超过车身尺寸时,雷达的精准识别率较低,难以保证安全。

2. 预防碰撞安全系统

预防碰撞安全系统可分为对车内人员的保护和对车外人员的保护两类,但安全保障的核心都是对碰撞动作的积极准备和防护措施。对于车内预防碰撞安全系统,当相关传感器或雷达探测到潜在的碰撞危险时,会首先向车内驾驶人发出警告,如警告无效则在 0.6s 内启动自动制动系统,根据驾驶人的制动力量增加辅助油压以充分降低车速,避免碰撞。同时,预防碰撞安全系统会在车内为被动防护提供支持,如关闭车窗、调整座椅角度或安全带松紧程度以减轻碰撞强度和使安全气囊发挥更大作用等。在车外,预防碰撞安全系统也可通过一系列措施尽量保护被撞对象的安全。如碰撞不可避免,预防碰撞安全系统会打开与行人受撞击面相对的外部安全气囊(如保险杠、风窗玻璃等处),尽量减小对其头、胸、腰等脆弱和致命部位的撞击力。图4.24所示为预防碰撞安全系统工作流程图。

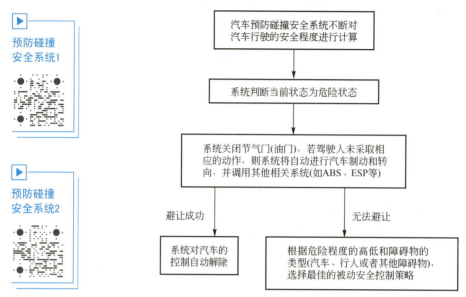

图 4.24　预防碰撞安全系统工作流程图

如图4.25所示，日产公司开发并推出的全方位碰撞预防系统能够通过计算机自动控制本车与周边汽车的距离，在突发状况下有效地防止撞车事故的发生。

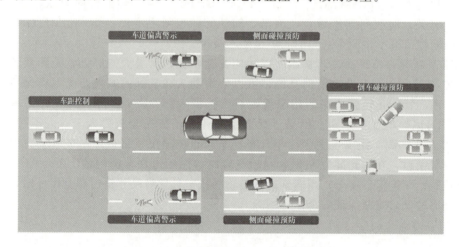

图 4.25　日产公司的全方位碰撞预防系统

侧面碰撞预防系统的组成如图4.26所示，其工作过程如图4.27所示，安装在汽车后侧方的传感器检测邻道汽车。当邻道有车时，如果驾驶人开始变道，就会在以图像和声音发出警示的同时，通过分别控制每个车轮的制动器产生横摆力矩（汽车的回转力），帮助驾驶人操作不接近邻道汽车。

倒车碰撞预防系统以安装在汽车后部和后侧方的传感器来检测周围的障碍物。倒车离开停车场时，如果倒车时检测出汽车接近障碍物，则发出警示并控制制动，帮助驾驶人操

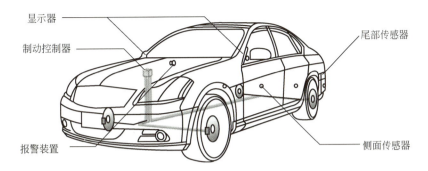

图 4.26 侧面碰撞预防系统的组成

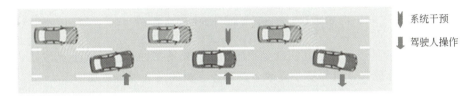

图 4.27 侧面碰撞预防系统的工作过程

作不接近障碍物。

侧面碰撞预防系统、倒车碰撞预防系统与车道偏离警示系统及车距控制辅助系统相配合,从整体上为汽车形成了一种"安全盾"的概念,保证本车与周围汽车的合理安全距离,帮助驾驶人防止多方向的碰撞危险,为本车及乘员提供多角度的保护。

3. 电子后视镜

电子后视镜不仅能解决传统光学后视镜视野范围局限及因光线明暗、雨雪天气等影响传统视镜可视效果导致的交通事故,而且由于电子外后视镜大大减小了整套系统的体积,还可以通过降低风阻、风噪节能 2%～3%,更可以实现智能网联、事故取证等增值功能。

电子后视镜安装于汽车前风窗玻璃内侧,与前摄像头采用分体结构,隐藏式走线,保持车内原有布局。流媒体电子后视镜能够有效增大可视角度,使行车更加安全;9.35in(1in=2.54cm)屏幕搭配后部高清摄像头,大幅提升后方视野,轻松掌握后方路况;前后摄像头同时记录汽车行驶过程。

后视镜的视野范围和精确度是不可兼得的,为了能使驾驶人更加准确地判断后车车距,以减小部分视野范围为让步也是权衡之举。而雷克萨斯 ES 车所使用的电子后视镜(图 4.28),驾驶人通过控制按键可以实时切换后视镜的显示视角,在常规视角、广角甚至长焦角度间自由切换;再加上画面经过计算机的矫正之后,畸变幅度要远小于传统光学后视镜。

目前,电子后视镜使用受到限制的原因除了可靠性外,还有其会导致视觉疲劳。在正常驾驶时,驾驶人的目光总是放在前方道路上的,而此时后视镜中的虚像其实也位于驾驶人的前方,所以视线从前方切换到后视镜时几乎是不用重新对焦的。但电子后视镜用的是显示屏,每次看后视镜时,原先焦点在无限远的眼球需要重新对焦到距离六七十厘米的地方,没办法做到视线的无缝衔接,故大大加剧了眼球的负担。所以很多人在使用了电子后

图 4.28 雷克萨斯 ES 车的电子后视镜

视镜之后感到不适应的主要原因其实就是眼睛焦点频繁地来回切换。晚上光线暗，进光量小（图 4.29），瞳孔放大，景深更小，故上述现象在夜间会表现得更加明显。

图 4.29 电子后视镜与夜间行车

4. 安全预警技术的展望

安全预警技术是集计算机、现代传感、信息融合、通信、人工智能及自动控制等技术于一体的集成系统，是今后汽车技术的主流发展方向。随着更加先进的传感器、快速响应的执行器、高性能 ECU、先进的控制策略、计算机网络、通信技术及雷达技术在汽车上的广泛应用，安全预警技术已经明显向集成化、智能化和网络化三个主要方向发展。开发高性能的行车安全状态监控技术和信息服务平台，可为驾驶人提供有效的驾驶辅助，有效降低交通事故的发生率。这类技术在事故预防方面的显著效果，已成为世界各国重点研究的汽车主动安全技术之一。

将汽车自适应巡航控制系统、车道保持辅助系统与底盘一体化控制技术协调控制，会使汽车行驶性能控制到最佳水平，形成一体化的主动安全控制系统。先进汽车主动安全控制技术将会整合和优化各项独立的主动安全装置和措施，最终形成"人-车-路"三者协同的主动安全技术，如图 4.30 所示。

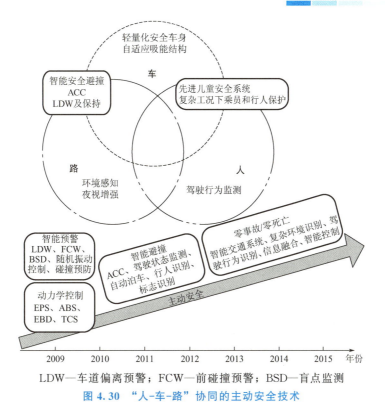

LDW—车道偏离预警；FCW—前碰撞预警；BSD—盲点监测

图 4.30 "人-车-路"协同的主动安全技术

4.2 智能乘员约束技术

乘员约束系统是指在车祸意外发生、汽车已经失控的状况下，对于乘坐人员进行被动的保护，希望通过固定装置，让车室内的乘员固定在安全的位置，并利用结构上的导引与溃缩，尽量吸收撞击的力量，确保车室内乘员的安全。其主要包括安全带（含预紧器及限力器）、安全气囊、安全座椅、压溃式转向柱和膝垫等。其中安全带和安全气囊是汽车碰撞事故中最有效的乘员保护设施。

随着电子技术和汽车安全技术的发展，发展智能乘员约束技术来增强汽车被动安全性能成为国内外汽车界的普遍共识。智能乘员约束系统通过自动判断乘员的类型和碰撞发生时的车速，自动调整约束系统的参数。通常可控的参数有安全气囊多级点火气体发生器点火的级数、排气孔的面积、安全带预紧器和限力器的特性、压溃转向柱特性。

4.2.1 智能安全气囊

安全气囊与安全带相比，只是一个辅助保护设备。安全气囊是用带橡胶衬里的特种织物尼龙制成的，工作时用无害的氮气填充。安全气囊的基本原理是在发生一次碰撞后、二次碰撞前，迅速在乘员和汽车内部结构之间打开一个充满气体的袋子，让乘员扑在气囊上，从而降低乘员的伤害指标。安全气囊发展至今，技术上已经非常成熟，能够对乘员起到更好的保护作用。为了降低安全气囊点爆过程中对乘员的伤害，出现了更多更智能化、低能量化、多级化的安全气囊，在保护乘员的同时避免了对乘员的伤害。

智能安全气囊就是在普通安全气囊的基础上增加传感器，以探测出座椅上的乘员是儿童还是成年人，他们系好的安全带及所处的位置是怎样的高度，通过采集这些数据，由电子计算机软件分析和处理控制安全气囊的膨胀，使其发挥最佳作用，避免安全气囊出现不必要的膨胀，从而极大地提高安全性。

1. 智能安全气囊的结构及工作原理

传统电子安全气囊由碰撞传感器、缓冲气囊、气体发生器及微控制器等组成。

传统电子安全气囊的工作过程（图4.31）如下。

① 碰撞发生。
② 加速度传感器向微控制器输出响应信号。
③ 微控制器分析"碰撞判断算法"，然后决定安全气囊的打开和打开定时。
④ 微控制器命令点火芯片打开安全气囊。
⑤ 点火芯片向气体发生器传送点火信号，然后安全气囊打开。

安全气囊系统

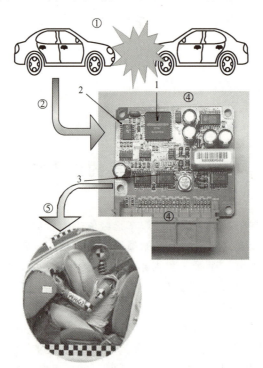

1—微控制器；2—加速度传感器；3—点火芯片

图4.31 传统电子安全气囊的工作过程

智能安全气囊系统增加了乘员识别技术，在上述过程②中，乘员识别传感器把获得的座椅上乘员身材、体重、是否系好安全带、人在座椅上所处位置等信息一并传递给微控制器，微控制器能根据汽车碰撞时的车速、撞击程度及乘员信息，确定是否打开气囊并且是在高阈值或低阈值下打开气囊，还根据乘员位置和重量信息来确定向对应的安全气囊采取不同的充气级别，使安全气囊对乘员提供最合理和最有效的保护，特别是减少对儿童等身体矮小者的伤害。

图 4.32 所示是某智能安全气囊的组成。该智能安全气囊包括四种传感器,如图 4.33 所示。这些传感器为微控制器提供乘员的身材、体重、是否系好安全带、人在座椅上所处位置等信息。

① 超声波传感器,通过发射超声波,然后分析遇到物体后的反射波,探明乘员的存在和位置。

② 重量传感器,通过应变片测量乘员重量。每个乘员底座下分布四个应变片,通过应变片电阻的变化测量乘员重量的变化,从而起到乘员识别的效果。

③ 带扣传感器,判断乘员是否佩戴安全带。

④ 座椅位置传感器,提供座椅位置信息。

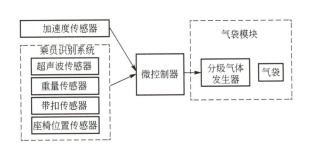

图 4.32　某智能安全气囊的组成

1—超声波传感器；2—重量传感器；
3—带扣传感器；4—前排乘员安全气囊；
5—驾驶人安全气囊；6—座椅位置传感器

图 4.33　智能安全气囊的传感系统

该智能安全气囊的工作原理：四个超声波传感器和座椅位置传感器可以判别乘员与安全气囊之间的位置关系；重量传感器判断乘员是否为儿童或者是否有乘员；带扣传感器判断乘员是否系好安全带。通过以上传感器的输入信号,微控制器决定安全气囊是否点爆,以什么方式点爆。

智能安全气囊有两个关键技术：乘员识别技术(应用于多方位乘员保护系统)和分级气囊点爆技术。

2. 多方位乘员保护系统

图 4.34 所示是博世公司开发的多方位乘员保护系统。该系统主要包括如下组成部分：三个前部预碰撞传感器(能够更快感知正面碰撞信号,从而提高点火的快速性),一个儿童座椅传感器(当前排座椅安装背向儿童座椅时禁止安全气囊点爆),一个集成滚翻传感器的主控单元(主要的控制单元,同时集成了滚翻传感器,能够进行滚翻事故的安全气囊点火控制),四个侧面传感器(感知侧面碰撞,包括加速度传感器和压力传感器),一个乘员离位传感器(判断乘员是否处于离位状态),两个乘员识别传感器(感知乘员的重量及位置)。各个传感器之间通过总线方式进行数据传递。同时,为了起到更好的保护效果,驾驶人侧和前排乘员侧使用了二级气体发生器,同时为每个乘员配备了一个侧面气囊及相应的安全带预紧器,因此整个系统比较复杂,但是保护效果大幅提高。

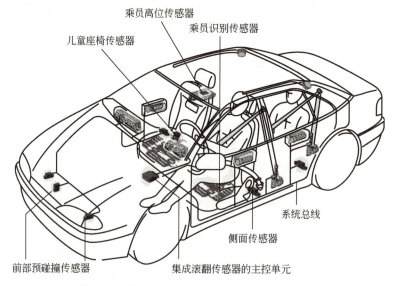

图 4.34 博世公司开发的多方位乘员保护系统

图 4.35 所示是宝马 7 系车所采用的乘员保护系统。该系统主要采用分布式电容技术感知乘员类型及乘员乘坐姿势的变化,进而采取不同的点火策略。九个电极分布在座椅的靠背和底座上。当不同类型的乘员乘坐时,各个电极的电容是不一样的;同样,当乘员的坐姿发生变化时,各个电极之间的测量值也有所不同,通过测量电极之间电容的差别,从而获知关键的乘员参数,进而采取合适的点火方式,起到更好的乘员保护效果。

图像识别技术在乘员保护系统中也有一定的应用,部分厂家使用摄像头拍摄驾驶人侧和乘员侧的乘员,判断乘员的类型及乘员的实际乘坐位置,如果乘员距离转向盘或者仪表板过近,则采用低能量级别点爆安全气囊或者禁止安全气囊点爆。但是图像识别技术中摄像头成本较高,加上图像数据处理设备对硬件要求较高,因此整体的造价比较高,要得到更广泛的使用还有待时日。乘员保护系统的类型各异,原理上也有一定的差异,但是基本上需要有主控单元设备、乘员信息感知设备等模块。

3. 分级气囊点爆技术

智能安全气囊中装备的气体发生器都是多级气体发生器,由两级单独的电雷管和相应的装药组成,可以视作两个单独的气体发生器。它们的充气强度(充气量)是不相同的,视汽车碰撞的严重程度和乘员身体参数,以及坐姿和安全带等的使用情况不同。由传感器将感应到的信号输送到微控制器,微控制器通过预先设定的计算程序进行运算,确定是否应该点爆气体发生器。如果需要点爆气体发生器,则判定是点爆强充气挡,还是点爆弱充气挡,通常碰撞强度越是激烈,乘员的体重越重,气囊的充气强度要求越高,此时设置两级气体发生器同时向气囊充气。在乘员体重较轻、碰撞情况较弱时,除了点爆其中单级气体发生器外,还可以改变点爆第一级气体发生器的起始时间及点爆第一级气体发生器和第二级气体发生器的间隔时间来改变气囊不同的充气强度,以适应不同类型乘员撞到气囊上时得到更好保护效果的对应充气程度,使气囊的充气时间和充气强度与乘员相应的静态和动态状况相适应,以取得最佳保护效果。

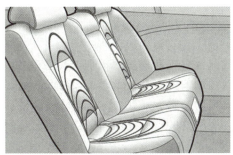

图 4.35　宝马 7 系车所采用的乘员保护系统

4. 智能安全气囊的展望

智能安全气囊技术将主要朝着以下几个方向发展。

(1) 新的技术可以更好地识别乘客类型,采取不同的保护措施。通过传感器,安全气囊系统可以判断出汽车当前经历的碰撞形式,是正面碰撞还是角度碰撞,是侧面碰撞还是整车的翻滚运动,以便驱动车身不同位置的安全气囊,形成对乘客的最佳保护。

(2) 小型、轻型化。安全气囊总成将采用体积小的新型气体发生器,或采用压缩气体的混合式气体发生器、采用有机气体的纯气体式气体发生器。另外,安全气囊作为一个高度集成化的系统和模块,德尔福传感器公司推出了世界上最小的安全气囊模块,使转向盘既美观简洁,又有足够的空间来集成更多的控制系统。德尔福公司的技术可以提供高度紧凑型的乘员正面保护安全气囊,而且气囊系统的盖板与转向盘的接缝非常细小,几乎看不出来;安装的位置也比较独特,转向盘看上去更漂亮。

(3) 保护全方位化。安全气囊不再仅局限于保护驾驶人与前排乘员。现代汽车还将采用窗帘一般的侧气囊,这样即使是侧面被撞,车内乘员的安全也能得到充分的保证。图 4.36 所示为前排全方位安全气囊。

外用安全气囊已经投入使用,并且在欧洲市场通过了第一阶段的实际情况检验。只是这种外用气囊主要是用来保护行人的。例如,沃尔沃 V40 汽车便搭载了瑞典奥托立夫公司设计的外部安全气囊(图 4.37),置于发动机舱下部,若汽车撞及行人,安全气囊将立即展开,包裹住 A 柱和风窗玻璃

外部安全气囊

刮水器，在汽车和人员之间形成缓冲，同时发动机舱盖后部将抬起，进一步削弱人车相撞的后果。

图 4.36　前排全方位安全气囊

图 4.37　外部安全气囊

4.2.2　气囊式安全带

佩戴安全带的乘员在汽车发生正面碰撞事故时，织带直接与乘员胸部和腿部相接触，织带的线性特性使乘员受到的约束力几乎直线增大，过大的胸部压力甚至对乘员造成致命伤害。有一个非常简单和合理的想法，就是结合传统的安全带和安全气囊技术，在汽车碰撞时，安全带在乘员躯干和肩膀处展开成气囊。这个想法已经由福特公司实现。

如图 4.38 所示，该气囊式安全带得益于福特公司在气囊充气和安全带构造技术方面的领先性，它的气囊能在碰撞发生的 40ms 内在乘客的躯干和肩膀处展开。在日常使用时，气囊式安全带与传统安全带的作用相同，而且适用于儿童安全座椅。福特公司的调研结果显示，90% 以上参与测试气囊式安全带的人员认为，气囊式安全带的舒适度等同或优于传统安全带，因为它使人感到有衬垫且更柔软。

福特气囊式安全带

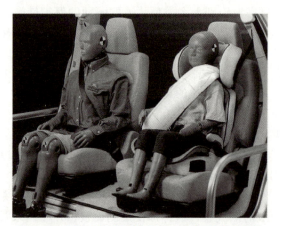

图 4.38　福特公司设计的后排座椅气囊式安全带

气囊式安全带的工作原理如下。

图 4.39(a)：气囊式安全带是在三点式安全带的肩带上设计了一个气囊。

图 4.39(b)：气囊式安全带由腰带、带有气囊的肩带、特殊带扣和气体储存器组成。

图 4.39(c)：气囊折叠成带状藏于织带内，故织带比普通织带略微厚一点。

图 4.39(d)：气囊充气膨胀时，会撕开织带上的气囊保护层，展开气囊于乘员胸前和汽车内饰之间。

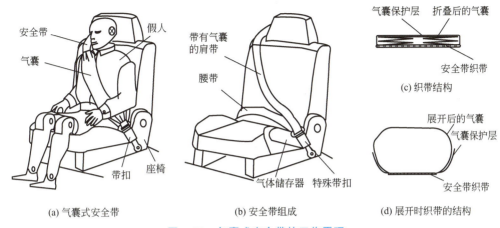

图 4.39 气囊式安全带的工作原理

腰带横跨佩戴者骨盆部位前方，肩带从臀部斜跨前胸至另一侧肩部，特殊的带扣除了使佩戴者能够被安全带固定住和能快速解脱外，还能快速连接和脱卸气囊进气口，气体储存器安装在座椅底下，与锁扣上的气体控制阀相连。气体储存器内装有冷压缩气体，这种气体没有传统安全气囊系统通常采用的发热化学反应气体高温，意味着气囊式安全带充气时，不会使佩戴者感到处于高温环境中。气囊随安全带贴附着乘员展开，其体积设计得较小，因此从汽车碰撞到气囊式安全带在乘客躯干和肩膀处展开是在一个极短的时间内完成的。

一旦汽车发生碰撞，该车的安全系统传感器会瞬间测定碰撞信号，安全系统的控制器接收到该信号，辨认碰撞的严重程度，判定需要展开气囊式安全带时，会发出信号给气囊式安全带，打开通气阀，位于座位底下的气体储存器内的气体通过特殊设计的扣环充入气囊式安全带的折叠气囊内，充气到一定压力，气囊会突破安全带上的气囊保护层的纤维，由内向外扩展到覆盖乘客身体。

气囊式安全带将撞击能量分散到乘客身体上的功能比传统安全带的高出 5 倍，它通过把撞击压力扩散到更大的面积来扩大保护范围，即通过减小汽车撞击时对乘客胸部的压力来降低发生伤害的风险。同时，可对乘客的头部和颈部提供额外支持，这样将有助于控制后座乘客头部和颈部在碰撞中移位。安全带上的气囊展开后，在其内部的气体通过气囊上的小孔散发出去之前，气囊会在数秒内保持膨胀状态。

4.2.3 头颈部保护系统

头颈部受损伤是交通事故中最常见的伤害。瑞典每年就有 2.5 万人蒙受这类伤害。永久性头颈部受伤害约占受伤人员总数的 1/10，而且这类伤害往往很难被确诊。头颈部保护系统（图 4.40）已成为沃尔沃所有型号汽车的标准配置，可在发生追尾撞击事故时使永久性颈部伤害的危险减少一半。

头颈部保护系统一般设置于前排座椅。当汽车受到后部撞击时，头颈部保护系统会迅速充气膨胀起来，其整个靠背都会随乘坐者一起后倾，乘坐者的整个背部和靠背安稳地贴在一起，靠背则会后倾以最大限度地降低头部向后甩的力量，座椅的椅背和头枕会向后水平移动，使身体的上部和头部得到轻柔、均衡的支撑与保护，以减小脊椎及颈部所承受的冲击力，并防止头部向后甩所带来的伤害。

头颈部保护系统

图 4.40 头颈部保护系统

　　头颈部保护系统的工作过程（图 4.41）：追尾事故发生时，人的背部会陷入椅背，当弹簧拉长到一定程度后，逆时针转动，座椅向后水平移动 50mm，如图 4.41(b) 所示，接着弹簧被压缩，座椅向后倾斜 15°，如图 4.41(c) 所示。在此过程中，身体的上部和头部得到轻柔、均衡的支撑和保护，与未配备头颈部保护系统的座椅相比，可将颈部所受到的冲击力削减 40%～60%，防止人体最脆弱的颈部受到终身或致命的伤害。该系统可以大大降低相对车速 30km/h 以下的追尾事故对人的伤害，而这正是大多数追尾事故发生的相对车速范围。

(a) 座椅处于正常状态

(b) 座椅向后水平移动 50mm

图 4.41 头颈部保护系统的工作过程

(c) 座椅向后倾斜15°

图 4.41 头颈部保护系统的工作过程（续）

专家们根据对实际交通事故的分析，并结合利用先进的计算机模拟实验而得出的结果，对乘员在不同场合下所发生的人体运动模式进行深入研究，指出所有类型的交通事故都存在造成头颈部伤害的危险，尤其是正面撞击事故，因为这类事故要比追尾事故多一倍。

沃尔沃公司汽车专家的主要观点是，应着重研究在正面撞击和追尾撞击事故中可导致受伤害概率增大的因素。此外，对实际发生的交通事故的分析证明，影响受伤害概率的因素除撞击强度外，还包括性别、年龄、身高、体重和坐姿等。结果证明，头颈部保护系统可使交通事故所导致的急性颈部疾病减少33%，并使持续时间超过一年的慢性颈椎病减少53%。

4.3 侧面碰撞保护技术

在道路交通事故中汽车的碰撞位置千变万化，其中来自侧面的碰撞属于汽车侧面碰撞。汽车侧面碰撞可以分为直接碰撞和间接碰撞两种形式。直接碰撞是指车与车之间的碰撞，间接碰撞是指由于汽车的滑移、跑偏等引起的与障碍物（如树木、柱子等）的碰撞。侧面碰撞位居正面碰撞之后，是第二种常见的碰撞形式。对于整辆汽车来说，最薄弱的部位是汽车的侧面，对汽车中占比最大的乘用车来说，乘用车的前部及后部、发动机、行李箱、相关车身及底盘部分的结构强度设计要大于汽车侧面结构部分，在正面碰撞或者后面碰撞过程中可以通过这些部分的结构变形来吸收碰撞能量。乘用车发生侧面碰撞时吸能区域小，没有其前部、后部那样的足够空间发生结构变形来吸收碰撞能量，而且被撞部分与乘员的距离比较近，易直接撞击乘员。因此与正面碰撞、后面碰撞相比，汽车侧面碰撞对乘员造成的伤害更大，对乘员的保护也就显得尤为重要。

4.3.1 侧面碰撞的研究

1. 国内侧面碰撞的研究意义

我国人口众多，道路环境多种多样，汽车的质量参差不齐，人们的安全意识还不太高，交通事故频发，每年因为车祸造成的经济损失高达14亿元。在车辆事故形式统计数据中（图 4.42），汽车正面碰撞占所有交通事故的 49%，侧面碰撞占 25%。从图 4.43 所示的车辆事故形态柱状图可以看出，事故中侧面碰撞的比重约为正面碰撞的 1/2，但二者造成的死亡人数相差不大。交通事故中，侧面碰撞事故发生概率较高，其致死率和致伤率分别居所有交通事故的第二位和第一位。

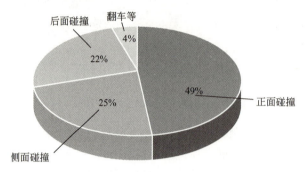

图 4.42　车辆事故形式饼状图

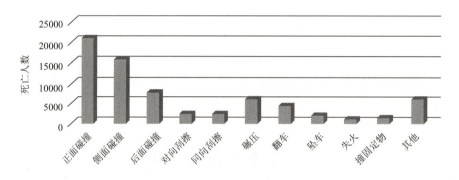

图 4.43　车辆事故形态柱状图

2. 新车评价程序对侧面碰撞测试的规定

2017 年 4 月 20 日，由乘员保护、行人保护、主动安全三大版块构成的《C-NCAP 管理规则（2018 年版）》正式发布，并于 2018 年 7 月 1 日开始正式实施。2018 年版规则进一步提升了侧面碰撞试验的难度，最大的改进就是侧面碰撞移动壁障的变更。与 2015 年版规则相比，台车的质量增加了 450kg，防撞梁中心高度也增加了 50mm。这样的改变，对于侧面车身结构强度提出了新的要求，同时可以进一步促进侧面安全气囊与气帘装配率的提升。《C-NCAP 管理规则（2021 年版）》已正式发布，于 2022 年 1 月 1 日开始正式实施。2021 年版规则在乘员保护方面使用正面 50% 重叠移动渐近变形壁障碰撞试验代替了正面 40% 重叠可变形壁障碰撞试验，加大了正面的碰撞率，对汽车正面的要求更高了；针对新能源汽车，使用侧面柱碰撞试验代替了可变形移动壁障侧面碰撞试验，将考察侧面碰撞大变形的场景下电池包的安全性，这将进一步提高新能源汽车的总体安全；增加车身和零部件碰撞安全性能风险评价要求，以罚分项形式体现；增加可变形移动壁障侧面碰撞试验中搭载假人的数量；增加第二排两侧座椅鞭打试验及评价方法；增加第二排儿童乘员保护评价方法和儿童乘员静态评价方法；修改了对侧气帘加分的技术要求；增加了关于事故紧急呼叫系统加分的技术要求；安全带提醒装置由加分项改为罚分项；修改了乘员保护试验中的电安全评价方法。在行人保护部分，修改了行人保护试验及评价方法，采用先进人腿型（aPLI）替代传统 FLEX-PLI 和 TRL 上腿型进行行人腿部碰撞保护试验评价；扩大了行人保护头试验区域。aPLI 使试验结果更加准确，对行人保护更加全面。在主动安全部分增加了车辆自动紧急制动系统的试验场景；增加了车道保持辅助系统试验及评价方法；增加了对于车道偏离报警系统、盲区监测系统、速度辅助系统的审核项目及技术要求；增加了整车灯光性能试验及评价方法；修改了评分体系，主动安全权重由 15% 增加到 25%。

4.3.2　车身结构新技术

提高整车结构安全性能，**加强车身横向结构刚度，可以控制能量转移，使更多的能量转换为被撞击汽车的系统动能，并且减小侧围的侵入量**，保证乘员的生存空间，降低由挤压造成的伤害。

如图 4.44 所示，宝马汽车配备高效的侧面撞击保护系统，包括高度稳定的车门和特别坚固的 B 柱，以及专用的头部和侧面保护安全气囊。每扇门均内置对角铝横梁，确保车门和侧壁具有非同一般的刚度和强度，防止外部物体突入车厢，同时合理地设计 B 柱上、下端与车体的连接部位使撞击力尽可能地通过地板横梁和车顶横梁向非撞击侧传递。此外，极其坚固的车门锁和铰链、座椅和扶手区域内的加强件及附加的合成吸能元件都有助于降低传导至车厢的撞击力。

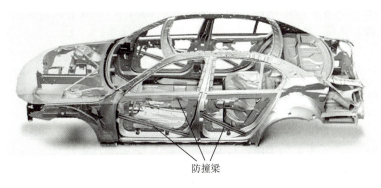

图 4.44　宝马汽车在车门增加防撞梁

新马自达 6 通过优化车身结构设计以达到提高整车碰撞安全性能。与大多数汽车制造商所遵循的"碰撞能量分散与吸收"原理相同，马自达应用的 MAIDAS 方案（mazda advanced impact distribution and absorption system，马自达先进碰撞能量分散与吸收方案）也是通过车身结构的优化使得碰撞时产生的能量可以沿着预设的方向向车身分散吸收。当车身结构在碰撞时吸收和分散撞击的能量后，大幅降低对乘员舱的冲击负荷，同时由超高强度钢板加强的乘员舱不会发生严重的变形，保证乘员的生存空间。

马自达采用"3H"车身结构，在障壁车的碰撞区域内布置足够的横向承载结构，局部加强以加快载荷传递的速度，稳定载荷传递路径。如图 4.45 所示，"3H"是指在车身的底部、侧面和顶部的骨架都呈现 H 形，并组成立体框架的设计，这一车身结构为高刚度、封闭式承载式车身。"3H"车身结构能合理地分流在碰撞中传导的力，提高车身横向承载能力，减小车体的变形量，从而改善整车的碰撞性能。

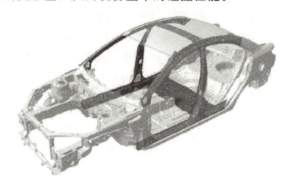

图 4.45　马自达"3H"车身结构

4.3.3　侧面安全气囊和气帘

统计发现侧面碰撞对车内乘员的身体和头部的伤害程度比正面碰撞还要严重，在侧面碰撞死亡事故中头部伤害占 59.27%，胸部伤害占 21.98%，其他部位伤害占 18.75%。在发生侧面碰撞时，侧面安全气囊将乘客身体移出危险区域，在侧面碰撞期间降低施加在身体上的力，从而有效地保护头部和胸部。

奔驰 S 级乘用车在侧面碰撞时，为了保护乘员的侧面部位，侧面安全气囊在极短的时间(20ms)内，在乘员和车门之间的间隙全部展开，如图 4.46 所示，这些安全气囊系统包括胸部安全气囊、头部/胸部安全气囊、胸部/骨盆安全气囊。

图 4.46　奔驰侧面安全气囊

在典型侧面碰撞中，在乘员和车门及 B 柱之间的实际间隙必须迅速闭合。

该车还会在独特的位置展开安全气囊，如图 4.47 所示，一个安全气囊在驾驶人和前排乘员之间弹开，就像一堵"空气墙"一样，减轻乘员在发生二次碰撞时的伤害。

2021 自动款捷达所配备的安全气囊主要由以下几部分组成：驾驶座安全气囊、前排乘客安全气囊、前排两侧安全气囊和侧面气帘。

侧面安全气囊安装在前排座椅的侧面，能使前排乘员在侧面碰撞时不至于受到由车厢变形造成的严重伤害，可在车身两侧 60°范围内实施监控；侧面气帘安装在 B 柱、C 柱，对前后排乘员的头部提供保护。

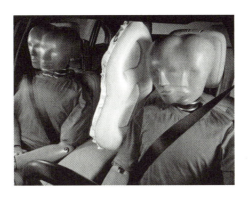

图 4.47　乘员之间独特的安全气囊

4.4　行人碰撞保护技术

4.4.1　行人碰撞法规的新进展

根据 Euro NCAP 的统计,欧洲约有 14% 的交通事故死亡者为行人,其中儿童和老人的风险最大;在国内,这一比率明显更高。近年来,我国通过法规对行人进行保护,GB/T 24550—2009《汽车对行人的碰撞保护》已于 2009 年 10 月 30 日发布,2010 年 7 月 1 日实施。欧洲国家、日本、美国等在很早以前便有行人保护技术的研究,Euro NCAP 于 1997 年便引入了行人保护试验,如图 4.48 所示。鉴于国内行人保护观念落后,再加上这方面的技术研发还比较匮乏,2018 年版 C-NCAP 管理规则引入了行人保护试验,以促进国内汽车厂商在行人保护安全技术上的提升。

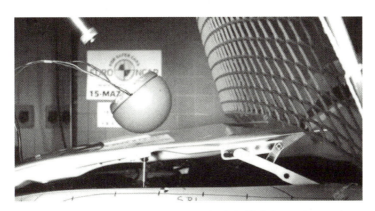

图 4.48　Euro NCAP 行人保护试验

1. 我国《汽车对行人的碰撞保护》标准的制定

我国从 2007 年年初开始对欧洲国家和日本的行人保护法规、全球技术法规进行全面研究，决定采用《全球技术法规关于机动车碰撞时对行人及弱势道路使用者加强保护和减轻严重伤害的认证统一规定》(2008年版)全部技术内容。GB/T 24550—2009《汽车对行人的碰撞保护》通过小腿冲击器与保险杠撞击试验、大腿冲击器与发动机罩前缘的撞击试验、头部冲击器与发动机罩上表面的撞击试验来评价汽车前部结构对行人的保护性能。

2. C-NCAP管理规则与行人保护试验

当行人与汽车发生交通事故时，最主要的死亡原因是行人头部的伤害，而最主要的重伤部位是腿部。2018年版C-NCAP管理规则引入行人保护试验，确定实验重点为头部和腿部，试验项目包括头型试验和腿型试验。行人保护头型试验区域以WAD 1700包络线(或发动机罩后面基准线)为界，行人保护腿型试验采用FLEX-PLI和TRL上腿型进行试验评价。2021年版C-NCAP对行人保护项目进行了修改：扩大了行人保护头型试验区域，新增WAD 2100-2300头部碰撞区域；采用先进人腿型(aPLI)替代FLEX-PLI和TRL上腿型进行试验评价。

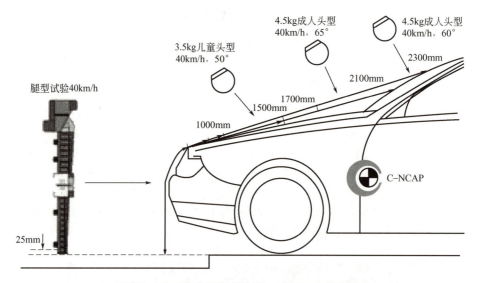

BRRL—发动机盖前缘基准线；WAD—包络距离

图4.49　2021年版C-NCAP管理规则行人保护试验

4.4.2　车辆智能安全保障系统

车辆智能安全保障系统能对行人采取主动保护，在事故发生以前就及时通知驾驶人，避免车祸发生，将事故的损伤降到最低程度。**车辆智能安全保障系统**是先进汽车控制系统的一部分，**包括安全系统、危险预警系统、防撞系统等，涉及传感器技术、通信技术、信息显示技术、驾驶状态监控技术等**。这些车载设备包括安装在车身各个部位的传感器、激光雷达、红外线、超声波传感器、盲点探测器等，具有事故监测功能，能随时通过声音、图像等方式向驾驶人提供汽车周围及汽车本身的必要信息，并可以自动或半自动地对汽车进行控制，从而有效地防止事故的发生。车辆智能安全保障系统是汽车安全技术未来发展的主要方向，目前已经比较成熟，只不过成本太高，只应用于部分高级车。沃尔沃的带全自动制动的行人探测系统(pedestrian detection with full auto brake)装备于 V60 Sports Wagon 车型上,当该系统检测到一行人步行在车前的前进路上时,如果驾驶人没有进行制动,则汽车自动启动制动系统进行制动。

如图 4.50 所示,当汽车接近行人,达到紧急情况时,驾驶人接收到一个声音警告,并且风窗玻璃显示器上出现类似于制动灯的闪烁警告,以提醒驾驶人迅速做出反应。与此同时,汽车的制动系统油路进入预备状态,如果驾驶人进行制动而事故迫在眉睫,则自动制动系统启动,进行紧急制动。当汽车速度在 34km/h 以下时,在驾驶人没有及时做出反应的情况下,带全自动制动的行人探测系统能避免撞人事故的发生。在更高速度时,带全自动制动的行人探测系统可以把汽车速度降低到 24km/h,以尽可能降低行人的受伤程度。统计数据显示,汽车碰撞行人时,降低车速可以大大降低行人受伤程度。

图 4.50 带全自动制动的行人探测系统

带全自动制动的行人探测系统为了探测行人,采用了新开发的雷达和摄像头。雷达采用检测角度较广的产品,摄像头采用分辨率高的产品。利用雷达检测与前方障碍物之间的距离,通过摄像头识别该障碍物是否是行人。

4.4.3 主动式发动机舱盖技术

汽车与行人发生碰撞时,如果车速很快,行人就会被撞得飞起,然后头部撞向发动机盖或前风窗玻璃上。发动机盖下面就是坚硬的发动机,如果直接相撞,会对行人造成非常严重的伤害。因此,要想保护好行人的头部,发动机盖与发动机之间就必须有足够的缓冲距离,但是这个距离很大则会增加发动机舱的高度,影响整车的风阻系数。发动机盖弹升技术很好地解决了这个问题,当汽车撞到行人时,发动机盖会自动弹升以留出较大的缓冲距离,在碰撞中能更有效地降低行人头部的伤害。

如图 4.51 所示,发动机盖弹升系统包括 ECU、致动器、保险杠加速度传感器。

发动机盖弹升系统的工作过程如图 4.52 所示。当车速在 25km/h 以上时,发动机盖弹升系统进入监测状态,对保险杠加速度传感器进行监测,如果检测到撞人,保险杠加速度值超过设定值后,就会启动发动机盖弹升控制模块,微型气体发生器在点火后瞬间产生气体,使顶杆上升,瞬间将发动机盖提高。

由于发动机盖弹升技术成本较高,目前应用于少量的高端车型上。日产汽车 Skyline Coupe 就搭载了发动机盖弹升系统;本田局部改进了乘用车"里程",就采用了提高行人

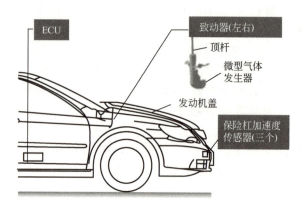

图 4.51　发动机盖弹升元件

图 4.52　发动机盖弹升系统的工作过程

头部保护性能的发动机盖弹升技术。

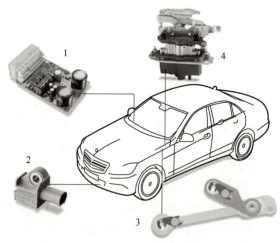

1—ECU；2—加速度传感器；
3—复原装置；4—弹簧执行机构

图 4.53　可复原的弹起式发动机盖元件

按照以往的技术，使用燃爆弹火药弹起发动机盖后，需要到专营店由技师进行修复。奔驰 E 级车采用的是可复原的弹起式发动机盖技术。通过前保险杠感应器，利用弹簧产生上弹力，用电磁螺线管开锁，可弹起 50mm，弹起后驾驶人可以自行关闭发动机盖，系统自动复原。

可复原的弹起式发动机盖系统包括以下四部件，如图 4.53 所示。

（1）ECU，置于安全气囊控制单元里面。

（2）加速度传感器，两个安装在保险杠上，一个安装在横梁上。

（3）复原装置，手动操作即可使发动机盖位置复原。

(4) 弹簧执行机构（图 4.54），由电磁控制，每个弹簧执行机构可弹升 50mm。

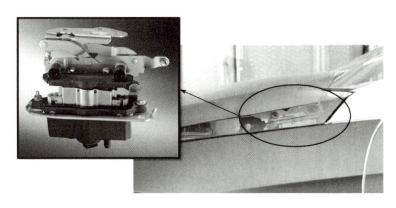

图 4.54 弹簧执行机构

1. 装备 ESP 的汽车在紧急避让障碍物时，ESP 是如何工作的？
2. ESP 与 ABS、TCS、AFS 的区别有哪些？
3. ESP Ⅱ 和汽车动力学集成管理有哪些共同点？各以哪项技术为控制平台？
4. 简述 TPMS 的工作原理。
5. 简述 TPMS 的发展趋势。
6. ACC 系统有哪几种操作模式？各是如何工作的？
7. 乘员保护系统有哪些传感器？各有什么作用？
8. C‐NCAP 管理规则对侧面碰撞有哪些新规定？
9. 普通发动机盖弹升技术和可复原的弹起式发动机盖技术有什么不同？各是如何工作的？

第 5 章 汽车新材料及轻量化

思维导图

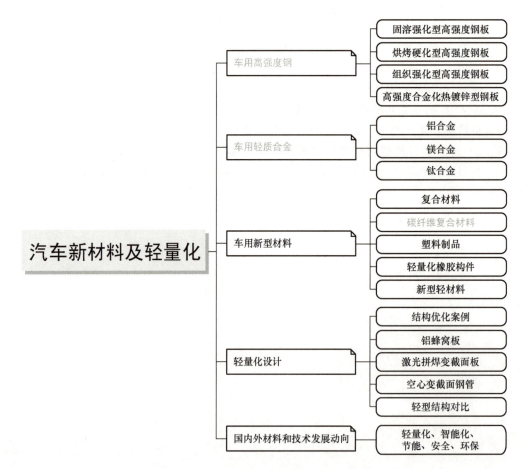

汽车新材料及轻量化 第5章

> **导入案例**

早在 1998 年 3 月，国际钢铁协会开始在全球实施 ULSAB－AVC 项目，从整体上研究开发新一代钢铁材料汽车结构（车身、覆盖件、悬架系统、发动机支架及所有与结构、安全相关的部件）。世界各大铝业公司同时结成联盟，如美国汽车材料合作伙伴（USAMP）。影响美国最深的当属企业平均燃油经济性（corporate average fuel economy CAFE）标准和新一代汽车合作伙伴（The Partnership for a New Generation of Vehicles, PNGV）计划。PNGV 计划于 1993 年开始实施，政府每年投资 2 亿美元，主要用于家庭用车的减重。这些年来，美国国家标准一直在加码。

与美国类似的是，欧洲多国和日本不仅在减少排放方面推行了相关政策，而且对废旧车回收做出了严格规定。如日本 2001 年规划由抛弃型进入循环型的社会发展模式，推行全回收或零废弃的观念。其实 2001 年以前，日本已有相关法令推行绿色设计及绿色采购。2010 年，本田 Native 概念车（图 5.1）采用了轻质的车身材料，并且在车身部分区域还采用了具有彩色照相技术的材料，因此该车可根据温度、灯光或者其他的环境变化而改变车身的颜色。

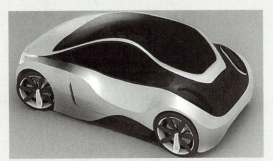

图 5.1　本田 Native 概念车

通过一系列法规刺激，欧美汽车企业制造的产品，质量与过去相比减轻了 20%～26%，预计未来，乘用车平均质量还将继续减轻。特别是铝合金、镁合金、工程塑料、复合材料和高强度钢、超高强度钢等轻质材料将在汽车轻量化过程中广泛采用。

欧美国家和日本等汽车消费大国在排放标准上，口袋正在越收越紧。为了应对迫切的全球气候变暖和能源危机，节能减排已经成为全球汽车企业的集体课题。目前汽车轻量化已经成为世界汽车发展的主流趋势。

5.1　概　　述

随着人们对汽车安全性、舒适性、环保性要求的提高，汽车安装空调、安全气囊、隔热隔音装置、废气净化装置、卫星导航系统等越来越普及，这无形中增大了汽车的质量、耗油量和耗材量。自 20 世纪 80 年代以来，汽车自重逐渐增大。图 5.2 所示为美国历年新款车平均质量变化图。该图根据 NHTSA 公布的数据绘制而成。从图中可以看出汽车近 20 年的质量变化。欧洲乘用车质量变化趋势与美国相似。

当今时代，节能减排是汽车行业亟待解决的重点问题，而汽车轻量化作为节约能源和提高燃油经济性的基本途径，成为 21 世纪行业优先设计和发展方向。

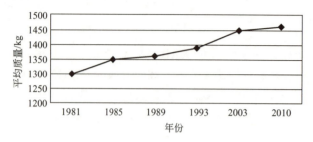

图 5.2　美国历年新款车平均质量变化图

1. 汽车轻量化是节能的需要

汽车的燃油消耗与车重的关系很难用简单的数学关系式表达，但可以从理论分析和试验两个方面找到它们之间的关系。汽车行驶的阻力 F 可用式（5-1）表达。

$$F = \mu_0 W + W\sin\theta + a(1+\beta)m + \lambda Av^2 \tag{5-1}$$

式中，μ_0 为滚动阻力系数；W 为车轮负荷；θ 为斜坡角度；a 为加速度；β 为等价旋转质量比；m 为汽车质量；λ 为空气阻力系数；A 为迎风面积；v 为车速。

由式（5-1）可知，**汽车行驶阻力由滚动阻力、爬坡阻力、加速阻力和空气阻力四部分组成，除了空气阻力主要与车身形状有关外，其他三项均与车重成正比。**因此，从汽车行驶阻力来看，汽车轻量化是提高燃油经济性的一项有效措施。

图 5.3 所示为某款乘用车在平坦路面上定速（60km/h）行驶时，车重和燃油消耗之间的关系，可以看出减轻汽车质量对提高燃油经济性有显著效果。

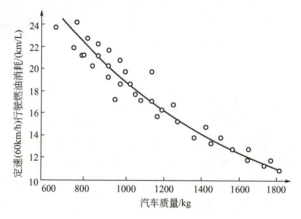

图 5.3　定速行驶时车重和燃油消耗之间的关系

针对减轻车重与燃油消耗下降的关系，国内外很多机构和学者进行了相应的研究，归纳起来主要有以下五种说法。

（1）汽车质量每减小 100kg，则 100km 燃油消耗可以减少 0.2～0.8L，一般为 4.5% 左右。

（2）汽车质量每减小 3%，则可节省燃油 1%～3%。

（3）汽车质量减小 1%，其燃油消耗可以减少 0.7%；汽车质量减小 330～440kg，可以节省燃油费用 20% 左右。

（4）汽车质量每减小 50kg，则每升燃油行驶的距离可以增加 1km；若质量减小 10%，则燃油经济性可提高 5.5% 左右。

（5）乘用车质量每减小 10%，则燃油消耗可以减少 8%～10%。16～20t 级载货汽车，质量每减小 1000kg，则燃油消耗可以减少 6%～7%。

以上观点虽然稍微不同，但是都说明了汽车轻量化的重要性。

2. 汽车轻量化是环保的要求

随着汽车市场的蓬勃发展,汽车尾气污染到了十分严重的程度。资料表明:2018年,汽车尾气排放在我国城市大气污染中所占的比例已经超过70%。汽车尾气已经成为环境恶化的主要根源之一。我国也制定了一系列的法规限制汽车尾气排放,自2020年7月1日起,我国实施更为严格的机动车污染物排放标准,以替代原有的机动车排放和检测方法标准。

汽车轻量化能有效减小汽车尾气排放总量。在发动机燃油效率、石油质量、点火系统状态等条件不变的前提下,汽车轻量化能降低燃油消耗,减小汽车尾气排放量。我国汽车总量基数大,总的汽车尾气排放量的减小是十分巨大的。因此,汽车轻量化对环境保护有重大的影响。

3. 汽车轻量化研究方法

目前,**汽车轻量化的主要途径包括使用轻质材料和结构的优化设计**,此外,先进成形工艺或连接工艺的应用也能带来明显的轻量化效果。全钢结构白车身通过优化设计可以减重7%左右,采用铝合金的车身可以带来30%~50%的轻量化效果。优化结构的目的是提高零部件的精简化、整体化和集成化。利用有限元和优化设计技术,准确实现车身整体结构设计和布局设计,对各构件的形状、配置、板材厚度变化进行分析,并配合刚度、强度设计,以减小零部件的质量和数量。

采用轻质材料在目前看来具有巨大的潜力,是汽车轻量化的主流。在确保汽车综合性能指标的前提下,使用轻质材料来制造车身,可以在很大程度上减轻车身的质量。目前,国内外汽车上应用较多的轻质材料有铝合金、镁合金、高强度钢、塑料及复合材料等。表5-1列出了某国中型乘用车主要材料构成比例。从表中可以看出,汽车上使用钢铁材料的比重在逐年减小,而使用铝合金等轻质材料的比重在不断增大。但是,高强度钢仍是颇具竞争力的汽车轻质材料,它在抗碰撞性能、耐蚀性能和成本、回收等方面与其他材料相比仍具有较大的优势,尤其是用于车身结构件与覆盖件、悬挂件、车轮等零部件。从应用情况看,有些铝合金、镁合金零件,如保险杠、车轮、骨架、前门、后门、横梁等,又转而采用(高强度)钢设计。目前汽车车身材料主要是钢材、铝材。

表5-1 某国中型乘用车主要材料构成比例

年 份	钢铁/(%)	铝合金/(%)	塑料/(%)	其他材料/(%)
1980	69	4	9	18
1990	60	5.5	12.5	20
2000	51	12	18	19
2010	44	16	20	20

现在已应用于汽车工业的轻质材料可分为两大类:一类是低密度材料,如镁合金、铝合金、钛合金、塑料和复合材料等;另一类是高强度材料,如高强度钢和高强度不锈钢。镁合金、铝合金、钢铁和塑料的物理机械特性的比较见表5-2,而表5-3列出了常用轻质材料的减重效果及相对成本。

表5-2 镁合金、铝合金、钢铁和塑料的物理机械特性的比较

材料		密度/(g/cm³)	熔点/℃	热导率/[W/(cm·K)]	抗拉强度/MPa	屈服强度/MPa	比强度	弹性模量/GPa
镁合金	AZ91D	1.81	598	54	250	160	138	45
	AM60B	1.8	615	61	240	130	133	45
铝合金	A380	2.7	595	100	315	260	116	71
钢铁	碳素钢	7.86	1520	42	517	400	80	200
塑料	ABS	1.03		0.9	96		93	
	PC	1.23			118		95	

表5-3 常用轻质材料的减重效果及相对成本

轻质材料	被替代的材料	减小质量/(%)	相对成本(每个零件)
高强度钢	普通低碳钢	10	1
铝合金	钢、铸铁	40~60	1.3~2
镁合金	钢、铸铁	60~75	1.5~2.5
	铝合金	25~35	1~1.5
玻璃纤维增强复合材料	钢	25~35	1~1.5

现代汽车为了节省资源,满足轻量化、防腐蚀、低成本和美观的要求,采用了塑料、复合材料和陶瓷等。塑料具有密度小、成型性好、耐腐蚀、防振、隔音和隔热等性能,同时又具有金属钢板所不具备的外观(颜色、光泽)和触感,在汽车上的应用发展较快,如车身的内外饰件,车身附件的壳体、罩盖、支架和手柄、前后保险杠、挡泥板、车门外板、行李箱盖、座椅支架等。精细陶瓷材料具有耐热性、耐磨性高和抗腐蚀等优点,在汽车上已局部得到应用,如氧传感器、爆燃传感器、热敏电阻冷却液温度传感器、密封垫、火花塞、隔热板、摩擦片等。

4. 车身新材料

在车身、底盘、发动机和电子设备四大汽车部件中,车身对整车轻量化的贡献越来越受到人们的重视。从质量分析上来看,乘用车车身占整车的40%~60%,载重车车身(驾驶室)占整车的20%~30%;对汽车本身来说,约70%的燃油消耗用在车身质量上。从制造成本上来看,乘用车车身占整车的15%~30%,并且档次越高的汽车,车身成本所占比例越大。从汽车的发展趋势来看,人们对汽车的安全性、舒适性、新颖性及豪华档次等特色的要求越来越高,而这些特色很多要通过汽车车身来实现。

新一代奥迪A8(D5)汽车车身(图5.4)质量为282kg,其车身刚度提升了24%。同时,新一代奥迪A8汽车铝合金材料占比达到了58%(合金钢材料占比40.5%,碳纤维复合材料占比1%,镁合金材料占比0.5%),从这个角度来看,其轻量化水平确实得到了提高。新一代奥迪A8汽车应用的增强型碳纤维复合材料后座背板密度减少45%,质量减轻50%。这块背板由多层碳纤维布料组成,碳纤维布料中纤维编织方向不同,使得整块背板

受力更加均匀。

图 5.4　新一代奥迪 A8 汽车车身

目前现代乘用车中占车重 90% 的六类主要材料各自所占质量份额大体如下：钢 55%～60%，铸铁 5%～12%，塑料 8%～12%，铝 6%～10%，橡胶 4%，玻璃 3%。除此之外，其他材料共占车重的 10%，它们是各种有色金属、液体和诸如油漆等杂项材料。汽车车身主要由钢、铸铁、铝等材料组成，轻量化潜力巨大，所以车身是轻量化设计的关键部件。

由于不断推广使用各种性能优异的轻质材料，因此世界汽车轻量化成果显著。尤其是 20 世纪 90 年代以后，该趋势更加明显。图 5.5 所示为汽车车身结构的变化和发展。

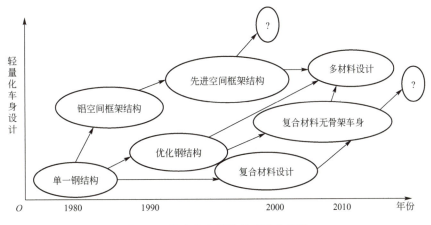

图 5.5　汽车车身结构的变化和发展

5.2　车用高强度钢

汽车车身用高强度钢是指为了达到车身轻量化的目标，也是为了应对来自其他轻质材料（如铝合金、镁合金、复合材料）的挑战，钢铁企业开发的一些新型钢种，即屈服强度大于 210MPa 的钢。高强度钢是常规高强度钢（屈服强度大于 210MPa 且小于或等于 550MPa）、超高强度钢（屈服强度大于 550MPa）和先进高强度钢（AHSS）的总称。图 5.6

所示为某款汽车的高强度钢车身。

图 5.6　某款汽车的高强度钢车身

高强度钢板主要有固溶强化型极低碳深冲性钢板、烘烤硬化型深冲性钢板、残留奥氏体组织 TRIP 高延展性钢板。在后热处理中通过 Cu 析出得到强度提高的 Cu 添加钢、弯曲性与辊成型性优异的超高强度钢板、冲压成型性优异的高延伸凸缘型钢板。这些钢板不仅强度高，而且大大改善了加工性能。汽车用高强度钢板的开发进程如图 5.7 所示。

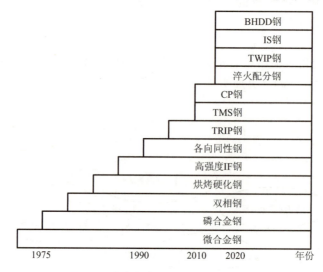

图 5.7　汽车用高强度钢板的开发进程

高强度钢使用对象分为两部分：一部分是汽车车身、减振及车轮用部件；另一部分是底盘和排气系统。例如，需要具备防碰撞功能的部件，包括汽车门内防撞梁，汽车前后保险杠防撞板，车身 A 柱、B 柱，发动机支撑梁，仪表板支架，门槛加强板，汽车座椅骨架等车身部件；车轮钢架，车轮轮辐和轮辋高强度钢板；连接传动机构，高强度弹簧、高碳传动轴管、高强度发动机螺栓等。汽车结构件用各种特殊钢强度一般都达到 1000MPa，如汽车转向节、转向扭杆等。

图 5.8 列出了某国汽车高强度钢材料发展。2020 年高强度钢材使用比例提高到 75% 左右。高强度材料采用比例急剧增加、汽车材料高强度化将成为汽车发展的重要特征。

高强度钢板应用在车身上的主要目的是改善车身的变形特性和提高疲劳强度。塑性变形特性的利用模式可分为以下几种。

（1）增大构件的变形抵抗力，对提高车身构件和加强件在受冲击时的抗破坏强度有利。

（2）提高能量吸收能力，这对提高车身的耐撞性有利。

（3）扩大弹性应变区，这主要应用于外力作用下变形不大的场合，当外力去除后能恢复原有的形状。

目前，对高强度钢并无统一的定义，一般认为屈服强度超过 210MPa 的称为高强度钢。高强度钢可分为常规高强度钢（微强微变形一代钢、高强高变形二代钢、高强高变形低成本三代钢）和先进高强度钢。常规高强度钢包括低碳钢、无间隙原子钢、各向同性钢、烘烤硬化钢、碳锰钢、低合金高强度钢。先进高强度钢是金相组织强化的钢种，包含相变诱导塑性（TRIP）钢、复相钢、马氏体钢、双相（DP）钢等，在提高强度的同时具备了良好的延展性和塑性。常规高强度钢和先进高强度钢之间的主要区别在于其显微组织。就通常的钢种而言，强度提高带来的问题就是成型性降低。为了进一步促进汽车结构的轻量化，可开发新的高强度钢种，而多相显微组织的系列钢种的开发更注重成型性。

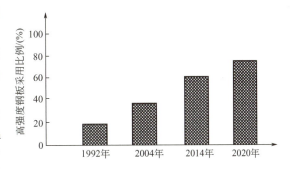

图 5.8　某国汽车高强度钢材料发展

为了与常规高强度钢区分开来，把 DP 钢、TRIP 钢和 MART 钢等以相变强化为主的钢统称为先进高强度钢，其强度范围为 500～1500MPa。这类钢具有高的减重潜力、高的碰撞吸收能、高的疲劳强度、高的成型性和平面各向异性等优点。

汽车用高强度钢板按照轧制方式可以分为冷轧钢板（抗拉强度在 340MPa 以上）、热轧钢板（抗拉强度在 370MPa 以上）及以它们为基底进行表面处理的钢板。在车身制造领域，为了使它们在各自的适用部位上满足所必需的性能，不但要求其具有特定的强度特性，而且要具有优良的冲压成型性、焊接性、疲劳强度、可涂装性等。厚度为 0.15～3.2mm 的高强度冷轧钢板是首选。车身多采用厚度为 0.6～0.8mm 的薄钢板，这种钢板的尺寸精度高、表面光滑，具有良好的力学性能、加工性、成型性和焊接性，主要用于制造车身侧围板、顶盖、发动机罩、翼子板、行李箱盖、车门板和仪表板等覆盖件。图 5.9 所示为高强度钢在汽车上的应用。图 5.10 所示为迈腾 HSB 车高强度车身结构，74% 采用了高强度和超高强度钢板，其中 16% 为强度更高的轻质热成型钢板，分布于 A 柱、B 柱等关键部位。

超高强度车身

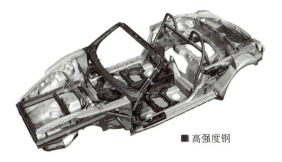

■高强度钢

图 5.9　高强度钢在汽车上的应用

图 5.10　迈腾 HSB 车高强度车身结构

目前，汽车车身上用到的高强度钢板主要有固溶强化型高强度钢板、烘烤硬化型高强度钢板、组织强化型高强度钢板、高强度合金化热镀锌型钢板等。

1. 固溶强化型高强度钢板

固溶强化型高强度钢板属于深拉深型，多用于车身内外覆盖件。汽车车身覆盖件用高强度钢板的必要条件是高应力比和低屈服强度。要求低屈服强度是为了防止冲压时板面变形，由经验得知屈服强度必须在240MPa以下。由于这种钢板不存在固溶碳和固溶氮，基本上无时效性。但其不存在固溶碳，容易在二次加工时发生脆化，为防止这种脆化有时也在钢中加入微量磷元素。

2. 烘烤硬化型高强度钢板

烘烤硬化型高强度钢板在轧制成型时质软，而在涂漆烘烤（相当于1700℃，保温20min的热处理）时硬化。这种钢板是使适量固溶碳残留于钢板中，利用涂漆烘烤时的热量将压制成型时引入的位错用固溶碳固定，以提高屈服点。由于烘烤硬化量随压制成型时的变形量而变化，并且在低变形区域较大，因此烘烤硬化型高强度钢板适用于四门两盖等加工度低的部件。

日本川崎制铁公司开发的440MPa涂装烘烤硬化型高强度热轧板，解决了高强度与高成型性相矛盾的问题，不仅屈服强度提高，而且实现了原来烘烤硬化型钢板达不到的抗拉强度的增大量（由加工前的440MPa提高到加工后的500MPa），不仅可用作汽车外板，还可用作抗冲击部件和加强部件。该钢板用作高成型性有要求的加强部件及抗冲击部件，可使用更薄的钢板，从而减轻了汽车车身质量。还有，原来需焊接的部件可一体化成型，大大提高了作业效率。在实车上的使用结果表明，这种钢在提高耐变形载荷方面是有效的，成功地使部件减重10%以上。

3. 组织强化型高强度钢板

组织强化型高强度钢板是利用低温转变相的组织强化型钢，即从软质铁素体母相中分散出微细珠光体、贝氏体和马氏体等低温度变态相成为双相组织或多相组织，使钢板强化。构成微观组织的相结构不同，其特性有很大的变化，所得强度在440～1470MPa的较大范围内。

（1）DP钢板。

DP钢主要由铁素体和马氏体构成，由于在和马氏体相邻的铁素体内存在可动位错，即使在相同抗拉强度下屈服强度也低，也就是具有低的屈强比，因此加工时弹性回复量小，成型性好。

DP钢还具有低的屈强比、高的加工硬化指数、高的烘烤硬化性能、没有屈服延伸和室温时效等特点。DP钢与低合金高强度钢力学性能比较如图5.11所示。DP钢板的商业化开发包括热轧、冷轧、电镀和热镀锌，强度范围为200～500MPa。

DP钢板与析出强化钢板相比延伸率大，凸肚成型性好，疲劳耐久性也好，因此可用来制造轮辐等。但是其延伸翻边性稍差。DP钢板一般用于需高强度、高的抗碰撞吸能性且成型要求较严格的汽车零件，如车轮、保险杠、悬架系统及其加强件等。随着钢种性能和成型技术的进步，DP钢板也用于汽车的内外板等零件。

（2）TRIP钢板。

TRIP钢是利用相变诱发塑性效应开发的超延性钢，是一种主要组织是铁素体、贝氏

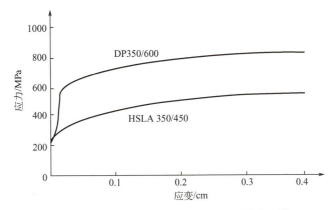

图 5.11　DP 钢与低合金高强度钢力学性能比较

体和残余奥氏体（含量为 5%～15%）的钢，强度范围为 600～800MPa。TRIP 钢板的商业化开发比 DP 钢板晚，也包括热轧、冷轧、电镀和热镀锌。TRIP 钢板的 r 值（加工硬化指数，与加工性成正比）高，凸肚成型性好，深冲性能也好。一般认为钢板的深冲性能由 r 值控制。尽管 TRIP 钢板由于其织构杂乱导致 r 值低，但之所以深冲性仍优良，是因为应变诱发残余奥氏体转变为马氏体，同时相变引起的体积膨胀伴随着局部加工硬化指数增加，使得变形很难集中在局部区域。TRIP 钢板的奥氏体在加工中被诱导转变为马氏体的相变功随变形方式变化。在收缩翻边变形部位的残余奥氏体难以转变为马氏体，从而得以保持低的变形抗力。而在延伸变形部位，因残余奥氏体转变为马氏体而发生硬化，抗断裂能力提高。也就是说，深冲性好的原因是形成了收缩翻边阻力低、抗断强度高的适合深冲变形的应力状态。与 DP 钢板相比，TRIP 钢板的起始加工硬化指数小于 DP 钢板，但是 TRIP 钢板的加工硬化指数在很大的应变范围内仍保持较高，特别适合要求具有高胀型的情况。日本某公司通过适当控制铁素体、贝氏体与残余奥氏体三种组织的体积百分比，开发出具有高延伸凸缘型 590MPa 级 TRIP 钢板，其力学性能见表 5-4。

表 5-4　590MPa 级 TRIP 钢板的力学性能

钢		YP/MPa	TS/MPa	EI/(%)	λ 值/(%)	厚度/mm
热轧	开发钢	470	610	35	90	2.3
	传统钢	530	610	24	60	
冷轧	开发钢	390	600	37	60	1.4
	传统钢	420	600	25	60	

注：YP 表示屈服强度；TS 表示断裂强度；EI 表示截面抗弯刚度；λ 表示热导率。

（3）CP 钢板。

CP 钢与 TRIP 钢的冷却模式相同，但是需要对化学成分进行调整以形成强化马氏体和贝氏体的析出相，强度范围为 800～1000MPa，具有高的吸能性和好的扩孔性能。CP 钢板特别适用于制造车门防撞杆、保险杠和 B 柱等安全零件。

（4）马氏体钢板。

马氏体钢是通过高温的奥氏体组织快速淬火转变为板条状马氏体组织，可通过热轧、冷轧连续退火或成型后退火实现，其最高强度可达1600MPa。马氏体钢板是目前商业化高强度钢板中强度级别最高的，主要用于制造成型要求不高的车门防撞杆等零件，代替管状零件，减少制造成本。

（5）贝氏体钢板。

贝氏体钢是以贝氏体为主体的热轧钢，强度范围为440～880MPa。贝氏体钢板的延伸翻边性好，这是因为该钢种的微观组织均匀，适用于对翻边条件要求苛刻的零件。

（6）超高强度钢板。

为满足汽车增强部件的要求，开发了利用贝氏体或回火马氏体的强度范围为980～1470MPa级的超高强度冷轧钢板。保险杠等加强部件主要通过弯曲成型加工而成，必须确保其弯曲成型性。超高强度钢板的弯曲成型性与显微组织的均匀性有很大关系。

4. 高强度合金化热镀锌型钢板

使用高强度钢板是通过减小钢板厚度来达到降低车身质量的目的的，但是钢板厚度的减小使得钢板更容易被腐蚀锈穿。为了防止腐蚀，提高车身材料的抗高温、抗氧化能力，世界各主要汽车制造商纷纷展开了对钢板表面处理的研究工作。目前，车身采用的表面处理主要是镀锌。在热镀锌钢板中，添加合金元素增强钢板强度时经常会引起热镀缺陷与（或）抑制镀锌层的扩散反应。

据预测，高强度钢板在汽车上的使用份额将由每车14％～45％（100～294kg）提高到每车30％～70％，其中高强度钢板中约70％为镀锌钢板。表5-5显示了ULSAB-AVC项目中汽车用高强度钢板在高强度钢板中的比重。由表可见，DP钢成为车身用的主要材料，约占74％。

表5-5　ULSAB-AVC项目中汽车用高强度钢板在高强度钢板中的比例

类　　型	所占比重/（％）	类　　型	所占比重/（％）
DP700/1000	30	MISC	2
DP500/800	22	BH260/370	6
TRIP450/800	4	BH210/340	4
CP700/800	1	IF300/420	4
MART950/1200	3	HSLA350/450	1
DP300/500	8	DP280/600	7
DP350/600	3	DP400/700	4
MART1250/1520	1		

目前，汽车用高强度钢板情况大致如下：固溶强化型高强度钢板多用于制造车身内外覆盖件；轧制时质地较软，烘烤时质地变硬的烘烤硬化型高强度钢板多用于制造门和盖罩等加工度低的部件；加工时弹性回复量小、成型性好、凸肚成型性优良、疲劳耐久性也好的组织强化型高强度钢板多用来制造轮辐、减振器支座等；高强度合金化热镀锌板多

用于制造需要防腐蚀的部件。今后钢板高强度化的目标是开发 800～1500MPa 或以上抗拉强度级条件下，成型性等各种性能优异的钢板。

除高强度钢板外，钢铁行业还致力于发展低密度钢板。所谓低密度钢板，是在铁基上加入 3%～30% 的铝生产出高含铝量钢板，其密度为 6.09～7.5g/cm^3。低密度钢板兼有钢的高强度、良好塑性和铝的低密度等特点。

5.3 车用轻质合金

5.3.1 铝合金

铝的密度为 2.70g/cm^3，其机械性能与纯度关系密切，纯铝软、强度低，但与某些金属组成铝合金后，不仅在某种程度上保持铝固有的特点，而且显著地提高了硬度和强度，可与软钢甚至结构钢相媲美。车用铝材料皆以铝合金的形式出现。铝合金在汽车上的应用，最初主要是以铸造的方法生产发动机及其零部件，随后应用于轮毂等构件，全铝空间框架式车身为其主要代表。

1. 高密度铝合金在汽车车身的运用

随着科学技术的飞速发展，现代汽车制造材料的构成也发生了较大的变化，高密度铝合金在汽车车身中的运用，主要经历了下面三个阶段。

（1）"四门两盖"车身阶段。

汽车企业开始对发动机罩、行李箱盖、汽车挡泥板和车门等部件采用铝合金材料，其目的主要是通过轻质材料和轻量化结构来降低燃油消耗。这种轻量化结构是一种比较昂贵的权宜之计，并且所应用的对象都非自车身上的焊接结构件，对车身承载性影响不大。

（2）"壳式支撑结构"车身阶段。

这种结构方式很大程度上只是如今比较流行的带加强筋钢结构的一种替代品。奥迪公司在 1985 年就已经做过此方面的研究实验，本田公司在 1990 年开始把这种结构用于其产品 NSX 中。但这种铝合金装配方式在当时并没有得到实际运用。

（3）"空间框架结构"车身阶段。

这种结构中各个覆盖件相互连接在一起。它与在传统的车身骨架基础上覆盖件形成的车身结构大不相同。通过铝合金材料多种多样的装配方式，已实现了全铝车身设计制造。图 5.12 所示为奥迪汽车的铝合金车身。

2. 铝合金分类

传统铝合金根据合金元素的含量和加工工艺性能特征可分为铸造铝合金和变形铝合金两类。

图 5.12 奥迪汽车的铝合金车身

(1) 铸造铝合金。

铸造铝合金是直接用铸造方法浇注或压铸成零件或毛坯的铝合金,其中又分为重力铸造件、低压铸造件等。其合金元素的含量比较高,合金元素的质量分数为 8%~25%。一般铸造铝合金的铸造性能好,压力加工性能差,并且在实际使用中还要求铸件具有足够的力学性能,因此,铸造铝合金的成分并不完全都是共晶合金,只是合金元素的含量比变形铝合金高一些。

铸造铝合金可根据使用目的、零件形状、尺寸精度、数量、质量标准、机械性能等各方面的要求和经济效益,选择最适宜的合金和铸造方法。采用压铸法生产的铝合金零件,成品率高,能减小壁厚和后续加工量,表面质量好,尺寸精度高,很适合大批量生产。因此铸造铝合金在汽车上的使用量最大,占 80% 以上。**铸造铝合金主要用于制造离合器壳体、变速器壳体、后桥壳、转向器壳体、摇臂盖、正时齿轮壳体等壳体类零件和发动机部件,以及保险杠、轮辋、发动机框架、转向节液压泵体、制动钳、油缸及制动盘等非发动机结构件**,并且有进一步扩大应用的趋势。

(2) 变形铝合金。

变形铝合金与铸造铝合金的不同之处在于,变形铝合金是经熔炼铸成铸锭后,再经过热挤压加工形成各种型材、棒材、管材和板材。变形铝合金中的合金元素含量比较低。常用的变形铝合金中合金元素的质量分数小于 5%,但在高强度变形铝合金中可达 8%~14%。

变形铝合金按成分和性能特点可以分为不能热处理强化铝合金和可热处理强化铝合金。不能热处理强化铝合金具有良好的抗腐蚀性,故称防锈铝,可热处理强化铝合金的合金元素含量比防锈铝高一些。可热处理强化铝合金通过热处理能显著提高力学性能,它包括硬铝、锻铝和超硬铝。

变形铝合金在汽车上主要用于制造保险杠、发动机罩、发动机体、车门、行李箱盖等车身面板,车轮的轮辐、轮毂罩、车轮外饰罩、制动器总成的保护罩、消声罩、热交换器、车身框架、座椅骨架、发动机保护底板、车厢底板等结构件及仪表板等装饰件,如图 5.13~图 5.16 所示。变形铝合金车轮的轮毂、轮辐在成型加工时会产生加工硬化,强度增大,故与铸件相比,强度、韧性都具有优越性。目前,汽车用变形铝合金量正在逐渐增大。

图 5.13　铝合金汽车保险杠

图 5.14　铝合金发动机体

图 5.15　铝合金轮毂

图 5.16　铝合金发动机保护底板

(3) 3D 打印铝合金。

作为金属 3D 打印的重要材料之一,铝合金因密度小、弹性好、比刚度和比强度高等一系列优良特性,一直被认为是"朝阳材料"。它在军工、航空航天、汽车制造等领域已经获得广泛的应用且具有很好的发展前景,与 3D 打印的结合更使其迸发出新的活力。

在国外,英国铸造公司 Aeromet International 的专利 A20X 铝合金粉末已成为目前市场上用于 3D 打印的高强度铝合金粉末之一。该材料经热处理后拉伸强度为 511MPa,屈服强度为 440MPa,伸长率为 13%。基于该材料开发的航空散热结构件已成功替代传统采用钛合金制作的中温构件。图 5.17 所示为福特公司利用铝合金 3D 打印的发动机歧管。

铝合金粉末消耗量占金属 3D 打印中所有金属粉末消耗量(按体积计算)的比重将从 2014 年的 5.1% 逐渐提高到 2026 年的 11.7% 左右。

图 5.17　福特公司利用铝合金 3D 打印的发动机歧管

铝合金的 3D 打印市场份额开始赶上钛合金、镍合金和不锈钢。

然而,3D 打印铝合金仍受到以下方面的限制。

① 铝合金成本低,3D 打印加工的铝合金没有价格优势。

② 大多数铝合金焊接性不理想,在 3D 打印过程中易导致飞溅,孔隙和熔池剧烈反应而不适合 3D 打印工艺。

③ 铝合金中镁、锂元素蒸气压完全异于铝元素,在 3D 打印过程中会首先蒸发,输入热量难以控制。

④ 铝合金具有很高的激光反射率(约为 91%),这就要求必须具有足够高的能量才能将铝合金熔化,因此对设备提出了高要求。

⑤ 铝合金粉体的流动性较差,熔融铝合金的低流动性导致成型件成分不均匀,铝合金的强氧化性生成的氧化膜会阻碍熔覆层与基体结合,而且在 3D 打印过程中形成的气孔等缺陷也影响了铝合金的有效成型。

⑥ 铝合金还具有高导热性,增加了对激光能量的需求。

国内由吴鑫华研究团队开发的 Al250C 材料则将目前可用于 3D 打印的铝合金材料

(拉伸强度与其他铝合金对比如图 5.18 所示)发展到了最高水平,其拉伸强度超过 590MPa,屈服强度可达 580MPa,延伸率为 11%,制备的构件在 250℃高温下通过了持续 5000h 的稳定试验,相当于发动机常规服役 25 年的要求。在研发适用于 3D 打印的新型铝合金粉末材料时,不仅要提高其力学性能,还要控制成本,使其能够推广应用。这也是车用铝合金未来的重点研究方向。

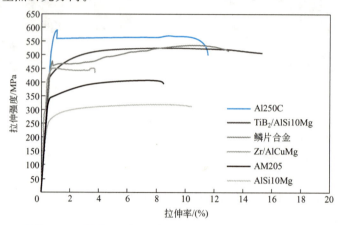

图 5.18 利用 Al250C 粉末 3D 打印的 Al250C 铝材拉伸强度与其他铝合金对比

(4)铝合金新材料。

铝是最适用于不产生高应力的毂状结构件的轻量化代用材料,如罩类、箱类、管类等形状的零件。铝经过合金化可使抗拉强度提高到相当于 45 钢水平,所以用于高应力零件时,必须增大零件厚度来弥补强度的不足。

铝挤压型材、铝真空压铸件及铝合金板是奥迪 A8 车铝车身的三种基本元素。这种铝材制造车身比同类产品的钢材制造车身质量轻 40%,铝合金空间框架的设计使车身的静态扭转刚度提高 40%。由于铝材的吸能性好,是钢的 2 倍,在碰撞中的安全性有明显的优势。汽车前部的变形区在碰撞时会产生皱褶,能吸收大量的冲击能量,从而保护了乘坐区中的乘员,使其受到的冲击能量比较小。铝合金除了吸能性好外,由于其使车身质量减轻,因此可能缩短制动距离,这样对驾驶人、行人或对方车的安全性都有利。即使两车发生碰撞,在碰撞时产生的动能也会减小,也能相应降低冲击力。

常用车身铝合金材料的力学性能见表 5-6。

表 5-6 常用车身铝合金材料的力学性能

种类	屈服极限/MPa	拉伸强度/MPa	延伸率/(%)	平均延伸率/(%)	硬度/HV	n 值	r 值
5052-0	107	213	24	22	52	0.32	0.74
5052-H24	212	269	13	10	80	0.13	1.05
5182-0	125	264	31	28	26	0.31	0.61
5182-H24	273	350	11	10	91	0.13	0.75
6061-0	45	125	30	25	—	0.28	0.66
6061-T4	197	271	24	20	64	0.2	0.74
冷轧钢板	181	298	46	23	45	0.21	2

5.3.2 镁合金

镁是比铝轻的金属材料,而且 5.3.1 提到的所有铝合金中几乎都含有镁元素,它可在铝减重基础上再减轻 15%～20%。尽管镁在当前汽车用材中所占的比例约为 1%,但是在轻量化的驱动下,镁材料技术开发的力度不断加大,并已步入快速发展阶段。到目前为止,汽车上采用镁合金的零部件已超过 60 多种。

目前,汽车仪表、座位架、方向操纵系统部件、发动机盖、变速器、进气歧管、轮毂、发动机和安全部件上都有镁合金压铸产品的应用,质量从 0.2～15kg 不等。镁合金压铸件在汽车上的应用已经显示出长期的增长态势。在过去几年里,其年增长速度超过 15%。北美是汽车用镁量最大的地区,其次是欧洲国家、日本和韩国。2004 年 6 月,宝马公司开发了采用镁合金的直列六缸发动机,曲轴箱内部采用铝合金,而外部则采用镁合金。通过使用镁合金等手段使汽车发动机质量降低了 10kg。图 5.19 和图 5.20 所示分别为镁铝合金发动机和镁铝合金骨架转向盘。

图 5.19　镁铝合金发动机

图 5.20　镁铝合金骨架转向盘

1. 车身用镁合金的分类与适用性

根据是否含锆,镁合金可分为无锆镁合金和含锆镁合金两类。根据加工工艺,镁合金可分为铸造镁合金和变形镁合金两大类,两者在成分、组织性能上存在很大的差异。铸造镁合金多采用压铸工艺生产,其特点是生产效率高、精度高、铸件表面质量好、铸态组织优良、可生产薄壁及复杂形状的构件;变形镁合金指采用挤压、轧制、锻造和冲压等塑性成型方法加工的镁合金。与铸造镁合金相比,变形镁合金具有更高的强度、更好的塑性和更多的样式规格。

汽车所用的镁合金材料目前还多以铸造镁合金为主,如 AM(Mg-Al)、AZ(Mg-Al-Zn)、AS(Mg-Al-Si)、AE(Mg-Re)四大系列铸造镁合金,其中 AZ91D 用量最大。根据不同汽车零部件对镁合金性能的特定要求,新型镁合金材料的开发一直致力于提高强度、改善塑性、增强高温蠕变抗力。为适应发动机零件工作温度较高的需要,近年来欧美国家先后开发了 AE、Mg-Al-Ca、Mg-Al-Ca-Re、AJ 系列和 ZAC8506 等高强度抗蠕变镁合金,以及 MRI201S、MRI202S 与 MRI203S 等高温镁合金。

变形镁合金主要有 Mg-Al-Zn 系合金(AZ31C、AZ61A、AZ80A)和 Mg-Zn-Zr 系合金(ZK60)两大类。变形镁合金主要用于制造车身组件(车门、行李箱、发动机罩等)的外板、车门窗框架、座椅框架、底盘框架、车身框架等。变形镁合金在车身上的应用具有很大的潜力。

最近正在开发或已开发成功的新型镁合金有散热镁合金、低合金化高强度镁合金、耐蚀镁合金、阻燃镁合金、高强高韧镁合金等。

2. 车身用镁合金的特征和性能

（1）质量轻，这一特性将显著地减小其起动惯性，并节省燃料消耗。

（2）具有较高的比强度、比弹性模量和刚性，比强度约为铝的 1.8 倍。

（3）有较高的稳定性，稳定的收缩率，铸件和加工件尺寸精度高。

（4）镁合金具有良好的阻尼系数及降噪减振性能，这对用作壳类零件减小噪声传递、防冲击与凹陷损坏是很重要的，可以提高汽车的安全性和舒适性。

（5）导热性好，适用于设计集成度高的电子产品；电磁屏蔽性能较好，尤其适用于电动汽车的电磁干扰防护。

（6）与塑料相比，可回收性能好，符合环保要求。

（7）切削加工性能极好，镁合金与铝合金、铸铁、低合金钢切削功率的比值分别为 1∶1、8∶3、5∶6.3。

（8）铸造成型性好，镁合金压铸件最小壁厚可达 0.6mm，而铝合金为 1.2～1.5mm；模铸生产率高，与铝相比，镁的结晶潜热小，镁在模具内凝固快，一般来说，其生产率比铝高出 40%～50%，最高时可达铝的 2 倍；镁与铁的反应性低，压铸时压铸模烧损少，与铝合金相比，压铸模使用寿命提高 2～3 倍，通常可维持 20 万次以上。

除以上主要特性外，镁合金还具有长期使用条件下的良好抗疲劳性、较低的裂纹倾向，以及无毒、无磁性等特点。

常用铸造镁合金（即 AZ 系列、AM 系列、AS 系列、AE 系列）的力学性能见表 5-7，表 5-8 给出了镁合金 AZ91D 与其他材料的性能比较。

表 5-7 常用镁合金的力学性能

牌 号	抗拉强度/MPa	屈服强度/MPa	延伸率/(%)	疲劳强度/MPa	布氏硬度/HB	弹性模量/GPa	减振系数/(%)
AZ91D	240	160	3	50～70	70	45	25
AM60B	225	130	8	50～70	65	43	45
AM50A	210	125	10	—	60	45	—
AS41A	215	140	6	50～70	60	45	40
AS21	172	110	4	—	63	—	60
AE42	230	145	10	—	60	45	—

表 5-8 镁合金 AZ91D 与其他材料的性能比较

特 性	AZ91D	铝合金 A380	ABS 塑料	工程塑料 PET	工程塑料 PBT
密度/(g/cm^3)	1.81	2.74	1.07	1.61	1.72
抗拉强度/MPa	240	331	43	193	172
屈服强度/MPa	160	165	39	152	117
延伸率/(%)	3	3	16.5	4.5	3
弹性模量/GPa	45	71	2.1	8.3	10.1
屈服质量比	100	—	41	107	77

续表

特　　性	AZ91D	铝合金 A380	ABS 塑料	工程塑料 PET	工程塑料 PBT
吸水性/(％)	0	0	0.33	0.05	0.07
热导率/[W/(m·K)]	51	96.2	0.28	0.28	0.29
熔化温度/℃	598	595	260	260	260
膨胀系数/(μm/K)	26	—	76.5	27	25
刚度/(N·m^2)	100	—	7.8	21	24

3. 镁合金新工艺

(1) 半固态加工。

与目前常用的压铸法相比，半固态方法制造的产品具有铸造缺陷（夹杂、气孔）少，产品的力学性能、尺寸精度、表面质量和内在质量高等优点；此外，还有节约能源、安全性好、近净成型性好等优点。图 5.21～图 5.23 所示分别为冷室压铸法、热室压铸法及半固态镁合金注射机工作示意图。

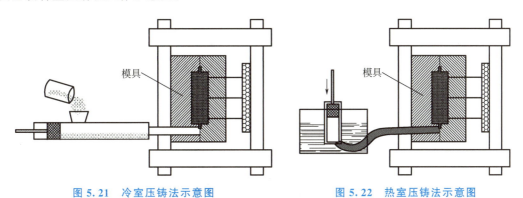

图 5.21　冷室压铸法示意图　　　　图 5.22　热室压铸法示意图

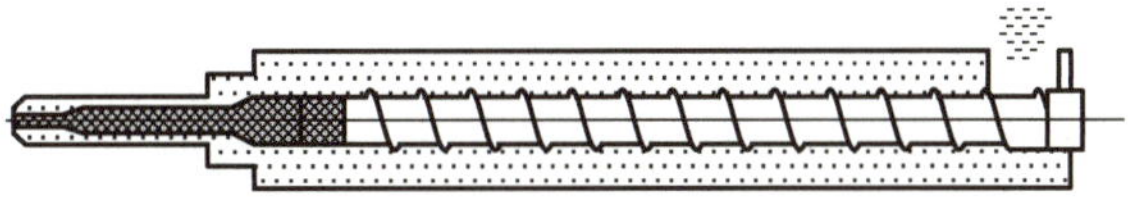

图 5.23　半固态镁合金注射机工作示意图

半固态镁合金注射机是基于镁合金触变性设计的。半固态镁合金注射机工作过程如下：屑状镁合金通过旋转螺杆的输送与剪切，同时经过熔胶筒的加热逐渐变成半固态的浆料停留在螺杆前端，当前端储存足够浆料时，螺杆向前注射，将半固态浆料注入封闭的模具型腔中成型。整个过程类似于热塑性塑料制品的注塑成型。

尽管镁合金触变注射成型工艺具有种种优点，但是由于采用镁合金屑作为原材料，以类似注塑的方法进行生产，因此技术比较复杂、对工艺设备的要求较高。我国尚无生产半固态成型设备的厂家。近些年，我国虽然也在半固态铸造领域开展了较广泛的研究，但在半固态成型技术产业化应用领域仍处于起步阶段。

随着节能环保要求的不断提高，汽车工业对轻量化的要求不断提高。半固态触变成型设备的出现将为高性能、轻质镁合金汽车零件的成型和制造提供有力的支持，可更进一步地促进汽车轻量化。

(2) 全合成切削液。

半固态成型工艺只能形成毛坯件，为后续精加工(车、铣等)环节提供原料。然而由于镁合金化学性质活泼、熔点低，切削加工时易粘刀并产生腐蚀变色，甚至发生燃烧，制造加工的困难会制约它的广泛使用、提升它的使用成本。合理地选择和使用切削液可以有效地改善镁合金加工难题。

全合成切削液不含基础油和乳化剂，属于热力学稳定体系。全合成切削液克服了油基切削液冷却、清洗性能较差，切屑粘刀及水基切削液切削区冷却、清洗性能较差的缺点，更适用于镁合金切削加工。三种切削液的主要成分见表5-9。试验结果表明：加工后镁合金试件表面光洁、质量良好，放置15天后无目视可见腐蚀变色，说明该自行研发的全合成镁合金切削液具有优异的润滑性能和防锈性能。

表5-9 三种切削液的主要成分

成分	乳化液	半合成切削液	全合成切削液
基础油	植物油、矿物油、合成油	植物油、矿物油、合成油	无
水	微量或无	5%～60%	40%～80%
乳化剂	非离子型、阳离子型	非离子型、阳离子型	无
润滑剂	极压抗磨剂		
防锈剂	黑色金属防锈剂		
缓蚀剂	铝镁缓蚀剂、铜缓蚀剂		
pH调节剂	有机碱、无机碱		
其他	消泡剂、杀菌剂、助溶剂等		

5.3.3 钛合金

钛合金是一种新型结构及功能材料，具有优异的综合性能，密度小，比强度高。钛的密度为 $4.51g/cm^3$，介于铝($2.7g/cm^3$)和铁($7.6g/cm^3$)之间。钛合金的比强度高于铝合金和钢，韧性也与钢铁相当。钛及钛合金抗蚀性好，优于不锈钢，特别是针对海洋大气环境中氯离子和微氧化下耐蚀性好，钛合金的工作温度范围较宽，低温钛合金在-253℃时还能保持良好的塑性，而耐热钛合金的工作温度可达550℃左右，其耐热性明显高于铝合金和镁合金，同时具有良好的加工性、焊接性。

钛及钛合金优异的性能备受各尖端行业关注，伴随着钛行业的起步，在20世纪50年代中期，钛材进入了汽车工业。20世纪90年代，随着世界性能源短缺及人们环保意识的加强，尤其是汽车工业，美国、日本及欧洲国家和地区先后颁布了系列生态法规，对燃油利用率、二氧化碳排放量、汽车减重、汽车的安全性及可靠性等提出了更高的要求。

钛合金在汽车上的用途主要分两大类，第一类用来减小内燃机往复运动件的质量(对做往复运动的内燃机零件来讲，即使减小几克质量也是重要的)；第二类用来减小汽车总质量。根据设计和材料特性，钛合金在新一代汽车上主要分布在发动机元件和底盘部件上。在发动机系统中，钛可制作阀门、阀簧、阀簧承座和连杆等部件；在底盘系统中主要制作弹簧、排气系统、半轴和紧固件等。用钛合金制作的还有悬簧、涡轮增压器转子、紧固件、挂耳螺帽、车挡支架、门突入梁、制动器卡钳活塞、销轴栓、离合器圆板、压力板、变速按钮等。图 5.24 所示为用钛合金制作的排气系统，图 5.25 所示为含钛合金部件的发动机。

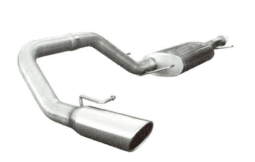

图 5.24 用钛合金制作的排气系统

图 5.25 含钛合金部件的发动机

5.4 车用新型材料

5.4.1 复合材料

21 世纪，材料科学的发展动态是使材料复合化、智能化、多功能化和高性能化，其中把复合材料研究放在首位，这里包括采用各种基体制作的结构型和功能型的复合材料。

复合材料是指将两种或两种以上物理性质和化学性质不同的物质结合起来而制得的一种多相固体材料。 复合材料通常是由基体和增强材料复合而成的。在工程上，所谓复合材料通常是指将一种材料人为均匀地分散在另一种材料中，以克服单一材料的某些弱点，使之优于各组分材料的综合性能，有时甚至成为各组分材料所没有的优良性能的新材料。一般来说，复合材料应能满足以下条件。

（1）复合材料必须由两种或两种以上物理性质、化学性质不同的材料组成，材料之间有明显的界面。

（2）复合材料是用人工方法制造的，各组分的形状、比例和分布均能人为控制。

（3）复合材料的性能优于各组分单独存在时的性能，具有协同增强的特点。

复合材料有近 200 个的品种，基体主要是高分子化学材料通过聚合生产的高强度、高韧性的胶脂、树脂（如环氧、聚酯、聚氨酯丙烯酸酯、聚乙烯）等。在制造时加入一些无机材料进行改性并复合碳素纤维、硼纤维、尼龙纤维、玻璃纤维、金属纤维及涤纶纤维等增强体进行增强，以提高弹性模量和高静面矩。FRP(fiber reinforced plastics)是纤维增强塑料的总称，还有金属基复合材料和陶瓷基复合材料。图 5.26 和图 5.27 所示为用复合材料制作的汽车结构。

图 5.26 用玻璃纤维增强热塑性材料制作的车身

图 5.27 用增强聚酰胺制作的轮胎凹槽

一般来说，金属是一种延展性和韧性好的材料，随着强化相含量的增大，金属基复合材料的延展性和韧性会下降，而强度会增大，这就是金属基复合材料以牺牲延展性与韧性为代价获取高强度的特点。陶瓷基复合材料由于陶瓷本身多为脆性材料，其塑性形变能力几乎为零（超塑性陶瓷现象例外），韧性很差，因此陶瓷韧化具有特别重要的意义。

1. 复合材料的组成及分类

（1）组成。

复合材料主要由基体与增强材料组成。复合材料的主要承力组分是增强材料，它能大幅度地提高基体的强度和弹性模量，而且能减少复合材料成型过程中的收缩，提高热变形温度。未经增强的基体是不能作为结构件使用的，而由增强材料与基体制成的复合材料作为结构件在各领域得到了广泛的应用。

① 基体。基体可分为热固性和热塑性两大类，其中又以热固性树脂为主，主要品种有环氧树脂、不饱和聚酯树脂和酚醛树脂等。用以制造复合材料的热塑性树脂基体主要有聚酰胺树脂、聚乙烯树脂、聚丙烯树脂、聚苯乙烯树脂和聚醚醚酮树脂等，其中尤以聚醚醚酮树脂的性能最优越。

在所有的工程塑料中，聚醚醚酮具有良好的耐热水性和耐水蒸气性，同时有优异的阻燃特性，是一种有极大发展前途的新型复合材料树脂基体。

② 增强材料。增强用纤维的选用是根据制品的性能要求，如力学性能、耐热性能、耐腐蚀性能、电性能等，以及制品的成型工艺和成本要求来确定的。复合材料中的增强用纤维主要有玻璃纤维、碳纤维、芳香族聚酰胺纤维、硼纤维、碳纤维、碳化硅纤维、氧化铝纤维和金属纤维等，其中应用最广泛的是玻璃纤维。对于以聚合物为基体的复合材料来说，所采用的增强纤维主要是前三种。玻璃纤维对乙烯基酯树脂的增强作用见表 5-10。

表 5-10 玻璃纤维对乙烯基酯树脂的增强作用

性　　能	未 增 强	增　　强
拉伸强度/MPa	80	260
弯曲强度/MPa	120	360
冲击强度/(kJ/m^2)	10	300

（2）分类。

① 复合材料按组成可分为金属与金属复合材料、非金属与金属复合材料、非金属与非金属复合材料。

② 复合材料按结构特点可分为纤维复合材料、夹层复合材料、细粒混合材料和混杂复合材料。

a. 纤维复合材料。这种材料将各种纤维增强材料置于基体材料内复合而成，如纤维增强塑料、纤维增强金属等。

b. 夹层复合材料。这种材料由性质不同的表面材料和芯材组合而成。通常表面材料强度高、薄；芯材质轻、强度低，但具有一定的刚度和厚度。夹层复合材料又可分为实心夹层复合材料和蜂窝夹层复合材料两种。

c. 细粒复合材料。这种材料将硬质细粒均匀分布于基体中，如弥散强化合金、金属陶瓷等。

d. 混杂复合材料。这种材料由两种或两种以上的增强材料混杂于一种基体材料中构成。与普通单增强相复合材料相比，其冲击强度、疲劳强度和断裂韧性显著提高，并具有特殊的热膨胀性。混杂复合材料又分为层内混杂复合材料、层间混杂复合材料、夹芯混杂复合材料、层内/层间混杂复合材料和超混杂复合材料。

③ 复合材料按其基体材料可分为热固性复合材料和热塑性复合材料两大类。

a. 热固性复合材料。热固性复合材料是指以热固性树脂（如不饱和聚酯树脂、环氧树脂、酚醛树脂、乙烯基酯树脂等）为基体，以玻璃纤维、碳纤维、芳纶纤维、超高分子量聚乙烯纤维等为增强材料制成的复合材料。环氧树脂的特点是具有优良的化学稳定性、电绝缘性、耐腐蚀性，以及良好的黏结性和较高的机械强度。酚醛树脂具有优良的耐热性、耐摩擦性，机械强度高，发烟性低，以及优异的电绝缘性和耐酸性等。

b. 热塑性复合材料。热塑性复合材料是指以热塑性树脂为基体，以纤维为增强材料制成的复合材料。不同种类的热塑性树脂、不同种类的纤维制造的复合材料，其性能差别极大。

按复合材料的性能可以将其分为普通型热塑性复合材料和高性能热塑性复合材料两类。前者是指用玻璃纤维增强的通用型树脂，如聚丙烯、聚乙烯、聚氯乙烯、聚酰胺等；后者是指用连续的碳纤维、芳纶纤维、高强度玻璃纤维或其他高性能纤维增强的高性能热塑性树脂，如聚醚醚酮、聚苯硫醚、热塑性聚酰亚胺、聚醚砜等。

热塑性塑料与热固性塑料的比较见表 5-11。

表 5-11 热塑性塑料与热固性塑料的比较

品种	成　分	工艺性能特点	成型方法	优　点	缺　点	常用品种
热塑性塑料	聚合树脂＋添加剂	受热会软化或熔化，具有可塑性，可加热再利用	注射、挤出、吸塑、吹塑等	成型工艺简单，形式多样，生产效率高	耐热性和刚性差	聚乙烯、聚丙烯、聚氯乙烯、ABS工程塑料
热固性塑料	缩聚树脂＋添加剂	在一定的温度下，经过一定时间的加热或者加入固化剂后即可固定成型；固化后的塑料质地坚硬，性能稳定	压缩、压注、注射等	无冷流性、刚性大、硬度高、耐热性好、不易燃烧、制品尺寸稳定	脆性大、机械强度低，必须加入填料或者增强材料以改善性能、提高强度，因而成型工艺复杂、生产效率低	酚醛树脂、环氧树脂、有机硅、不饱和聚酯和聚氨酯

2. 车身用复合材料特征及其应用

复合材料是由多种组分的材料组成,许多性能优于单一组分的材料,如纤维增强的树脂基复合材料,具有质量轻、强度高、可设计性好、耐化学腐蚀、介电性能好等优点。

(1) 轻质高强度。

玻璃纤维增强树脂基复合材料的密度为 $1.5 \sim 2.0 \text{g/cm}^3$,只有普通碳钢的 $1/5 \sim 1/4$,比铝合金还要轻 $1/3$ 左右,而强度能超过普通碳钢的水平。若按比强度(强度与密度的比值)计算,玻璃纤维增强的树脂基复合材料的强度不仅大大超过碳钢,而且可超过某些特殊的合金钢。碳纤维复合材料、有机纤维复合材料具有比玻璃纤维复合材料更低的密度和更高的强度,因此具有更高的比强度。几种材料的密度、拉深强度及比强度见表 5-12。

表 5-12 几种材料的密度、拉深强度及比强度

材料种类	密度/(g/cm³)	拉伸强度/MPa	比强度/10^3cm
高级合金钢	8	1280	1600
A3 钢	7.85	400	510
LY12 铝合金	2.8	420	1500
玻璃纤维增强环氧树脂	1.73	500	2890
玻璃纤维增强聚酯树脂	1.8	290	1610
玻璃纤维增强酚醛树脂	1.8	290	1610
玻璃纤维增强 DAP 树脂	1.65	360	2180
凯芙拉纤维增强环氧树脂	1.28	1420	11094
碳纤维增强环氧树脂	1.55	1550	10000

(2) 耐撞击,抗断裂韧性好。

玻璃纤维增强复合材料的抗撞击断裂能力是钢的 5 倍以上。复合材料在抗撞击断裂方面要比一般的金属材料强得多。

(3) 减振、隔音性能好。

复合材料高的自振频率避免了结构工作状态下因共振引起的早期破坏。同时,复合材料中的纤维与黏弹性聚合物基体界面具有吸振能力,因此其振动阻尼很高。此外,复合材料的抗声振特性也是很好的。用复合材料制成的汽车车身具有良好的减振、隔音效果,从而改善了乘坐舒适性。

(4) 可设计性好。

复合材料可以根据不同的用途要求,灵活地进行产品设计,具有很好的可设计性。对于结构件来说,可以根据受力情况合理布置增强材料,以达到节约材料、减轻质量的目的。复合材料良好的可设计性还可以最大限度地克服其弹性模量、层间剪切强度低等缺点。

(5) 电性能好。

复合材料具有优良的电性能,通过选择不同的基体、增强材料和辅助材料,可以将其制成绝缘材料或导电材料。例如,玻璃纤维增强的树脂基复合材料具有优良的电绝缘性

能,并且在高频下仍能保持良好的介电性能,可作为高性能电动机、电器的绝缘材料。

(6) 耐腐蚀性好。

聚合物基复合材料具有优异的耐酸性、耐海水性,也能耐碱、盐和有机溶剂,因此,它是一种优良的耐腐蚀材料,用它制造的化工管道、储罐、塔器等具有较长的使用寿命和极低的维修费用。玻璃纤维增强的聚酰基复合材料的抗腐蚀性能是金属材料的10倍,这就从根本上解决了作为汽车车身覆盖件材料的耐腐蚀问题。

(7) 热性能好。

玻璃纤维增强的聚合物基复合材料具有较低的热导率,只有金属的1/1000~1/100,是一种优良的绝热材料。选择适当的基体和增强材料可以制成耐烧蚀材料和热防护材料。汽车车身外板覆盖件采用玻璃纤维增强的 SMC 材料,使用温度可以达到200℃,并可在较宽的温度范围内保持尺寸的稳定和原有的外形。

(8) 工艺性能优良。

纤维增强的聚合物基复合材料具有优良的工艺性能,可以通过缠绕成型、接触成型等复合材料特有的工艺方法生产制品,特别适用于生产大型制品及形状复杂、数量少的制品。

(9) 老化现象。

在自然条件下,紫外线、湿热、机械应力、化学腐蚀的作用会导致复合材料的性能变差,即出现所谓的老化现象。复合材料在使用过程中发生老化的程度与其组成、结构和所处的环境有关。

5.4.2　碳纤维复合材料

1. 碳纤维的特点及分类

碳纤维是有机纤维［聚丙烯腈(PAN)纤维或沥青纤维等］**原丝经过预氧化、碳化、石墨化等高温固相反应工艺过程制备而成的,由择优取向的石墨微晶构成,因而具有很高的强度和弹性模量。** 碳纤维既具有碳材料的固有本征特性,也具有纺织纤维的柔软可加工性。它的密度一般为 1.7~1.8g/cm³,强度为 1200~7000MPa,弹性模量为 200~400GPa,热膨胀系数接近零,甚至可为负值。各种类型纤维的特性见表5-13。

表 5-13　各种类型纤维的特性

种类特性	预氧化纤维	碳纤维				石墨纤维
		通用型	高强型 T300	超高强型 T1000	高模型 M40J	超高模型
密度/(g/cm³)	1.39~1.50	1.70	1.76	1.82	1.77	1.81~2.18
拉伸强度/MPa	270	1200	3530	7060	4410	2100~2700
比强度 (×10⁶)/cm	1.8~1.9	7.1	20.1	38.8	24.9	9.6~14.9
拉深模量/GPa	4	48	230	294	377	392~827
比模量 (×10²)	0.27~0.29	2.8~13.1	13.1	16.3	21.3	27.1~37.9
断裂应变/(%)	6.7	2.5	1.5	2.4	1.2	0.5~0.27

续表

种类特性	预氧化纤维	碳纤维				石墨纤维
		通用型	高强型 T300	超高强型 T1000	高模型 M40J	超高模型
电阻率($\times 10^{-2}$)/($\Omega \cdot cm$)	—	—	1.87	—	1.02	0.89~0.22
热膨胀系数($\times 10^{-5}$)/K^{-1}	—	—	−0.5	—	—	−1.44
热导率/[$W/(m \cdot K)$]	—	—	8	—	38	84~640
碳质量分数/(%)	64	—	—	90~96	—	>99

碳纤维具有一般碳素材料的特性,如耐高温、耐摩擦、导电、导热及耐腐蚀等,但与一般碳素材料不同的是,其外形有显著的各向异性、柔软、可加工成各种织物,沿纤维轴向表现出很高的强度。

目前,全世界主要生产两种碳纤维:一种是PAN基碳纤维,以聚丙烯腈为原料;另一种是沥青基碳纤维,由煤、石油基沥青再聚合成纤维。在强度上,PAN基碳纤维优于沥青基碳纤维,因此在全世界的碳纤维生产中占有绝对优势。

2. 碳纤维增强复合材料的特点

碳纤维增强复合材料(CFRP)的比强度、比模量等性能在现有结构材料中是最高的。在硬度、刚度、质量、疲劳特性等有严格要求的领域,在要求高温、化学稳定性高的场合,碳纤维复合材料颇具优势,应用广泛。

碳纤维增强复合材料是汽车覆盖件最理想的非金属材料,在减轻车身质量的同时,能保持防撞性能。对于汽车零部件生产商来说,碳纤维增强复合材料也有许多优点,零部件的集成化、模块化,总装成本低,投资小,避免了传统车身的喷涂过程和相应的环保处理及成本。碳纤维复合材料不仅比钢材轻,而且具有很好的能量吸收性能(图5.28),但有承载各向异性的问题,即承载零部件在各个方向上的能力有所不同。

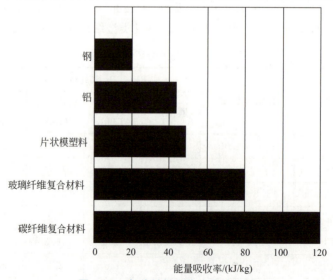

图 5.28 各种材料吸收能量的比较

碳纤维增强复合材料是以各种树脂、碳、金属、陶瓷为基体，碳纤维为增强材料的复合材料，属于各向异性材料。根据所选的基体可将碳纤维增强复合材料分为树脂基复合材料、陶瓷基复合材料和金属基复合材料，其中树脂基复合材料和金属基复合材料在车身上的应用较成熟，具有应用于车身制造的诸多优势。

（1）密度小。碳纤维增强复合材料的密度与镁和铍基本相当，是一些金属材料密度的20%～57%（按碳纤维M40JB计算），一般来讲，采用碳纤维增强复合材料作为结构件材料可使结构质量减轻30%～40%。

（2）比强度、比模量高。对多种材料的比强度（材料的拉伸强度与密度之比）和比模量（弹性模量与密度之比）进行比较，很好地说明了碳纤维增强复合材料在轻质高强度方面的优越性。碳纤维增强复合材料的比强度比钢高5倍，比铝合金高4倍；比模量则是其他结构材料的1.3～12.3倍。用其制成与高强度钢具有同等强度和刚度的构件时，质量可减轻70%左右。

（3）具有良好的抗疲劳特性。碳纤维增强复合材料的抗疲劳性能极佳。疲劳破坏是指材料在大小和方向随时间发生周期性变化的载荷（即交变载荷）作用下，产生裂纹和断裂的现象。在碳纤维增强复合材料中存在许许多多的基体和碳纤维界面，这些大量的界面能够阻止裂纹的扩展，延迟疲劳破坏的发生。复合材料比金属材料的耐疲劳性能高很多。通常情况下，金属材料的疲劳强度极限为拉伸强度的40%～50%，而碳纤维增强复合材料的疲劳极限可以达到拉伸强度的70%～80%，说明在长期交变载荷条件下工作时碳纤维增强复合材料构件的寿命高于传统材料构件。图5.29所示为三种材料疲劳强度的比较。

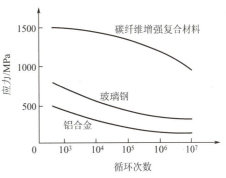

图5.29 三种材料疲劳强度的比较

（4）碰撞吸能性好。碳纤维增强复合材料是汽车金属材料最理想的替代材料，在碰撞中对能量的吸收率远远超过铝和钢，减轻车身质量的同时能保证不损失强度或刚度，保持防撞性能，极大地降低了轻量化带来的汽车安全系数降低的风险。

（5）制造工艺性好。碳纤维增强复合材料是一种各向异性材料，表现出显著的各向异性，在沿纤维轴方向和垂直于纤维轴方向的电、磁、导热、比热、热膨胀系数及力学性能等，都有明显的差别。碳纤维增强复合材料的各向异性给设计带来较多的可选择性。碳纤维增强复合材料的铺层取向可以在很宽的范围进行调整，由于铺层具有各向异性特征，可通过选择合适的铺层方向和层数来满足强度、刚度和各种特殊要求，以获得满足使用要求、具有最佳性能质量比的复合材料结构，这为结构的优化设计开拓了巨大的发展空间，是各向同性材料无法比拟的。

（6）抗振性好。受力结构的固有频率除与结构几何形状和尺寸有关外，还与材料的比模量平方根成正比。碳纤维增强复合材料具有较高的固有频率，同时基体和碳纤维界面有较强的吸收振动能量的能力，因而材料的阻尼较高，这些特性都有利于提高复合材料结构的抗振性能。

（7）高温性能好。铝合金在400℃高温时，其弹性模量几乎下降到零，强度也显著下降。碳纤维增强复合材料在400℃高温下，弹性模量和强度基本无变化。有的碳纤维增强复合材料具有很好的烧蚀性能。

（8）破损安全性高。从力学的角度来看，碳纤维增强复合材料内部存在大量界面及碳纤维本身载荷的特点，使其成为典型的超静定体系。研究表明复合材料的破坏需经历基体损伤、开裂、界面脱黏、纤维断裂等一系列过程，使用过程中，碳纤维增强复合材料构件即使过载而造成少量纤维断裂，其载荷也会通过基体的传递分散到其他完好的纤维上，使整个构件不会在短时期内丧失承载能力，表现出较高的结构破损安全性。

（9）易于大面积整体成型。碳纤维增强复合材料的树脂基体是高分子材料，虽然在碳纤维增强复合材料的成型过程中，对其进行理论分析和机理预测比较困难，但是对于批量生产而言，当工艺流程文件确定后，碳纤维增强复合材料构件的制作会比较简单。许多方法可用于碳纤维增强复合材料构件的成型，其中包括整体共固化成型，这种成型技术大大减少了零件和紧固件，简化了生产工序，缩短了生产周期。此外，树脂基复合材料构件可采用拉拔、注射、缠绕、铺层技术进行生产，容易实现成型自动化。

3. 石墨烯复合材料

石墨少于十层时，就会表现出与三维石墨不同的电子结构，因此将十层以下的石墨材料统称为石墨烯材料。这种材料具有优良的力学性能、导电性和导热性，同时是纳米级别的填充材料，可以与多种基体材料形成多元复合材料，因此石墨烯材料有着非常广阔的应用前景。石墨烯复合材料的主流制备方法如下。

（1）石墨烯高分子复合材料。氧化石墨可以分散于蒸馏水或者有机溶剂，与高分子材料充分混合后，通过原位化学还原法制备出石墨烯高分子复合材料。复合材料中基体与石墨烯之间存在相容性好、分散性好等优点。制备石墨烯高分子复合材料，除原位还原法之外，还有电镀法、热还原法、化学气相沉积法等。

（2）石墨烯金属复合材料。石墨烯与金属或者金属氧化物制备二元复合材料，主要是利用石墨烯较大的比表面积负载具有功能性的粒子，从而制备出具有一定功能的复合材料，同时可以提高性能。石墨烯纳米片的添加在保持材料良好塑性的同时，显著提高了其强度。目前，制备石墨烯金属复合材料的方法主要有水热还原法、化学还原法、微波辐射法、电化学沉积法、H_2还原法等。

（3）三元石墨烯复合材料。在高分子中添加石墨烯金属（金属氧化物）复合材料进而制备出含有金属物、无机物、高分子的三元复合材料的报道较少。有一种方法是先制备出具有磁性的Fe_3O_4氧化石墨烯复合粒子，然后在苯乙烯中通过原位乳液聚合的方式制备出三元复合材料。

汽车轻量化是节能减排的一个重要方向。研究表明，在不降低汽车刚性和碰撞性能的前提下，质量减轻10%，燃油消耗将相应减少6%～8%。石墨烯的强度是世界上最好钢强度的100倍，利用原子显微镜测量石墨烯的力学性能，其杨氏模量可达0.5TPa，弹性系数为10^5N/m。由于石墨烯具有良好的力学性能及低密度，因此其可作为提高材料力学性能的增强相，广泛应用于车用轻质复合材料的开发。目前，石墨烯在汽车材料中有如下几个热门的应用方向。

（1）石墨烯的导热性，相对于碳纳米管来说更加优秀，将石墨烯作为增强材料加入聚苯乙烯中，得到的是强度更高、导电性及导热性更好、质量却更轻的复合材料。这种复合材料比原本聚合物基体的热导率高出 4 倍,而石墨烯独有的超二维纳米结构,可以保证热量在加热区域内均匀释放。将石墨烯运用在汽车智能加热座椅上,可减轻座椅质量,并使座椅受热更加快速、均匀、安全。图 5.30 所示为石墨烯汽车座椅。

(2) 石墨烯的高疏水性及独特的纳米结构,可以将其运用于车用涂料领域,提高防腐效果。石墨烯首先与聚合物树脂复合,然后以复合材料制备功能涂料,石墨烯可显著提升聚合物的性能。在现有的环氧防腐涂料中加入石墨烯,除了保持原有性能外,还提高了抗冲击性、附着力、耐水性、硬度等指标。石墨烯涂料如图 5.31 所示。

图 5.30 石墨烯汽车座椅

图 5.31 石墨烯涂料

(3) 石墨烯作为新型润滑添加材料具有优秀的机械性能,可在摩擦副表面吸附上一层石墨烯保护膜,具有如下特性:①高效的防磨抗磨的性能;②形成强效的润滑保护膜,自润滑性好;③石墨烯纳米微粒对摩擦副凹凸表面起填充作用,增加抗磨性能;④石墨烯纳米微粒优异的清洁分散性能,可使油品迅速扩散成膜;⑤独有的分水性能,有效防止乳化;⑥优秀的抗氧化性、散热性,有效延长油品使用周期。目前开发的石墨烯润滑油(图 5.32)有船用润滑油系列和车用润滑油系列,其中车用润滑油系列产品主要包括汽油机油、柴油机油、燃气机油、装甲车润滑油等。

(4) 石墨烯作为橡胶填料生产汽车轮胎(图 5.33),可代替炭黑、白炭黑(SiO_2)、碳纳米管(CNT)等,增强橡胶的拉伸强度、弹性和热导率。石墨烯静电轮胎的电导率达到 10^{-3} S/m,通过轮胎与金属轮毂嵌合,由轮面接地时段导出车体静电,特别是易燃易爆品运输车使用该轮胎,在轮胎 3~5 年的使用寿命内能可靠消除静电危害,杜绝静电灾难。

图 5.32 石墨烯润滑油

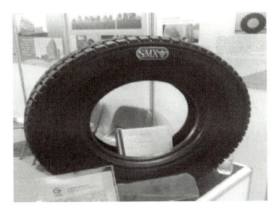

图 5.33 石墨烯防静电轮胎

随着汽车轻量化的要求越来越高,石墨烯材料也开始应用在车身结构上,在保证车身强度的同时减小整备质量。化学还原制得的还原 NGO 纤维,拉伸强度和杨氏模量分别为

217MPa 和 5.5GPa，电导率为 1611S/m。该材料兼顾了石墨烯和高分子纤维的优点，可以代替易变形、易老化的高分子纤维应用在如保险杠等的汽车结构件中，应用前景光明。

4. 碳纤维复合材料的应用

宝马、大众、日产、丰田等公司已将碳纤维复合材料用于制造车身结构件、车身覆盖件等或作为外装材料及内装材料。通用汽车公司推出碳纤维复合材料车体的概念车 Ultralite（图 5.34）充分展现了碳纤维增强复合材料在汽车辆上应用的好处，此一体成型车体质量为 192kg，比钢坚韧，密度仅为钢的 1/4。整个硬壳式结构共有六个基本部分：地板、左右侧板、左右车门和尾板，车身和全车大部分结构均采用碳纤维复合材料制成。车身无中间支柱，但仍能提供足够的两侧保护。其刚度比一般汽车高出好几倍。骨架结构采用碳纤维增强塑料，外覆盖件采用玻璃纤维增强塑料。图 5.35～图 5.37 所示是碳纤维汽车部件。

碳纤维复合材料

图 5.34　通用概念车 Ultralite

图 5.35　某款碳纤维车身跑车

图 5.36　碳纤维发动机缸体

图 5.37　碳纤维轮毂

5.4.3　塑料制品

塑料是由非金属元素为主的有机物组成的，具有密度小、导热性和导电性差、耐酸、耐碱、易老化等特性。塑料的机械性能随温度和时间的变化而变化。塑料在汽车中的应用遍及所有总成，业内习惯将它们分为内装（饰）件、外装件和功能件（其他结构件）。汽车用塑料制品如图 5.38 所示。

图 5.38　汽车用塑料制品

目前，国产乘用车塑料的单车用量为 50～110kg，所使用类型和品种与国外基本相同。我国乘用车塑料的应用水平，无论是从单车用量、应用品种还是从塑料制件的生产技术来说，均已基本达到国外同类产品的技术水平。国产轻、中型载货车塑料用量为 40～50kg，重型载货车塑料用量可达 80～150kg。塑料在汽车上的应用主要以内饰件为主；同时散热器面罩、保险杠、轮罩、挡泥板、导流板、翼子板、脚踏板、灯壳和灯罩等塑料外装件也越来越普遍；此外，还有进气管、空气滤清器、暖风机和空调零件等。

表 5-14 列出了目前汽车中主要塑料零部件所用的材料。据统计，居前几位的汽车塑料有 PP、PUR、PVC、ABS、PA 和 PE。

表 5-14　目前汽车中主要塑料零部件所用的材料

应用部位	零部件	主要品种
外装件	保险杠及面饰、车身板、照明系统、装饰件（镜座、门把手、侧面饰条）	PTO、PC、聚酯、PP、PUR、PA、SMC、PUR-RIM、热塑性塑料、丙烯酸树脂、PS、ASA-AES、PVC
内装件	内饰件、仪表板、转向轮、空气导管、其他（座椅、车顶蒙里、门内板等）	发泡 PUR（用于减振）、聚氯乙烯纤维、ABS、ABS/PC 合金、PC、PP、改性 PPE、PVC、SMA、PUR、PVC、PUR-RIM、ABS、PP、SMA、GMT、ABS、PC/ABS、PVC

续表

应用部位	零部件	主要品种
电气	零件盒、开关插座、接头、灯光系统、电路板、导线	PA、高耐热聚苯乙烯、PP、聚酯、乙酰树脂（开关）、PPS、PBT、再生 PET、PPA、PVC
传动系统	轴承、CV 接头、U 形接头	PA、乙酰树脂
燃料系统	燃油箱、燃油管	HDPE、PA
底盘	悬架、制动器	乙酰树脂、PA、PP 芳香族聚酯胺纤维（制动瓦）
发动机	进气系统、供油系统、冷却系统	聚酯、PP（空气清洁系统）、PA（进气歧管）、PA（散热器）、PPS（水泵）

在安全、环保和成本等因素的推动下，塑料技术一直在朝着高性能（高弹性模量、高强度、耐热、耐磨、耐火、抗老化）、低污染、低密度、低成本的方向发展。随着塑料制品的不断开发，塑料在汽车上的应用不断扩大，汽车塑料制品的发展趋势主要表现在以下方面。

1. 内装件

内装件用材的趋势如下：PVC 不久将从内饰件应用中退出；PUR 因其柔软的触感，预计在内饰件（尤其是高档车）上的应用会不断增长，而中档车在内饰 PP 化推动下可能更倾向于采用 TPO；PU 在内饰中尚难以被其他材料取代；复合材料在结构件（如座椅骨架）和吸收冲击能量的零件上的应用将会增长；金属-塑料混合材料在内装件中的应用极具潜力。未来要着力开发外表美观（低反光、耐磨、半透明）同时具有良好降噪（尤其是嗡嗡声、吱吱声和咔嗒声）性能的内饰新材料；开发具有优良高速冲击性能的内装件材料；弄清塑料材料触觉特性的本质。汽车塑料内装件如图 5.39 和图 5.40 所示。

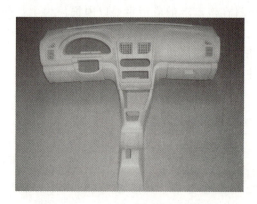

图 5.39　汽车前端内装件（塑料）

图 5.40　驾驶室顶内装件（塑料）

2. 外装件

开发耐候性（金属或覆盖层耐大气腐蚀的性能）、耐化学侵蚀，具有良好的表面光泽和抗轻微撞击的外装件用聚合物体系；提高塑料零部件的表面光洁度；开发光亮、耐候的着色剂；开发先进的增强材料及增强技术；开发可生产出 A 级表面、免油漆外装件的材料；开发大批量、低成本的工装技术；开发大型薄壁零件快速制造工艺；开发先进的模压机；研究虚拟原型技术。开发高表面质量结构复合材料的快速制备工艺，将照明纳入总体设计，以及内、外装材料体系同一化。图 5.41 和图 5.42 所示为全塑 PP 材料的外保险杠和门板。

图 5.41 汽车外保险杠（塑料）

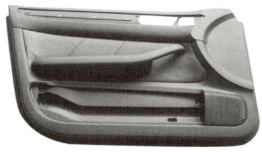

图 5.42 汽车门板（塑料）

3. 塑料密集汽车

开发生产夹层构件的材料与工艺；开发满足汽车设计要求的新型塑料合金和塑料共混物、热塑性塑料、热固性塑料和工程塑料；开发耐火塑料。

建立汽车塑料、复合材料性能数据库；研究适合塑料的低成本车身骨架设计技术；研究塑料-金属材料复合零部件设计技术；在清洁材料（生物塑料）开发的基础上，设计塑料密集汽车。兰博基尼（图 5.43）采用的锻造复合材料（forged composites）属于典型的碳纤维增强片状模塑料，其中碳纤维的长度为 2～3cm，材料的热压压力比传统的片状模塑料要大一些。

图 5.43 采用锻造复合材料的兰博基尼

5.4.4 轻量化橡胶构件

橡胶零件的轻量化主要从零件结构优化、以热塑性弹性体替代传统橡胶、以软质塑料替代橡胶等方面进行，轻量化方案见表 5-15。

表 5–15 橡胶弹性体轻量化方案

轻量化方案	零 件	原 方 案	新 方 案
零件结构优化	缓冲块	减振器橡胶缓冲块带防尘罩	聚氨酯缓冲块＋塑料防尘罩
	轮胎	—	结构优化
	进气软管	EPDM 进气软管	EPDM 软管＋PP 波纹管
	挡水条	EPDM	PP 骨架＋TPV
以热塑性弹性体替代传统橡胶	进气软管	TPE	TPC、TPV
	传动轴防尘罩	CR	TPC
	减振器防尘罩	NR	TPV、TPO
	加油口密封圈	TPE	TPV
	车窗密封条	TPE	TPV、TPS
	橡胶垫	TPE	TPV、TPS
	堵盖	TPE、NR	TPV、TPS
以软质塑料替代橡胶	离合软管	EPDM	PA610、PP
	减振器防尘罩	NR	HDPE、PP
	护套	EPDM、NR	PP、HDPE
	堵盖	EPDM、NR	PP
新工艺	密封条	可变截面挤出、发泡工艺	
配方优化		低密度配方替代高密度配方	

与传统橡胶相比，热塑性弹性体具有密度低、可回收率和加工效率高等特点，是未来橡胶弹性体材料的发展趋势。TPV 是目前汽车上使用量最大的热塑性弹性体。相对于 EPDM，TPV 具有密度小、易加工、可回收、外观好和气味小等优点，广泛替代 EPDM 应用于密封条、进气软管和防尘罩等零件。从理论上讲，能用 EPDM 的地方都可以用相应的 TPV 替代。目前 EPDM 零件在一款车型中的用量在 20kg 左右，如果所有 EPDM 被 TPV 替代（单纯考虑材料替代而不考虑结构），则可减重约 3.5kg。用 TPV 替代门窗密封条 EPDM 进行轻量化是 TPV 替代 EPDM 成功的案例之一。图 5.44 所示是 TPV 在密封条上的应用。

TPV密封条接角　　TPV挡水条　　TPV呢槽　　TPV角窗包边　　TPV行李箱密实胶

图 5.44　TPV 在密封条上的应用

5.4.5 各种新型轻材料

汽车整车材料使用概况如图 5.45 所示。

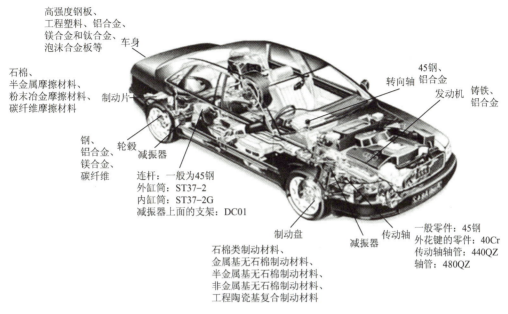

图 5.45 汽车整车材料使用概况

1. 泡沫合金板

泡沫合金板由粉末合金制成,特点是密度小(仅为 $0.4\sim 0.7\text{g/cm}^3$),弹性好,当受力压缩变形后,可凭自身弹性恢复形状。根据整车结构需要,泡沫合金板主要分为泡沫铝合金、泡沫锌合金、泡沫锡合金、泡沫钢等。

2. 陶瓷材料

由于陶瓷本身具有特殊力学性能和对电、光、热等物理性能,因此陶瓷材料特别是特种陶瓷更多地应用在汽车上,如工程陶瓷基复合制动材料因其高热容、低磨损、耐冲击而著名。

3. 石棉类制动用材料

石棉类制动摩擦材料主要以石棉纤维作为增强纤维的有机基复合制动摩擦材料。

4. 制动片使用材料

制动片(图 5.46)用于制动鼓或制动盘进行摩擦车轮使车速降低,在工作状态下,其摩擦衬片及摩擦衬块承受压力巨大,并且产生大量热能,对材料要求很高,目前主要材料有树脂基制动材料、碳复合材料、陶瓷基材料(陶瓷制动片如图 5.47 所示)及粉末冶金材料等。

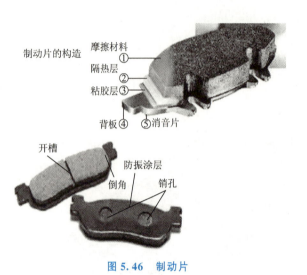

图 5.46 制动片

图 5.47 陶瓷制动片

5.5 轻量化设计

5.5.1 结构优化案例

1. 网络曲面结构设计

2014 年,兰博基尼推出 Exo 概念车(图 5.48),其车身为"网格曲面结构",对于车身结构来说,这种网格状的结构不仅可以提高强度,而且在车架外部覆盖网格状的结构可以减少材料的使用,该车的发动机罩及风窗玻璃采用复合材料,更有效地降低了汽车的质量。该概念车成功实现轻量化结构的设计,具体见表 5-16。

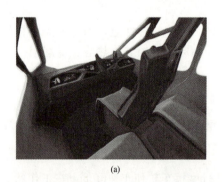
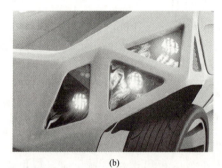

(a)　　　　　　　　　　　　(b)

图 5.48 Exo 概念车

表 5-16 Exo 概念车轻量化结构设计

汽车构造	轻量化机构
风窗玻璃、车顶部、车门框架	一体化,网格状结构球体,提高车身强度
前照灯网格状的结构	减少材料,减轻质量

续表

汽车构造	轻量化机构
发动机罩复合材质	有效降低车重
风窗玻璃复合材质	有效降低车重
汽车内饰座椅	赛车座椅设计造型

2. 蒙皮材料组合结构设计

2014 年，德国 EDAG 公司研发了 Light Coccon 概念车，如图 5.49 所示，通过改变汽车的蒙皮材料多种组合和汽车的车身结构来重新定义这一概念汽车，车身造型采用类似于乌龟外形的仿生设计，使用多种复合材料的框架来构成汽车的骨架部分，同时外部的蒙皮材料采用半透明的纺织物复合材料，可以随时改变其颜色。汽车的内部结构参考乌龟外壳实现汽车的缓冲和保护作用。该车结构轻量化技术方面采用 3D 打印，选择性激光烧结技术和 3D 打印的结构相结合，成功使汽车车身呈现出树叶内部分枝构造，在材质方面该车采用防风雨的复合材料作为汽车蒙皮，达到汽车轻量化，既满足造型特征，又符合节能减排的汽车轻量化目标。该车轻量化结构设计见表 5-17。

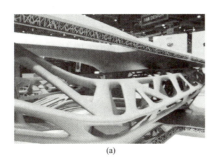 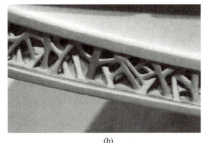

(a)　　　　　　　　　　　　(b)

图 5.49　Light Coccon 概念车

表 5-17　Light Coccon 概念车轻量化结构设计

汽车构造	轻量化机构
汽车内部骨架	多种框架支撑构成，起到保护和缓冲作用，采用激光烧结技术
车顶部和车门框架	激光焊接技术构成，有效降低车重
汽车车身蒙皮	采用防风雨的复合材料

3. 机构轻量化设计

赛车永远是最追求轻量化的产物。2014 年，迈凯轮 F1 赛车采用全新的多连杆悬架系统［图 5.50(a)］，由碳纤维复合材料在高温环境下制成，在保证刚性的前提下减轻质量，保证充足的抓地力，实现了轻量化改进。

该车采用铝合金锻造的轻量化轮胎［图 5.50(b)］，轮毂作为轮胎的重要支撑部分，采用的是口径极小的轮毂，使得碳纤维制动总成的体积也受到限制，这也解释了其强大的制动力与耐热性。同时，较小的轮毂要求必须搭配扁平率较大的轮胎，这也在一定程度上削弱了生硬干脆的悬架系统的特性，使轮胎承担吸振工作，提高操纵稳定性。

该车的车架部分采用钛合金一体式的紧凑型驾驶舱布局 [图 5.50(c)]，该设计在最大化压低车体重心的前提下，使铝合金打造的车架在刚性及质量上得以双赢，能够改善车架扭曲所造成的动力流失及操控影响。而浴缸式坐姿也是当今民用超级跑车所效仿的设计风格。

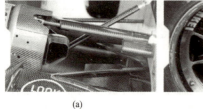　　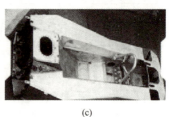

(a)　　　　　　　　　　　(b)　　　　　　　　　　　(c)

图 5.50　迈凯伦 F1 赛车的轻量化结构设计

迈凯伦 F1 赛车轻量化结构设计见表 5-18。

表 5-18　万凯伦 F1 赛车轻量化结构设计

汽车构造	轻量化机构
悬架系统	由碳纤维复合材料在高温环境下制成，弧形运动轨迹保证抓地力
轮毂	较小的轮毂搭配扁平率较大的轮胎
车底盘	钛合金一体式车架，浴缸式坐姿，改善车架扭曲造成的动力流失

目前，汽车车身轻量化技术主要包括结构的合理优化设计和轻质材料的使用，而在轻质材料使用方面又可分为更换材料种类和改变材料结构方式两类。将高强度钢应用于车身，虽然没有更换材料种类，但改变了材料性能。不仅如此，采用高强度钢还可以进行材料结构方式的改变。图 5.51 中车身轻量化改变材料结构方式的有激光拼焊变截面板、空心等厚钢管、空心变截面钢管。为了增强比较效果，图 5.51 中也列举了普通等厚钢板和高强度等厚钢板，从图中可以看出改变材料结构方式的发展趋势。

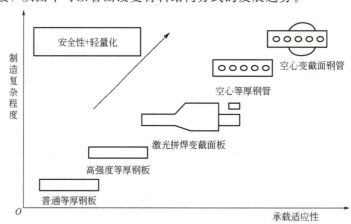

图 5.51　各种材料结构方式的比较

5.5.2　铝蜂窝板

1. 铝蜂窝板的特点和应用

铝蜂窝是一种仿生结构产品，是根据蜜蜂巢穴的结构特点制造出来的。蜂窝具有正六面体结构,此种结构不仅美观漂亮,而且经实验研究比三面体、四面体、圆柱体等多种几何集合体更耐压、耐拉。蜂窝结构以最少的耗材,创造了最强的几何结构,具有优良的力学性能。

铝蜂窝板(图 5.52)作为一种超轻质新型材料,具有许多常规材料所不具备的特性,其综合性能十分突出。

(1)质量轻、密度小。由于铝蜂窝板是一种多孔的不连续材料,而且实体部分的截面面积很小,因此密度很小,是一种较轻的板材(常用铝蜂窝芯的密度见表 5-19)。由这种铝蜂窝芯制成的铝蜂窝板的密度为 $3\sim7kg/m^3$,是相同体积普通铝板的 11%~14%。铝蜂窝板在汽车上应用时,与等量刚度的单一铝合金板相比,零部件的质量能减轻 35%,大量节省能源。

表 5-19 常用铝蜂窝芯的密度

孔格边长/mm	铝箔的厚度/mm	密度/(kg/m³)
3	0.03	44
	0.04	52
	0.05	68
4	0.03	33
	0.04	39
	0.05	53
5	0.03	27
	0.04	31

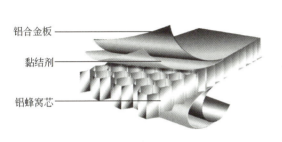

图 5.52 铝蜂窝板的结构

(2)强度高、刚性好,抗冲击、减振性好。铝蜂窝板承受压力弯曲时,当上板被拉伸时,下板被压缩,铝蜂窝芯结构传递剪切力。类似于工字梁,其可以承受很大的侧向压力、正反向压力。这种结构不仅提高了整体刚度,而且提高了稳定性,改善了整体的力学性能。另外,由于铝蜂窝板高度比传统材料面板高出几倍,因此结构稳定性好、不易变形,具有很好的韧性和回弹性。图 5.53 和图 5.54 所示为铝蜂窝芯结构及其在冲击性能试验后的变形情况。表 5-20 列出了铝蜂窝板、普通铝板、普通钢板的比较。

图 5.53 铝蜂窝芯结构

图 5.54 铝蜂窝芯在冲击性能试验后的变形情况

表 5－20 铝蜂窝板、普通铝板、普通钢板的比较

种　类	铝蜂窝板	普通铝板	普通钢板
尺寸/（mm×mm×mm） （宽×长×厚）	900×1800×26.6	900×1800×2.7	900×1800×1.0
单位面积质量/（kg/mm²）	7.3	7.3	7.9
弯曲刚度 EI（×10⁹）/（N·mm²）	19.5	0.1	0.02
扭转刚度 GJ（×10⁹）/（N·mm²/rad）	59.2	0.29	0.05

（3）隔热、隔声。铝是热和声音的良导体，蜂窝结构的设计，实体部分体积仅占 1%～3%，其余空间内是处于密封状态的气体。由于气体的隔热、隔声性能优于任何固体材料，如韩国的低地板客车 CKLFB（图 5.55）采用铝蜂窝板，因此起到了良好的防振和隔热的效果。

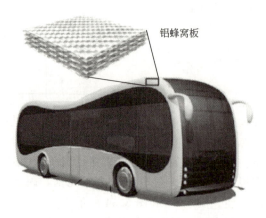

图 5.55　韩国低地板客车 CKLFB

（4）无污染、符合新能源环保汽车的设计理念。铝蜂窝板全部由铝合金制造，使用后可以通过回收反复利用，节省资源。此外，铝蜂窝板还具有电磁屏蔽等作用，在一些专用车（图 5.56 和图 5.57）中得到应用。

图 5.56　车身结构为铝蜂窝板的军用车

图 5.57　底板和车厢为铝蜂窝板的民用运输车

2. 铝蜂窝板在汽车上的连接设计

在铝合金板和铝蜂窝芯构成的铝蜂窝板中铝合金板的强度高，刚度大但较薄；铝蜂窝夹的强度和刚度低，但较厚。因此在使用铝蜂窝板时要充分利用铝合金板的承力以提高结构效率。但夹层结构传递集中载荷的能力较弱，会因为集中载荷的作用而使局部产生拉脱挤压破坏，以至于铝合金板和铝蜂窝芯剥离。为了提高铝蜂窝板传递集中载荷的能力，在铝蜂窝板夹层结构设计过程中要考虑夹层板边缘加强和特殊的连接形式。因此将铝蜂窝板用在汽车结构上时要遵循以下几条原则。

(1) 提高连接区域铝合金板的挤压强度。在连接区域的连接部位要根据载荷，适当增加局部补强，以提高孔边挤压强度。

(2) 减小铝合金板孔边挤压载荷。在连接部位可采用加强片的方法，将大部分载荷通过黏结面扩散到铝合金板上，以减小铝合金板孔边挤压应力。

(3) 避免只与上铝合金板或下铝合金板单独连接。机械连接时应该避免与一块铝合金板单独连接，以防止连接钉的拉力造成铝合金板与铝蜂窝芯间胶层剥离破坏。为此对铝蜂窝结构的连接应该设法使连接钉与铝蜂窝芯固定，通过铝蜂窝芯的剪切来承受钉的拉力。

铝蜂窝板与边缘加强件的连接一般采用胶结。一种方法是将边缘加强件与铝合金板和铝蜂窝芯一次固化成型，另一种方法是对已经制备好的铝蜂窝板胶结边缘加强件。铝蜂窝板与汽车上其他构件的螺栓连接都是通过这些加强件连接在一起的，连接的形式有平直接头、T形接头和角接头，如图5.58～图5.60所示。

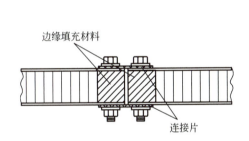

图 5.58 平直接头连接形式

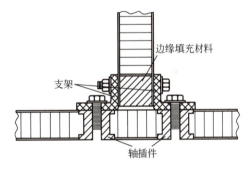

图 5.59 T形接头连接形式

(1) 平直接头连接(图5.58)。有些结构部件要求将两块或者多块的铝蜂窝板连接在一起，采用平直接头连接看似简单，其实装配的精度不容易保证。因为螺栓连接处要承受较大的剪切载荷，因此需要在螺栓连接处填充刚性较大的材料或者加一些衬套，以便承受螺钉的挤压应力并传递螺栓上传来的剪切载荷。

(2) T形接头连接(图5.59)。由图可以看出，与支架连接的垂直铝合金板要承受剪切力，支架主要是铝蜂窝板的连接固定件，并且通过轴插件加强固定，这些轴插件主要承受板外的载荷，它的剥离强度对整个的连接强度有一个限制作用。

(3) 角接头连接(图5.60)。角接头连接是铝蜂窝结构常用的连接形式，连接时要考虑接头边缘处的特殊处理，在设计角接头时，除进行必要的内力和变形分析外，还需要进行一系列的实验。铝蜂窝板填充材料样品如图5.61所示。

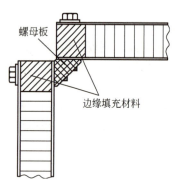

图 5.60 角接头连接形式

图 5.61 铝蜂窝板填充材料样品

大学生方程式赛车由美国汽车工程师协会开办，主要考查本科生、研究生团队构思、设计与制造小型方程式赛车的能力。在大学生方程式赛车的设计中必须坚持一些非常严格的规则，其中之一就是要求有碰撞衰减器。碰撞衰减器本质上是一个防碰撞结构，安装在方程式赛车的前端，用来衰减正面碰撞冲击力的影响。一般来说，许多材料可以用于制作碰撞衰减器，但是铝蜂窝的高强度比特性使之越来越受欢迎，而且在设计过程中，参赛者普遍达成一个共识，即与一些传统的泡沫材料相比，在设定等价强度情况下，用铝蜂窝芯则空间更小，而且更适合整体的设计理念。大学生方程式赛车和铝蜂窝芯碰撞衰减器如图5.62所示。

图 5.62 大学生方程式赛车和铝蜂窝芯碰撞衰减器

5.5.3 激光拼焊变截面板

激光拼焊变截面板又称预制板，根据车身设计的强度和刚度要求，采用激光焊接技术把不同厚度、不同表面镀层甚至不同原材料的金属薄板焊接在一起，然后进行冲压。

激光拼焊变截面板的优点是可以根据车身各个部位的实际受力和变形情况，预先为各车身部件定制一块理想厚度的拼接板，从而达到节省材料、减轻质量且提高车身零部件性能的目的，并且能实现不同材料板材的焊接，从而进一步发挥了其减重的潜力。

激光拼焊变截面板的最大缺点来源于其本身技术上的先天不足——焊缝。

（1）激光拼焊变截面板的焊缝是承载的薄弱环节，设计时必须仔细考虑其位置，将它布置在受力较小的位置，这样的限制条件制约了激光拼焊变截面板将不同材料板材任意拼接使用优势的充分发挥。

（2）激光拼焊变截面板的焊缝会影响材料的成型性，在后续的冲压过程中容易产生裂纹，造成隐患，通常需要增加一道热处理工艺来消除这种硬化效应。

（3）即使采用任何涂装措施也无法彻底掩盖外观上的焊缝，因此激光拼焊变截面板不适合制作车身外覆盖件，一般只用来制作内覆盖件或支承结构件。

（4）板料之间的拼接处存在厚度的突变，这对模具的设计和制造来说是一个不小的难题。

5.5.4 连续变截面板

正是由于激光拼焊变截面板有突然变截面的缺点，通过柔性轧制生产工艺得到的连续变截面板应运而生。

连续变截面板是一种轧制的变截面板材。它的成型原理是在钢板的轧制过程中通过计算机实时控制和调整轧辊的垂直间距，以获取沿轧制方向上按预先定制的厚度连续变化的板材，设计人员可以根据后续加工中钢板各个部位的实际受力和变形情况，以及整个车身的承载情况，在轧制之前选定有利于连续加工的板料型面。图 5.63 所示为连续变截面板制成的车身横梁。

图 5.63　连续变截面板制成的车身横梁

连续变截面板的优点：继承了激光拼焊变截面板根据载荷工况要求变截面的技术，而且由于是连续变截面因此不存在应力突变和焊缝；由于连续变截面板的变截面是由制造过程中轧辊的运动形成的，而不像激光拼焊变截面板一样需要拼接不同厚度的钢板，因此连续变截面板的截面变形次数的增加不会对成本造成任何影响。

连续变截面板的缺点：变截面使得以往基于等截面研究得出的很多力学及冲压成型理论都无法适用，因此车身覆盖件的模具设计相当困难；同时，连续变截面板在深冲压时，必须有多道后续的热处理工序才能保证其最终成形的精确性；此外，连续变截面板的变截面厚度只能随钢板在压轧时的运动方向的变化而变化。

5.5.5 空心变截面钢管

空心变截面钢管技术是以连续变截面板技术为基础,在后续的成型过程中使用管件液压成型的技术。

空心变截面钢管的优点是继承了连续变截面板的连续变截面技术,并且采用空心圆环形截面结构,实现了进一步的轻量化,而且与传统的矩形截面相比,具有同样的抗拉压和突出的抗扭力学性能。因此它在车身的纵梁、横梁、上边梁和 A 柱、B 柱上有广泛的应用前景。尤其对于纵梁来说,出于碰撞安全性的考虑,纵梁需要前软后硬,而这对连续变截面的空心变截面钢管来说非常容易实现。空心变截面钢管的缺点是制造工艺复杂、成本较高。图 5.64 所示为变截面车架。

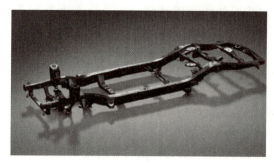

图 5.64 变截面车架

5.5.6 轻型结构对比

1. 减重效果

激光拼焊变截面板、连续变截面板和空心变截面钢管的应用都出于车辆轻量化的目的,根据工程力学中薄壁梁承载性能的基本理论,假设等厚度板、激光拼焊变截面板、连续变截面板、空心变截面钢管这四种板材制成的结构件具有同样的刚度,则其减重效果如图 5.65 所示。空心变截面钢管之所以能达到最优的减重效果是因为它实现了梁的板料厚度和结构双重变化,即变截面技术和空心结构,每份板料都发挥了它的极限力学性能。

(a) 等厚度板　(b) 激光拼焊变截面板减重20%　(c) 连续变截面板减重40%　(d) 空心变截面钢管减重55%

图 5.65 各种结构板料的减重效果

2. 机械性能

由于激光拼焊变截面板存在厚度突变和焊缝的影响,而且焊接添加金属材料与被焊接基材在材料特性上必然有一定差异,因此激光拼焊变截面板在沿长度方向上的硬度也会发生跳跃式的变化,如图 5.66 所示。激光拼焊变截面板硬度的跳跃将为后续的成型加工带来极不利的影响。相比之下,连续变截面板和空心变截面钢管具有较好的机械性能,在沿长度方向上的硬度变化比较平缓,具有更佳的成型性能。

3. 工艺复杂程度

激光拼焊变截面板可以通过激光焊接工艺进行不同材质、厚度板料的任意拼接,具有

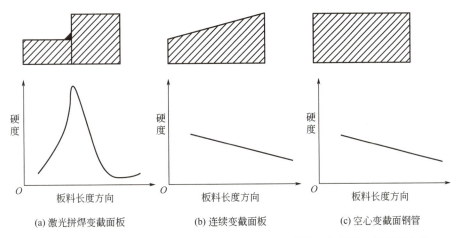

图 5.66　激光拼焊变截面板、连续变截面板、空心变截面钢管的机械性质比较

很大的灵活性；连续变截面板则是靠柔性轧制工艺在不同厚度的板料之间形成一个连续的、缓变的过渡区，但它的不足之处是受轧制工艺和轧机设备的限制，其厚度变化只能发生在板料的初始轧制方向上；此外，现有的轧制工艺还无法把不同金属材料的板料"轧制"成一块整板，即在灵活性上不如激光拼焊变截面板；空心变截面钢管以激光拼焊变截面板的工艺为基础，然后使用管件液压成型技术，由于需要两道复杂的工序，因此空心变截面钢管的生产周期较长。

由以上对比分析可知，激光拼焊变截面板和连续变截面板在减重、机械性能、制造工艺等方面各有特色和不足之处，从综合指标来看，连续变截面板具有更大的优势。因此，为达到汽车轻量化的目的，又提出一种更好方案，即把连续变截面板与激光拼焊变截面板组合在一起，制成真正意义上的"任意拼接板"。

5.6　国内外材料和技术发展动向

在实现人类社会可持续发展的进程中，对新一代汽车产品在节能、安全和环保方面提出了更严格的要求，而以轻量化为主导的先进汽车材料技术已经成为实现这一目标的主要措施之一。目前，国外各大汽车公司及材料行业均投入了大量的人力、物力，积极开展汽车技术与汽车新材料研究，并得到了政府的支持。当前世界汽车材料技术发展的主要特征如下。

轻量化与环保是当今汽车材料发展的主要方向。

各种材料在汽车上的应用比例正在发生变化，尽管近阶段钢铁材料仍保持主导地位，但高强度钢和超高强度钢、铝合金、镁合金、塑料和复合材料的用量将有较大的增长，铸铁和中、低强度钢的比例将会逐步下降，但载重车的用材变化不如乘用车明显。

轻质材料技术与汽车产品设计、制造装备及工艺的结合将更密切，汽车车身结构材料将趋向多材料设计方向。

当前，汽车工业的主体技术正步入转型换代的新时期，以机械技术为主的传统汽车技术将被微电子信息技术、新材料技术、新工艺技术和新能源技术等高新技术所取代，轻量化、智能化、节能、安全和环保是当今汽车技术的重要发展方向。汽车技术的发展对汽车材料提出了更高的要求，材料技术是汽车工业技术创新的重要内容和物质基础。从数量上来讲，虽然汽车用材在整个材料市场中所占的比例很小，但它们往往是属于技术要求高、技术含量高、附加值高的"三高产品"，代表了行业的最高水平。以钢材为例，2017年我国汽车工业钢材消耗量超过5700万吨（含进口钢材），约为当年钢材产量的6.8%，其中的板材和优质钢占80%以上，其平均价格是普通钢材的1.3~2倍。目前我国汽车用钢材约有22%仍然需要进口，主要是高档材料。为了改变这种局面，宝钢、鞍钢、武钢等钢铁企业纷纷加大了汽车钢材的开发力度，建立了多条高水平的汽车钢板生产线，带动了整个行业的产品升级换代，并由此产生了显著的经济效益。因此，新材料的开发与应用不仅促进了汽车的技术进步，同时也将推动材料工业本身的发展与进步，对我国国民经济的发展具有重要意义。表5-21列举了我国未来汽车工业发展开发的最重要的30种材料与技术。

表5-21 我国未来汽车工业发展开发的最重要的30种材料与技术

序号	名 称	主要技术指标与规格	主要用途
1	高强度钢板	主要性能指标达到国外同类产品水平	车身及车架零件
2	镀层钢板	主要性能指标达到国外同类产品水平	车身零件
3	高性能齿轮钢	淬透性带宽不大于4HRC，弯冲抗力	汽车齿轮与齿轮轴
4	高韧性非调质钢	抗拉强度大于900MPa，冲击功不小于60J	发动机零件、轴类零件
5	高延性铝合金板	抗拉强度大于275MPa，断后伸长率大于24%；板厚为0.8~4mm，板宽为2m	乘用车车身零件
6	高强度铝合金型材	主要性能指标达到国外同类产品水平	车身零件、座椅骨架
7	抗蠕变镁合金	主要性能指标达到国外同类产品水平	发动机零件
8	热塑性弹性体	主要性能指标达到国外同类产品水平	保险杠、仪表板等
9	高密度聚乙烯	密度大于$0.94g/cm^3$	燃油箱、冲洗水水箱
10	高强度PA66尼龙	主要性能指标达到国外同类产品水平	发动机进气歧管
11	热塑性复合材料	主要性能指标达到国外同类产品水平	乘用车底板零件
12	汽车用水性涂料	主要性能指标达到国外同类产品水平	底涂、中涂与面漆
13	汽车用粉末涂料	主要性能指标达到国外同类产品水平	底涂与中涂
14	环保型密封胶黏结剂	主要性能指标达到国外同类产品水平	车身、车身内饰件及发动机的黏接与密封
15	汽车制动器无石棉摩擦材料	主要性能指标达到国外同类产品水平	制动器

续表

序号	名称	主要技术指标与规格	主要用途
16	丁基橡胶	主要性能指标达到国外同类产品水平	汽车轮胎
17	丙烯酸酯橡胶	主要性能指标达到国外同类产品水平	
18	纳米汽车尾气净化材料		汽车尾气净化
19	燃料电池储氢材料		燃料电池
20	高性能磁性材料	主要性能指标达到国外同类产品水平	各种电动机、电磁阀
21	汽车传感器用功能材料	主要性能指标达到国外同类产品水平	传感器敏感元件
22	汽车安全气囊织物	主要性能指标达到国外同类产品水平	安全气囊
23	与代用燃料有关的功能材料开发及减摩抗磨技术		
24	汽车材料设计-工艺-零件一体化技术		
25	激光拼焊板坯制造技术		
26	管件内高压成型技术		
27	不同种类材料连接技术		
28	铝合金铸锻一体化技术		
29	铝合金半固态成型技术		
30	汽车非金属材料回收与再生技术		

1. 汽车轻量化的研究方法有哪些？
2. 高强度钢板主要用于汽车的哪些结构？
3. 镁铝合金主要用于汽车的哪些结构？
4. 复合材料有哪些优点？
5. 简述塑料的发展趋势。
6. 简述轻型钢的特点。
7. 简述我国汽车新材料的未来发展方向。

第 6 章 智能网联与自动驾驶

 思维导图

导入案例

感知（犹如人的眼睛、耳朵）是自动驾驶实现的前提和关键是汽车无人驾驶进行决策的依据，主要通过摄像头、激光雷达和毫米波雷达实现。目前，行业内根据不同的摄像头、雷达配置，分为三个派系。

摄像头派（特斯拉、理想）：特斯拉秉持"仿生"原理，Model 3 通过配置八个摄像头模拟人眼视力，摒弃多颗毫米波雷达等非必要冗余措施，提升成本效率；理想 ONE 采用一个毫米波雷达，配置五个摄像头，配置略低于特斯拉。

激光雷达派（Waymo、奥迪）：Waymo 发挥谷歌资本实力，配置五个激光雷达、六个毫米波雷达，并加持 29 个摄像头，总体价格高，装配于捷豹；奥迪 A8 配置一个激光雷达、五个毫米波雷达，此类自动驾驶系统硬件仅奥迪顶配车型预埋。

毫米波雷达派（蔚来、小鹏、比亚迪、宝马、奔驰）：除理想、奥迪外，国内造车新势力及 BBA 车企均采用"多个毫米波雷达+摄像头"的硬件配置。其中小鹏 P7、蔚来 ES6、宝马 X5 采取保守路线，均配备五个毫米波雷达，以示多重冗余。小鹏 P7 传感器总个数高达 30 个，仅次于资本充足的纯科研部门 Waymo。

特斯拉某车型环境感知传感器配置如图 6.1 所示。

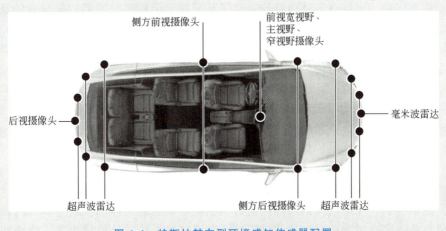

图 6.1 特斯拉某车型环境感知传感器配置

6.1 智能汽车概论

6.1.1 智能汽车简介

智能汽车是一个集环境感知、规划决策、多等级辅助驾驶等功能于一体的综合系统，它集中运用了计算机、现代传感、信息融合、通信、人工智能及自动控制等技术，**是典型的高新技术综合体**。目前，对智能汽车的研究主要致力于提高汽车的安全性、舒适性，以及提供优良的人车交互方式。近年来，智能汽车已经成为世界车辆工程领域研究的热点和汽车工业增长的新动力,很多发达国家都将其纳入各自重点发展的智能交通系统当中。

汽车智能化的实质,就是用软件去重新定义汽车,更加高效、快捷地实现丰富的智能化功能,最终实现自动驾驶,就像手机从功能机时代迈向智能机时代一样。从这个意义上讲,无论是特斯拉还是如今的华为,都大举进军汽车行业,绝非简单地复制,而是将自身的IT基因与汽车固有的基因进行新的编辑组合,进化出新物种。

基于自研的AI芯片和操作系统,特斯拉率先实现了电子电气架构的计算集中化,Model 3上整个电子电气架构只有三大部分:中央计算模块、左车身控制模块和右车身控制模块。实现这些的重点是硬件预留要充足,如算力需要超配,系统构架要有足够的弹性,才能为软件提供足够的发挥空间,在产品生命周期里确保有足够的可扩展能力和生命力。

随着互联网和5G技术的快速发展,智能驾舱逐渐被应用于汽车。比如说,全液晶仪表、车联网、车载信息娱乐系统、高级驾驶辅助系统、语音识别、手势识别、抬头显示、AR、AI、全息、氛围灯、智能座椅等,这些都将极大地解放驾驶人的大脑。智能驾舱代表着未来汽车的发展方向,科技、智能、人性化将定义未来汽车人机交互的方式。

作为复杂的智能系统,智能汽车涉及的内容主要包含以下几方面。

(1)体系结构。智能汽车体系结构定义了系统软、硬件组织原则,集成方法及支持程序。一个合理的体系结构可以实现系统模块之间的协调,体现系统的开放性和可扩展性。

(2)环境感知。智能汽车的环境感知像人类视听感觉一样,利用各种传感器对环境进行数据采集,获取行驶环境信息,并对信息中的数据进行处理。这是汽车实现避障、自动定位和路线规划等高级智能行为的前提条件和基础。

(3)自动导航。自动导航是智能汽车行驶的基础,常用技术有航迹推算、惯性导航、卫星导航、路标定位、地图匹配和视觉自动导航等。通常使用过程中,会综合两种及两种以上技术形成组合导航技术,提高导航性能。

(4)路线规划。路线规划是指在一定环境模型基础上,给出智能汽车起始点和目标点后,按照某个性能指标规划出一条无碰撞、能安全到达目标点的有效途径。

(5)运动控制。智能汽车的运动控制分为纵向控制和横向控制。通过节气门和制动的协调,纵向控制实现对期望车速的精确跟随。在保证操纵稳定性的前提下,横向控制实现智能汽车的路径跟踪。

而在整个智能汽车驾驶过程中,信息融合技术也显得尤为重要。Body控制回路(图6.2)就是该技术的重要代表。

Body控制回路(又称OODA环,即观测、定向、决策、执行环)首先应用于军事指挥处理,现在已经大量应用于信息融合。Body控制回路使得问题的反馈迭代特性显得十分明显。它包括四个处理阶段:①观测,获取目标信息;②定向,确定大方向,认清态势;③决策,制订反应计划;④执行,执行计划。Body控制回路的优点是使各个阶段构成了一个闭环,表明了数据融合的循环性。随着融合阶段不断递进,传递到下一级融合阶段的数据将不断减少。融合主要有数据级融合、特征级融合和决策级融合三种方式。

(1)数据级融合:在传感器的原始信息未经处理之前进行的信息综合分析,以尽量多地保持景物信息。这种融合方式信息处理量大、处理时间长、实时性较差。

（2）特征级融合：在对信息预处理和提取特征后，对所获得的景物特征信息（如边沿、形状、轮廓、方向、区域和距离等）进行综合处理，以达到保留足够数量的重要信息和实现信息压缩，从而有利于实时处理。

（3）决策级融合：融合之前，每种传感器的信号处理装置已完成决策或分类任务。信息融合只是根据一定的准则和决策的可信度作最优决策，

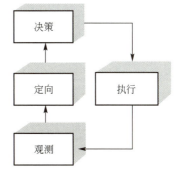

图 6.2　Body 控制回路

以便具有良好的实时性和容错性，即使在一种或多种传感器失效时也能工作。智能汽车各种信息融合如图 6.3 所示。

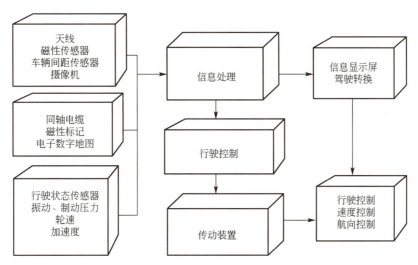

图 6.3　智能汽车各种信息融合

信息融合技术给智能汽车带来了更加光明的前景，使得汽车能够利用多传感器集成技术及融合技术，结合环境信息、交通状况信息做出最优决策，实现汽车自动感知前方的障碍物，及时采取措施进行避让；通过对前方信号的识别，自动停车或继续运行；通过对路标的自动识别，避免违章行为等，从而大大降低事故发生的可能性，同时减轻驾驶人的驾驶负担，尽量降低驾驶人疲劳驾驶的可能性。

随着汽车行业的成熟和不断发展，近年来，智能汽车已经成为世界汽车行业研发的热点和大趋势，很多发达国家都将其纳入重点发展的技术领域。智能汽车（图 6.4）也称轮式机器人，通常具有一款高智能的计算机，在工作状态下，利用各种智能传感器接收周围环境的感知信息及汽车内部的各种数据，并传输到主控制单元，经过高效快速的综合整理，传输指令到汽车的执行系统，从而实现自动驾驶、智能控制等功能。

智能汽车单元组成如图 6.5 所示。智能汽车工作时，乘客可通过车载显示屏确认目的地及电子地图自动规划行驶路径，中央处理器根据行驶路径，并根据道路边界规划出合理的行驶路径。在行驶过程中，汽车利用差分全球定位系统（DGPS）测得行

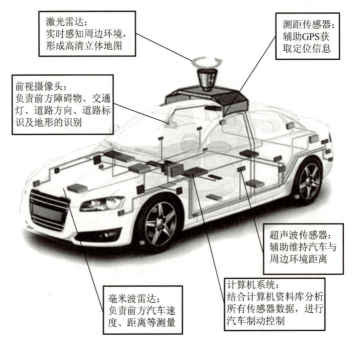

图 6.4　智能汽车构造原理

驶位置的动态数据，与路径规划系统数据进行实时比对补偿，并控制汽车的驱动、转向机构，确保汽车处于正确行驶轨迹、行驶方向及行驶速度。同时，设置在汽车前方的毫米波雷达或红外传感器检测距离测量信息，用于中央处理器判断，用作紧急避险，一旦测得汽车与障碍物或行人的距离低于危险阈值，汽车自动紧急制动，确保行车安全。

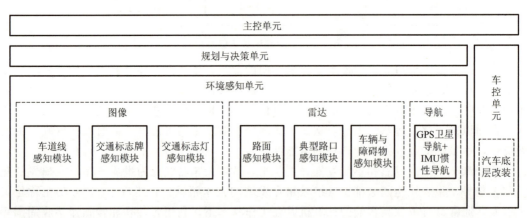

图 6.5　智能汽车单元组成

6.1.2　智能网联汽车技术原理

从技术发展路径来说，智能汽车分为三个发展方向（图 6.6）：网联式智能汽车、自主式智能汽车及二者融合（即智能网联汽车）。智能网联汽车融合了网联式智能汽车与自主式智能汽车的技术优势，涉及汽车、信息通信、交通等诸多领域，其技术架构复杂，可划分为图 6.7 所示的"三横两纵"技术架构："三横"是指智能网联汽车主要涉及的车辆/设施、信息交互与基础支撑三个领域技术；"两纵"是指支撑智能网联汽车发展的车载平台及基础设施。

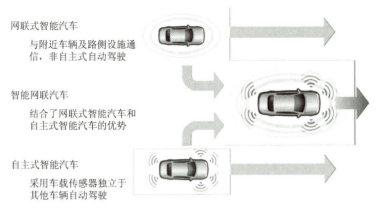

图 6.6　智能汽车发展路径

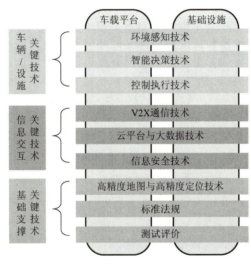

图 6.7　"三横两纵"技术架构

智能网联汽车的"三横"架构涉及的三个领域的关键技术可以细分为以下九种。

（1）环境感知技术，包括机器视觉的图像识别技术，雷达（激光雷达、毫米波雷达、超声波雷达）的周边障碍物检测技术，多源信息融合技术，传感器冗余设计技术等。

（2）智能决策技术，包括危险事态建模技术，危险预警与控制优先级划分，群体决策和协同技术，局部轨迹规划，驾驶人多样性影响分析等。

（3）控制执行技术，包括面向驱动/制动的纵向运动控制，面向转向的横向运动控制，基于驱动/制动/转向/悬架的底盘一体化控制，融合车联网（V2X）通信及车载传感器的多车队列协同和车路协同控制等。

（4）V2X 通信技术，包括车辆专用通信系统，实现车间信息共享与协同控制的通信保障机制，移动自组织网络技术，多模式通信融合技术等。

（5）云平台与大数据技术，包括智能网联汽车云平台架构与数据交互标准、云操作系统，数据高效存储和检索技术，大数据的关联分析和深度挖掘技术等。

（6）信息安全技术，包括汽车信息安全建模技术，数据存储、传输与应用三维度安全体系，汽车信息安全测试方法，信息安全漏洞应急响应机制等。

（7）高精度地图与高精度定位技术，包括高精度地图数据模型与采集式样、交换格式和物理存储的标准化技术，基于北斗地基增强的高精度定位技术，多源辅助定位技术等。

（8）标准法规，包括智能网联汽车整体标准体系及涉及汽车、交通、通信等领域的关键技术标准。

（9）测试评价，包括智能网联汽车测试评价方法与测试环境建设。

此外，智能网联汽车还包含远程控制系统。通过无线通信与中央处理器连接，远程控制系统可发送指令到中央处理器，操纵汽车的转向、变速运动，实现对汽车的远程控制。而且，远程监视系统能够通过车前后方的摄像头获取图像信息，当出现紧急情况意外停车时，方便调取图像查看原因。

6.1.3　国内外智能汽车的发展现状及研究

智能汽车是以迅猛发展的汽车电子为背景，涵盖了自动控制、模式识别、传感技术、电子电气、机械等多个学科交叉的科技创新性设计。智能汽车结合了机器学习技术，因而能够识别驾驶人的意图，通常具有自动驾驶、自动变速、自动识别道路的功能，并且车内的各种辅助设施也实现了数字化。

智能驾驶等级评价见表 6-1。智能汽车产业链示意图如图 6.8 所示。国外智能汽车相关政策法规见表 6-2。

表 6-1　智能驾驶等级评价

自动化等级	等级名称	智能网联等级定义	适用工程
1（DA）	驾驶支援辅助（已经广泛使用）	通过环境信息对方向和加速中的一项操作进行支援，其他驾驶操作都由人操作	车道内正常行驶，高速公路无车道干涉路段；无换道操作
2（PA）	部分自动化（较广泛使用）	通过环境信息对方向和加速中的多项操作进行支援，其他驾驶操作都由人操作	高速变道及泊车、环岛等市区简单工况；高速公路及市区无车道干涉路段进行换道、泊车、环岛绕行、拥堵跟车等操作
3（CA）	有条件自动化（已开始应用）	由无人驾驶系统完成所有驾驶操作，根据系统请求，驾驶人需要提供适当的干预	高速公路正常行驶工况；高速公路及市区无车道干涉路段时进行换道、泊车、环岛绕行、拥堵跟车等操作

续表

自动化等级	等级名称	智能网联等级定义	适用工程
4（HA）	高度自动化（尚在试验阶段）	由无人驾驶系统完成所有驾驶操作，特定环境下系统会向驾驶人提出响应请求，驾驶人可以不对系统请求进行响应	有车道干涉路段（交叉路口、车流汇入、拥堵区域、人车混杂交通流等市区复杂工况）进行全部操作
5（FA）	完全自动化（尚未投入试验）	无人驾驶系统可以完成驾驶人能完成的所有道路环境下的操作，不需要驾驶人介入	在所有行驶工况下进行全部操作

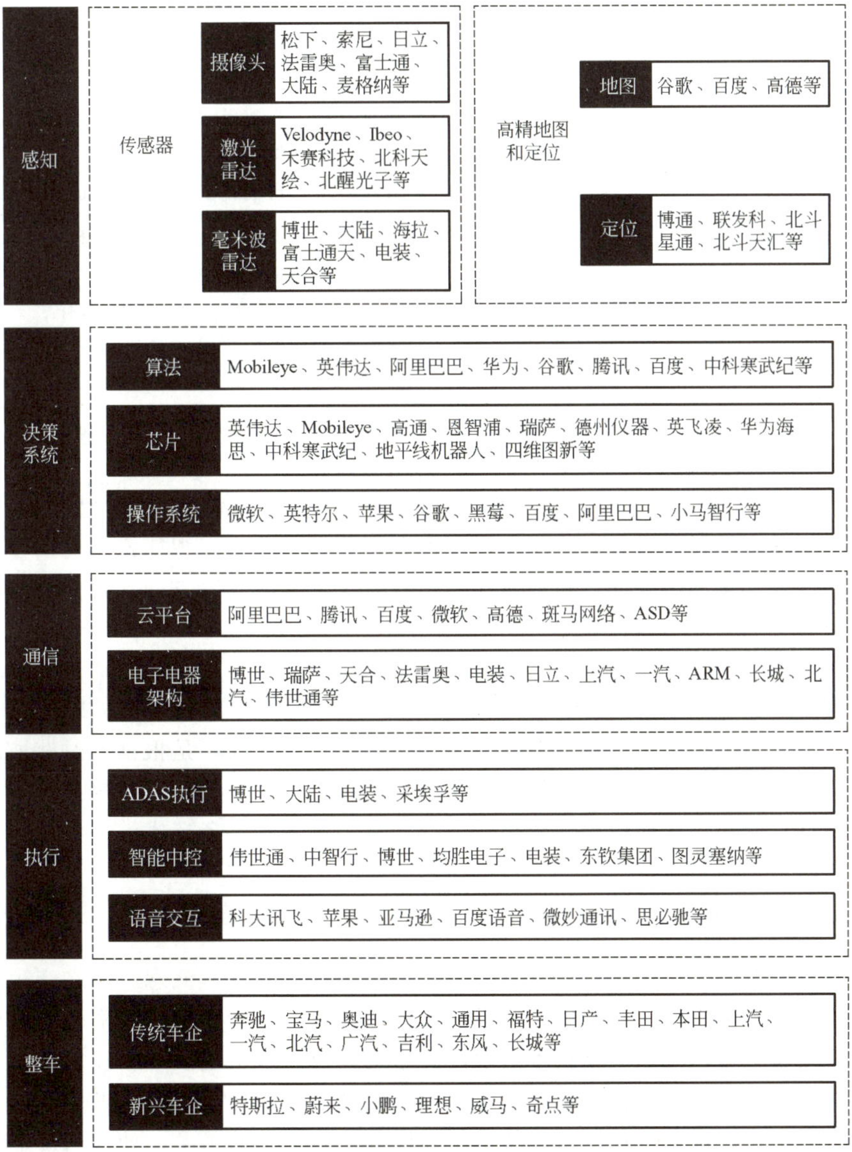

感知
- 传感器
  - 摄像头：松下、索尼、日立、法雷奥、富士通、大陆、麦格纳等
  - 激光雷达：Velodyne、Ibeo、禾赛科技、北科天绘、北醒光子等
  - 毫米波雷达：博世、大陆、海拉、富士通天、电装、天合等
- 高精地图和定位
  - 地图：谷歌、百度、高德等
  - 定位：博通、联发科、北斗星通、北斗天汇等

决策系统
- 算法：Mobileye、英伟达、阿里巴巴、华为、谷歌、腾讯、百度、中科寒武纪等
- 芯片：英伟达、Mobileye、高通、恩智浦、瑞萨、德州仪器、英飞凌、华为海思、中科寒武纪、地平线机器人、四维图新等
- 操作系统：微软、英特尔、苹果、谷歌、黑莓、百度、阿里巴巴、小马智行等

通信
- 云平台：阿里巴巴、腾讯、百度、微软、高德、斑马网络、ASD等
- 电子电器架构：博世、瑞萨、天合、法雷奥、电装、日立、上汽、一汽、ARM、长城、北汽、伟世通等

执行
- ADAS执行：博世、大陆、电装、采埃孚等
- 智能中控：伟世通、中智行、博世、均胜电子、电装、东钦集团、图灵塞纳等
- 语音交互：科大讯飞、苹果、亚马逊、百度语音、微妙通讯、思必驰等

整车
- 传统车企：奔驰、宝马、奥迪、大众、通用、福特、日产、丰田、本田、上汽、一汽、北汽、广汽、吉利、东风、长城等
- 新兴车企：特斯拉、蔚来、小鹏、理想、威马、奇点等

图 6.8 智能汽车产业链示意图

表 6-2　国外智能汽车相关政策法规

国　　家	相关政策	政策内容
美国	《确保美国自动驾驶领先地位：自动驾驶汽车 4.0》（AV4.0）	确保美国自动驾驶的领先地位，确立了美国政府在自动驾驶汽车方面的十大技术原则，大致可分为保护用户和社区团体的安全和隐私、促进自动驾驶技术创新和高效市场、确保联邦间一致的标准和政策三大方面
英国	新交通法规	法规指出，英国驾驶人能够在驾驶过程中使用特定的先进驾驶辅助系统，如遥控停车、高速公路驾驶辅助等
日本	《自动驾驶汽车安全技术指南》	主要对 L3 和 L4 级自动驾驶汽车需满足的安全要求进行了规定，指出 L3 级汽车需要能够自动识别驾驶人是否处于控制汽车状态，并且能够在必要时发出警报；L4 级汽车需要能够判断汽车是否难以进行自动驾驶，并告知汽车驾驶人
德国	《道路交通法》修订案	允许自动驾驶在特定条件下替代人类驾驶，同时规定配有自动驾驶系统的汽车内需安装类似"黑匣子"的装置，记录系统运作、要求介入和人工驾驶等不同阶段的具体情况，以明确交通事故责任
韩国	《自动驾驶汽车安全标准》（修订版）	针对自动驾驶汽车的部分功能提出有条件自动驾驶汽车（L3级）安全标准

智能汽车是多学科的融合，现在各国及汽车行业都在致力于智能汽车的研发，主要针对节能、环保及安全三个方面，目前智能汽车的研发更偏向安全方面。智能汽车的各个子系统都将朝着更加安全与人性化的方向发展。

6.1.4　智能汽车通用技术

智能汽车作为一种全新的汽车概念，与传统汽车差别很大，是根据实时获取的内外工作环境信息做出局部或全局的路线规划，能够自动做出行为决策，确保汽车能够安全可靠地行驶到预订目的地。智能汽车通用技术是多学科、多理论、多技术的综合，随着对其研究的不断深入，逐渐将其分化为几个主要技术分支。

1. 智能驾驶的体系结构设计

智能汽车是对汽车行业的一次大革新，作为一种全新的汽车概念，随之产生的一系列汽车生产和销售的主流产品。为了规范智能汽车的研发、生产和销售，实现与当前汽车市场顺利有序接轨更替，在汽车新技术出现的开始就应当抓紧实现汽车新技术的标准化和规范化。智能汽车技术的标准化研究主要包含如下内容：系统功能结构标准化；质量与技术可靠性要求标准化；信息与控制系统技术指标标准化；信息的采集、处理与传输协议标准化；导航与定位技术规范标准化；智能汽车软件技术规范标准化等。

只有基于标准化,才能完善建立智能汽车的体系结构。体系结构,主要是研究智能汽车系统所包含的子功能系统及用户所需功能应用。各子系统应具备的功能,以及子系统之间的相互关系和集成方式,相对独立也存在信息流动。智能汽车体系结构能够定义、划分子系统的全部功能及应用软件功能的设计,研究各子系统之间的通信方式和组织方式,体现完善性和整体性,从而能够建立智能汽车系统的信息模型。

2. 自动控制系统技术

智能汽车控制系统是智能汽车工作的决策者和执行者,是整车电控系统的核心。由于汽车驾驶任务具有复杂性,汽车的中央控制器必须采用综合智能控制策略,以提高汽车操纵响应能力和紧急躲避障碍的能力。由于交通环境的复杂性、交通信息的多边性、交通任务的多样性等,智能汽车控制器的研究设计困难重重,必须实现系统可学习、可适应的能力,同时避免人工驾驶汽车的固有缺陷。智能汽车控制系统必须以现代微电子技术为核心来设计系统硬件,以智能控制理论为基础来设计软件控制策略,以信息技术为支撑来设计系统框架。

智能汽车控制系统是立足于主动安全控制,以微型计算机为控制核心的电子系统,通常由八种功能不同的主要子系统组成,见表6-3。

表6-3 智能汽车控制系统的子系统及作用

子系统名称	作 用
制动辅助系统	在汽车雷达传感器的配合下进行自动车距控制。传感器提供前方汽车或者其他障碍物的距离信息,如果系统认为通过紧急制动可以减少碰撞事故发生的可能,就会采取紧急制动以降低事故发生的可能性
并线警告系统	通过车载照相机探测车道之间的分界线来判别汽车的位置,若汽车明显脱离正确的行驶路线,在可能偏离路面之前,系统会对驾驶人发出警告
限速识别系统	进行交通信号识别,并显示在车内的显示屏上。目前有两种识别限速的系统,一种是通过导航仪接收数字无线广播信息的系统,另一种是限速标识本身发射无线信号的系统
车距自动控制系统	具有逐步停车功能,必要时使汽车自动地完成停车,可发出碰撞警告,在前面有显著障碍时制动,可以判别前方路况,在进入弯道时进行制动控制
综合稳定控制系统	在任何给定条件下,综合控制车上所有主动元件(驱动系统、制动系统、操纵系统等),驾驶人只需按动按钮,车载软件就能使汽车的动力输出从偏重追求速度变成偏重驾驶舒适性
泊车辅助系统	帮助驾驶人自动泊车。当到达停车位时,系统自动探测车位空间及障碍物尺寸,一旦确定数据信息,能自动计算理想泊车操纵,只需启动泊车辅助系统,脚踏加速踏板即可自动入库
周围环境识别系统	通过分析汽车全部传感器采集的数据创造一个虚拟的车外环境模型,以影像方式显示,并且帮助驾驶人判断出某些危险
夜视仪系统	使用红外线单元来判断步行者或者任何可能的危险源,通过判别步行者或危险源的位置或与其他车之间的距离,通知信息系统做出决策

3. 导航与定位技术

导航与定位技术是智能汽车技术中一个不可或缺的组成部分,是通信与信息技术、动态传感技术、车辆定位技术及计算机技术的综合应用。其硬件有中央控制器、显示器、数字地图、定位系统等。车辆数字导航技术研究已取得实质性进展,但要彻底解决安全问题，还需要更多深入精致的研究。汽车导航定位系统能够实时定位、实时导航并定位成像路线轨迹于显示器上，提供良好的人机交互，导航与定位主要的配套设备有惯性导航器、无线电导航器、GPS定位器等。此外，必要时，汽车还可与交通监控中心通信，并使用数据库记录汽车及途经道路的历史状况信息。

4. 通用智能化底盘

由于自动驾驶汽车本质上是一台智能化轮式机器人，基本的硬件要求是一致的，因此根据标准化和通用化的原则，自动驾驶汽车的通用化也被提上了发展日程。可定制化的移动出行平台背后比拼的将是整车通用底盘模块化、车身定制化设计，以及成本控制能力。

丰田公司在2019年发布了一款名为e-Palette模块化移动出行平台（图6.9），可定制具备酒店、餐车和流动医院等多种用途。车厢内部最多可同时乘坐四位使用轮椅的乘客和七位站立的乘客（如果同时为站立的乘客，可容纳包括操作员在内的20人）。在自动驾驶方面，通过高精度的3D地图进行运行管理（达到L4级自动驾驶能力），实现了最高车速19km/h的低速自动驾驶运行。

葡萄牙设计师马丁斯（Fabio Martins）设计了名为特斯拉Pod的自动驾驶概念车（图6.10），用于城市人员和货物运输的模块化自动驾驶电动平台，配备激光雷达、超声波雷达和摄像头，具备L5级自动驾驶能力。不同的车身模块可以被附加到核心底盘平台上，每个模块都可以完成不同的场景应用，整个平台是对称设计的，即前控制台和后控制台是一样的。这样的设计可以降低不同平台的生产成本和自动驾驶系统的集成，同时可以方便快速更换车身并用于下一次出行服务。此外，平台具有四轮转向功能。

图6.9 e-Palette模块化移动出行平台

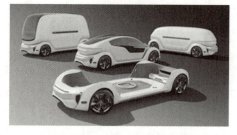

图6.10 特斯拉Pod自动驾驶概念车

从目前汽车行业的共识来看，"通用化智能底盘＋定制化车身"设计已经成为主流趋势。每个模块都可以用比目前的接驳车低得多的成本来开发，因为其采用了和量产乘用车可以共用的底盘结构设计。但是这个过程非常复杂，底盘数十个核心零部件的数据要进行很好的融合，架构优化也是个大工程。

6.1.5 智能汽车的发展方向

智能汽车的研究可以归纳为三个方面：高速公路环境下的自动驾驶系统、城市环境下的自动驾驶系统和特殊环境下的自动驾驶系统。就具体研究内容而言，三个方面相互重叠，只是技术的侧重点不同。

1. 高速公路环境下的自动驾驶系统

高速公路环境下的自动驾驶系统将使用环境限定为具有良好标志的结构

化高速公路，主要完成道路标志线跟踪、车辆识别等功能，研究的重点是简单结构化环境下的高速自动驾驶，其目标是实现进入高速公路之后的全自动驾驶。尽管这样的应用定位有一定的局限性，但它的确解决了现代社会中最常见、最危险也是最枯燥的驾驶环节的驾驶任务。

2. 城市环境下的自动驾驶系统

与高速公路环境下的自动驾驶相比，城市环境下的自动驾驶由于速度较慢，更安全可靠，应用前景更好。城市环境下的自动驾驶系统可作为城市大容量公共交通（如地铁等）的一种补充，解决城市区域交通问题，如大型活动场所、校园、工业园、机场等。但是城市环境更复杂，对感知和控制算法提出了更高的要求。城市环境下的无人自动驾驶将成为下一个阶段的研究重点。目前城市环境下的自动驾驶系统的应用已进入小范围推广阶段，但其大范围应用目前仍存在一定困难，如可靠性问题、多车调度和协调问题、与其他交通参与者的交互问题、成本问题、商业模型等。

3. 特殊环境下的自动驾驶系统

自动驾驶汽车研究走在前列的国家，一直都很重视其在军事和其他一些特殊条件下的应用。但特殊环境下的自动驾驶系统的关键技术与高速公路环境下的自动驾驶系统和城市环境下的自动驾驶系统是一致的，只是在性能要求上的侧重点不同。例如，汽车的可靠性、对恶劣环境的适应性是在特殊环境下考虑的首要问题，也是在未来推广应用中要重点解决的问题。

6.1.6 高级驾驶辅助系统

随着人们对安全、舒适驾驶体验的不断追求，自动驾驶成为汽车发展的新方向。但若进行分类，目前的自动驾驶可分为两类：一类即上述目前非常火爆的无人驾驶，强调的是车的自主驾驶以实现舒适的驾驶体验或人力成本的节省；另一类是高级辅助驾驶系统（advanced driving assistance system，ADAS），早在20世纪70年代就已进入车厂布局。

ADAS

ADAS是利用安装在车上的各式传感器，在汽车行驶过程中随时来感应周围的环境，搜集数据，进行静态、动态物体的辨识、侦测与追踪，并结合导航仪地图数据，进行系统的运算与分析，从而预先使驾驶人察觉到可能发生的危险，有效增强汽车驾驶的舒适性和安全性，与无人驾驶相比，侧重点有所不同（图6.11）。

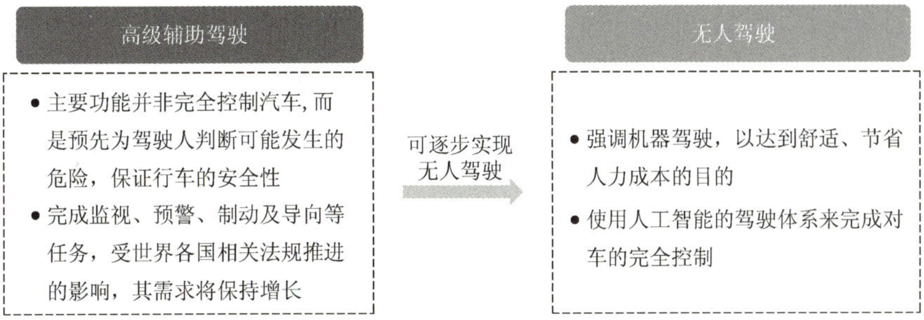

图 6.11　ADAS 技术的逐步发展过渡

ADAS 也可以视作无人驾驶汽车的前提,随着 ADAS 实现的功能越来越多,渐进式可实现无人驾驶。根据 NHTSA 的定义,汽车的自动驾驶可分为四个阶段(图 6.12),目前技术发展处于汽车自动化程度的第三阶段。

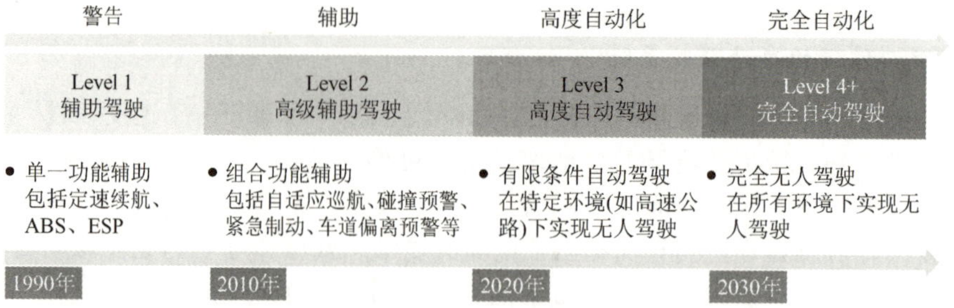

图 6.12 自动驾驶的四个阶段(NTHSA 标准)

ADAS 主要功能模块见表 6-4。其中,车道偏离预警、ACC 系统作为半自动驾驶的典型功能,渗透率为 35%,仍有巨大的发展空间。

表 6-4 ADAS 主要功能模块

功能模块	全 称	相 关 硬 件
ESC(ESP)	车身电子稳定系统	传感器:转向盘角度、轮速、领航角、横摆率传感器 控制器:判断驾驶人意图、车辆轨迹预测,中复杂度 执行器:电子制动系统
LDW/LKA	车道偏移报警系统	传感器:单目摄像头或激光雷达 控制器:在 ESC 基础上分析计算视觉数据,高复杂度 执行器:警示模块、主动转向系统
ACC	自适应巡航控制系统	传感器:转向盘角度、轮速、仿航角、横摆率传感器 控制器:判断驾驶人意图、车辆轨迹预测,中复杂度 执行器:电子制动系统
FCW	前向碰撞预警系统	传感器:单目摄像头、双目摄像头、激光雷达 控制器:分析计算视觉数据、传感器整合,高复杂度 执行器:警示模块
NV	夜视技术	传感器:远红外单目摄像头 控制器:图像增强,中复杂度 执行器:警示模块、显示扩展

算法和芯片的成本占到整个 ADAS 成本的 15%~20%,技术门槛高。其中,算法与芯片、控制配件、车联网等领域相比,一级市场可投资性强。目前芯片和算法市场集中度高,博世公司、大陆集团、德尔福公司等国际汽车零部件巨头掌控方案整合市场,Mobileye 占据算法市场 75% 市场份额,国内企业在 ADAS 的整条产业链上处于相对弱势地位。

6.2 自动驾驶汽车体系结构

体系结构（即系统框架）说明系统模块之间的交互关系，同时限定了系统的软硬件设计原则，以及输入/输出关系，形成面向对象的系统体系，实现系统整体统筹协调设计。体系结构可以简单分为分层递阶式体系结构、反应式体系结构和混合式体系结构，如四维实时控制系统就是一种经典的混合式体系结构，下面介绍的 BOSS 自动驾驶汽车体系结构也是一种混合式体系结构。

6.2.1 分层递阶式体系结构

分层递阶式体系结构是一种串联体系，也称感知-模型-行动结构，如图 6.13 所示，体系结构组成包含传感器感知、建模、任务规划、运动规划、运动控制和执行等模块。该体系结构具有良好的规划推理能力，自上而下对任务逐层分解，缩小模块工作范围，提高问题求解精度，易实现高层次智能化。

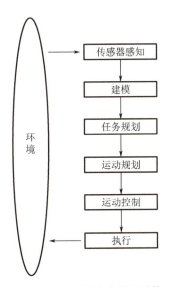

图 6.13　分层递阶式体系结构

该体系结构系统产生的动作是经历从感知、建模到规划、控制等阶段后的结果，具有处理明确描述特定任务的能力。在给定任务及约束条件后，规划组块可根据局部环境模型和已知全局模型预测下一步动作，进而层层推进，完成整个任务。全局环境模型的建立，不仅根据环境各对象之间的相互关系分析判断，而且更多地建立在传感器模型的自主构造上。全局环境模型具有一定的通用性，可用于多种任务的规划设计；如果不存在这样的通用性，系统也就无法获得任务规划所需的特征。

正是因为其具有通用性，事实上，分层递阶式体系结构对全局环境模型的要求相对模糊、理想化，但是对传感器有很高的要求，以保证有足够特征进行判断决策，同时对认知和模型构建有相当高的计算要求，因此系统必然存在延时。并且串联架构使系统存在可靠性问题，一旦某组块出现软硬件问题，就可能导致整个系统崩溃。

6.2.2 反应式体系结构

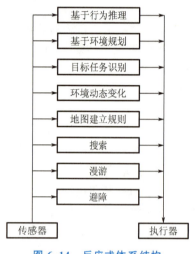

图 6.14 反应式体系结构

最常见的反应式体系结构是基于行为的反应式体系结构，又称包容结构，是一种并联式体系结构，如图 6.14 所示。该体系结构针对各种局部目标相对应地设计各种动作。根据传感器的输入，各控制层进行决策分析，进而可适应完全陌生的环境，突出了从感知到动作的行为控制原则。

这种体系结构包含多个并行控制回路，封装感知、探测、避障、规划和执行任务等各种能力，用于实现各种行为。传感器数据自然也服从并行方式，系统根据传感器处理反应做出相应动作。基于行为的反应式体系结构内存占比小，响应速度快，实时性强；整个系统可轻松实现从低层次的局部定位到高层次的障碍规避，再到漫游等各种层次的能力要求；极大地提高了系统的实时性和鲁棒性。此外，不同层系统包含从感知到动作的完整路径，互不干扰，即使某层模块出现故障，其他层也可以产生有意义的动作。

基于行为的反应式体系结构需要克服的最大难点是，需要设计一个协调机制来解决各个控制回路对同一个执行器争夺控制的冲突，实现各行为之间的相互协调，以获得有意义的结果。但反应式体系结构的最大缺点在于，随着任务复杂程度的提高，各行为交互及预测难度将呈几何倍增长。

6.2.3 Boss 自动驾驶汽车体系结构

Boss 自动驾驶汽车由美国卡耐基梅隆大学设计，整合商业线控系统，实现了加速、制动、转向、变挡等自动操作。该汽车体系结构可划分为感知层、任务规划层、行为执行层和运动规划层等部分，如图 6.15 所示。

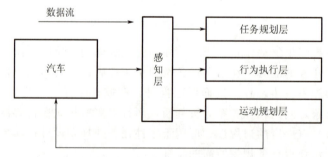

图 6.15 Boss 自动驾驶汽车的体系结构

其采用的传感器有 Applanix POS‑LV220/420 GPS/IMU(APLX)、Velodyne HDL‑64 位激光雷达、Continental ISF 172 激光雷达、Point Grey 摄像机等设备。

感知层的作用是处理传感器传输的外界信息，包括车辆状态、道路状态、障碍物信息等。

任务规划层能够根据数据库中的路网信息预测规划到达下一个目标位置的可行路径,并根据环境信息、车辆状态及优先级命令评估得到最优路径。

行为执行层需要结合感知层的信息按照最优路线规划实现局部任务,如车距保持、匀速行驶、特定路线行驶等。

运动规划层由两个规划器组成,分别用于结构化道路和非结构化道路的行驶路线规划。两个规划器根据行为执行层的任务和最优规划,直接操纵汽车达到目标位置。

6.3 环境感知技术

自动驾驶汽车作为一种智能化交通工具,能够替代驾驶人,更精准地完成驾驶行为。自动驾驶技术涉及环境感知、导航定位及决策控制等技术领域。环境感知层利用集成视觉、激光雷达、超声传感器、微波雷达、GPS、里程计、磁罗盘等多种车载传感器搜集数据,通过算法软件来辨识汽车所处的环境和状态,并根据所获得的道路信息、交通信号的信息、汽车位置和障碍物信息做出分析和判断,控制汽车的转向和速度,从而实现辅助驾驶和无人驾驶。在这些技术中,环境感知和导航定位技术是自动驾驶技术最基本但也是最关键的组成技术。环境感知技术最常用的传感器技术是雷达技术和视觉技术,根据天气状态,配合使用确保环境感知效果;自动导航通常与GPS、电子地图配合使用,如目前的高精地图技术就是自动导航技术的重要支撑技术。目前主流的自动驾驶汽车设计主要使用激光、雷达、摄像头等传感器及GPS等技术组合方案。自动驾驶汽车雷达、超声波等范围及应用如图6.16所示。

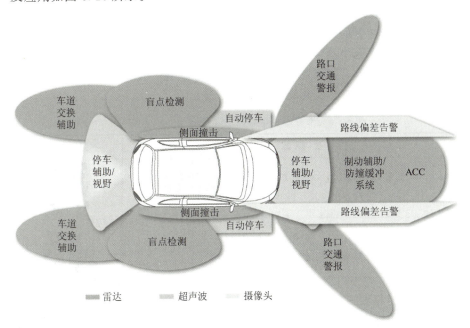

图6.16 自动驾驶汽车雷达、超声波等范围及应用

6.3.1 传感器介绍

下面介绍自动驾驶汽车技术使用的主流传感器。

1. 毫米波雷达

毫米波雷达是智能汽车高级驾驶辅助系统的标配传感器。技术规定雷达选用的毫米波波长为1~10mm,频率为30~300GHz。毫米波雷达具有非常强的穿透力。与超声波雷达及激光、红外等光学传感器相比,毫米波雷达具有体积小、质量轻及对光不敏感的特点,而且空间分辨率高、穿透力强,确保了环境感知的准确性;但同时存在缺陷,如在大气中传播衰减严重、加工精度要求高。部分毫米波雷达主要型号见表6-5。

表6-5 部分毫米波雷达主要型号

公司/型号	主要参数	报价/万元	图片
Continental ARS 308	远距离,探测距离为20m,分辨率为2m;视角为56°,分辨率为1° 中距离,探测距离为60m,分辨率为0.25m;视角为17°,分辨率为0.1°	1~3	
Delphi ESR	远距离,探测距离为174m,分辨率为2.5m;视角为±10°,分辨率为0.5° 中距离,探测距离为60m,分辨率为0.4m;视角为±45°,分辨率为0.2°	3~5	

2. 视觉传感器

视觉传感器

视觉传感器大多为摄像头,主要用于检测道路车道线、路旁标识及红绿灯等。视觉传感器的优点是价格低、可量产、体积小,并且能够采集颜色信息。其缺点是易受外界环境干扰,如光线太强或太暗会导致传感器的过度曝光或失真、模糊等,进而影响传感器采集信息质量,影响检测效果,乃至决策规划结果。部分视觉传感器主要型号见表6-6。

表6-6 部分视觉传感器主要型号

公司/型号	主要参数	报价/元	图片
Point Grey Firefly	每秒帧数为60;像素单位为6.0μm×6.0μm;分辨率为752(H)×480(V)	2000~3000	
IDS uEye XS	每秒帧数为30;像素单位为1.4μm×1.4μm;分辨率为2592(H)×1944(V)	6000~8000	

除了受天气影响外,传感器安装位置也会影响检测结果。所以,无论如何使用都要做好传感器防护,减小或避免光照带来的影响。同时汽车的运动状态会影响传感器,由于拍摄帧数一定,当车速较快或有较高频率振动时,必然会影响传感器拍摄图像的质量。

3. 激光雷达

激光雷达在自动驾驶汽车技术中的地位举足轻重,原因在于其无可取代的以下优点:①方向性好,测角精度高;②采用特殊压缩技术,脉冲宽度只有几十纳秒甚至皮秒(微微秒)量级,峰值功率却高达几百兆瓦,减小距离衰减影响,大大提高测距精度;③不受地面杂波干扰,可在低仰角下工作。但其缺点也很明显:①测量精度受空气光传输效应影响(包括光速、折射率的变化和散射现象),有气候使用要求限制,如雾、雨天气无法工作;②波束窄,难以捕获目标,须引导才能保持跟踪。部分激光雷达主要型号见表6-7。

表6-7 部分激光雷达主要型号

公司/型号	主 要 参 数	报价/万元	图 片
Velodyne HDL-64E (64线)	扫描距离为20m,分辨率小于2cm;扫描角度为360°,分辨率为0.09°;垂直扫描度为−24.8°~+2°,分辨率约为0.4°	50~100	
Velodyne HDL-32E (32线)	扫描距离为70m,分辨率小于2cm;扫描角度为360°,分辨率为0.16°;垂直扫描角度为−30.67°~+10.67°,分辨率为1.33°	30~40	
IBEO LUX (8线)	扫描距离为200m,分辨率为10cm;水平扫描角度为110°,分辨率为0.125°;垂直扫描角度为6.4°,分辨率为0.8°	15~25	
IBEO LUX (4线)	扫描距离为200m,分辨率为4cm;水平扫描角度为110°,分辨率为0.125°;垂直扫描角度为3.2°,分辨率为0.8°	10~15	
SICK LMS511 (单线)	扫描距离为26~80m,分辨率为1m;扫描角度为190°,分辨率为0.25°	3~4	

可以把激光雷达简单分为三维雷达和二维雷达。三维激光雷达是目前自动驾驶汽车应用最多的传感器,组合使用多条单线激光,能够获取三维信息,具有非常高的距离、角度测量精度和非常强的抗干扰能力。一般三维激光雷达的扫描范围为水平方向360°,最远测距为120m,除了雨、雾等恶劣天气外,任何环境都可以使用。当然雷达的安装位置和摆放姿势同样可能影响检测效果,通常选择把三维激光雷达安装在车顶,保证检测范围最大。

激光雷达

二维激光雷达则常与三维激光雷达配合使用,用于检测三维雷达存在的测量盲点及障碍物检测。

通过扫描,二维激光雷达实现对汽车周边区域内的物体距离及角度的检测,还可以设置各种角度下的分辨率和扫描的频率。

为了保证自动驾驶汽车能够及时收取雷达测量的数据,一般选用网络接口作为雷达与上机位之间的传输方式。

4. 4D成像雷达

在感知能力上,摄像头测距能力不足且易受极端天气和光照影响,通常会搭配毫米波

雷达使用，但是这种方法分辨率低，而且获取的数据不够丰富。激光雷达虽然可以弥补上述问题，但是较高的成本限制了其大规模应用。为了解决上述矛盾，Waymo、Arbe、Echodyne等公司研制了 **4D 成像雷达以弥补毫米波雷达和激光雷达的不足**。

与摄像头和激光雷达相比，4D 成像雷达能在任何条件下工作，甚至是雾、暴雨、漆黑及空气污染等各种恶劣天气和环境条件下也能提供高可靠性的探测。市面上的雷达一般拥有 12 个信道（3 发射×4 接收），而 4D 成像雷达采用 2304 个通道（48 发射×48 接收）。信道阵列可以提供 1°方位角分辨率和 2°仰角分辨率，探测最远距离为 300m，测距精度为 10～30cm，在宽阔的视野下和远程范围内能够同时追踪数百个目标，并能捕捉可显示物体相对汽车是靠近还是远离的多普勒频移，这能够满足更高汽车自动化级别的要求。

此外，4D 成像雷达在成本上比激光雷达有优势。目前，要实现传感器套件的批量生产，成本应该低于 1000 美元，但是当前一些处于测试阶段的车辆所使用的元件和系统成本甚至是这个价格的 100 倍。而据了解，使用 4D 成像雷达所用的成本，只相当于使用激光雷达上的一个单元件的成本，因此这可以帮助制造商实现降低成本的目标。部分 4D 成像雷达主要型号见表 6-8。

表 6-8 部分 4D 成像雷达主要型号

公司/型号	主要参数	报价/万元	图片
Arbe Phoenix [2304 通道（48 发射×48 接收）]	扫描距离为 300m，分辨率为 10～30cm；水平扫描角度为 100°～140°，分辨率为 1°；垂直扫描角度为 30°，分辨率为 2°	0.8	
ICON RADAR （192 接收）	扫描距离大于或等于 300m；扫描频率为 125Hz	—	

各种传感器在自动驾驶汽车上的位置如图 6.17 所示。

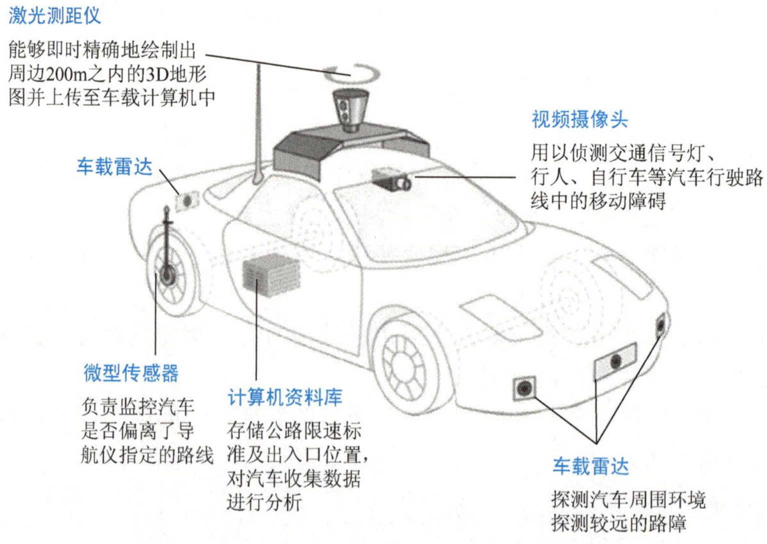

图 6.17 各种传感器在自动驾驶汽车上的位置

各种传感器性能对比见表6-9。

表6-9 各种传感器性能对比

指标	传感器	激光雷达	毫米波雷达	超声波雷达	摄像头	4D成像雷达
精度	探测距离	<150m	>150m	<10m	<50m	>300m
	分辨率	>1mm	10mm	差	差	10cm
	方向性	能达到1°	最小2°	90°	由镜头决定	能达到1°
	响应时间	快（10ms）	快（1ms）	慢（1s左右）	一般（100ms）	快（10ms）
	整体精度	极高	较高	高	一般	较高
环境适应性	温度稳定性	好	好	一般	一般	好
	传感器脏度、湿度影响	差	好	差	差	好
	整体环境适应性	恶劣天气适应性差；穿透力强	恶劣天气适应性强；穿透力强	恶劣天气适应性差；穿透力强	恶劣天气适应性差；穿透力差	恶劣天气适应性强；穿透性强
成本		高	较高	低	一般	较高
功能		实时建立周边环境的三维模型	自适应巡航、自动紧急制动	倒车提醒、自动泊车	车道偏离预警、前向碰撞预警、交通标志识别、全景泊车、驾驶人注意力监测	实时建立周边环境的三维模型
优势		精度极高，扫描周边环境实时建立3D模型	不受天气影响，测距远，精度高	成本低、近距离测量精度高	成本低、可识别行人和交通标志	精度高，扫描周边环境实时建立3D模型，成本较低，可作为激光雷达的替代方案
劣势		成本高，精度会受恶劣天气影响	成本高，难以识别行人	只可探测近距	依赖光线、极端天气可能失效、难以精确测距	尚未量产，设备成本较高

"雷达＋摄像头"已成为自动驾驶的标配，各种传感器的优劣势不一，可良好的互补。实现自动驾驶需要多种传感器融合。

（1）激光雷达分辨率高，是构建精确汽车周边三维环境的基础，但成本高，尚未规模化生产。

（2）毫米波雷达抗干扰能力强，稳定性高，成本较激光雷达低，在低端车型的普及被看好。

（3）摄像头可很好地识别人物和交通标识，以识别、评估危险，是自动驾驶不可或缺的组成。

6.3.2 结构化道路检测

结构化道路检测的检测对象为有清晰道路标志线和路牌标识的标准道路，通过采集道路信息，获取汽车相对道路的车速、方位与方向等状态信息。

由于结构化道路检测可以提高结构化检测效果，统一各地不同路况，进行道路形状假设、道路宽度假设、道路平坦假设、道路特征一致假设、感兴趣区域假设等，因此可以得到只突出特征的道路检测简化场景图像。

1. 直道检测

在行业标准下，标准道路有明显区分车道与非车道的车道线。因为车道线方向变化不大，利用视觉传感器，视觉系统近似用直线拟合车道线。视觉系统一般采用车道线信息分割道路区域与非道路区域，实现道路检测。通过车道线边缘点搜索和车道线边缘曲线拟合实现直道拟合，其算法流程如图 6.18 所示。道路边缘检测方法包括图像预处理、边缘提取和二值化。预处理一般选定图像的突出特征区域，通过滤波方式消除噪声，再强化边缘特征。主要的边缘检测方法算子有 Sobel、Canny‐Gauss Laplacia 等。根据算法执行时间和边缘检测结果综合考虑，选取合适算子。

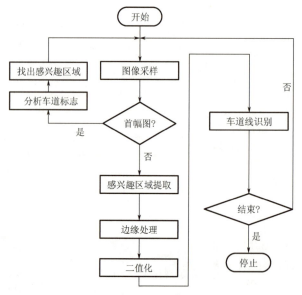

图 6.18 直道检测的算法流程

2. 弯道检测

弯道检测需要通过采集弯曲车道线的边界、曲率半径，判断道路弯曲的方向，进而为智能汽车提供有效的信息。一般公路平面的线形主要分为直线、圆曲线与回旋线。目前主流的弯道检测方法是基于道路模型进行检测。建立弯道模型，简化道路形状，提取道路特征转化为像素点，进而根据特征拟合车道模型，确定最优弯道数学模型。车道线识别结果如图 6.19 所示。

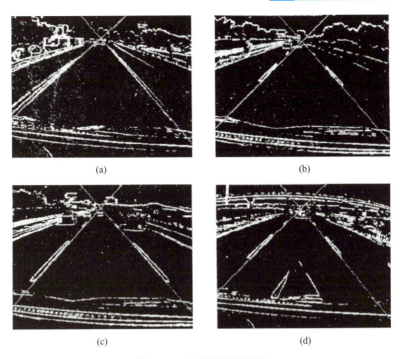

图 6.19 车道线识别结果

常用的弯道模型有同心圆曲线模型、二次曲线模型、三次曲线模型和双曲线模型等。通常需要通过多次试验各种模型，才能够得到拟合度较高的最优模型。根据国内外道路标准的异同，适用率较高的三种回旋线模型为回旋线型、三次抛物线型和双扭型，其中回旋线型模型使用率最高。

弯道检测与直道检测类似，提取车道线像素点，主要采用边缘检测方法。边缘检测结果如图 6.20(a)所示。

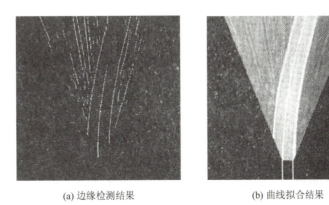

(a) 边缘检测结果　　　　　　(b) 曲线拟合结果

图 6.20　曲线车道线检测

此外，像素点提取方法还有模板匹配、像素扫描等。模板匹配通过建立车道线模板库，将预处理后的弯道图像与库中的模板比对，确定其类型。像素扫描，通过在二值图中设定步长沿某个方向扫描，当检测到前景像素点时，根据预设判别标准判断该像素点是否为车道线像素点。

拟合车道线模型，基于检测的像素点，根据其分布确定弯道数学模型的最优参数，主要方法有直接拟合法、似然函数法等。图 6.20(b)所示为车道线曲线拟合结果。

直接拟合法主要有最小二乘法、插值法、Catmull-Rom样条函数法、B-样条函数法等。最小二乘法拟合通过计算像素点与拟合曲线方向的平方误差值，使其最小，确定曲线模型参数。该方法拟合速度快，遍历一遍数据点便可计算出拟合曲线的参数，但对噪声很敏感。

似然函数法根据弯道模型及投影模型建立弯道形状参数集合。它描述了在道路图像中弯道边缘所有可能出现的方式，进而通过定义一个似然函数，使该函数的值正比于特定图像中像素数据与特定的弯道参数集合的匹配程度，然后通过求这个似然函数的极大值来确定最优弯道形状参数，进一步检测出弯道。

以上方法对道路标识清晰、一般等级的公路都有较好识别效果，但道路弯道种类繁多，曲线识别模型复杂，单一模型很难识别所有弯道，为了满足道路识别的准确性和实时性要求，通常组合使用多种模型，降低算法复杂度，提高道路识别率，如像素扫描与模板匹配方法的组合使用，或者考虑用其他识别方法，如通过分析道路纹理特征检测车道线的方法等。

6.3.3 非结构化道路检测

与结构化道路相对应，非结构化道路主要针对道路标识不明显、无明确道路线的山路、野外土路等非标准道路，通常采用基于机器学习的道路检测，利用探测到的环境信息样本数据，与数据库中的模型对比，对样本进行数据处理，同时不断更新修正预测模型。其检测方法框架如图 6.21 所示。

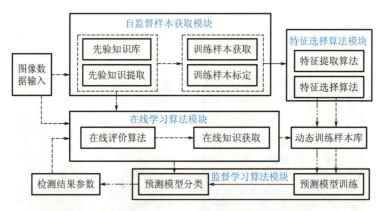

图 6.21　基于机器学习的非结构化道路检测方法框架

（1）自监督样本获取模块。自监督样本获取模块由两个子模块组成。第一个子模块包括先验知识库和先验知识提取两部分。先验知识库中存放了离线标定的数据，由于这些数据不会随着自动驾驶汽车的行驶环境变化而发生改变，因此称为先验知识。先验知识提取部分主要通过对先验知识的量化计算，提取一些具有高概率服从某个类别属性的样本点作为训练样本。第二个子模块包括训练样本获取和训练样本标定两部分，主要负责将每个训练样本赋予不同的类别属性，同时根据其所属某个类别的概率值，赋予不同的权重系数，然后将这些训练样本和相应的权重系数送入特征选择算法模块进行特征提取和特征选择操作。

（2）特征选择算法模块。特征选择算法模块包括两个算法部分：特征提取算法和特征选择算法。特征提取算法通过图像处理技术，从图像中提取每个训练样本点的纹理特征及颜色特征等。这些特征可能冗余地表达了每个样本点的特征属性，因此，特征选择算法实际上就是去除冗余信息的过程。特征选择算法选出具有较强分类能力的图像特征后，将这些训练样本和选出的图像特征输出到动态训练样本库中。

（3）监督学习算法模块。监督学习算法模块包括预测模型训练和预测模型分类两部分。预测模型训练部分，通过动态样本库中给出的训练样本和特征类别，训练出一个预测模型。训练的方法通常有神经网络、支持向量机等。预测模型分类部分主要负责对整幅图片进行分类，通过学习到的模型，对图片中的每个像素进行类别划分（道路点和非道路点）。

（4）在线学习算法模块。在线学习算法模块的作用是通过在线的方式对预测模型进行补充和修正，使其能够适应环境变化所造成的分类决策面的偏移。它是通过在线评价算法和在线知识获取两部分完成的。在线评价算法利用先验知识对检测结果进行在线评价，而其评价结果反映了预测模型的性能能否适应当前的环境。如果评价结果不满足一定的条件，则激活在线知识获取模块，在线获取那些对预测模型性能的修复和提高有重要作用的样本点（知识），输入动态训练样本库中，参与模型的在线训练。

（5）动态训练样本库。动态训练样本库连接了三个主要算法模块。其作用是装载监督学习算法所需要的训练样本。当系统初始化时，由监督学习算法模块提供初始的训练样本；当系统在线运行时，由在线学习算法模块动态实时地对样本库中现有的样本进行更新，由在线评价函数决定监督学习算法是否需要重新训练和更新预测模型。

6.3.4 运动目标检测方法

运动目标检测是计算机视觉、视频信息处理等领域的重要研究内容，为了从序列图像中将运动目标从背景图像中提取出来，进而进行障碍物识别或用于交通监控等。行驶环境中的目标检测有许多方式，如通过摄像头配合图像识别、三维激光雷达与二维激光雷达的组合使用、摄像机与激光雷达的融合等。传感器类型、性能、型号的不同，带来检测方式、数据类型的不同，乃至数据整合得出结论的不同，从根本上影响数据处理算法、环境感知性能及结果。下面对现有的运动目标检测方法进行归纳总结。

1. 帧间差分法

帧间差分法，先对相邻两帧进行差分处理，得到运动变化的区域，再通过边缘提取找出运动物体的边缘，最后检测出运动物体。这种方法有两个缺陷：①两帧图像差分时阈值选取是预先给定的而无法自适应选取；②对进行差分的连续帧的选取要求较高，而且依赖于运动物体的运动速度。若运动物体运动速度快，选取的时间间隔较大，会造成两帧间无重叠区域，无法分割出运动物体；若运动速度过慢，会造成过度覆盖，使检测物体出现空洞，得不到完整的物体，甚至可能出现物体几乎完全重叠检测不到物体的情况。

2. 背景差分法

背景差分法，先获取参考帧作为背景图像，再用当前帧和背景帧做差分，若参考图像选择适当，能较准确地分割出运动物体。这种方法进行运动物体检测通常会遇到如下一些问题。

(1) 背景的获得问题。当前背景的提取方法大致分为两大类：①无运动物体存在时背景的提取方法；②有运动物体存在时的背景提取方法，如渐消记忆递归最小二乘背景估计法，然而这种方法在运动物体所占面积较大时，估计出的背景并不理想。还有基于统计的方法，但在运动目标繁多的场合适应性差。

(2) 背景更新问题。背景模型应迅速跟上实际背景光照的变化、运动物体静止下来时应及时收入背景模型中、静止物体移走后应及时从背景模型中消失，否则会出现大范围的噪声和误检测现象。有很多种方法考虑了背景模型的更新问题，比如基于光流量的背景更新算法，但这种方法计算量大，影响系统的实时性效果。

3. 光流法

光流法，基于光流法的运动目标检测，采用了运动目标随时间变化的光流特征。它的优点是能够检测独立运动的对象，不需要预先知道场景的任何信息，并且可用于摄像机运动的情况，但大多数光流法计算相当复杂且抗干扰能力差，如果没有特别的硬件支持是不能应用于实时检测的。

6.3.5 交通信号灯与交通标志的识别

运动目标检测对自动驾驶有很大的帮助，能够很好地鉴别行人、车辆、障碍物等，但是仅这些人、物的识别是无法满足高水平的自动驾驶的，交通标识的识别和遵守也至关重要。

交通信号灯识别采用的系统结构可分为图像采集模块、图像预处理模块、识别模块、跟踪模块、分类器训练模块。其系统结构如图 6.22 所示。

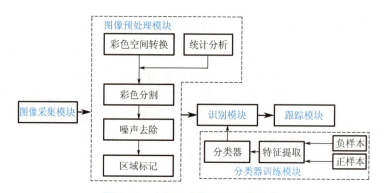

图 6.22　交通信号灯识别系统结构

运用基于彩色视觉的交通信号灯识别方法可以检测到单帧图像中的交通信号灯。为防止出现误检或跟踪丢失的现象，可以采用基于彩色直方图的目标跟踪算法。CamShift 算法可以有效地解决目标变形和遮挡的问题，并且运算效率较高，其算法流程如图 6.23 所示。

交通标志检测包括三方面内容：色彩分割、形状检测和象形识别。

当光照条件良好时，色彩分割需要通过室外环境的图像采样选取阈值，运用 HSV 彩色空间的色度和饱和度信息能够将交通标志从背景中分离出来。

通常情况下交通标志和驾驶方向并不是垂直的。在对圆形标志进行判断时往往采用基于随机连续性采样的椭圆检测。而色彩分割后的边缘直线可以通过 Hough 直线变换获得。选择相关的模板可将处理后的图像大致分成红色禁止标志、蓝色允许标志和黄色警告标志。

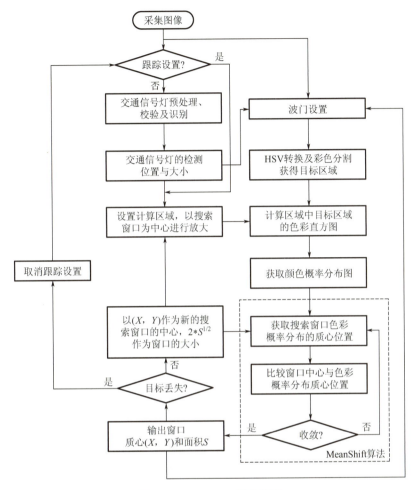

图 6.23 CamShift 算法流程

对每类交通标志分别设计分类器。先运用 OTSU 阈值分割算法对探测到的标志进行预处理，能有效避免光照阴影和遮挡造成的误差；然后基于算法获得的图像运用矩运算提取辐射状特征；最后选取多层感知器来完成识别内核的目标。输出相似程度最高的结果。

6.4 自动导航

定位技术用来确定和采集汽车的位置、位移等信息。它是自动驾驶汽车系统的基础。常用技术有航迹推算技术、惯性导航技术、卫星导航定位技术等。在定位技术的基础上，自动驾驶系统能够把定位信息输入电子地图中，实现汽车关于地图的实时定位，进而能够根据规划路线实现自动导航。这种技术也称同时定位与地图创建（simultaneous localization and mapping，SLAM）。但是由于任何一种单独定位技术都有无法克服的弱点，当前定位研究的主要内容为组合导航技术，进而实现各定位技术的优势互补，以获得更高的导航性能。组合导航系统以其低成本、高性能的突出优点得到广泛应用。

6.4.1　GPS 组成和定位原理

GPS 具有全球、全天候、高精度、大时定位等优点，但是其动态性和抗干扰能力较差。航迹推算系统不受外界环境的干扰影响，但定位误差随时间的累积会发散，从而导致定位精度下降。GPS 和航迹推算系统不仅各有所长，并且具有互补性。将二者组合，可以提高系统精度，增强系统的抗干扰能力和跟踪能力。

卫星导航定位技术中应用最广泛的是 GPS。GPS 可以向全球用户提供连续、实时、高精度的三维位置、三维速度和时间信息；能够进行全球、全天候和实时的导航，而且其定位误差与时间无关，具有较高的定位精度和测速精度。

GPS 是通过接收和解译人造卫星所发射的电波信号来确定测站点位置的测量定位系统。GPS 具有定位时间短、定位精度高、野外观测时不受天气条件及作业时间的限制、无须考虑观测点之间的通视情况、应用范围广等特点。GPS 主要由空间卫星（空间部分）、地面监测系统（地面部分）和 GPS 接收机（用户接收设备部分）三部分组成，其工作原理如图 6.24 所示。

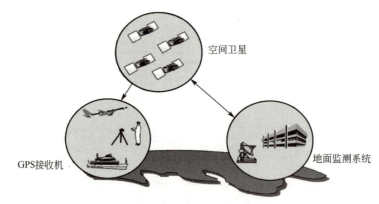

图 6.24　GPS 工作原理

GPS 的基本观测量是距离（其实质是时间延迟），基本定位原理是空间后方交会。在特定点上安置好 GPS 接收机，开机后即可接收到某颗卫星所发送的信号（随机码），经解译后可以获得卫星发送信号的时刻（以卫星钟为标准）及发送信号时卫星的空间位置（即坐标）等有用信息。与此同时，在测站上需测定 GPS 信号的接收时刻（以用户钟即普通石英钟为标准）。设 GPS 信号的发射时刻为 t_1，接收时刻为 t_2，并设卫星钟与用户钟同步，则 GPS 信号在空中传播的时间为 $T=t_2-t_1$，设电波在大气中的传播速度为 C，则从卫星发送信号时的空中位置到接收机之间的空间距离为 $D=CT$。

用 GPS 进行定位测量的目的是求出测站点的三维坐标 (x, y, z)。由传统的测量原理可知，欲求得三个未知数至少需要三个观测量，即必要观测数为三。因此，必须同时测定三颗卫星的导航信号，即需测量接收机至三颗卫星的距离 D_1、D_2 和 D_3。设这三颗卫星发送信号时所处位置的坐标分别为 (x_1, y_1, z_1)、(x_2, y_2, z_2) 和 (x_3, y_3, z_3)，则有

$$\begin{cases}(x_1-x)^2+(y_1-y)^2+(z_1-z)^2=D_1^2\\(x_2-x)^2+(y_2-y)^2+(z_2-z)^2=D_2^2\\(x_3-x)^2+(y_3-y)^2+(z_3-z)^2=D_3^2\end{cases}$$

解此方程组，即可求出测站的坐标(x, y, z)。

GPS定位方法根据模式的不同可以分为单点定位、相对定位和差分定位。

1. 单点定位

单点定位又称绝对定位。在一个待测点上，用一台接收机独立跟踪GPS卫星，测定待测点（天线位置）的绝对坐标（地心坐标），其原理及方法与上述完全相同。由于普通用户只知C/A码（粗码）而不知P码（精确码），导航电文所提供的卫星星历（卫星位置）存在误差，加上电波在空中传播时受到大气延迟误差影响等，因此绝对定位的精度较低，一般为30m左右，最高为3～5m。这样的定位精度显然不能满足一般工程测量的要求，但在船舶、飞机导航及海洋勘探等领域却有着极广泛的应用。城市中的车载GPS采用的就是单点定位。图6.25所示为GPS单点定位原理。

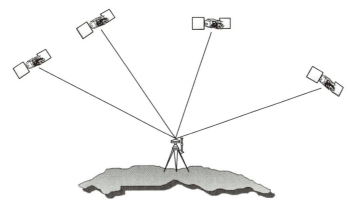

图6.25 GPS单点定位原理

2. 相对定位

相对定位是通过测量卫星发送的电波到达两台接收机的时间差来完成的，用两台同类型的接收机同步跟踪相同的四颗卫星信号，对两台接收机接收到的电波信号进行合成处理，即可求出接收机之间的相对位置（三维坐标差或基线向量），只要给出一个站点的坐标，便能求得另一个站点的坐标。图6.26所示为GPS相对定位原理。

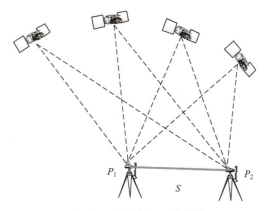

图6.26 GPS相对定位原理

3. 差分定位

差分定位时采用两台以上的 GPS 接收机，将一台接收机安置在地面已知点上作为基准，其余接收机分别安置在其他待测点上。各接收机同时进行单点定位，根据基准站的测定坐标和已知坐标即可求出定位结果的改正数（位置差分）或伪距观测值改正数（伪距差分）。通过基准站与用户站间的数据链（由调制解调器和电台组成）将基准站的改正值实时传送给用户站，对用户接收机的定位结果进行改正，从而大大提高定位精度。

图 6.27 所示为 GPS 差分定位原理。差分定位兼容了单点定位和相对定位的优点，同时克服了二者的缺点。采用差分定位时，各接收机的型号必须相同（其中一台配有电台的接收机作为基准站），而且须同时观测相同的四颗卫星。作为差分定位技术的典型代表，载波相位差分技术得到了越来越广泛的应用。

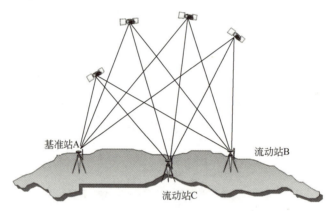

图 6.27　GPS 差分定位原理

差分方法主要分为以下三种。

（1）**位置差分**：最简单的差分方法，适用于所有 GPS 接收机。位置差分要求基准站与移动站观测完全相同的一组卫星。位置改正数，即基准站上的接收机对 GPS 卫星进行观测，确定出测站的观测坐标和测站的已知坐标之差。

（2）**伪距差分**：用途最广的一种技术。距离改正数，即利用基准站坐标和卫星星历可计算出站—星之间的计算距离，再用计算距离减去观测距离。

（3）**载波相位差分**：又称实时动态（real time kinematic，RTK）技术，是建立在实时处理两个测站的载波相位基础上的。实现载波相位差分的方法分为两类：修正法和差分法。前者与伪距差分相同，基准站将载波相位修正量发送给移动站，以改正其载波相位，然后求解坐标。后者将基准站采集的载波相位发送给移动站，进行求差解算坐标。前者为准 RTK 技术，而后者为真正的 RTK 技术。

GPS 定位坐标同样需要进行误差分析。GPS 定位有三个前提假设：①接收机必须准确测量卫星信号的传输时间；②卫星信号必须以已知恒定速度传输；③GPS 接收机接收的卫星信号必须沿直线传播。实际中任何不满足上述假设的因素都将导致测距误差，从而影响定位精度。

GPS 的误差源主要包括卫星时钟误差、星历误差、电离层的附加延时误差、对流层的附加延时误差、多路径误差及接收机本身的噪声。它们可被分为两类：一类是随时间、空间快速变化,相关性极弱的随机误差,如接收机噪声、用户、卫星钟噪声,多路径误差,电离层、对流层附加延时的随机变化部分;另一类是随时间和空间缓慢变化,相关性很强的随机偏移误差,如卫星钟对 GPS 时间的偏移,用户钟对 GPS 时间的偏移,电离层、对流层的附加延时等。

6.4.2 航迹推算

航迹推算根据目标上一时刻的位置、行驶方向和速度信息,推算当前位置,也就是根据实测的自动驾驶汽车车速和航向,估计其位置和行驶轨迹。这种算法不易受外界参数影响,但其误差会随时间累积,故通常与其他定位系统配合工作,保持定位精度。假设自动驾驶汽车为一个质点,在一个平面上做二维运动。在二维直角平面坐标系中进行运动分析。航迹推算采用绝对坐标系,通常坐标系纵轴(Y轴)指北向,横轴(X轴)指东向,如图 6.28 所示。

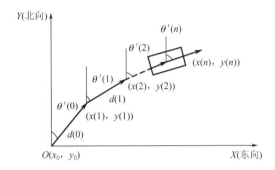

图 6.28 航迹推算定位方法

设里程计在第 i($i=0,1,2,\cdots,n$)个采样时间间隔内所测得的行驶距离实际是沿车体纵向的位移为 $d(i)$,罗盘测得的方向是自动驾驶汽车纵向与磁北向的夹角 $\theta(i)$(顺时针为正),第 i 个采样时刻自动驾驶汽车纵向与真北向的夹角

$$\theta'(i)=\theta(i)+\theta_c$$

θ_c 不是常数,而是随地理纬度的增大而减小,在小的活动范围内可近似看作定值,则自动驾驶汽车在第 n 个采样时刻的位置

$$x(n) = x_0 + \sum_{i=0}^{n-1} d(i)\sin\theta'(i);\ y(n) = y_0 + \sum_{i=0}^{n-1} d(i)\cos\theta'(i)$$

其中,(x,y) 是初始时刻自动驾驶汽车的位置。若采样周期 T 固定,在第 i($i=0,1,2,\cdots,n$)个采样时刻自动驾驶汽车的纵向速度为 $v(i)$,则上式可记作

$$x(n) = x_0 + T\sum_{i=0}^{n-1} v(i)\sin\theta'(i);\ y(n) = y_0 + T\sum_{i=0}^{n-1} v(i)\cos\theta'(i)$$

航迹推算基本上等于位移向量的不断累加。在每个采样周期内,自动驾驶汽车位置的估算取决于以前的计算周期,故误差会不断累积。

6.4.3 GPS/INS 融合导航定位系统

GPS 具有全球性、全天候的特点,因而具有在全球范围内简便的三维精确定位、测时、测定姿态的能力,广泛应用于导航和定位实际之中。GPS 的显著优点是高精度和低成本,尤其是利用GPS卫星信号的高精度载波相位测量进行定位,其输出的位置、速度精度不随时间增长,具有长期稳定性。但其输出的数据更新率较低且定位为非主动式,受外界环境限制。同时,GPS导航定位依赖卫星信号,在载体做高机动运动和某些遮挡情况下会产生跳周,严重时不能工作。

惯性导航系统(inertial navigation system,INS)的工作原理是依据牛顿第一定律(惯性定律),利用陀螺、加速度计等惯性敏感元件及初始位置来确定载体的位置、姿态和速度。工作时通过精确测量载体的旋转运动角速度和直线运动加速度,再通过数学积分技术计算得出导航数据。INS为完全自主式,保密性强,既不发射信号,也不接收信号,因此没有无线电干扰,也没有大气折射的问题,作业灵活方便,同时系统提供的导航参数既能定位、测速,又能输出姿态信息等。尽管如此,INS只是短期性能稳定,实时数据更新率高,其输出的导航参数精度随时间增加而降低。

INS与GPS组合,实现优势互补,一方面在GPS信号丢失的情况下,利用INS可以实现一定时间内的自主导航;另一方面GPS可以对INS实现校正,改善INS误差随时间积累的弊端。GPS/INS融合导航定位系统设计框图如图6.29所示。

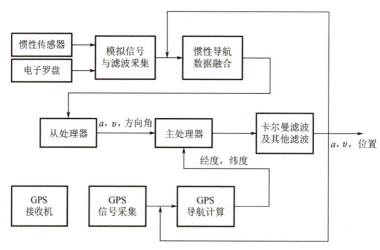

图6.29 GPS/INS融合导航定位系统设计框图

6.5 路 线 规 划

路线规划是指在给定自动驾驶汽车起始点和目标点的技术上,基于环境模型,依照一定路径原则,如无碰撞、无堵塞、距离最短等,为汽车行驶设定到达目标点的有效路径。这里主要介绍一些路线规划的常用方法,并举例介绍经典路径规划A*算法。

连续域范围内的动态路线规划问题,主要包括环境建模、路径搜索、路径平滑三个环节。对于离散域范围内的路线规划问题,或者在环境建模或路径搜索前已经做好路径可行性分析的问题,路径平滑环节可以省去。

(1)环境建模。环境建模是路线规划的重要环节,目的是建立一个便于计算机进行路线规划所使用的环境模型,即将实际的物理空间抽象成算法能够处理的抽象空间,实现相互间的映射。

(2) 路径搜索。路径搜索是在环境模型的基础上应用相应算法寻找一条行走路径,使预定的性能函数获得最优值。

(3) 路径平滑。通过相应算法搜索出的路径并不一定是一条运动体可以行走的可行路径,需要做进一步处理与平滑才能使其成为一条实际可行的路径。

路径规划图如图 6.30 所示。

图 6.30　路径规划图

6.5.1　环境地图表示法

根据不同的表示形式,环境地图表示法主要分为几何地图表示法、栅格地图表示法、拓扑地图表示法和混合地图表示法。

1. 几何地图表示法

几何地图表示法利用包括点、线、多边形在内的几何图元来表示环境信息,因而可以用数值来表示物体在全局坐标中的位置。几何地图由一组环境路标特征组成,每个路标特征用一个几何原型表示,图 6.31 所示为用几何地图表示法对环境建模的结果。由于能提供定位所需的度量信息且存储量较小,有利于位置估计和目标识别,因此近年来有很多 SLAM 研究采用几何地图。该法的难点主要包括如何从收集的环境感知信息中提取抽象的几何特征,以及定位与模型更新时如何根据观测到的路标在地图上寻找对应的匹配,即数据关联问题。而且提取特征需要对感知信息做额外的处理,需要一定数量的感知数据才能得到结果。又因为在室内环境中,可以将环境定义为更加抽象化的几何特征,如面、角、边的集合或者墙壁、走廊、门、房间等。相对来说,室外环境的特征提取比较困难,几何地图比较适合室内结构化的环境描述。

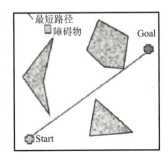

图 6.31　用几何地图表示法对环境建模的结果

2. 栅格地图表示法

栅格地图表示法通过空间分解法把环境分解为类似于栅格的局部单元,根据它们是否被障碍物占据来描述状态。如果栅格单元被障碍物占据,则为障碍栅格;反之,则为自由栅格。空间分解法通常采用基于栅格大小的均匀分解法和递阶分解法。均匀分解法中栅格大小均匀分布,占据栅格用数值表示。均匀分解法能够快速直观地融合传感器信息;但是,均匀分解法采用相同大小栅格会导致存储空间巨大,大规模环境下路线规划计算复杂度提高。为了克服均匀分解法中存储空间巨大的问题,递阶分解法把环境空间分解为大小不同的矩形区域,从而减少环境模型所占用内存。递阶分解法的典型代表为四叉树分解法。图 6.32 和图 6.33 所示分别为用均匀分解法和四叉树分解法表示同一环境得到的结构。

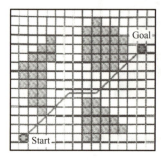

图 6.32 均匀分解法

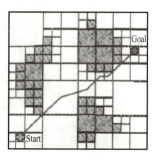

图 6.33 四叉树分解法

均匀栅格地图是度量地图路线规划最常用的表达形式。它把环境分解为一系列离散的栅格节点。所有栅格节点大小统一,均匀分布。栅格用值占据方式用来表达障碍物信息。例如,在最简单的二值表示法中,1 表示障碍栅格,禁止通行;0 表示自由栅格,可通行。图 6.34 所示为均匀栅格地图表示法,黑色区域不可通行,白色区域可通行。由图可知,起始栅格与目标栅格都是自由栅格。每个栅格都对应相应坐标值,而坐标值就表示自动驾驶汽车在栅格地图内的当前位置。

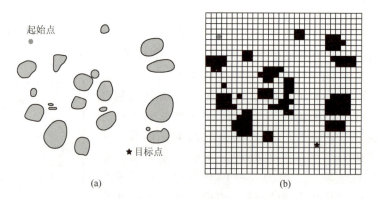

图 6.34 均匀栅格地图表示法

环境信息用均匀栅格地图表达后,栅格节点间只有建立一定的连接关系,才能保证从起始点搜索到目标点的有效路径。图 6.35 所示为栅格节点间的典型连接关系。图 6.35(a) 表示的是八连接,它表明从当前栅格可以到达与之相邻的 8 个栅格节点。

图 6.35(b)表示的是十六连接,它表明可以从当前栅格到达与之相近的 16 个栅格节点。另外,还有四连接。

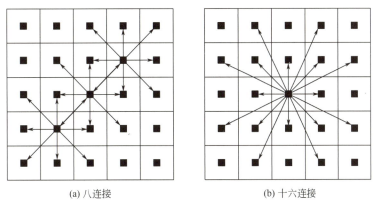

(a) 八连接　　　　(b) 十六连接

图 6.35　栅格节点间的典型连接关系

将环境信息表示成均匀栅格地图规划出的最优路径仅为栅格内最优。也就是说,只要栅格内有障碍物,即使障碍物尺寸小于栅格状态大小,也认为该栅格为障碍栅格,因此规划出的最优路线为栅格内最优。

3. 拓扑地图表示法

拓扑地图表示法用顶点和边来描述空间中各种物体之间或不同环境之间的关系,没有明显的尺度概念。拓扑地图通常用图表表示,需要的存储空间小,利用其进行路线规划效率很高,适合大规模环境下的应用,但由于无精确的尺度信息,因此并不适合智能驾驶汽车的定位。广义 Voronoi 图是用得比较多的拓扑地图,常用来表示路标之间的联系。

如图 6.36 所示,拓扑地图由建立道路上关键节点间的逻辑关系得来,节点与节点之间的连线近似地表达了相应道路,而这些相应道路连线又为自动驾驶汽车行驶提供了近似行驶路径。另外,这些节点间存在拓扑关系,错综复杂的道路连线及拓扑关系组成了道路网络,因此拓扑地图又称路网地图。

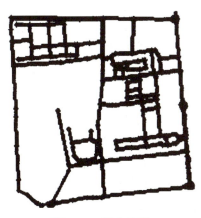

图 6.36　拓扑地图

4. 混合地图表示法

混合地图表示法综合了度量地图和拓扑地图各自的优点。例如，Thrun 提出了一种从全局度量地图中提取拓扑特征的方法，采用声呐传感器的距离信息建立反映环境特征的节点，使定位与环境拓扑的生成同时进行。又如，Yeap 提出了一种从局部度量地图中提取全局拓扑结构图的方法。局部地图用栅格表示，全局地图用类似拓扑结构的边集连接已经存在的多个局部地图表示，而在路线规划中采用基于占据栅格的局部规划和基于拓扑连接关系的全局规划。混合地图表示法在全局空间采取拓扑描述以保证全局连续性，而在具体局部环境中则采用几何表述，以利于发挥精确定位的优势，但是该法一般只适合表示室内环境。动态未知环境中存在运动障碍，故提取路标时容易出现问题。

6.5.2　路线规划分类

1. 随机树搜索算法

快速扩展随机树（rapidly-exploring random tree，RRT）主要针对高维非凸空间的搜索。通过快速扩展随机树可以得到一组特别的增长模式，而这个增长模式可以大大降低任何一个点与树之间的期待距离。随机树搜索算法比较适用于障碍物与随机约束而进行的路线规划。一个快速扩展随机树可以当作对最大 Voronoi 范围进行搜寻的一种 Monte-Carlo 方式。基于此，该方法可以在很多领域得到应用。而基于实际算法效率低、性能差的问题，研究者有针对性地进行了探究，得到一种对此算法的改进形式。比如提升搜索速度的双向随机树（Bi-RRT），起点与终点之间同时生产两棵随机树，当两棵树相遇时该算法就可以实现收敛。由于采取快速扩展随机树规划器得到的最佳路线规划要比实际的最佳路径长度提升明显，因此英国学者史密斯（Jed Smith）利用变分法对此进行了针对性的改进。

2. 事例学习法

以事例库为基础的规划技术是以已经规划好的路径为前提而构建起事例库，当任务下达后针对事例库之中的案例进行实时的匹配与完善来达到规划路径的目的。事例学习法与数据库技术中的历史记录比较相同，利用搜索目标来执行对应的搜索并选取需要的记录。若外界环境比较简单，同时没有出现大的变化，则采取这种技术能够实现精准的路线规划。此方法的重心应该是怎样构建合理的事例库来进行具体的规划操作。此外，为了提高事例库的工作性能，可以通过增强式学习进行具体的应用而实现事例的即时匹配，或者采取对事例库的主动开发来达到提升规划能力的目的。

3. 行为分解法

行为分解法是以机器人的具体行为模式来实现最优化路线规划，主要用于局部规划，并得到了各界的重视。依据研究发现，这种方法通常通过一组相互独立的子行为来构成，然后这些子行为通过传感器所获取的信息进行下一步工作。通过合理使用各种子行为来实现对各种环境的处理，因而只需要对子行为进行有效定义，对应地进行开启与关闭，就能够针对各种不同的环境进行针对性的路线规划，以降低规划的复杂度。

6.5.3　Dijkstra 算法与 BFS 算法

Dijkstra 算法是一种单源性质的最优化算法形式，该算法主要是计算某个节点与其他所有节点间的最短距离。其特点是以起始点为出发点,然后向四周进行层层扩散,直到到达终点位置,以物体的起始位置为出发点进行地图中节点的查询。

作为一种贪心算法,其算法原则是在每步都选择局部最优解,以期望产生一个最优解,即不仅求出了起始点到终点的最短路径,而且求出了起始点到图中其他各节点的最短路径和长度。其算法核心思想是,设置两个节点的 S_n 和 T_n,集合 S_n 中存放已找到最短路径的节点,集合 T_n 中存放当前还未找到最短路径的节点。初始状态时,集合 S_n 中只包含起始点,然后不断从集合 T_n 中选择到起始点路径最短的节点加入集合 S_n 中。集合 S_n 中每加入一个新的节点,都要修改从起始点到集合 T_n 中剩余节点的当前最短路径长度值。集合 T_n 中各节点新的当前最短路径长度值为原来最短路径长度值与从起始点过新加入节点到达该节点的路径长度值中的较小者。不断重复此过程,直到集合 T_n 中所有节点全部加入集合 S_n 中为止。

针对图 6.37 所示加权有向图,表 6-10 给出了用 Dijkstra 算法求解最短路径的过程。

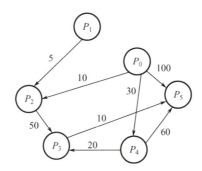

图 6.37 加权有向图

表 6-10 用 Dijkstra 算法求解最短路径的过程

序号	集合 S_n	集合 T_n	所选顶点	最短距离 [1] [2] [3] [4] [5]
1	P_0	P_1, P_2, P_3, P_4, P_5	P_2	∞, 10, ∞, 30, 100
2	P_0, P_2	P_1, P_3, P_4, P_5	P_4	∞, 0, 60, 30, 100
3	$P_0, P_2, P_4,$	P_1, P_3, P_5	P_3	∞, 0, 50, 0, 90
4	P_0, P_2, P_4, P_3	P_1, P_5	P_5	∞, 0, 0, 0, 90
5	P_0, P_2, P_4, P_3, P_5	P_1	P_1	∞, 0, 0, 0, 0
6	$P_0, P_2, P_4, P_3, P_5, P_1$			0, 0, 0, 0, 0

最佳优先搜索(best first search,BFS)算法与上述算法有些相似的地方,而差异的部分主要集中在 BFS 算法侧重分析所处节点与目标点之间所付出的代价。它不是选取离起始点最近的位置,而是偏向性选取趋向目标点附近的位置。该算法的缺点是可能无法寻找到最优路径,不过该算法在运行速率上有明显提升,毕竟它仅仅利用了单一的启发式函数就可以实现目的。

尽管 BFS 算法运行速率提升了,但是其可能无法寻找到一个最优路径,其原因主要是该算法也是一种贪心算法,局部最优解不一定产生全局最优解。虽然其能够分析达到目标的代价,但是没有考虑目前已经付出的代价。

为了整合这两种算法的优点,也就有了 A * 算法。

6.5.4 经典路线规划A*算法

A*算法从本质而言，属于人工智能范畴内很具有鲜明启发式特征的搜索算法，这种算法因为其强大的灵活性及对不同路况超强的适应能力，在路线规划搜索中很受欢迎。A*算法最成功的特点体现为，它能够实现对上述两种算法的结合，通过对初始点与节点的代价及节点到目标点的启发式评价来分析目前的节点。

A*算法的评价函数为

$$f(s)=g(s)+h(s)$$

式中，$f(s)$表示从起始点经过节点s到目前节点的路径长度，为已知量；$g(s)$表示状态环境中的起始点与某一节点之间的真实代价；$h(s)$为启发函数，是当前节点到目标点的估计值。

$h(s)$在评价函数中起关键性作用，决定了A*算法效率的高低。

$$f(s)=\sum_{i=\text{start}}^{k-1}\text{cost}(s_i,s_{i+1})(k\leqslant \text{goal});h(s)\leqslant \text{cost}^*(s,s_\text{goal})$$

式中，$\text{cost}^*(s,s_\text{goal})$为当前节点到目标点的最优距离。

若$h(n)$为0，则只有$g(n)$起作用，那么A*算法就成了Dijkstra算法，能够寻找最短路径。若$h(n)$的预算代价小于节点到目标的真实代价，那么此时A*算法同样可以达到搜索出最优路径的目的。$h(n)$小，则A*算法经过扩展得到的节点就会增加，那么此时的运行速率就会降低。若$h(n)$的预算距离精确到与某个节点到目标点之间的真实代价相等，则此时A*算法就可以更快寻找到最佳路径，同时不会进行额外拓展，此时的速率将最大。若$h(n)$所付出的代价要高于某个节点与目标点的代价，则此时可能就无法寻找到最佳路径，但是运行速率提升了。若$h(n)$比$g(n)$大很多，则只有$h(n)$起作用，那么算法就变成了BFS算法。

下面简单介绍基于拓扑地图的A*算法应用。

为了保证搜索路径的最优解，通常将曼哈顿距离、对角线距离或者欧几里得距离作为启发函数。给定两个坐标位置(x_i,y_i)和(x_j,y_j)，曼哈顿距离d_m、对角线距离d_d、欧几里得距离d_e可分别由下式求出。

$$d_\text{m}=|x_i-x_j|+|y_i-y_j|;d_\text{d}=\max(|x_i-x_j|,|y_i-y_j|);$$

$$d_\text{e}=\sqrt{(x_i-x_j)^2+(y_i-y_j)^2}$$

A*算法用OPEN和CLOSED两个集合来管理道路节点。OPEN存放扩展过的道路节点的子节点，CLOSED存放扩展过的道路节点。初始时OPEN存放s_start节点，CLOSED为空。并且除s_start外，所有节点g值初始化为无穷大。

$$f(s_\text{start})=g(s_\text{start})+h(s_\text{start});g(s_\text{start})=0$$

算法搜索开始后，每次都从OPEN中选择$f(s)$值最小的节点s进行扩展。节点s被扩展到的子节点放入OPEN中。节点s拓展完成后，从OPEN中移到CLOSED中。循环上述过程，直到扩展到目标点或者OPEN为空时，算法才终止。如果OPEN为空，则表明没有可行路径，规划失败。如果存在可行路径，则 A * 算法一定能搜索到。

图 6.38 为 A * 算法在拓扑地图内的搜索示意图。起始点为 S，目标点为 G，其他节点均相当于道路节点，而节点与节点间的连线近似于道路。每个节点均有一个启发函数的值 $h(s)$，并且满足最优路径的前提条件，因此算法搜索到的路径具有最优性。

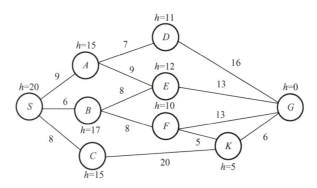

图 6.38　A * 算法在拓扑地图内的搜索示意图

表 6-11 为 A * 算法搜索过程。OPEN 和 CLOSED 分别表示各集合所存放的节点。$S(20)$ 表示节点 S 的 f 值为 20。算法每次都会从 OPEN 中选择 f 值最小的节点进行扩展，到第 7 次扩展时，算法搜索到最优路径，如图 6.39 所示，$S(20)B(23)F(24)K(24)G(24)$。

表 6-11　A * 算法搜索过程

序列	OPEN	CLOSED
1	S (20)	∅
2	A (24) B (23) C (23)	S (20)
3	K (33) A (24) B (23)	S (20) C (23)
4	K (33) E (26) A (24) F (24)	S (20) C (23) B (23)
5	E (26) A (24) G (24) K (24)	S (20) C (23) B (23) F (24)
6	E (26) A (24) G (24)	S (20) C (23) B (23) F (24) K (24)
7	E (26) A (24)	S (20) C (23) B (23) F (24) K (24) G (24)
最优路径		S (20) B (23) F (24) K (24) G (24)

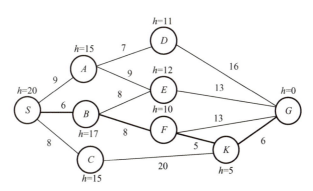

图 6.39　A * 算法搜索到的最优路径

6.5.5 高精度导航地图

高精度导航地图是专门服务于自动驾驶的,对无人驾驶汽车来说,确定自己的位置、识别障碍物、其他汽车、行人或交通信号等信息可能是一件非常艰巨的任务,因此高精度导航地图是无人驾驶技术不可或缺的一部分。

1. 高精度导航地图数据处理

高精度导航地图与传统地图相比,包含大量的驾驶辅助信息和周围环境信息,最重要的是道路网的精确三维表征。例如交叉路口布局和路标位置,高精度导航地图还包含很多语义信息,如地图可能会报告交通信号灯上不同颜色的含义,也可指示道路的速度限制及左转车道开始的地方。高精度导航地图与传统导航地图的对比如图 6.40 所示。

高精度导航地图的重要特征之一就是精度,其能够达到厘米级的精度,这对无人驾驶汽车的安全性至关重要,保持这些地图的更新需要耗费人力、物力不断去验证和更新这些地图。高精度导航地图数据类型非常复杂,一般将点、线、关系三者之间的隶属、组合及附加信息标签表现在拓扑关系中,如图 6.41 所示。

(a) 高精度导航地图

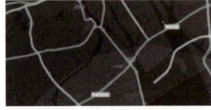

(b) 传统导航地图

图 6.40　高精度导航地图与传统导航地图的对比

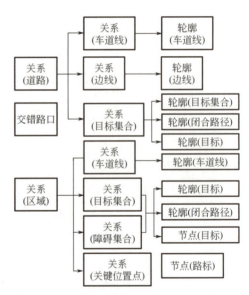

图 6.41　高精度地图拓扑结构

从每千米的数据量来看,高精度导航地图数据总量是传统导航地图数据量的 10^5 倍,需要计算的数据量非常大。因此,寻找适当的数据处理模式来提升高精度导航地图计算准确度和降低计算时延及传输时延显得至关重要。目前主流的数据处理模式有以下几种。

(1) 借助车载 GPS 设备每隔一段时间发送的时刻数据、车牌信息、经度坐标和纬度坐标等,推算出汽车的行驶速度、行程时间、行程具体路线,通过处理浮动车数据检测动态的道路交通信息,实时地反映交通状况。

(2) 利用高分辨率遥感卫星图像提取道路信息,克服经典卷积神经网络模型中输出图像结果丢失过多图像信息的缺点,借助反卷积,改进神经网络模型提高输出图像的质量,保障输出的分辨率与原图一样高。利用特定地区的城市道路遥感数据集、训练改进后的神经网络模型，得到城市道路提取结果，如图 6.42 所示。

图 6.42　遥感卫星图像

（3）直接处理普通居民多次上传、编辑和更新的数据。这种数据来源不够专业，数据量庞大，但具有更新非常及时、社会化属性数据信息极其丰富和成本超低的显著优势。

（4）根据位置签到数据提取城市地标和商圈数据，用栅格化的处理模型预处理离散点签到数据，通过空间自相关查验证数据的聚类空间特性，利用局部空间自相关分析探测位置数据信息，并对挖掘的信息进行分析，提取城市地标。

分布式计算与云计算的特点见表 6-12。在实际操作过程中，云计算中心/平台只存储、处理和传输数据。云计算中心/平台是数据的使用者，流动车/用户是数据的收集者，分工明确。随着车载硬件系统计算能力的提升，为了满足移动网络高带宽和低时延的要求，缓解数据中心网络计算压力，边缘计算被应用于处理高精度导航地图数据。边缘计算是把部分数据处理工作下放到边缘计算车载计算机。用户在本地计算机处理图像渲染、局部地图更新、汽车行动等；后台服务器则收集各用户汽车的位置及周围环境信息，放在存储的高精度导航地图中，并把用户附近的局部地图发送给用户，具体决策操作由各边缘计算汽车完成，服务器则负责存储高精度导航地图、获得各底层用户的具体位置并根据用户上传的数据实时更新地图，充分发挥了边缘计算车载计算机的计算能力，有效提高了地图更新的实时性。

表 6-12　分布式计算与云计算的特点

比较内容	分布式计算	云计算
资源结构	异构资源	同构资源
组织单位	不同机构	单一机构
应用范围	科学计算为主	数据处理为主
硬件环境	高性能计算	服务器/计算机
组织方法	紧耦合	松耦合
计算方法	免费	流量计费
数据标准	标准化	尚无标准

移动道路测量系统（图 6.43）通过在汽车上安装 GPS、CCD/INS 等传感器和设备，在汽车行驶过程中连续地收集道路数据及环境地理信息数据，然后将数据存储在随行汽车的车载计算机系统中。

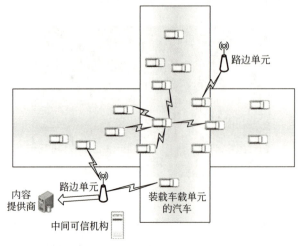

图 6.43 移动道路测量系统

其中中间可信机构是所有车联网实体的注册中心,主要功能是发布密钥,保证传输层的安全通信;路边单元作为中间可信机构和实体汽车中间的连接点,转发驾驶数据到路边单元或者将交通信息转发给汽车;边缘计算汽车相当于一个小型服务器,用于把接收的局部地图下发给附近的普通汽车。

普通汽车和边缘计算汽车分工明确:在加速阶段,具有稳定行驶速度和存储性能的边缘计算汽车为普通高频访问数据的汽车直接提供下载数据,不仅提高了网络传输资源效率,而且降低了传输时延。在非加速阶段,普通汽车向内容服务提供商发送下载请求并下载数据。

在此基础上,为进一步缩短响应时间,基于高精度导航地图的边缘计算模型参考框架(图 6.44),即车载终端-边缘云协作计算平台(图 6.45)应运而生。该平台利用网联汽车通信机制协作处理视频数据的优势,将空闲终端设备的资源也利用起来,缓解了车辆与边缘云之间的数据传输压力,提高了车载终端-边缘云协作平台的实时性和智能化。同时,车辆与边缘云协作预警系统实现的异构加密方案和签名认证方案也进一步保证了数据的安全可信度。

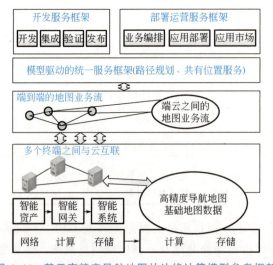

图 6.44 基于高精度导航地图的边缘计算模型参考框架

智能网联与自动驾驶 第6章

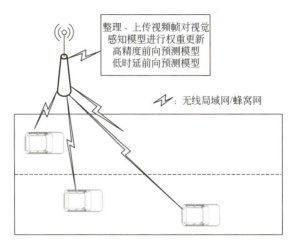

图6.45　车载终端-边缘云协作计算平台

2. 全息高精度导航地图

全息地图(图6.46)是指在底片上叠加而产生一个相干图样,在电子计算机内进行光学全息模拟和处理的一种地图。全息高精度导航地图充分融合卫星遥感、无人机、热红外、声音、光强、电磁及互联网、物联网等的全要素、全信息、全内容,具有更好的智能决策和应对更多场景的能力。

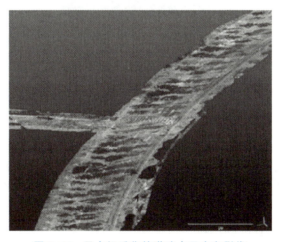

图6.46　无人机采集的道路点云全息影像

全息高精度导航地图的构架包括四部分(图6.47),分别是全息高精度导航地图数据采集、道路静态信息提取(图6.48)、道路动态信息提取和动、静态信息融合应用。全息高精度导航地图数据采集为全息高精度导航地图的制作奠定基础,它主要通过全息高精度导航地图数据采集车及其他外部传感器来实现。道路信息分别为从全息道路采集信息中提取、标记出道路静态信息和道路动态信息,它们为全息高精度导航地图的构建提供了高精度和实时性的保障。动、静态信息融合应用包括对多源数据进行坐标转换和数据融合,然后通过多源匹配的格网数据获得相关数据,并通过位置关联、实时插值等技术将所提取的动态信息与当前环境关联。

255

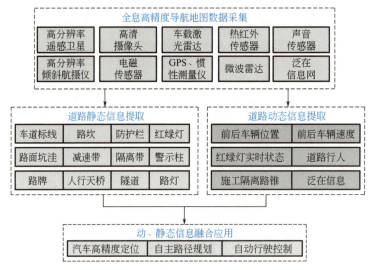

图 6.47 全息高精度导航地图的构架

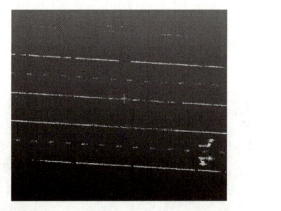

图 6.48 车道线静态信息提取

与现有的地图概念和技术相比,全息高精度导航地图的数据源更丰富,其特点如下。

(1) 道路信息更精细。全息高精度导航地图不仅拥有更加准确的道路形状和更加精确的道路设施标记要素,还拥有附加声、光、电磁数据的更加精细的地理场景。因此,可以更真实地反映道路及周边环境的细节。

(2) 数据更新更高效。一方面,全息高精度导航地图采用的多源数据的获取效率很高,更新周期短;另一方面,全息高精度导航地图采用了高效的信息提取算法,如车道线提取和识别方法,这些算法满足了信息提取实时性的要求,为实时性的汽车定位与导航提供了保障。

静态信息采集和处理流程主要包括三部分(图 6.49),分别为多源信息数据采集、静态数据融合、特定地物识别提取。静态道路数据主要包括遥感影像数据、无人机倾斜测量数据、道路沿线激光雷达数据、GPS 和惯性测量数据、道路街景图像、道路沿线电磁数据,这些多源数据分别通过相应的传感器获取。其中通过对卫星遥感的解译可以提取城市区域内的道路网主要框架信息。倾斜测量数据的目的是生成三维点云数据,不受光照强度影响，并且可以根据每个点的反射强度对地物进行分类，对基于二维的遥感数据提取的道路网信息和道路线信息提供补充。地面激光雷达数据主要通过车载激光雷达数据获取。通过分析激光的时间范围、激光的扫描角度、GPS 和惯性测量结果将激光扫描点数据处理成高度精确的地理配准 x、y、z 坐标。道路街景图像主要通过高清摄像头获取数据，以得到汽车行驶过程记录和目标识别。电磁传感器获取道路沿线电磁数据，用于构建静态电磁环境。

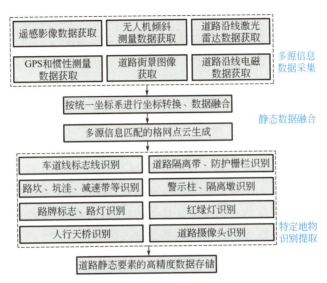

图 6.49　全息高精度地图静态信息采集和提取流程

静态数据的特定地物提取是指从多源传感器采集的道路全要素静态观测数据，提取车道线等信息，形成该条道路的全息高精度导航地图的基础多维数据（图 6.50）。获得数据后，根据设定的目标高度与高度偏差阈值及目标颜色与颜色偏差程度阈值选择感兴趣区域。在感兴趣区域基于点云数据构建八叉树，除去点云过少的格子区域，减小点云图像的尺寸。接着判定格子间的相邻关系，计算多分支格子分组后组内最大距离。遍历所有分组，根据每组内的格子坐标点，两两进行距离计算，取距离最大的两格坐标点记为起止点，以此确定连线关系。

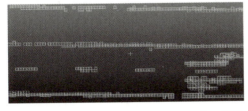 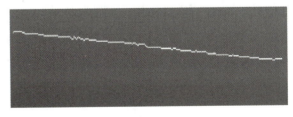

图 6.50　点云网格处理结果及生成车道线效果图

汽车周边实时动态数据主要通过全息高精度导航地图数据采集车获取实时数据，包括实时激光雷达数据、实时摄像头数据、实时微波雷达数据、实时声音数据、实时 GPS 和惯性导航数据、实时热红外仪数据、实时电磁传感器数据、实时泛在数据等（图 6.51）。

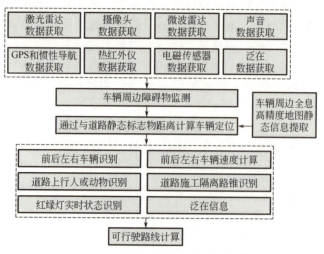

图 6.51 全息高精度地图动态信息采集流程

动态数据的特定地物提取是根据上述动态数据监测汽车周围障碍物的距离和形状,实现汽车实时定位。通过获得的全息高精度导航地图车道线等静态信息和实时位置信息,以及所检测出的动态信息和泛在信息,重新计算当前汽车可行驶的路线和速度。通过机器学习物体识别算法利用高清摄像头实时获取道路上行人信息。

在全息高精度导航地图采集车获取的动态数据中,有一部分数据是声、光、电磁数据,这是全息高精度导航地图与普通高精度导航地图之间数据集成和表达方式差异性最直观的体现。声音数据是全息高精度导航地图中特有的数据源之一,它能有效弥补光线灰暗和物体遮挡等对光学传感器采集的影响,通过收集声音确定声源位置。光数据模型通过将日间太阳光(自然光照)和夜间灯光(人工光照)的光照强度空间化来实时构建道路及周边场景。数据采集车自适应获取不同波段的电磁场强度,经实时插值计算构建从低频到超高频的电磁环境,实现电磁数据的空间化(图 6.52)。

全息高精度导航地图既有能力获得高精度的环境信息并加快响应速度,又融合了热红外、声波、电磁波等多源传感器数据和泛在信息网数据,构建了全要素的全息高精度导航地图,能够使自动驾驶汽车更准确地完成对周边实物的实时监测,提高了自动驾驶汽车的操控能力。

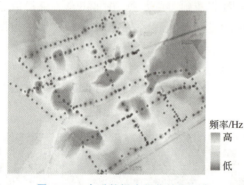

图 6.52 电磁数据空间化结果示意

6.6 运动控制

自动驾驶汽车运动控制分为纵向控制和横向控制。纵向控制是指通过对节气门和制动的协调,实现对期望车速的精确跟随。横向控制实现自动驾驶汽车的路径跟踪。其目的是在保证汽车操纵稳定性的前提下,不仅使汽车精确跟踪期望道路,同时使汽车具有良好的动力性和乘坐舒适性。在自动驾驶汽车的行驶过程中，汽车的纵向运动和横向运动存在耦合关系，通常将纵向运动和横向运动进行解耦，设计两个独立互补关系的控制器，对其分别进行控制。

6.6.1 自动驾驶汽车的纵向控制

纵向控制是智能汽车实现自主导航的基础，按实现方法的不同，通常可分为两类：直接式纵向控制和分层式纵向控制。纵向控制的作用是按照一定的控制策略调节汽车的纵向运动状态，实现汽车自动加减速或纵向距离保持的功能。

1. 直接式纵向控制

直接式纵向控制是相对于分层式纵向控制而言的，其结构如图 6.53 所示。

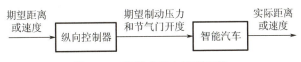

图 6.53 直接式纵向控制结构

在直接式纵向控制设计方面，介绍一个具有代表性的研究实例。

美国的多位研究者均采用直接式纵向控制结构，设计了由常规 PID 控制器、PI 控制器、滑模变结构控制器和基于专家数据库的模糊控制器组成的汽车纵向控制系统，其结构如图 6.54 所示。该控制系统利用专家数据库中的经验知识，根据汽车行驶的不同工况，对常规 PID 控制器、PI 控制器、滑模变结构控制器和模糊控制器进行实时选择切换，从而有效利用并发挥各控制器的优点。但该控制系统因不同控制器频繁切换而易使执行机构产生较大的滞后性，同时可能使系统产生较强的抖振。

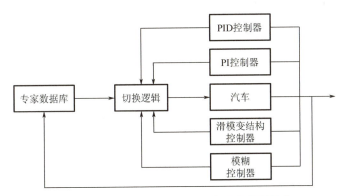

图 6.54 多控制器相结合的汽车纵向控制结构

2. 分层式纵向控制

由于智能汽车的纵向动力学模型为一种复杂的多变量非线性系统，存在较大的参数不确定性及测量的不精确性，而且智能汽车的纵向控制系统受前方动态目标及障碍物变化的干扰，因此通过一个控制器来设计满足如此多性能指标的控制系统非常困难。为了降低纵向控制系统的设计难度，部分学者基于分层模块化的设计思想，尝试采用分层式纵向控制结构，按照控制目标将汽车纵向控制器设计分为上位控制器设计和下位控制器设计。上位控制器设计的作用是通过一定控制策略产生期望的汽车速度或加速度；下位控制器设计的作用是接受上位控制器产生的期望值，按照一定的控制算法产生期望的制动压力和节气门开度。分层式纵向控制的结构如图 6.55 所示。

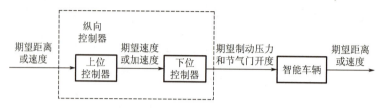

图 6.55　分层式纵向控制的结构

分层式纵向控制实现汽车纵向车间距离或速度控制的功能需通过设计上、下位控制器来完成。上位控制器的主要作用是为下位控制器提供期望的加速度，由于有下位控制器为基础，上位控制器的设计可以不用考虑控制对象模型的参数不确定性、外界干扰及控制对象模型误差的影响。

6.6.2　自动驾驶汽车的横向控制

横向控制指智能汽车通过车载传感器感知周围环境，结合 GPS 提取汽车相对于期望行驶路径的位置信息，并按照设定的控制逻辑使其沿期望路径自主行驶。针对配置传感器的不同，分为非预瞄式横向控制和预瞄式横向控制。

1. 非预瞄式横向动力学模型

非预瞄式横向动力学模型主要通过磁性传感器来提取汽车在当前点处与期望行驶路径的横向位置关系。加州大学伯克利分校在 PATH 项目研究中，基于磁性传感器来实现智能汽车的横向控制，并建立描述当前点处汽车与行驶路径相对位置关系变化特征的非预瞄式横向动力学模型，如图 6.56 所示。磁性传感器对环境具有适应性强的优点，但是具有成本较高、可变性差、无法检测前方障碍的缺点。

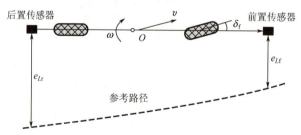

e_{Lf}—前置传感器与路径横向距离的偏差；e_{Lr}—后置传感器与路径横向距离的偏差；
δ_f—前轮转角；O—汽车质心；v—汽车速度；ω—横摆角速度

图 6.56　非预瞄式横向动力学模型

2. 预瞄式横向动力学模型

预瞄式横向动力学模型主要通过视觉传感器来识别环境和提取路径。与其他传感器相比，视觉传感器具有检测信息量大、能够遥测等优点。视觉传感器实时采集前方的道路图像，获得视觉预瞄点处汽车相对于参考路径的位置偏差信息。由图 6.57 可得基于视觉的

汽车预瞄式横向动力学模型为

$$\begin{bmatrix} \dot{v}_y \\ \dot{\omega} \\ \dot{e}_L \\ \dot{e}_a \end{bmatrix} = \begin{bmatrix} a_{11} & a_{12} & 0 & 0 \\ a_{21} & a_{22} & 0 & 0 \\ -1 & -D_L & 0 & v_x \\ 0 & -1 & 0 & 0 \end{bmatrix} \begin{bmatrix} v_y \\ \omega \\ y_L \\ \varepsilon_L \end{bmatrix} + \begin{bmatrix} \dfrac{K_f}{m} & 0 \\ \dfrac{l_f K_f}{I} & 0 \\ 0 & 0 \\ 0 & v_x \end{bmatrix} \begin{bmatrix} \delta_r \\ \rho \end{bmatrix},$$

$$a_{11} = -\frac{K_r + K_f}{m v_x}, a_{12} = -\frac{K_r l_r - K_f l_f}{m v_x} - v_x,$$

$$a_{21} = -\frac{-l_f K_f + l_r K_r}{I_z v_x}, a_{22} = -\frac{l_f^2 K_f + l_r^2 K_r}{I_z v_x}$$

式中，e_L 为横向偏差，即视觉预瞄点处汽车中心线与路径的横向距离；e_a 为方位偏差，即视觉预瞄点处汽车中心线与路径切线的夹角；I_z 为转动惯量；v_x 和 v_y 为纵横向速度；ω 为横摆角速度；K_f 和 K_r 为前后轮侧偏刚度；l_f 和 l_r 为质心到前后轮的距离；m 为整车质量；D_L 为预瞄距离。

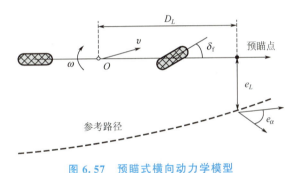

图 6.57　预瞄式横向动力学模型

6.7　车联网技术与智能交通

6.7.1　智能交通发展现状

智能交通系统是利用现代计算机、信息、通信及控制技术，把车辆、道路、使用者紧密结合起来，以解决汽车交通事故、堵塞、环境污染及能源消耗等问题为目的，基于智能化、信息化的汽车交通系统。智能交通系统的目标就是建立一个高效、便捷、安全、环保、舒适的综合交通运输体系。

智能交通系统是一个复杂的、综合的技术体系，是由面向道路、面向车辆、面向综合交通管理的各种不同领域的技术动态组成的。不同的国家和地区，智能交通系统的具体内容、系统框架都有所差别。

我国于 2001 年正式推出智能交通系统发展的纲领性技术文件《中国智能运输系统体系框架》。我国智能运输系统体系框架在参考国外相关研究的基础上，划分为以下八个服务领域。

（1）交通管理与规划（ATMS）。

(2) 电子收费（ETC）。

(3) 出行者信息（ATIS/APT）。

(4) 车辆安全与辅助驾驶（AVCSS）。

(5) 紧急事件和安全（emergency and security）。

(6) 运营管理（CVO/APTS）。

(7) 综合运输（intermodal transport）。

(8) 自动公路（AHS）。

本书涉及的智能交通技术主要是指在智能交通系统中与车辆相关的共性的一些技术，如车载导航、动态交通信息、车载通信、智能车、ETC等。

车联网是指装载在汽车上的电子标签通过无线射频等识别技术，实现在信息网络平台上对所有汽车的属性信息和静、动态信息进行提取和有效利用，并根据不同的功能需求对所有汽车的运行状态进行有效的监管和提供综合服务。车联网将缓解城市交通堵塞、减少汽车尾气污染及减小汽车安全隐患。应用车联网技术的汽车能与城市道路系统保持实时通信。这些功能可优化驾驶人的行驶路线，缩短旅途时间，让旅途更具可预测性。驾驶人在驾驶汽车的同时，能保持与社交网络的无缝连接。车联网将彻底改变人们的出行模式，重新定义汽车的DNA。实现车联网技术的未来城市交通将告别红绿灯、拥堵、交通事故、停车难等一系列问题，并实现自动驾驶。图6.58所示为车联网系统模式。

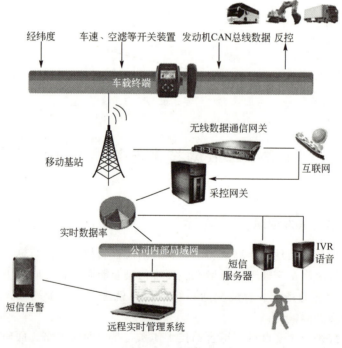

图6.58 车联网系统模式

6.7.2 智能交通与主动安全技术

事实上，智能交通概念的提出主要是为了应对交通事故这一社会问题。从现实生活来看，尽管被动安全技术可有效地减轻事故灾害，但主动安全技术更重要，可以避免人员及车辆的损伤，防患于未然。

导致汽车交通事故的原因十分复杂，既有汽车自身的技术因素，也有人为的行为因素，还有公路、气象等环境因素。总而言之，人、车、环境是影响汽车行驶安全性的三大因素，这三者组成了相互制约的系统工程。例如，驾驶人在驾驶汽车时要完成一个对环境和车的"感知—判断—操作"的闭环过程，在行驶中要经过周而复始的循环才能完成对汽车的操纵和控制。对驾驶人而言，必须具备相应的技能才能顺利完成安全驾驶工作；对汽车而言，必须为驾驶人提供一个能够适应人的生理和心理特点的外部技术条件，以保证驾驶人能很好地完成上述循环，这就是汽车主动安全的内涵。

不再由以前的强化汽车机构来提高主动安全性，现在通过智能驾驶与智能交通相结合，从根本上减少人在驾驶过程中的影响因素，进而全面提高汽车的主动安全性。

图 6.59 所示为针对事故发展的当前主动安全技术。

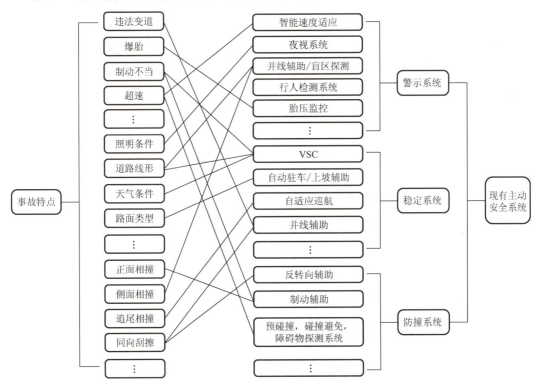

图 6.59　针对事故发展的当前主动安全技术

智能制动、智能加速、智能减速、智能转向是未来智能汽车的基本特征。事实上，自 20 世纪 90 年代以来，尤其是近些年，主动安全技术正是沿此方向推进的。例如，继汽车装备 ABS 和 ASR 成为汽车主动安全常规技术后，汽车 VSC 这种在更高层次上综合 ABS 和 ASR 的汽车主动安全装置已应运而生。VSC 系统极大地提高了汽车主动安全性能，它改变了冬季行车时加装雪地轮胎、防滑链等方法，即使在比直线行驶动力学复杂许多的转弯或是冰雪湿滑路况时也能应付自如。其他一些业已运用或即将进入应用的控制系统也将整合并发挥出综合效力。

汽车人机一体化的智能主动安全技术充分考察各个方面和多种因素，达到人与汽车共同判断、共同决策和协调统一，实现人机互补的合作"伙伴"关系。这种技术本身就是多学科结合的产物,包括机械、计算机、信息、生理学、心理学和社会科学等技术领域,以及人机耦合与接口的现代高新技术。现有主动安全系统中除车道偏离报警系统和前车碰撞预警系统外,还应该重点推广自动制动系统、ACC 系统、电子制动控制系统和 ESP 等。当前主动安全技术汇总如图 6.60 所示。

只有把安全技术与智能交通、车联网更好地结合起来,才能使交通事故更少,出行更安全。

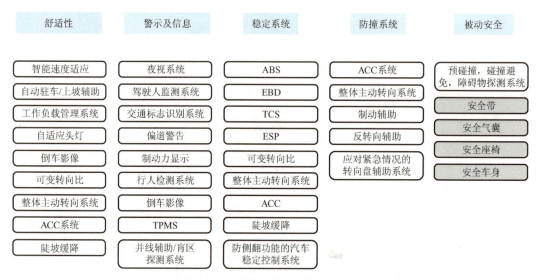

图 6.60 当前主动安全技术汇总

6.7.3 车联网通信系统的设计

车联网分为感知层、网络层和应用层三层工作体系。工作步骤如下:先通过 RFID、传感器、二维码,甚至其他的各种机器,实现全面感知;然后感知的信息通过网络进行实时传送;传递后,利用云计算等技术及时对海量信息进行处理,真正达到人与人的沟通和物与物的沟通,从而实现信息的智能处理。

在车联网体系中感知层就是车载终端,但这里所说的车载终端并非传统的车载计算机或车载通信系统,而是一种汽车管理工具,具备身份识别及感知能力,具体构成在后面章节将有详细介绍。网络层主要用到两种无线通信方式,一种是 4G/5G 无线网络,另一种是 RFID。应用层范围比较广,包括为车联网提供海量数据分析处理的云计算平台,为交通调控部门提供的汽车统一管理平台,以及为用户提供的各种定位、导航、呼救、娱乐服务。图 6.61 所示为车联网系统的组成。

1. 车载终端的设计

车载终端作为车联网的感知层,是整个系统的数据采集部分,它的主要功能是当用户在线状态下,实时地将 GPS 接收机收到的卫星定位信息通过串口传输到接收缓冲区,车载终端解析接收到的 GPS 数据,并通过 CDMA 将 GPS 信息、RFID 标签信息、汽车的 CAN 网络状态信息上传到远程监控中心;远程监控中心会不定时下发查询或控制命令,要求车载终端上传指定的数据或控制车载终端的系统设置,如设置信息上传的时间间隔

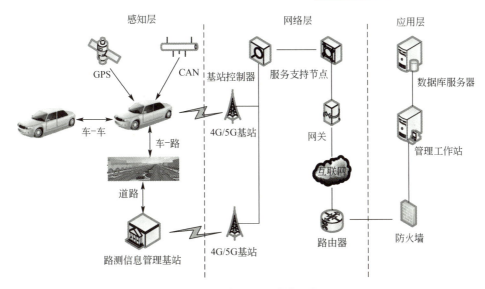

图 6.61 车联网系统的组成

等。通过 CAN 网络可以实时监控汽车运行的状态,包括车灯的状态、散热器的冷却液温度等状态信息。随着新技术的发展,汽车不再是孤立的单元,而是成为活动的网络节点。新型车载终端既可在车内构成独立的网络,也是世界网络的一个节点,因此可以提供许多相应的服务。车载终端是运用计算机、卫星定位、通信、控制等技术来提供安全、环保及舒适性功能和服务的汽车电子设备,是智能汽车的重要组成部分。

车联网通信系统选择基于 ARM9 处理器和嵌入式 Linux 操作系统的开发平台。图 6.62 所示为车联网通信系统硬件平台的结构组成。

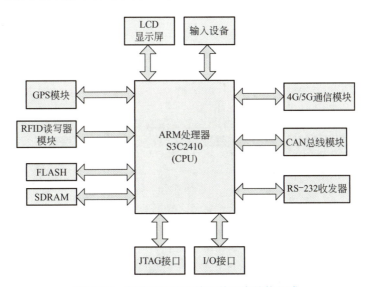

图 6.62 车联网通信系统硬件平台结构组成

车联网通信系统主要由以下模块组成。

主控模块:包括 CPU、FLASH、SDRAM、RS-232 收发器、电源和复位电路等;
组合信息模块:包括 GPS 模块、RFID 读写器模块、CAN 总线模块、4G/5G 通信模块;

人机交互模块：包括 LCD 液晶显示屏、输入设备（按键）。这些模块是车载终端最基础、也是最关键的模块，仅能实现车联网基本功能。在车联网的应用中，许多应用可能还需在车载终端中添加其他的模块。因此需要车联网标准部门制定车载终端模块接口，以便日后进行硬件扩展。

微处理器系统采用三星的 S3C2410 微处理器。这是一款高性价比、低功耗、高集成度的 CPU，基于 ARM920T 内核，主频最高为 203MHz，专为手持设备和网络应用而设计，能满足嵌入式系统中的低成本、低功耗、高性能、小体积的要求。

GPS 由三大部分组成，即空间卫星、地面监控和用户设备，前面已经详细讲述过。

车联网通信系统的 RFID 读写器模块包括读写器和电子标签。电子标签与读写器之间通过耦合元件实现射频信号的空间耦合；在耦合通道内，根据时序关系，实现能量的传递和数据交换。

车载终端必须具备无线通信的能力。车联网通信系统现采用 4G/5G 来实现数据的双向传输，这是支持高速数据传输的蜂窝移动通信技术。4G/5G 的主要区别是在传输声音和数据的速度上的提升。

2. 信息交换协议模型设计

汽车内部的动态数据包括汽车本身的参数（如汽车的位置、车速、车距、温度等），发动机的操作参数（如气缸压力，空气、燃料的摄入量和各种工艺参数）和轮胎参数（主要包括轮胎气压、温度等）。而数据库的数据通过汽车中的嵌入式数据库来组织信息。数据库本身是动态变化的，主要目的是保持汽车和主机/站点间的频繁通信。由于数据库内容的不断更新，需要和远处数据库等数据源保持同步。图 6.63 所示为车与车之间、车与站点之间网络通信。

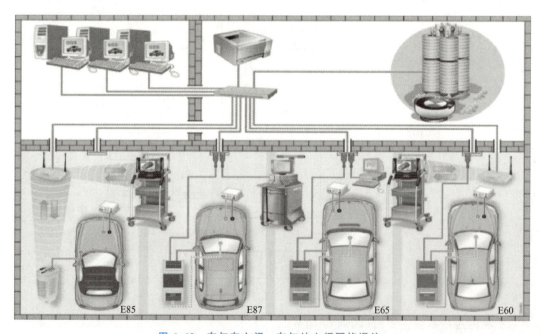

图 6.63　车与车之间、车与站之间网络通信

控制决策单元的命令主要来自 ECU，因此汽车系统具有简单的状态监测和故障诊断功能。例如，设置警示灯是为了防止车速超过一定限制，避免碰撞系统可以防止汽车之间因距离过小而造成碰撞。这些功能的实现不会和汽车驾驶人造成冲突，驾驶人和系统数据的交换可以绕开数据库。但是，当 ECU 并不忙碌时，汽车运行中的关键控制历史模块需要记录汽车数据，在这个意义上，数据库整合了汽车"黑匣子"的功能。

高层决策信号来源于汽车驾驶人，而驾驶人的决定依赖于汽车的状况和远程信号（如交通拥塞报告、调度指挥站协调员）传递来的位移。除此之外，高层决策信号还来自不断发生变化的 GPS、数据库和监控模块等。

由于数据交换方式的多样性及协议标准的不确定性，因此通信方式难度增大，新协议的目的是简化数据交换方式和标准化协议内容。实现此目标的关键是理解和控制有关汽车信息流或其载体形式——数据流。

从汽车特点来看，汽车的信息流具有以下明显特点：流动、分布、动态和不确定性。汽车数据存在许多形式。所有这些使得汽车数据传输、处理、存储和最终开发成为一项复杂的任务。如图 6.64 所示，汽车的通信系统可以被认为是一个有五个层次的协议栈，分别处理信号、数据、传输、信息和汽车知识。图 6.64 下面两个协议层是 OSI 协议体系结构中的最下面两层（物理层和数据链路层）。物理层的任务是透明地传送比特流，在物理层上所传输的数据单位是比特，物理层之间涉及物理信号和比特流之间的转换；数据链路层的任务是在两个相邻节点间的线路上，无差错地传送以帧为单位的数据，每帧都包括数据和必要的控制信息。在传输数据时，若接收节点检测到所收到的数据有差错，就要通知发送方重新发送这一帧，直到这一帧正确无误地到达接收节点为止。在每帧包括的控制信息中，有同步信息、地址信息、差错信息及流量控制信息等。

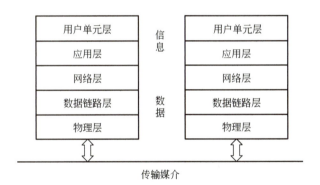

图 6.64　汽车信息交换/传输模型

在网络层要实现统一数据包的网络间传输，而应用层则根据协议进行消息的收发、消息内容和含义的解析及网络管理等操作。用户单元层则实现具体功能，相当于汽车的知识处理与智能控制。

3. 网络系统设计

为实现总线网络中数据流畅通，需解决如下几个问题。

（1）实现满足 CAN 2.0B 协议的 CAN 总线物理层与数据链路层。

（2）编写 CAN 总线驱动程序，实现 CAN 节点微处理器操作 CAN 控制器完成数据收发、波特率设置功能。

（3）设计网络层协议和统一的数据包格式。

（4）编写应用层相关协议代码，解析各节点收到数据的含义，实现节点命名、节点地址声明、地址声明冲突检测与处理、多包传输协议、数据请求、命令与应答功能。

（5）用户功能设计，基本功能块设计，实现汽车的检测与智能控制。

SAE J1939 协议规定了详细的针对汽车的应用层，但 SAE J1939 协议在实际应用中版本差异巨大，很多汽车制造商和设备制造商都实行自己的应用层协议标准。因此需要参考 SAE J1939 协议，设计自己的应用层协议标准以实现消息的收发、消息内容的解析及网络管理等操作，并保证和现有 ECU 应用层协议的兼容。在车载网络中，CAN 总线协议只规定了物理层和数据链路层的协议，其应用层的协议需要用户自己定义。不同的车型对汽车应用层各部件和控制命令的定义存在一定的差异，并且具体协议内容也是保密的，因此，需要根据设计的网络，独立定义汽车部件控制和故障码的含义，确定总线传输的优先级和节点容量等技术问题，开发拥有自主知识产权的独立的应用层接口协议。总线节点根据任务和负载，可以采用微控制器（如 P87C591）。中央控制模块则采用 32 位高性能、低功耗 ARM 微处理器，以有足够资源完成多包传输、地址声明响应、地址声明请求、数据请求、命令等功能。图 6.65 所示为完整的 CAN 总线系统架构。

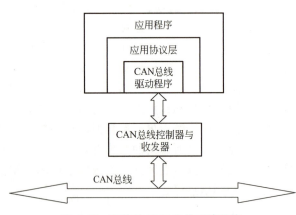

图 6.65　完整的 CAN 总线系统架构

6.7.4　车联网应用系统

车联网（telematics）应用系统是远距离通信的电信（telecommunications）与信息科学（informatics）的合成词，按字面可定义为通过内置在汽车、飞机、船舶、火车等运输工具上的计算机系统、无线通信技术、卫星导航装置、交换文字语音图片等信息的互联网技术提供信息的服务系统。也就是说通过无线网络，随时给行车中的人们提供驾驶、生活所必需的各种信息。

车联网应用系统的特点在于大部分的应用系统位于网路上（如通信网路、卫星与广播等），而非汽车内。驾驶人可运用无线传输的方式，连接网路传输与接收资讯及服务，以及下载应用系统或更新软件等，所耗的成本较低，主要功能仍以行车安全与汽车保全为主。

车联网应用系统终端机平台需要具有普通嵌入式系统的互动性、兼容性、灵活性及扩展性等特点的同时，也需要具有与普通系统不同的特点。车联网应用系统终端机应具有模块化的结构。这里的模块不仅限于软件，因为新的服务也会需要相应的硬件。通过采用模块化结构，使车联网应用系统终端机实现从低档汽车到高档汽车所需的多种价格标准，扩大用户的选择范围。实现模块化最有效的方法是 AMI-C 标准所追求的，通过车内网络实现。这种结构可以通过添加与网络互动的硬件模块和软件模块，实现新的服务。软件可以非常方便地加载在车联网应用系统终端机平台上得到运行。

图 6.66 所示为车联网应用系统平台技术概念图。

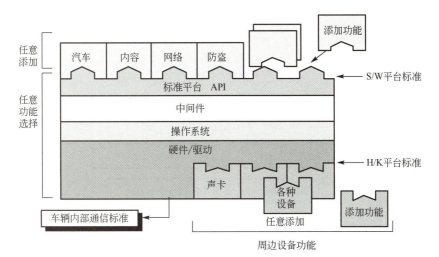

图 6.66　车联网应用系统平台技术概念图

车联网应用系统的运作涉及许多方面，主要包括顾客、网络营运商、服务提供商等。车联网应用系统的运作模式如图 6.67 所示。

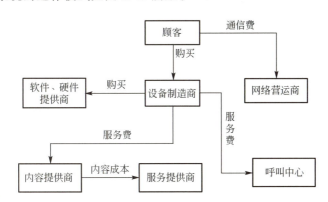

图 6.67　车联网应用系统的运作模式

6.7.5　车联网在智能交通的应用展望

图 6.68 所示为车联网在智能交通中的应用，主要可以应用于以下 11 个方面。

1. 停车引导系统

停车引导系统实时反映停车场内车位情况，将结果反馈到交通干道醒目位置，引导用户方便、快捷地找到停车位，顺利停车，如图 6.69 所示。

2. 交通实时指挥系统

交通实时指挥系统（图 6.70）是指汽车安装 RFID 芯片，而交通灯安装对应的读卡器。根据绿灯通过车辆数得到拥挤程度，与车内 GPS 联网，实时修改出行线路，避免交通拥堵；交管部门可根据实际情况（拥堵或车祸），手动设置拥堵路段，与 GPS 联网，实时指

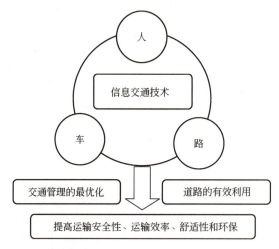

图 6.68　车联网在智能交通的应用

挥路上汽车,使用户汽车在未到拥堵处时提前分流。

图 6.69　停车引导系统

图 6.70　交通实时指挥系统

3. 公交线路管理系统

公交线路管理系统是指给公交车安装 RFID 芯片,在站牌安装读卡器。读卡器之间相互联网,站牌可根据车辆到站的情况显示公交车到达本站的时间,方便乘客提前选择公交线路。站牌可自动记录公交车出入情况,有效防止公交车不停站的情况出现,公交公司可追踪公交车全程行驶状况,合理安排线路。

此外,为确保公交线路管理系统的可靠性,冗余设计必不可少。博世公司进行的名为 Project 3F 的项目,即低速行驶范围内的容错性无人驾驶汽车(图 6.71),利用无人驾驶接驳车将游客从电车站运送到展览中心。该项目专注于防止故障操作,确保即使出现技术故障或突然出现障碍物,该无人驾驶接驳车仍可安全地移动。

该项目的合作伙伴提出的一个解决方案是增加冗余系统,即复制安全相关功能。例如,研究人员研发了电源冗余系统,因此使电动传动系统和汽车电气化系统得到可靠的保护。此外,研究人员还调整并改进了传感器技术,以适应汽车设计。为了可靠地探测障碍物,研究人员在汽车周围的多个地方安装了激光雷达和视觉传感器,使其能够从不同位置探测周围环境。通过提供 360°鸟瞰图及避免盲点,创造了一种 3D 保护区,使其不仅能够探测到道路上的障碍物,还能发现悬挂的树枝等物体。

另一个解决方案是构建容错机制,即子系统的故障至少可由其他功能进行部分补充。如果由于树叶粘在传感器上或某个方向上的垃圾桶等大型物体完全阻挡了视线,导致其无法看到某个区域,该车就会减慢速度,或者忽略不再能够被探测到的路线。

该无人驾驶接驳车的旅行数据及当前的技术状态也能从汽车中传送出去再传送回来,因此可以来回传输诊断、监控和控制三个不同功能的信息,故比遥测技术强三倍,为能够被远程监控、修复,甚至控制(如打开车门)的无人驾驶接驳车车队奠定了基础。因此汽车在达到故障探测和功能补偿的极限时能够得到帮助,此类汽车只需简单定期维护。

图 6.71　博世公司 Project 3F 容错性无人驾驶汽车

4. 车辆年检核查系统

车辆年检核查系统即给车牌增加 RFID 芯片,年检时在芯片中记录信息,可以用手持式读卡器核查用户汽车是否已缴纳年费,并且可以随时缴纳(单个核查人员也可收缴)年费。

5. 车辆健康状况追踪系统

车辆健康状况追踪系统可让车辆的健康状况跟随车辆一同上路。给汽车装上 RFID 芯片,在汽车每次保养、修理时都在芯片上记录信息,任何人都可以使用读卡器对信息进行读取,随时掌握汽车的健康状况。严格监管上路的超龄车,促进二手车规范交易。

6. 车辆追踪与告警系统

对于交管部门重点监控的车辆,以及违章、"黑车"等违法车辆,在经过交通灯时,会在交管部门报警,交管部门可根据汽车的位置,监控汽车的行踪,以及对汽车进行拦截。

7. 手持式抄牌系统

在车牌中装入 RFID 芯片,遇到违章车辆时,使用手持式读写器即可对其进行处罚,处罚信息实时进入交警管理系统,有效降低交管部门处理违章车辆的成本,同时减少车主幕后操作、撤销罚单的行为。

8. 汽车尾气监控系统

在汽车尾气排放装置安装 RFID 芯片及传感装置,实时监测汽车尾气排放质量,促进汽车尾气排放标准的执行,提高城市空气质量,改善人民群众居住环境。

9. 电子驾照系统

在车主驾照中安装 RFID 芯片,记录车主的违章记录。交警使用手持式读卡器处理车主违章时,能够立即知道车主的违章历史,在处罚现场灵活使用各种处罚手段,有效防止车主多次违章的情况出现,在违章时及时进行教育和提醒,充分体现了违章处罚以教育为目的的精神。

10. 电子牌照系统

给车辆的牌照安装 RFID 芯片，对牌照建立电子档案，能有效地防止车牌仿冒、套牌等现象的出现；发现违规使用牌照，能立即在交管部门发出报警，使交管部门可及时处理。

11. 不停车收费系统

不停车收费系统（electronic toll collection，ETC）是目前较先进的路桥收费方式，如图 6.72 所示。安装在汽车风窗玻璃上的车载电子标签与收费站 ETC 车道上的微波天线进行微波专用短程通信，然后利用计算机联网技术与银行进行后台结算处理，从而达到汽车通过路桥收费站不需停车而能缴纳路桥费的目的。ETC 是国际上正在推广的一种用于公路、大桥和隧道的电子自动收费系统。该技术在国外已有较长的发展历史，欧美等许多国家和地区的电子收费系统已经局部联网并逐步形成规模效益。目前，我国 ETC 渗透率大幅增长，路桥收费方式采用以 ETC 收费方式为主的联网收费方式。

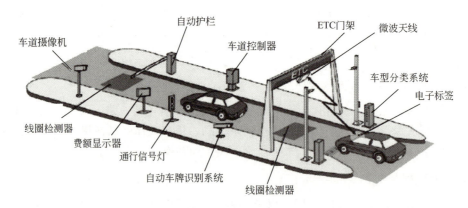

图 6.72　ETC 结构

1. 智能汽车系统有哪些关键技术？
2. 智能网联汽车主要技术分支及发展方向分别是什么？
3. 简述自动驾驶汽车不同环境感知技术的原理及各种传感器的特点。
4. 简述 GPS 的工作原理及主要定位方法原理。
5. 简述路径规划原理及主要方法。
6. 结合实际，简述车联网的发展及应用。

第 7 章 新能源汽车

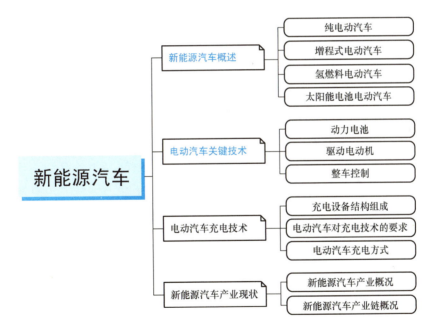

导入案例

相关数据显示,2021年全球新能源汽车销量突飞猛进,中国新能源乘用车销量在全球的市场份额中已达到53%,在全球纯电动汽车市场的份额占比更是高达61%。中国车企在全球新能源汽车、智能网联等领域的竞争优势日益凸显。

根据机动车产量数据统计,2019年我国有产量的新能源乘用车企业约80家,前十企业产量合计75.9万辆,约占整体新能源乘用车产量的70%,如图7.1所示。

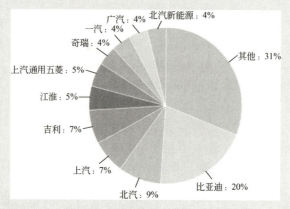

图7.1　2019年新能源乘用车企业销量份额图

经过一段时间的发展,我国新能源汽车在技术水平、企业实力和配套环境上都取得了长足进步。乘用车主流车型的续驶里程已达到600km以上,与国际先进水平同步。领先企业的动力电池单体能量密度大幅提高,价格持续下降。

与此同时,企业的实力明显增强。骨干整车企业都已建立完善的新能源汽车正向开发体系,新能源整车、动力电池骨干企业研发投入占比达到了8%以上,高于行业世界平均水平。

在配套环境上,我国充电网络建设稳步推进。公共场所、居民小区、单位内部、高速公路等主要场所覆盖率大幅提升,截至2022年12月,全国有公共充电桩179.7万个,保有量居全球首位。

7.1　新能源汽车概述

广义的新能源汽车是指采用非传统化石燃料作为动力来源,在动力控制和驱动方面与传统汽车相异,具有新技术、新结构的汽车类型。用电力驱动车厢的方式从19世纪开始就已经实现,被认为是一种与内燃机驱动相比有着更高舒适度的方式,并且具有易操作的特点。国际上,混合动力汽车、天然气汽车、纯电动汽车和燃料电池汽车均属于新能源汽车。仅就我国对新能源汽车的定义看,新能源汽车形式包括纯电动汽车、插电式混合动力汽车和燃料电池汽车。

新能源汽车的工作原理如图7.2所示。

图 7.2 新能源汽车的工作原理

7.1.1 纯电动汽车

纯电动汽车指以车载电源为动力，用电动机驱动车轮行驶，符合道路交通、安全法规各项要求的汽车。其动力系统主要由动力电池和驱动电动机组成，通过从电网取电或更换蓄电池获得电力，并通过动力电池向驱动电动机提供电能驱动汽车，具有零排放、振动噪声小、能效高等特点。图 7.3 所示为纯电动汽车特斯拉 Model S 的底盘结构。

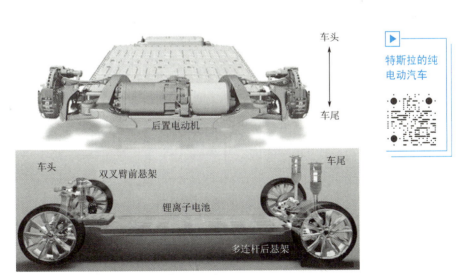

图 7.3 纯电动汽车特斯拉 Model S 的底盘结构

纯电动汽车发展至今，种类较多，通常按汽车用途、车载电源数目及驱动系统的组成进行分类。按照用途不同，纯电动汽车可分为电动轿车、电动货车和电动客车三种。

纯电动汽车主要由电力驱动模块、车载电源模块和辅助模块三部分组成，其动力系统结构简图如图7.4所示。

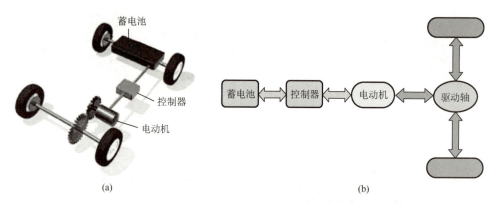

图7.4　纯电动汽车动力系统结构简图

1. 电力驱动模块

电力驱动模块主要包括中央控制单元、驱动控制器、电动机、机械传动装置和车轮等，其主要功能是将储存在蓄电池中的电能高效地转换为车轮的动能，并能够在汽车减速制动时，将车轮的动能转换为电能充入蓄电池。图7.5所示为电力驱动控制系统的组成与工作原理。

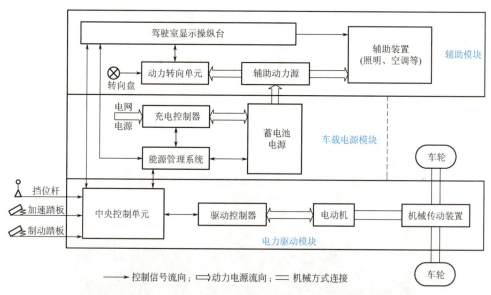

图7.5　电力驱动控制系统的组成与工作原理

中央控制单元根据加速踏板和制动踏板的输入信号，向驱动控制器发出相应的控制指令，对电动机进行起动、加速、减速和制动控制。

驱动控制器是按中央控制单元的指令、电动机的速度和电流反馈信号，对电动机的速度、驱动转矩和旋转方向进行控制的。驱动控制器必须和电动机配套使用。

电动机在电动汽车中被要求承担驱动和发电的双重功能，即在正常行驶时发挥其主要的电动机功能,将电能转换为机械能;在减速和下坡滑行时又被要求进行发电,将车轮的惯性动能转换为电能。

机械传动装置将电动机的驱动转矩传输给汽车的驱动轴,从而带动汽车车轮行驶。

2. 车载电源模块

车载电源模块主要包括蓄电池电源、能量管理系统和充电控制器等,其主要功能是向电动机提供电能、监测电源使用情况及控制充电机向蓄电池充电。

纯电动汽车中应用广泛的电源是铅酸蓄电池,但随着电动汽车技术的发展,铅酸蓄电池由于能量低、充电速度慢、使用寿命短,逐渐被其他蓄电池所取代。正在发展的电源主要有钠硫电池、镍镉电池、锂离子电池、燃料电池等。这些新型电源的应用,为纯电动汽车的发展开辟了广阔的前景。

纯电动汽车负责能量管理的主要是能源管理系统,其主要功能是对纯电动汽车用电池单体及整组进行实时监控、充放电、巡检、温度监测等。

充电控制器把交流电转化为相应电压的直流电,并按要求控制其电流。

3. 辅助模块

辅助模块主要包括辅助动力源、动力转向单元、驾驶室显示操纵台和辅助装置等。各个装置的功能与传统汽车上的基本类同,其结构原理按电动汽车的特点有所区别。

辅助动力源主要由辅助电源和 DC/DC 功率转换器组成,其功能是供给电动汽车其他各种辅助装置所需要的动力电源,一般为 12V 或 24V 的直流低压电源。它主要给动力转向单元、制动力调节控制、照明、空调、电动窗门等各种辅助装置提供所需的能源。

动力转向单元是为实现汽车的转向而设置的,由转向盘、转向器、转向机构和转向轮等组成。作用在转向盘上的控制力,通过转向器和转向机构使转向轮偏转一定的角度,实现汽车的转向。

驾驶室显示操纵台类同于传统汽车驾驶室的仪表板,但其功能根据电动汽车驱动的控制特点有所增减,其信息指示更多地选用数字或液晶屏幕显示。

辅助装置主要有照明、各种声光信号装置、车载音箱设备、空调、刮水器、风窗除霜清洗器、电动门窗、电控玻璃升降器、电控后视镜调节器、电动座椅调节器、车身安全防护装置控制器等。辅助装置主要是为提高汽车的操纵性、舒适性、安全性而设置的,可根据需要进行选用。

纯电动汽车的优点如下。

(1) 零排放:纯电动汽车使用电能,在行驶中无废气排出,不污染环境。

(2) 能源效率高:纯电动汽车的能源效率已超过汽油发动机汽车,特别是在城市中运行时,纯电动汽车更适宜。纯电动汽车停止时不消耗电量,在制动过程中,电动机可以自动转换为发电机,实现制动减速时能量的再利用。

(3) 结构简单:因使用单一的电能源,省去了发动机、变速器、油箱、冷却系统和排气系统等。

(4) 噪声低:纯电动汽车无内燃机产生的噪声,电动机噪声也比内燃机小。

(5) 节约能源:纯电动汽车的应用可有效地减少对石油资源的依赖。

纯电动汽车的缺点如下。

(1) 续驶里程短、使用成本高:目前蓄电池单位质量储存的能量太小,又未形成经济规模,故纯电动汽车的电池成本较高。至于使用成本,有些使用价格比燃油汽车价格高,有些使用价格则仅为燃油汽车价格的1/3,这主要取决于电池的使用寿命及当地的油、电价格。

(2) 安全性:锂离子蓄电池的安全性有待进一步提高。

(3) 配套不完善:充电配套设施不完善,需要加大配套基础设施的建设。

目前,受动力电池能量密度与功率密度等性能的限制,纯电动汽车的研发主要集中在乘用车上,满足日常短途行驶需求的小型纯电动乘用车成为主流产品。作为能够彻底解决车用能源和环境污染问题的关键,纯电动汽车技术受到各国政府和各大汽车公司的重视,多款车型已经面市。在技术上,纯电动汽车呈现出动力系统平台化、车身轻量化、车辆智能化等发展趋势,并将进一步朝着机械、电子、信息技术高度集成的方向发展。

7.1.2　增程式电动汽车

增程式电动汽车引入增程器,可使得发动机不直接参与动力传递,而是为动力电池补充电能,这种工作状态下,发动机可始终保持在最佳燃效区域,系统效率可以得到有效提升,具有较好的节能减排效果。增程式电动汽车一直保持纯电驱动行驶状态,并由动力电池提供电能,当电量不足时,增程器可为动力电池充电,也可直接为电动机提供电能。增程式电动汽车凭借其无里程焦虑、电池用量小、不依赖充电基础设施、综合油耗低等特点,可能会实现快速增长。

增程式电动汽车由增程器、动力电池、驱动电动机及机械传动系统组成,其结构如图7.6所示,其中增程器(图7.6中虚线框部分)一般由发动机和发电机组成,机械传动系统可以是变速器或减速齿轮装置。

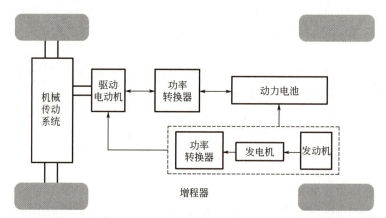

图7.6　增程式电动汽车基本结构

增程式电动汽车的基本工作模式主要分为纯电动模式和增程模式(图7.7)。纯电动模式能量传递与发动机无关,动力电池是唯一动力源,如图7.7(a)所示,相当于是一台纯电动汽车,不同之处在于,增程式的纯电动行驶里程可以设置得较小,不必装备大量电池组,电池的电量能够满足汽车起步、加速、爬坡、怠速及驱动汽车空调等附件。增程模式能量传递路线如图7.7(b)所示。随着纯电动模式下电池荷电状态(SOC)值逐渐降低,低于设定阈值时,增程器启动,发动机运行于最佳工况,带动发电机发电,一部分输入电动机用于驱动汽车,多余的电量为动力电池充电。增程模式下发动机有多种工作方式,根据控制策略不同,可分为发动机恒功率模式、功率跟随模式、恒功率与功率跟随结合模式。此外，还有智能控制策略和优化算法控制策略等复杂控制策略模式。

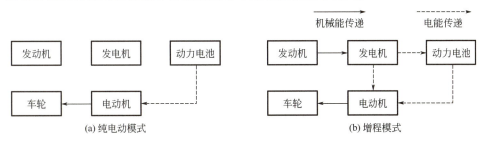

图 7.7　纯电动模式与增程模式能量传递路线

与纯电动汽车相比，增程式电动汽车也可以纯电动模式行驶，实现"零排放"，同时有以下几个优点：在提升续航里程的基础上，动力电池用量小，从源头上控制电池报废后对环境产生的污染；纯电动汽车的动力电池要深度充放电，而增程式电动汽车的动力电池可以浅度充放电，延长动力电池使用寿命；不需要建设充电站即可运行，需要时可建立小功率充电站。

与传统混合动力汽车相比，增程式电动汽车也可以利用回收的制动能量进行充电，其优势主要如下：电动机直接驱动，可以不设变速器、离合器，结构简单；可设置外接充电方式，利用夜间低价低谷电进行充电。

日产 Note e-Power 动力系统结构如图 7.8所示。该串联式结构由发动机、发电机、电动机、动力电池和减速齿轮组成，发动机不参与车轮驱动，仅用于发电，电能通过逆变器输入电动机，电动机将电能转换为机械能用于驱动汽车。根据电池电量和行驶工况，其工作模式分为四种。

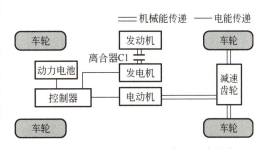

图 7.8　日产 Note e-Power 动力系统结构

纯电驱动：发动机不起动，动力来源只有动力电池。此模式能量流为动力电池→电动机→减速齿轮→车轮。

行车充电：发动机起动，带动发电机发电，一部分电能输入电动机用于驱动汽车，多余的电量为动力电池充电。此模式能量流有两条：一条为发动机→发电机→电动机→减速齿轮→车轮；另一条为发动机→发电机→动力电池。

联合驱动：发动机带动发电机发电输出至电动机，同时动力电池的电能输出至电动机，电动机驱动汽车。此能量流有两条：一条为发动机→发电机→电动机→减速齿轮→车轮；另一条为动力电池→电动机→减速齿轮→车轮。

能量回收：发动机停机状态，车轮带动减速齿轮转动，减速齿轮带动电动机转动，电动机此时作为发电机给动力电池充电。此模式能量流为车轮→减速齿轮→电动机（此时作为发电机）→动力电池。

雪佛兰 Volt 于 2010 年在北美上市，是世界上首款量产的增程式汽车，其动力系统

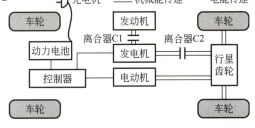

图 7.9　雪佛兰 Volt 动力系统结构

结构如图 7.9 所示。与 Note e-Power 不同的是，当离合器 C2 结合后，发电机可以作为驱动电动机驱动车轮，实现双电机驱动；另外，雪佛兰 Volt 具备插电式结构，可使用外接电源为动力电池充电。

7.1.3 氢燃料电池电动汽车

氢燃料电池电动汽车号称新能源汽车的"终极解决方案"。其优势显而易见，摆脱了电池质量和体积的包袱，而且将来提升续航能力的难度也要远小于锂电池电动汽车。此外，氢燃料电池电动汽车在整车质量的控制上也更占优势，优化了续航能力。

从补能时间上看，一般来说，氢燃料电池电动汽车加满氢气所需时间为 3～5min，远低于锂电池电动汽车充电时间。低温是锂电池的一大杀手，而氢燃料电池（图 7.10）的续航能力则不会受温度影响。氢燃料电池的发电效率可以达到 50% 以上，这是锂电池和传统汽油、柴油都无法比拟的。因此，虽然氢燃料电池电动汽车产业是一个新兴产业，但已炙手可热。

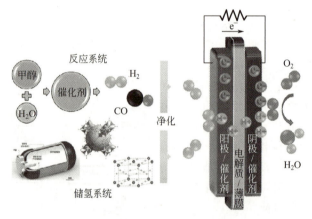

图 7.10 氢燃料电池的结构与原理

然而，氢燃料电池电动汽车运营成本高，最主要的原因是氢能供应成本高居不下，最大的制约因素就是氢燃料的储存。

1. 金属材料在氢能源中的应用

固态储氢是通过化学反应或物理吸附将氢气储存于固态材料中，能量密度高且安全性好，能够满足分散、移动储氢的需求，是未来最具发展前景的储氢技术，"轻"金属元素是一种很好的储氢材料。所谓"轻"金属元素，主要指周期表中 ⅠA～ⅢA 的碱金属及碱土金属（如 Na、Li、Ca、Mg、Al 等），使用时加热或减压即可释放氢气，不仅储氢密度可达相同温度压力下气态储氢的 1000 倍左右，而且很好地解决了传统储氢技术安全性差的问题。

无论要将化合态的氢变成单质氢气，还是让氢气在温和状态下分解产生热或电流，均是一个不易实现的过程，需要各种催化剂的参与。而尤以铂系金属催化活性最突出；Ni 是天然气转化制氢较廉价且高效的催化剂。而对于最清洁、可循环的水制氢技术来说，只有电解水制氢和太阳能直接制氢是经济的方法，催化剂必不可少。目前已知Ⅷ族的 Pt、Pd、Ir、Ru 等贵金属及其氧化物均是优异的析氢/析氧催化剂，如 Pt/C 电极电解制氢的起始电压仅为32mV,能量利用率可达82%,并且使用温度范围宽、使用寿命长,是目前性能最佳的电解水析氢电极,有望大幅降低水解制氢的成本。

从本质上说,大部分利用太阳能的光催化水解制氢也是电化学过程,只是由光生电子代替了外加电流。图7.11所示为光催化水解制氢的基本原理及光催化电极的结构。

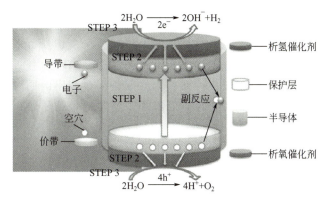

图 7.11 光催化水解制氢的基本原理及光催化电极的结构

2. 氢燃料电池增程式混合动力系统

氢燃料电池增程式混合动力系统是由燃料电池、动力电池、发动机和发电机等构成的,如图7.12所示。在动力电池和氢燃料电池系统与总线都增加一个双向的DC/DC转换器,一方面使得动力电池的电压可以无须与总线电压保持一致,降低了动力电池的设计要求,同时更灵活方便地控制动力电池的充放电;另一方面解决氢燃料电池输出电压与驱动电动机的工作电压产生电压差的问题,既保证驱动电动机始终工作在其最佳工作电压范围内,又保证氢燃料电池的输出电压不受干扰和限制。

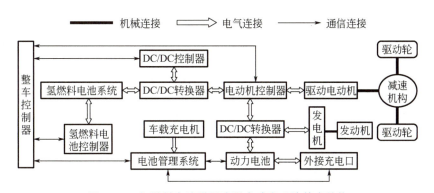

图 7.12 氢燃料电池增程式混合动力系统基本结构

高压储氢系统中的氢气和空气中的氧气在氢燃料电池系统中发生氧化还原反应,产生的电能传输到驱动电动机驱动汽车行驶,多余的电能流向动力电池储存起来;当动力不足时,动力电池可以单独输出能量;当氢燃料用完时,动力电池馈电则由外接充电口直接充电;当野外无加氢站、无充电桩时,发动机工作,利用发电机将发出的电量分别输送给电动机或者动力电池,使得续航里程大大增大。

汽车在运行过程中,综合考虑动力性、经济性和续驶里程三大控制目标,系统的控制模式有氢燃料电池模式、动力电池模式、氢燃料电池和动力电池共同工作模式、氢燃料电池系统充电模式、充电桩充电模式、发动机发电模式、制动能量回收模式、加热打气管理模式。其中加热打气管理模式指汽车在寒冷天气起动或者行驶时,动力电池加热和燃料电池堆加热不再采用电加热策略,改用发动机水循环加热。

氢燃料电池增程式混合动力系统的关键部件布置示意图如图 7.13 所示,在客车底架安装储氢系统(压缩储氢气瓶)和氢燃料冷却系统,设有加氢口;采用后置的安装方式将驱动电动机与减速机构相连,发动机与发电机相连;氢燃料电池系统安装在车身后部的左侧,其冷却系统安装在车身的中部,整车的底部采用密封处理,上部和外侧舱门开格栅,自然通风,避免氢泄漏聚集。在获得空间最大化利用的同时,去掉传统的氢燃料电池车顶部的保护罩盖和两侧的护板,既减小了整车的整备质量,又节约了成本,并使车身外型更加美观。

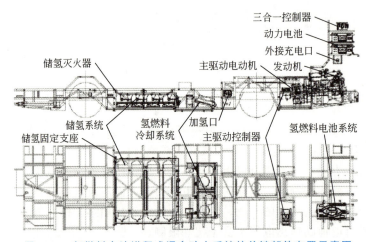

图 7.13　氢燃料电池增程式混合动力系统的关键部件布置示意图

汽车的后备箱是高压舱,舱内安装三合一控制器、动力电池等高压部件,如图 7.14 所示;通过三合一控制器中 DC/DC 转换器的双向控制实现动力电池的充放电,延长电池的使用寿命,同时氢燃料电池系统的 DC/DC 转换器避免驱动电动机输出功率降低,提高氢燃料电池系统工作效率和整车的经济性及动力性;外部空气通过空气压缩机和空气滤清器进入氢燃料电池系统,确保氢气供给系统、氢燃料冷却系统、热管理系统等协调工作、可靠运行;整车动力系统和控制系统是本系统的核心。

7.1.4　太阳能电池电动汽车

1. 太阳能-锂电池数控式混合动力

锂电池电动汽车虽然有着诸多优势,但其现阶段发展依旧不够成熟,较大的问题便是续航限制。目前光伏技术发展更为成熟。有一款以光伏板辅助发电,车载逆变器转化,311 分配双电池储能,简单控制系统控制的太阳能-锂电池电动动力汽车。该电动汽车从理论分析来看,除了有着与纯电动汽车相同的优势,还可以通过边行驶边发电来为其充电,通过合理的分配与智能检测,延长电动汽车的极限续航里程,解决缺乏充电桩等问题。

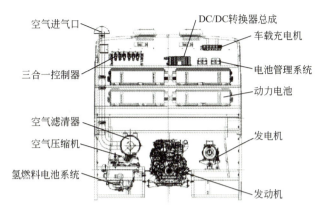

图 7.14 氢燃料电池增程式混合动力系统在汽车后备箱的安装示意图

若要合理调配太阳能与电能,则需要对其充电与放电方式进行改进,因此,311 分配双电池即在传统的锂电池上进行 3∶1∶1 的容量分配;而该锂电池总容量与传统锂电池容量相同。

311 分配双电池对应的简单数字控制系统则是调配电池充放电的系统(图 7.15)。运行方式如下:当全部电池满电时发动电动车,O3 开关闭合,C3 电池先运行;当检测器检测到 C3 电池无电时,断开 O3 开关,闭合 O2、S3 开关,C2 电池供电,C3 电池接受光伏发电系统充电。当检测器检测到 C2 电池无电时,断开 O2 开关,闭合 O1 开关,S2 与 S3 开关闭合情况取决于 C3 电池的电量情况。当检测器检测到 C1 电池无电时,断开 O1 开关,闭合 O3、S2 开关,断开 S3 开关。C2 继续充电。接下来的充放电均由 C2 与 C3 电池及 S2 和 S3 开关、O2 和 O3 开关的断通路来完成。

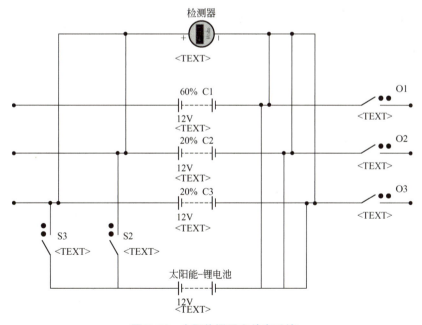

图 7.15 太阳能调配充放电系统

在相同电池容量下,太阳能-锂电池电动汽车的续航里程比锂电池电动汽车的续航里程有了至少6%的提高，最高可达23%，太阳能辅助发电系统有助于提高续航里程。

2. 太阳能电动汽车

一种基于轮毂电动机的太阳能电动汽车构型主要由太阳能电池、动力电池、电池管理系统、整车控制器、轮毂电动机等组成，如图7.16所示。太阳能电池和动力电池为电动汽车供电，电池管理系统控制动力电池充放电及热管理，整车控制器根据驾驶人需求，控制轮毂电动机的转矩，从而驱动整车运动。整车控制器和电池管理系统通过CAN总线连接，太阳能电池、最大功率点跟踪器、动力电池、DC/AC逆变器和轮毂电动机为电气连接；太阳能电池以太阳光为原料，在太阳能电池内部产生光电流，通过最大功率点跟踪器自动跟踪太阳能输出最大功率点后给动力电池充电，动力电池通过DC/AC逆变器将直流电转化为交流电，给轮毂电动机供电，进而实现整车驱动。

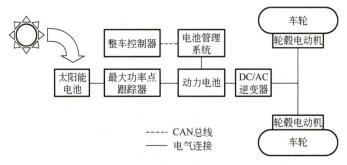

图7.16 基于轮毂电动机的太阳能电动汽车构型

该构型具有以下优点：整车总布置简易，采用太阳能电池补电，可以减少动力电池布置，这样使车身质量减轻、减少电池污染；采用轮毂电动机驱动技术把动力、传动和制动装置都整合到车轮内，结构更加简单，提高了传动效率，有利于电动汽车的轻量化及降低成本。

3. 太阳能电动汽车的配套设施

有了太阳能电动汽车，还必须有配套的基础设施。目前，光伏储能电动汽车的直流充电桩有两种主要的充电方式，即常规充电和快速充电，一些停车场里既有交流充电桩也有直流充电桩，这些直流充电桩主要用于快速充电。

而在光伏发电系统中，光伏电源是光伏阵列，其由光伏模块根据一定的功率水平串联和并联组成。光伏效应是光伏电池的基本发电原理。结果表明：太阳光照射物体，改变电荷的内部分布并产生电动势，并在负载终止时产生电流。光伏电池是没有偏置PN结的器件。在太阳辐射下，光子在电池半导体的P型和N型区域中产生电子和空穴对，以改变电荷状态，然后产生电动势。太阳能电池等效电路如图7.17所示。

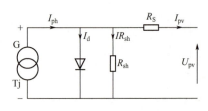

图7.17 太阳能电池等效电路

太阳能充电设备管理系统的总体结构如图7.18所示，站内设备主要由光伏阵列、储电系统、配电系统、充电桩群组成。管理系统由无线传感网络(ZigBee网络与GPRS-DTU共同组成)、云服务器、移动端浏览器、Web 客户端组成。云服务器主要响应维修员和站内设备通过 GPRS 发来的各种请求信息，并对用户信息、设备维护信息等数据进行收集、存储、分析等。移动端浏览器主要用于扫描设备上的二维码，通过自适应的网页向云服务器提交运维表单，对服务端进行访问。Web 客户端则主要用于系统数据库预设信息的录入，完成系统的初始化和一系列后续管理工作。

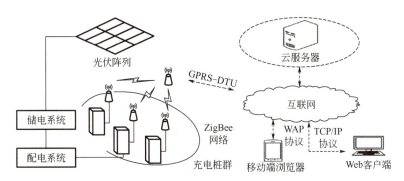

图 7.18 太阳能充电设备管理系统的总体结构

在管理电站设备时，管理员通过移动端的扫描功能对粘贴在待维护设备上的二维码进行扫描，即可进入维护页面。采用动态二维码技术可以实现电站设备运维信息的快速收集和捕获。图 7.19 所示为太阳能电站设备的管理流程。

系统的服务端设计最关键的是业务层。业务层实现对系统业务逻辑的实际处理功能。业务层首先要设计 Service 接口，然后设计其实现的类，最后利用 XML 配置文件实现关联，这样可以调用 Service 接口来处理业务。设备的动态运维记录则通过移动端浏览器的访问功能写入数据库。服务端还构建了新的动态接口用于对各模块功能的实现提供数据服务，并对各模块信息进行单元化设计。太阳能电站设备在管理过程中涉及的数据交互对服务端的业务层进行了四部分的设计，如图 7.20 所示。

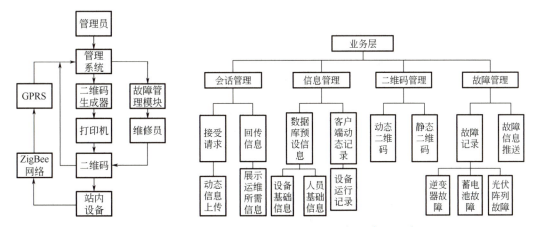

图 7.19 太阳能电站设备的管理流程　　图 7.20 业务层设计

图 7.21 所示为某太阳能充电站的架构。这是一个可扩展的模块化系统，模块通常是可扩展的，每个模块都为 3～5kW，配有通信总线，通常是 CAN 或 MODBUS/RS-485。中央控制器可随时根据功能需求配置模块，如充电管理模块、负载管理模块、诊断检查模

块。在控制器内有一个开通模块，用于监控用电情况，基本参数包括用电量（kW·h）、储电量（kW·h）和发电量/输出电量（kW·h）。控制器还可以与行业标准电表通信，实现计费和费率设置。

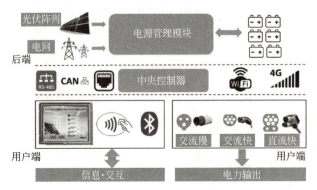

图 7.21　某太阳能充电站的架构

此外，通过道路为行驶的汽车进行无线充电也是一个不错的思路。太阳能道路（图 7.22）由基底层、承重层和功能层构成。基底层与承重层形成的路基有足够的支撑能力，它们由刚性（水泥）或柔性（沥青）结构组成，这两种材料本身的承载力就比较强。功能层中的太阳能光伏板虽然是一种脆性材料，但涂加了独创工艺的柔性材质保护层，因此，这个表面看似玻璃的保护层摩擦系数高、强度也高，既能保护太阳能板材，又能保证汽车正常行驶。

道路的太阳能电池上预埋了一组可产生磁力的导磁装置板，当无线充电电动汽车接收到磁即可转化成电。太阳能道路作为供电端，通过装置把电转化为电磁波，电动汽车相当于接收端，如果安装了电磁波接收转换装置，就可看成无线充电电动汽车能边跑边接收电磁波，并利用自身车载装置转化为电。供电端与用电器之间通过电磁场以非接触方式传送能量，两者之间不用电线连接。太阳能道路初期投资比普通公路高约30%，但从使用寿命来看，太阳能道路长达 20 多年的使用寿命和较少的维修，使它的年分摊成本低于普通公路，此外，它还具有诸如融雪等功能。

图 7.22　太阳能道路

7.2　电动汽车关键技术

7.2.1　动力电池

动力电池作为汽车的储能装置，既要求有足够的能量来满足一定的驾驶周期和行驶里程，又要提供能达到车辆指定的加速性能所需要的最大功率，基本要求如下。

（1）良好的充放电性能（快速充放电性能和耐过充，过放电容量）。

（2）高功率密度（高功率，高功率体积比）。

（3）高能量密度（高能量质量比，高体积比）。

(4) 价格较低，操作和维护方便。

(5) 电池一致性好。

(6) 较长的循环寿命（充放电循环后，工作年限）。

(7) 其他性能，对环境的污染问题（电池的生产、使用、报废回收过程中不能对环境有负面的影响）等。

动力电池的组成如图 7.23 所示。

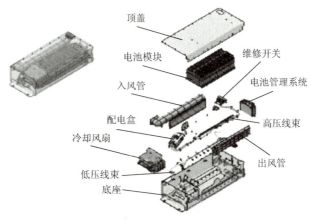

图 7.23 动力电池的组成

电动汽车使用的动力电池可以分为化学电池、物理电池和生物电池三大类。

(1) 化学电池。化学电池是利用物质的化学反应发电的电池。化学电池按工作性质又分为原电池、蓄电池、燃料电池和储备电池。

(2) 物理电池。物理电池是利用光、热、物理吸附等物理能量发电的电池，如太阳能电池、超级电容器、飞轮电池等。

(3) 生物电池。生物电池是利用生物化学反应发电的电池，如微生物电池、酶电池、生物太阳能电池等。

1. 铅酸蓄电池

铅酸蓄电池是目前在汽车领域广泛应用的电池，主要作为内燃机汽车内部各种电器和电子设备的电源。电动汽车上应用的铅酸蓄电池一般正极采用二氧化铅，负极采用海绵状的铅，电解液为稀硫酸溶液。图 7.24 为铅酸蓄电池放电示意图。由于铅酸蓄电池的性能可靠，价格低廉，技术较成熟，可以大批量生产，因此在早期的电动汽车上得到广泛应用，至今仍作为动力源应用于旅游观光车、电动叉车或者一些短距离行驶的公交车上。但铅酸蓄电池存在一些明显的缺点，如质量大、过充电/放电性能差、易自放电、快速充电困难，当前主要问题是一次充电的行程短，并且存在环境污染。由于铅酸蓄电池的上述缺点，一些专家学者和相关企业已经开始把目光转向其他动力电池的研究，他们认为铅酸蓄电池将逐步退出电动汽车市场。但事实证明，铅酸蓄电池的生命力依然旺盛。国内的混合动力城市客车如五洲龙客车、安源客车、安凯客车和厦门金旅客车依然在使用铅酸蓄电池。由于铅酸蓄电池的技术比较成熟，经过进一步改进后的铅酸蓄电池仍将是近期电动汽车的主要电源。

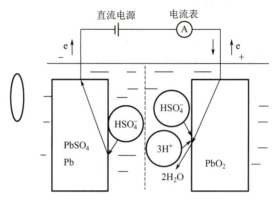

图 7.24　铅酸蓄电池放电示意图

2．镍氢电池

碱性电池由镍基和碱性溶液电解液构成，主要有镍镉电池、镍锌电池和镍氢电池三种，其中镍氢电池应用于电动汽车的竞争力最强。镍氢电池是20世纪90年代发展起来的一种绿色电池，其负极采用由储氢材料作为活性物质的氢化物电极，正极采用氢氧化镍，电解质为氢氧化钾水溶液。这项技术独特的优势包括更高的运行电压、比能量和比功率，较好的过度充放电耐受性和热性能。与镍镉电池相比，镍氢电池的比能量较高且对环境无污染；与铅酸蓄电池相比，镍氢电池的比能量和比功率均成倍提高。商业化的电动汽车有很多采用镍氢电池，据称节油达到25%以上，减排达到90%以上。目前在市场上销售的混合动力车绝大部分采用镍氢电池作为辅助动力。就目前的二次电池材料和电池技术的发展而言，在混合动力车所用的动力电池中，镍氢电池是技术最成熟、综合性能最好的。镍氢电池广泛应用受限的原因是其在低温时容量减小和自放电率过高。此外，价格也是制约镍氢电池发展的主要因素，原材料（如金属镍）非常昂贵。基于镍氢电池电动汽车的电池技术已表现出局限性。镍氢电池虽然可以比铅酸蓄电池储存更多的能量，但过放电会造成永久性损伤，荷电状态必须被限制在一个较小的范围内，电池储存的大部分能量并没有被实际使用；并且是否能准确测量镍氢电池的荷电状态直接影响其使用寿命及充放电效率。

3．锂离子电池

锂离子电池是20世纪90年代发展起来的高容量可充电电池。锂离子电池的传统结构包括石墨负极、锂离子金属氧化物构成的正极和电解液（有机溶剂溶解的锂盐溶液）。锂离子在正负极材料晶格中可以自由扩散，当电池充电时，锂离子从正极脱出，嵌入负极，反之为放电状态，即在电池充放电循环过程中，借助电解液，锂离子在电池的两极间往复运动以传递电能。锂离子电池的工作原理如图7.25所示。锂离子电池具有以下显著优势：单体电池工作电压高，这样组成电池组时一致性要求比铅酸蓄电池和镍氢电池低，可以提高其使用寿命；质量轻、比能量大，使得整车质量减小且行驶里程增加；同等容量下体积更小，使得应用范围大大扩大；循环寿命长，可达铅酸蓄电池的2～3倍；自放电率低，每月不到5%。此外，锂离子电池还具有电压范围宽、无记忆效应、环境友好等优点，被公认为是极具发展潜力的电动车动力电池。

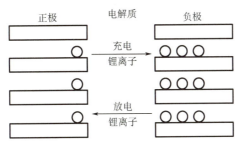

图 7.25　锂离子电池的工作原理

得到实际应用的锂离子电池主要有三种，即磷酸铁锂电池、三元锂电池、锰酸锂电池。锂离子电池应用占比如图 7.26 所示。

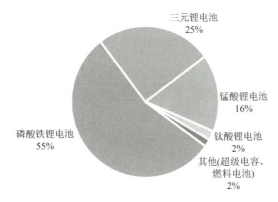

图 7.26　锂离子电池应用占比

（1）磷酸铁锂电池。磷酸铁锂电池是用磷酸铁锂作为正极材料的锂离子电池，如图 7.27 所示。其特点是不含钴等贵重金属，原料价格低且磷、铁元素在地球上含量较丰富，不会有供料问题；而且其工作电压适中、单位质量下电容量大、放电功率高、可快速充电且循环寿命长，在高温与高热环境下的稳定性高。

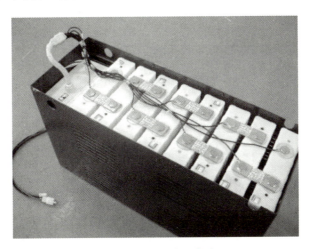

图 7.27　磷酸铁锂电池

289

磷酸铁锂电池的优点：与目前市面上较常见的钴酸锂电池和锰酸锂电池相比，磷酸铁锂电池至少具有五大优点，即更高的安全性、更长的使用寿命、不含任何重金属和稀有金属（原材料成本低）、支持快速充电、工作温度范围广。

磷酸铁锂电池的缺点：磷酸铁锂存在一些性能上的缺陷，如振实密度与压实密度很低，导致锂离子电池的能量密度较低；材料的制备成本与电池的制造成本较高，电池成品率低；产品一致性差等。

（2）三元锂电池。三元锂电池是正极材料使用镍钴锰酸锂三元正极材料的锂电池，如图7.28所示。本章所提到的"三元材料"，指的是正极是三元，负极是石墨，由此构成的电池即通常说法中的"三元动力电池"。而在实际研发应用中，还有一种正极是三元，负极是钛酸锂的电池，通常称为钛酸锂电池，其性能比较安全，使用寿命比较长，但不属于常说的"三元材料"。

图7.28 三元锂电池

三元锂电池的优点：能量密度高，循环性能比正常钴酸锂电池好。目前，随着其配方的不断改进和结构的完善，电池的标称电压已达到3.7V，在容量上已经达到甚至超过钴酸锂电池水平。

三元锂电池的缺点：三元锂电池主要有镍钴铝酸锂电池、镍钴锰酸锂电池等，由于镍钴铝的高温结构不稳定，导致高温安全性差，而且pH过高易使单体胀气，进而引发危险，目前造价较高。

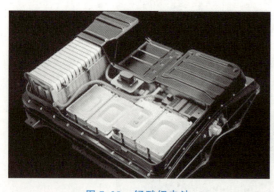

（3）锰酸锂电池。锰酸锂电池是指正极使用锰酸锂材料的电池，如图7.29所示。合成性能好、结构稳定的正极材料锰酸锂是锂离子电池电极材料的关键，锰酸锂是较有前景的锂离子正极材料之一。但其较差的循环性能及电化学稳定性大大限制了其产业化，掺杂是提高其性能的一种有效方法。掺杂强M-O键、较强八面体稳定性且离子半径与锰离子相近的金属离子，能显著改善其循环

图7.29 锰酸锂电池

性能。

锰酸锂与钴酸锂、三元材料等正极材料相比最大的优点是价格低，最大的缺点是容量

低，是钴酸锂和三元材料的过渡产品。

目前，我国企业生产的电动汽车上应用最多的动力电池是磷酸铁锂电池，日本、韩国企业多以锰酸锂电池、三元（镍钴锰、镍钴铝及其混合材料）锂电池为主，美国企业则是二者兼有。

4. 动力电池新技术

（1）固态锂电池。固态电池是一种使用固体电极和固体电解液的电池。固态锂电池在继承传统锂电池优点的基础上，安全性、能量密度都有大幅进步。固态锂电池与液态锂电池的结构比较如图 7.30 所示。

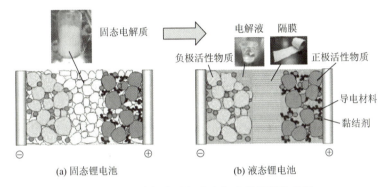

图 7.30　固态锂电池与液态锂电池的结构比较

从技术潜力角度来看，三元锂电池能量密度提升相对困难，固态锂电池能量密度提升从理论上讲更具可行性：一是固态锂电池电压平台提升，固态电解质比有机电解液普遍具有更宽的电化学窗口，有利于进一步提升电池的能量密度；二是固态电解质能阻隔锂枝晶生长，材料应用体系范围大幅提升，为具有更高能量密度空间的新型锂电技术奠定基础；三是固态锂电池当前能量密度约为 550W·h/kg，预估最大潜力值达 900W·h/kg，有超 60% 的提升空间。固态锂电池必将是未来的主流产品。

一般而言，三元锂电池液态电解质易燃易爆，在长期使用过程中容易触发"热失控"，在充放电过程中锂枝晶的生长容易刺破隔膜，引起电池短路，造成安全隐患。但是固态锂电池具有极高的安全性，其固态电解质不可燃、无腐蚀、不挥发、不漏液，同时克服了锂枝晶现象。搭载固态锂电池的汽车的自燃概率会大大降低。

（2）铝空气电池。铝空气电池（图 7.31）是以铝合金为负极、空气电极为正极、中性水溶液或碱性水溶液为电解质构成的一种高能量化学电源，属于半燃料电池。铝空气电池的理论能量密度可以达到 2500W·h/kg，已规模应用的产品能量密度为 400～550W·h/kg，远高于主流锂离子电池芯 150～240W·h/kg 的能量密度。铝空气电池产生电能消耗铝、氧气和水，原料来源丰富，工作过程不产生有毒有害气体，生成的氢氧化铝可以电解再生或可作为污水处理的沉淀剂使用，电池使用寿命一般可达 3～4 年。铝空气电池可以分为一次电池和通过更换铝负极方式实现机械可充的二次电池。

国外铝空气电池的研究进展较快，应用水平不断提高。美国、加拿大、以色列等国均在大力开发铝空气电池作为动力电源，提高铝的利用率，降低空气电极的催化剂成本，延长循环寿命。

图 7.31　铝空气电池

铝空气电池是动力电源的潜在竞争者。当前动力电池是制约电动汽车发展的主要因素，提高电池的能量密度成为动力电池的重点突破方向之一。从能量密度、充电速度、成本及环保方面综合评价，铝空气电池比镍氢电池、锂离子电池具有明显的优势，成为电动汽车电源的有力竞争者：一是目前规模生产的铝空气电池能量密度已经达到 400～550W·h/kg，相同质量的铝空气电池可以使电动汽车行驶更多里程；二是采用机械式"充电"的铝空气电池，仅需几分钟便可完成铝合金电极的更换，恢复充满状态，远高于电化学充电的速度；三是铝材料丰富、价格低，电极利用率可以达到 90% 以上，使得铝空气电池的成本大幅下降。

(3) 锂硫电池。锂硫电池是以硫作为电池正极，金属锂作为负极的一种锂电池。利用硫作为正极材料的锂硫电池，硫的理论比容量和电池理论比能量分别达到了 1675mA·h/g 和 2600W·h/kg，远高于目前商业化的锂离子电池。单质硫在地球上储量丰富，并且石油冶炼的副产物就能提供丰富的硫黄，因此硫黄的价格非常低，每吨仅 1000 元，锂离子正极原料碳酸锂每吨高达 16 万元以上，其原料价格相差甚大。锂硫电池的概念最早在 20 世纪 60 年代就被提出，但直到近 20 世纪末 21 世纪初才有相关的比较突出的研究成果。

能成功生产并实际应用的锂硫电池可以很好地解决续航问题，这也是其概念在诞生之时就已具备的优点。首先，成功的锂硫电池能让汽车告别充电的烦恼。其次，成功的锂硫电池汽车可与常规锂离子电池汽车的基础设施通用，并且凭借其优秀的续航里程更是淡化了对快充技术的需求。

但是，与铝空气电池一样，锂硫电池技术也充满着不确定性。电极结构的显著变化、多硫化物的穿梭效应、难以控制的副反应等问题，都在阻碍锂硫电池技术从实验室走向市场。

7.2.2　驱动电动机

1. 驱动电动机概述

驱动电动机是新能源汽车的三大核心部件之一。电动机驱动控制系统是新能源汽车在行驶中的主要执行结构，其驱动特性决定了汽车行驶的主要性能指标，它是电动汽车的重要部件。

电动汽车对驱动电动机的基本要求有以下几点。

(1) 电动机结构紧凑、尺寸小，封装尺寸有限，必须根据具体产品进行特殊设计。

（2）质量轻，以减轻整车的质量。应尽量采用铝合金外壳，同时转速高，以减轻整车的质量，增强电动机与车体的适配性，扩大车体可利用空间，从而提高乘坐舒适性。

（3）可靠性高、失效模式可控，以保证乘员的安全。

（4）提供精确的力矩控制，动态性能较好。

（5）效率高，功率密度较高。要保证在较宽的转速和转矩范围内都有很高的效率，以降低功率损耗，提高一次充电的续驶里程。

（6）成本低，以降低汽车生产的整体费用。

另外，还要求驱动电动机调速范围宽，瞬时功率大，过载能力强，环境适应性好。

驱动电动机一般要具有电动和发电两项功能，按类型可选用直流、交流、永磁无刷或开关磁阻等几种电动机。功率转换器按所选电动机类型，有DC/DC转换器、DC/AC转换器等形式，其作用是按所选电动机驱动电流要求，将蓄电池的直流电转换为相应电压等级的直流、交流或脉冲电源。

电动机是应用电磁感应原理运行的旋转电磁机械，用于实现电能向机械能的转换，运行时从电系统吸收电功率，向机械系统输出机械功率。电动机驱动系统主要由电动机、控制器（逆变器）构成。驱动电动机和电机控制器所占的成本之比约为1∶1，根据设计原理与分类方式的不同，电动机的具体构造与成本构成也有所差异。电动机的控制系统主要起调节电动机运行状态的作用，使其满足整车不同运行要求。针对不同类型的电动机，控制系统的原理与方式有很大差别。

电动汽车用驱动电动机主要有直流电动机、交流异步电动机、永磁同步电动机和开关磁阻电动机等类型，如图7.32所示。其中直流电动机因工作可靠性差、工作过程产生较大电磁干扰，已经逐步退出车用驱动电动机领域。目前，电动汽车用驱动电动机主要为交流异步电动机、永磁同步电动机和开关磁阻电动机（性能比较见表7-1）。从技术发展和产业发展的趋势来看，永磁同步电动机将成为未来应用主流。

表7-1 各类型电动汽车用驱动电动机性能比较

参　　数	交流异步电动机	永磁同步电动机	开关磁阻电动机
应用现状	产业化，大规模应用于电动汽车，乘用车领域逐渐被永磁同步电动机取代	产业化，电动乘用车以永磁同步电动机为主	受转矩脉动及噪声限制，应用较少
功率密度	中	高	较高
效率	较高	高	低
可靠性	较好	好	较好
噪声	小	小	大
质量	中	轻	轻
成本	较高	高（稀土成本较高）	一般
结构设计	转子结构简单	转子结构复杂	结构简单

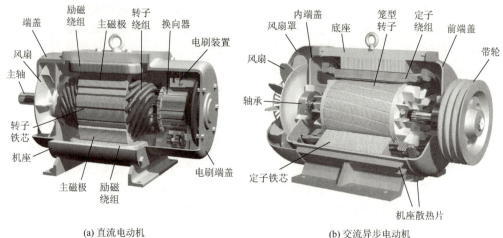

(a) 直流电动机

(b) 交流异步电动机

(c) 永磁同步电动机

(d) 开关磁阻电动机

图 7.32　电动汽车用驱动电动机的种类

2. 驱动电动机新技术

目前，新能源汽车驱动电动机的发展方向如下：小型轻量化；高效性；更出色的转矩特性；使用寿命长，可靠性高；噪声低；价格低。随着时间的推移，新能源汽车驱动电动机的发展呈现了以下趋势。

（1）电动机系统集成化：通过机电集成（电动机与发动机集成或电动机与变速器集成）和控制器集成，有利于减小驱动系统的质量和体积，可有效降低系统制造成本。

（2）电动机本体永磁化：永磁电动机具有高转矩密度、高功率密度、高效率、高可靠性等优点。我国具有世界最丰富的稀土资源，因此高性能永磁电动机是我国车用驱动电动机的重要发展方向。

（3）电机控制器数字化：专用芯片及数字信号处理器的出现，促进了电机控制器的数字化，提高了电动机系统的控制精度，有效减小了系统体积。

国内外驱动电动机技术发展方向如图 7.33 所示。

随着新能源汽车驱动技术的快速发展，许多新结构或新概念电动机已经投入研究。其中新型永磁无刷电动机是目前极具发展前景的电动机之一，包括混合励磁型、双定子型、记忆型及磁性齿轮复合型等。此外，非晶电动机也开始进入新能源汽车领域，作为新一代高性能电动机，其自身的优越性必将对新能源汽车产业的发展起到巨大的推动作用。

集成化
电动机方面：电动机与发动机总成、电动机与变速器总成
控制器方面：电力电子总成(功率器件、驱动、控制、传感器、电源等)

永磁高效化
永磁电动机功率密度和转矩密度高，具有效率高、功率因数高、可靠性高的优点。少用无/低重稀土材料的永磁电动机、新型混合励磁电动机

数字化与智能化
新一代MCU控制器：32位微处理器功能
安全：具有冗余和安全监控功能
AutoSAR：分层软件架构，具备诊断、通信、标定等功能

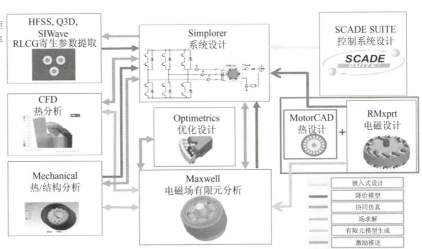

图 7.33　国内外驱动电动机技术发展方向

（1）混合励磁电动机。混合励磁电动机是在保持电动机较高效率的前提下，改变电动机的拓扑结构，由两种励磁源共同产生电动机主磁场，实现电动机主磁场的调节和控制，改善电动机调速、驱动性能或调压特性的一类新型电动机。混合励磁电动机不仅继承了永磁电动机的诸多特点，而且具有电励磁电动机气隙磁场平滑可调的优点，如永磁开关磁阻电动机和永磁同步磁阻电动机。

（2）双定子永磁电动机。双定子永磁电动机是在现有电动机体积不变的基础上增加定子，使气隙由一层变为两层或者多层的一种新型永磁无刷电动机。由于转矩的叠加，作用于转子上的电磁转矩也会相应增加，从而提高电动机整体的转矩密度和功率密度。由于这种电动机的机械集成度较高，因此其具有响应快、动态特性好、结构材料利用率高和驱动灵活等特点。

（3）记忆电动机。记忆电动机又称磁通可控永磁电动机，与一般永磁电动机的区别在于，永磁材料本身的磁化程度能够在很短的时间内通过施加充磁或者去磁改变电动势，并且充磁和去磁之后其磁化程度能被保留记忆，因此具有更宽的调速范围，同时可以避免产生额外的励磁损耗，实际上利用的是一种新的简单高效的弱磁控制技术。

（4）磁性齿轮永磁无刷复合电动机。该电动机是一种集成无刷直流驱动电动机和共轴磁性齿轮的复合电动机。共轴磁性齿轮是一种基于调磁谐波原理的高性能、无接触的变速传递装置。这种电动机巧妙地利用了共轴磁性齿轮内转子的中空部分,将电动机定子嵌入其中,将轮胎直接铆合在齿轮外转子上,实现了电动机、磁性齿轮、轮胎的一体化,有效地提高了空间利用率。

(5) 非晶电动机。非晶电动机是一种利用非晶合金取代传统硅钢片作为铁芯材料的高效、节能、无污染的新型电动机。其在高频下的损耗极低,具有很高的效率;与相同标准的普通电动机相比,体积和质量大大减小,极大地提高了能源和资源的利用率。对于同样的新能源汽车,使用非晶电动机可以使行驶里程增加30%以上,而在相同行驶里程的情况下,电池可以节省30%的费用。总之,非晶电动机凭借其高效率、高功率密度等优势将成为替代传统电动机的下一代高效电动机。

7.2.3 整车控制

整车控制系统由整车控制器、电控系统、传动系统构成,如图 7.34 所示。其主要功能是根据驾驶人的操作和当前的整车和部件工作状况,在保证安全和动力性的前提下,选择尽可能优化的工作模式和能量分配比例,以达到最佳的燃料经济性和排放指标。

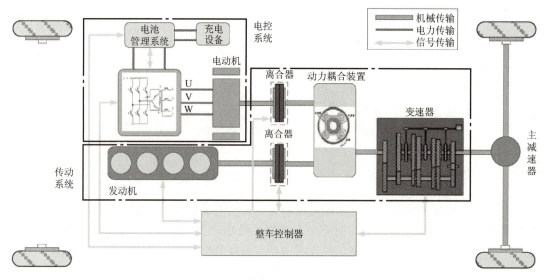

图 7.34 整车控制系统的构成

整车控制器是控制系统的核心,承担了数据交换、安全管理和能量分配的任务。根据重要程度和实现次序,其功能划分如下。

(1) 数据交互管理:整车控制器要实时采集驾驶人的操作信息和其他各部件的工作状态信息,这是实现整车控制器其他功能的基础和前提。该层接收 CAN 总线的信息,对直接馈入整车控制器的物理层进行采样处理,并且通过 CAN 总线发送控制命令,通过 I/O、D7A、PWM 提供对显示单元、继电器等的驱动信号。

(2) 安全故障管理层:实车运行中,任何部件都可能产生差错,从而可能导致器件损坏甚至危及汽车安全。控制器要能对汽车各种可能的故障进行分析处理,这是保证汽车行驶安全的必备条件。对汽车而言,故障可能出现在任何地方,但对整车控制器而言,故障只体现在第一层中继承的数据中。对继承的数据进行分析判断将是该层的主要工作之一。在检测出错误后,该层会做出相应的处理,在保证汽车足够安全的条件下,给各部件提供可使用的工作范围，以便尽可能地满足驾驶人的驾驶意图。

（3）驾驶人意图层：驾驶人的所有与驱动驾驶相关的操作信号都直接进入整车控制器，整车控制器对采集的驾驶人操作信息进行正确的分析处理，计算出驱动系统的目标转矩和汽车的需求功率来实现驾驶人的意图。

（4）能量流管理层：该层的主要工作是在多个能量源之间进行需求功率分配，这是提高燃料电池汽车经济性的必要途径。要实现整车控制器的上述功能，必须设计合理的硬件和软件。

图 7.35 所示为整车控制系统的信息、能量传递路线。

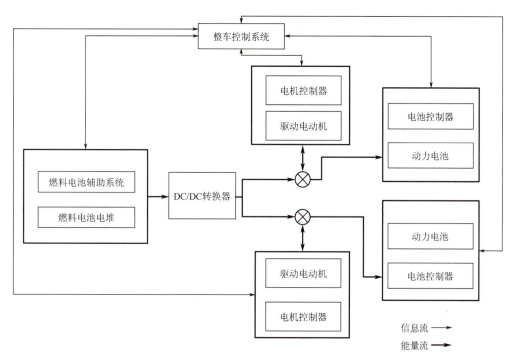

图 7.35　整车控制系统的信息、能量传递路线

整车控制系统对汽车性能的影响主要有以下三方面。

（1）**动力性和经济性**：整车控制器决定发动机和电动机转矩的输出，直接关系到汽车的动力性，影响驾驶人的操纵感觉；燃料电池乘用车和客车有两个或两个以上的能量来源，在汽车实际行驶过程中，整车控制器实施控制能量源之间的能量分配，从而实现整车能量的优化，获得较高的经济性。

（2）**安全性**：燃料电池乘用车和客车上包括氢气瓶、动力电池等能量储存单元和动力总线，电动汽车电动机及其控制器等强电环节，除了原有的汽车安全性问题（如制动和操作稳定性）之外，还增加了高压电安全和氢安全等新的安全性问题，如图 7.36 所示。整车控制器必须从整车的角度及时检测各部件的工作状态，并对可能出现的危险进行及时处理，以保证成员和汽车的安全。

（3）**驾驶舒适性及整车的协调控制**：采用整车控制器管理汽车上的各部件工作，可以整合汽车上各项功能，如 ACC、ABS、自动换挡等，实现信息共享和全局控制，改善驾驶舒适性。

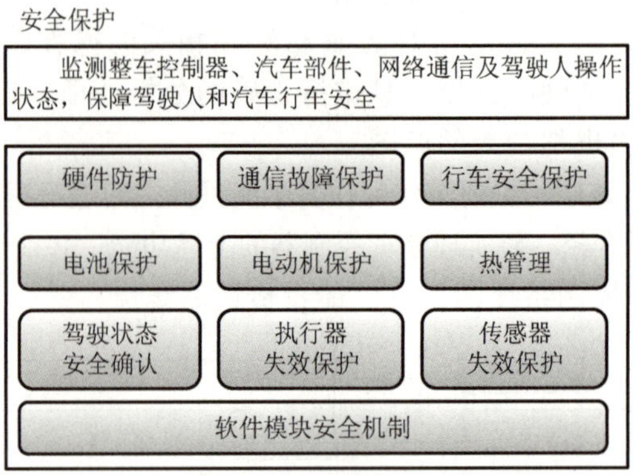

```
安全保护
监测整车控制器、汽车部件、网络通信及驾驶人操作
状态，保障驾驶人和汽车行车安全

  硬件防护      通信故障保护      行车安全保护

  电池保护      电动机保护        热管理

  驾驶状态      执行器            传感器
  安全确认      失效保护          失效保护

           软件模块安全机制
```

图 7.36　整车控制系统的安全保护功能

7.3　电动汽车充电技术

7.3.1　充电设备结构组成

对于纯电动汽车和插电式混合动力汽车，高电压蓄电池充电系统是不可缺少的子系统之一，其功能是将电网的电能转换为车载高电压蓄电池的电能，当高电压蓄电池充满电后自动停止充电。高电压蓄电池充电系统主要由充电器、充电设备和车载充电接口三部分组成。

1. 充电器

充电器是指将电网提供的交直流电转化为车载高电压蓄电池所需的直流电的装置（即 AC/DC 转换器、DC/DC 转换器）。纯电动汽车和插电式混合动力汽车的充电器分为车载充电器（安装在车内）和非车载充电器（安装在充电桩内，不做介绍）两种。

车载充电器是指将 AC/DC 转换器安装在插电式混合动力汽车或纯电动汽车上，采用地面交流电网或车载电源对高电压蓄电池进行充电的装置，如图 7.37 所示。车载充电器负责与交流电网建立连接并满足汽车充电电气安全要求。此外，还通过控制导线与汽车建立通信。这样可以安全启动充电过程并在汽车与车载充电器之间交换充电参数（如最大电流强度）。

图 7.37　车载充电器

2. 充电设备

充电设备是指为满足纯电动汽车或插电式混合动力汽车充电而配备的户外使用型供电设备，可固定在停车场、广场及其他便于新能源汽车停靠的地点。 充电设备给纯电动汽车或插电式混合动力汽车提供单相交流电源或三相交流电源，使用标准非接触式智能卡控制充电开始和结束，并提供过电压、欠电压、过电流、过温、防雷等系统保护功能。

（1）移动充电包。移动充电包就是一条充电线，任何有普通电源插口的地方都可以充电，体积和质量均较小，所以使用非常方便，如图 7.38 所示。移动充电包可放在发动机室盖下方的移动充电包盒内或者后备箱内。由于使用普通家用插座将移动充电包连接到交流电压网络上，因此限制了最大充电电流强度。在我国针对该交流电压网络提供的相关产品型号可使用最大 16A 电流强度或最大 3.7kW 充电功率，属于车载慢充电系统，从计算角度来说，使之前完全放电的插电式混合动力汽车与纯电动汽车高电压蓄电池重新充

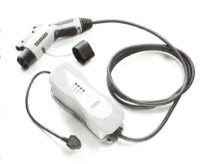

图 7.38　移动充电包

满电约需要持续 7h。为缩短数小时计的最大充电功率使用时间，不允许以最大充电电流充电。因此实际充电持续时间更长。

使用家用插座为新能源汽车充电时，还需要考虑插座及线路的承受能力，如果使用劣质插座，则存在充电插座烧毁、线路烧熔等安全隐患。

（2）固定充电桩。插电式混合动力汽车与纯电动汽车供电设备（充电桩）型号根据其尺寸和电气要求必须以固定方式安装，如客户屋内或车库内；在公共场所（如停车场）也可以设立这种充电桩。图 7.39、图 7.40 所示分别为落地式充电桩和壁挂式充电桩。固定式充电桩分为交流充电桩和直流充电桩。

图 7.39　落地式充电桩　　　　图 7.40　壁挂式充电桩

交流充电桩是固定安装在社区停车场、居民小区、大型商场、服务区、路边停车场等场所，接入电网，为电动汽车车载充电器提供可控的单向交流电或三相交流电的供电装置。交流充电桩本身并不具备充电功能，只是单纯提供电力输出，还需要连接电动汽车车载充电器，方可起到为电动汽车电池充电的作用。由于电动汽车车载充电器的功率一般都比较小，因此交流充电桩无法实现快速充电。

直流充电桩也是固定安装在户外，如社区停车场、居民小区、大型商场、服务区、路边停车场、专门的电动汽车充电站等场所，接入电网，为电动汽车电池提供直流电的充电装置。由于直流充电桩可直接为电动汽车的电池充电，一般采用三相四线制或三相三线制供电，输出的电压和电流可调范围大，因此可以实现电动汽车快速充电。

3. 车载充电接口

插电式混合动力汽车与纯电动汽车车载充电可分为快充和慢充，为了保证充电迅速、高效，使用特定的充电接口进行充电，像在传统燃油车上必须打开燃油箱盖一样，按压充电接口盖或操作遥控钥匙开锁按钮，从而使充电接口盖开锁。此外，充电时需要保证整车防水密封性要求，通过另一个端盖防止真正的充电接口受潮和脏污（图7.41），并且要保证车载充电接口能够承受瞬时大电流的充电过程。

图 7.41　充电口防潮保护装置

车载充电接口一般设置在汽车的侧面（原加油口位置）和前面（车标后面），不同厂家设置的充电接口位置略有不同。

7.3.2　电动汽车对充电技术的要求

随着电动汽车的逐步推广和产业化及电动汽车技术的日益发展，电动汽车对充电技术的要求体现了一致趋势，要求充电站尽可能向以下目标靠近。

1. 充电快速化

与发展前景良好的镍氢电池和锂离子电池相比，传统铅酸蓄电池具有技术成熟、成本低、电池容量大、跟随负荷输出特性好和无记忆效应等优点，但同样存在比能量低、一次充电续驶里程短的问题。因此，在目前动力电池不能直接提供更多续驶里程的情况下，如果能够实现电池充电快速化，从某种意义上也就解决了电动汽车续驶里程短这个致命弱点。

2. 充电通用化

在多种类型蓄电池、多种电压等级共存的市场背景下，用于公共场所的充电装置必须具有适应多种类型蓄电池系统和适应各种电压等级的能力，即充电系统需要具有充电广泛性，具备多种类型蓄电池的充电控制算法，可与各类电动汽车上的不同蓄电池系统实现充电特性匹配，能够对不同的电池充电。因此，在电动汽车商业化的早期，就应该制定相关政策、措施，规范公共场所用充电装置与电动汽车的充电接口、充电规范和接口协议等。

3. 充电智能化

制约电动汽车发展及普及的关键问题之一是储能电池的性能和应用水平。优化电池智能化充电方法的目标是实现无损电池的充电，监控电池的放电状态，避免过放电现象，从而达到延长电池的使用寿命和节能的目的。充电智能化的应用技术发展主要体现在以下方面。

（1）优化的、智能充电技术和充电机、充电站。
（2）电池电量的计算、指导和智能化管理。
（3）电池故障的自动诊断和维护技术等。

4. 电能转换高效化

电动汽车的能耗指标与其运行能源费紧密相关。降低电动汽车的运行能耗，提高其经济性，是推动电动汽车产业化的关键因素之一。对于充电站，从电能转换效率和建造成本上考虑，应优先选择具有电能转换效率高、建造成本低等诸多优点的充电装置。

5. 充电集成化

本着子系统小型化和多功能化的要求，以及电池可靠性和稳定性要求的提高，充电系统将和电动汽车能量管理系统集成为一个整体，集成传输晶体管、电流检测和反向放电保护等功能，无须外部组件即可实现体积更小、集成化更高的充电解决方案，从而为电动汽车其余部件节约出布置空间，大大降低系统成本，并可优化充电效果，延长电池使用寿命。

7.3.3　电动汽车充电方式

1. 常规充电

常规充电即采用随车配备的便携式充电设备进行充电，可使用家用电源或专用的充电桩电源，如图 7.42 所示。常规充电的充电电流较小，一般为 16~32A，电流可直流或者两相交流和三相交流，因此视电池组容量充电时间为 5~8h。

常规充电的缺点非常明显，充电时间较长，但其对充电的要求并不高，充电器和安装成本较低；可充分利用电力低谷时段充电，降低充电成本。常规充电的重要优点是可对电池进行深度充电，提升电池充放电效率，延长电池使用寿命。常规充电因充电时间较长，可满足白天运作晚上休息的汽车的充电需求。

图 7.42 常规充电

2. 快速充电

快速充电方式以 150～400A 的高充电电流在短时间内为蓄电池充电，与常规充电相比安装成本较高。快速充电也称迅速充电或应急充电。其目的是在短时间内给电动汽车充满电，充电时间应该与燃油车的加油时间接近，大型充电站（机）多采用这种充电方式。

大型充电站（机）快速充电方式主要针对长距离旅行或需要进行快速补充电能的情况进行充电，充电机功率很大，一般大于 30kW，采用三相四线制 380V 供电。其典型的充电时间是 10～30min。这种充电方式对电池使用寿命有一定的影响，特别是普通蓄电池不能进行快速充电，因为在短时间内接受大量的电量会导致蓄电池过热。快速充电站的关键是非车载快速充电组件，它能够输出 35kW 甚至更高的功率。由于功率和电流的额定值都很高，因此快速充电方式对电网有较高的要求，一般应靠近 10kV 变电站附近或在监测站和服务中心使用。

3. 更换电池（机械充电）

除了以上几种充电方式外，还可以采用更换电池的方式，即在电池电量耗尽时用充满电的电池更换已经耗尽的电池。电池归服务站或电池厂商所有，电动汽车用户只需租用电池。电动汽车用户把车停在一个特定的区域，然后用更换电池的器械将耗尽的电池取下，换上已充满电的电池。由于电池更换过程包括机械更换和电池充电，因此有时也称这种方式为机械"加油"或机械充电。通过使用机械设备，整个电池更换过程可以在 10min 内完成，与现有的燃油车加油时间大致相当。

但这种方式还有很多问题有待解决。首先，这种电池更换系统的初始成本很高，其中包括昂贵的机械装置和大量的电池。其次，由于存放大量未充电和已充电的电池需要很多空间，因此修建一个电池更换站所需的空间远大于修建一个正常充电站或快速充电站所需的空间。最后，在电池自动更换系统得到应用之前，需要对电池的物理尺寸和电气参数制定统一的标准。

4. 无线充电

无线充电模式即无须通过电缆来传递能量,采用电磁感应、电场耦合、磁共振和无线电波等方式进行能量的传递,如图 7.43 所示。采用无线充电模式,首先需要在车上安装车载感应充电机。汽车的受电部分与供电部分没有机械连接,但需要受电体与供电体对接较准确。受技术成熟度和基础设备的限制,无线充电技术暂时没有大批量产应用。业内主流的无线充电技术主要通过电磁感应和磁共振方式传递电能,但磁共振方式充电效率更高,而且电磁辐射强度更低,比手机通话时强度要小,更重要的是送电线圈与受电线圈不需要非常对齐,这一点是电磁感应所不及的。无线充电模式的未来应用前景无法估量,未来将能边走边充电,电能可能来自路面铺装的供电系统,或者来自汽车接受的电磁波能量,如图 7.44 所示。

无线充电技术

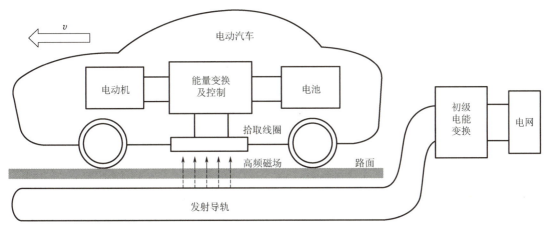

图 7.43 无线充电

图 7.44 无线充电桩

5. 移动充电

对电动汽车蓄电池而言,最理想的情况是汽车在路上巡航时充电,即所谓的**移动式充电**。这样,电动汽车用户没有必要去寻找充电站,停放汽车并花费时间去充电。移动充电系统埋设在一段路面之下，即充电区，不需要额外的空间。接触式和感应式的移动充电系统都可实施。对于接触式移动充电系统，需要在车体的底部安装一个接触拱，通过与嵌在路面上的充电元件相接触，接触拱便可获得瞬时高电流。当电动汽车巡航通过移动充电区时，其充电过程为脉冲充电。对于感应式移动充电系统，车载式接触拱被感应线圈取代，嵌在路面上的充电元件被可产生强磁场的高电流绕组取代。很明显，由于机械损耗和接触拱的安装位置等因素的影响，接触式移动充电系统对人们的吸引力不大。目前的研究主要集中在感应式移动充电系统上，因为它不需要机械接触，也不会产生大的位置误差；当然，这种充电方式投资巨大，现在仍处于实验阶段。

7.4 新能源汽车产业现状

7.4.1 新能源汽车产业概况

新能源汽车在全球已上升为国家战略，多国制定了长期发展规划和目标，并采取了有力措施推动其发展。

1. 汽车电动化是主流

新能源汽车产业融合已经远远超出了汽车产业的范畴，新材料、新能源、人工智能、大数据、智能交通、移动互联均深度参与其中。除生产制造外，产品形态、产品属性、产品应用模式、企业运营模式与理念等诸多方面都可能发生重大变革。

各国禁售燃油汽车时间如图 7.45 所示。

图 7.45　各国禁售燃油汽车时间

2. 商用车去油化并行

新能源乘用车依靠政府补贴已快速融入并占据一定汽车工业市场，同时，在绿色发展的市场环境推动下，电动商用车已频频出现在各种车展发布会上。另外，物流行业的快速发展对新能源商用车的依靠逐渐加大。新能源客车、公交车、物流车和包括城市环卫车、垃圾车、洒水车等在内的工程专用车将迎来快速发展时期。

3. 智能网联是目标

美国、欧洲国家、日本等的战略规划都提出了汽车自动驾驶与智能交通体系，汽车智能网联是未来发展趋势，网联解决了功能扩展的问题，如智能手机可以安装很多 App 实现不同的功能。

此外，汽车智能网联可以把汽车和住宅连接成为一个电力生态系统，从而拓展新能源汽车的产业链。马斯克希望建立一个电力生态系统(图 7.46):电动汽车-家用蓄电池、太阳能电池板、智能家电和迷你/微电网电力管理软件。特斯拉和 SolarCity 有机结合,发挥出"1+1>2"的效果:特斯拉的太阳能电池板将会从家家户户的屋顶延伸到特斯拉的量产车型,随着规模的扩大,特斯拉的太阳能电池板技术将会得到发展、其成本也必然会下降。这意味着充电效率更高、单位电能成本更低,从而完善与太阳能电动汽车相关的配套设施,进一步有利于新能源汽车的推广与发展。

图 7.46 特斯拉电力生态系统

未来特斯拉的所有量产车都会将太阳能电池系统作为一个标配的功能,因为那时用户完全可以承担特斯拉的太阳能系统的成本,其太阳能电池板或许将覆盖车顶、发动机盖等。

从更大的范围来看,特斯拉的家庭电力生态系统是一个微系统,将会和国家电网系统互相补充。目前,特斯拉已经在美国推广这一系统,也正在我国招募太阳能相关员工,希望在中国推广类似的系统。我国的太阳能电池板发展迅速,日后我国老百姓乃至全人类使用太阳能的规模,会随着这些太阳能屋顶、太阳能路灯及夜灯、太阳能汽车,还有更大规模的太阳能光伏发电站等的发展而迅速扩大。清洁能源未来可期。

4. 新能源汽车爆发增长

根据中国汽车工业协会统计,2022 年我国新能源汽车产销分别为 705.8 万辆和 688.7 万辆,同比分别增长 96.9% 和 93.4%,连续八年居世界首位。

与传统车企集中在一线城市和老工业区等传统制造业发达地区相比,新能源车企覆盖范围大而广,甚至包括许多三四线城市。新能源车企主要发展区域集中于长三角及珠三角地区,如比亚迪、吉利、小鹏、蔚来等企业,目前站在新能源汽车产业发展的前端,而东风、一汽等老牌车企处于转型阶段,未完全发力。

7.4.2 新能源汽车产业链概况

新能源汽车属于新兴产业,产业链长,涉及多个行业的发展。与传统汽车行业不同,新能源汽车产业最重要的环节包括"三大三小",其中"三大"指电池、电动机、电控,"三小"指电空调、电制动、电助力。"三大电"(电池、电动机和电控)取代"三大件"(发动机、变速器和底盘)成为汽车行业关键零部件。从新能源汽车产业链整体看,将新能源汽车产业链分为上游、中游、下游。产业链产品构成与企业构成如图 7.47、图 7.48 所示。

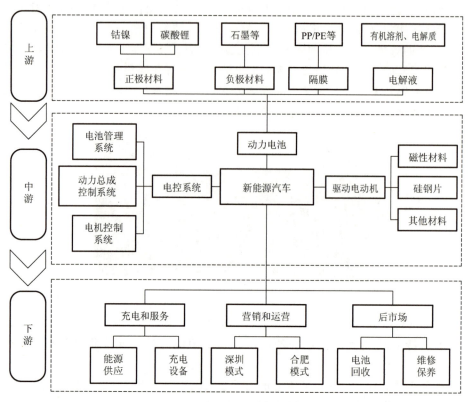

图7.47 新能源汽车产业链产品构成

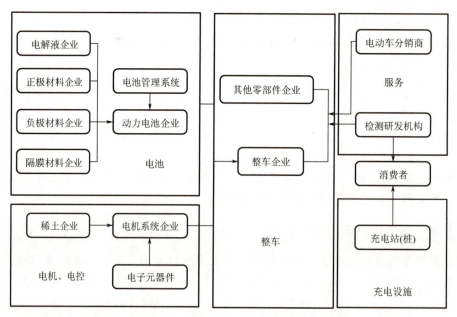

图7.48 新能源汽车产业链企业构成

1. 上游

上游主要为制造核心部件的原材料,包括用以制造动力电池的碳酸锂和氟化锂等及用以制造驱动电动机的永磁材料,如钕铁硼、铁矿石等。动力电池包括正极材料、负极材料、隔膜、电解液、封装和电池管理系统。

2. 中游

中游主要是整车及构成电动汽车的核心部件,包括动力电池、驱动电动机和电控系统。其中整车分为客车和乘用车两块,客车行业起步早、渗透率高,目前已经比较成熟,格局稳定;乘用车行业起步较晚,相关技术尚在持续迭代更新,产业方兴未艾,具有较大的发展空间。动力电池以锂离子电池为主。动力电池是新能源汽车的核心,成本为总成本的45%,电机、电控在新能源汽车成本中占比仅次于电池,约为总成本的25%。

3. 下游

下游主要包括充电配套、新能源汽车后市场及运营服务等。作为新能源汽车的基础设施,新能源汽车的健康发展将直接为充电站建设提供信心。

思考题

1. 广义新能源汽车如何定义?我国政策鼓励和支持的新能源汽车有哪些形式?
2. 简述新能源汽车的分类及各自特点。
3. 简述电动汽车的关键技术及发展方向。
4. 电动汽车的充电方式有哪几种?
5. 新能源汽车产业链是如何构成的?

第 8 章
汽车先进制造技术

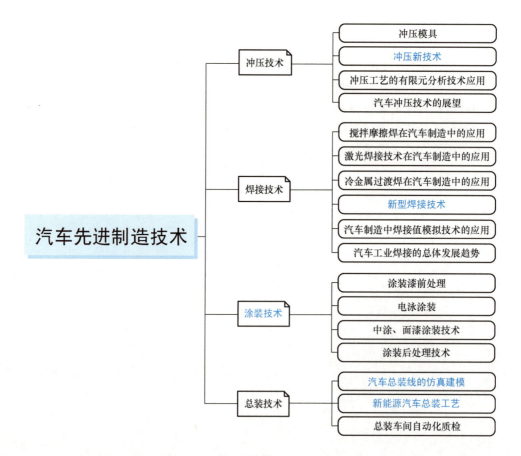

汽车先进制造技术 第8章

导入案例

　　汽车制造产业汇集了制造业的各种高端技术，一部汽车需要上万个零件，需要使用冲压、焊接、涂装、总装等各种各样的方法使汽车最终成为商品甚至是艺术品。在不断追求汽车先进性能的发展过程中，出现了很多先进的制造技术，包括传统铸造、冲压等制造工艺的改进，以及虚拟装配、有限元分析等先进技术的应用。从汽车的生产过程来看，各种汽车零部件生产后汇集到汽车整车厂进行总装、涂装和试验，得到最终的汽车产品。图8.1所示为正在流水线上装配的汽车。

图8.1　正在流水线上装配的汽车

汽车流水线

8.1　冲压技术

8.1.1　冲压技术简介

1. 冲压原理

　　冲压常与锻造合称"锻压"，与锻造类似，它也是一种塑性变形加工方法。传统的冲压工艺一般是在压力机和模具的作用下使板材或管材等发生塑性变形并与多余的材料发生分离，获得所需形状和尺寸的工件的加工方法。通常所讲的冲压都指冷冲压，因为传统的冲压都是使材料在室温状态下进行冲压成形的。图8.2所示为汽车冲压车间，图8.3所示为板材冲压成形过程。

大型冲压生产线

2. 冲压工序流程

　　冲压按工艺分，可分成分离工序和成形工序两类。分离工序是将要进行冲压的板材沿

309

图 8.2 汽车冲压车间

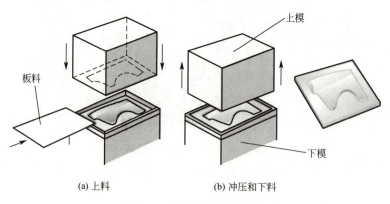

(a) 上料　　(b) 冲压和下料

图 8.3 板材冲压成形过程

一定轮廓线从板材上分离出来,以进行冲压得到冲压成形件,冲裁需要保证断面的质量。成形工序是使冲裁下来的板料在模具的作用下发生塑性变形,得到具备所需形状和尺寸的冲压件。由于汽车冲压件的形状一般都比较复杂,因此需要使用多种工艺来得到冲压件,如冲裁、弯曲、剪切、拉深、矫正等,通常需要在多个不同模具的冲床上多次冲压才能最终成形。一般的冲压流程是将整卷的板料打开平整,经过冲裁后得到小件板料,再经过成形得到工件,有特别要求的工件需要再进行后续精整加工,检测合格后便可以投入使用或入库。

3. 冲压的优势

冲压是汽车制造产业中最基本也是最重要的金属加工方法之一。 据统计,**平均每辆汽车上所包含的零件中,有约 60% 的金属零件依靠冲压成形**,如车身上的各种覆盖件、车门内板、地板、车身支撑、结构加强件、发动机排气管、油底壳、车梁等都是用冲压工艺生产的。图 8.4 所示为各种汽车冲压件。

与其他工艺相比,冲压有以下优势。

图 8.4 各种汽车冲压件

（1）加工效率高，每个冲压行程可得到一个冲压件，而且由于工序少，易实现自动化。

（2）冲压件的形状和尺寸不受太大的限制，可以加工很复杂的零部件，同时，冷冲压的变形硬化效应使冲压的零件强度提高。

（3）后续加工量小，冲压虽然会产生废料，但不会产生碎屑，合理的排样还能提高材料的利用率。

（4）可以冲压出带有加强筋或翻边的工件。

（5）尺寸精度高，材料经塑性变形后能有效提高强度和刚度。

（6）操作简单，便于组织生产，大批量生产时，成本低。

但是冲压也有其缺点，如冲压加工时冲击力大，振动和噪声大，对压力机的吨位要求也较大；另外，由于冲压一般是用板材，制造复杂，冲压后难以在工件的表面再进行切削加工，因此精度要求高，从而要求模具的精度也要达到相应的精度，制造费用高，周期长，不适合小批量生产。

4. 冲压板材的要求

根据冲压的加工特点，通常对冲压用的板材有一定的要求，具体如下。

（1）板材厚度要均匀，表面光洁平整，无裂纹。

（2）板材屈服强度要均匀，无明显方向性，同时要有足够的均匀延伸率。

（3）加工硬化程度不能太高。

（4）板材的屈强比低。屈强比为材料的屈服极限与强度极限的比值。材料的屈服极限越低对塑性变形越有利，变形越容易，而强度极限越高，越难在塑性变形时发生破裂现象。

由于汽车覆盖件既要保证性能，又要体现美观，因此对冲压件的表面质量通常有很高的要求，表面不能出现波纹、刻痕、擦伤等缺陷，而且要求棱线要平直、曲线要圆滑过渡，同时尺寸精度要足够高，因为覆盖件通常还要与其他零件进行组合，要保证其他零件能够正确组装。

5. 冲压材料与工艺

随着汽车的发展，人们对汽车在安全、环保、外观、轻量化等方面的要求越来越高，于是出现了高强度钢板、超高强度钢板、铝合金材料等新型材料，铝合金材料在比强度、吸能效果、轻量化方面的表现都优于合金钢，越来越多的铝合金被应用到一些高档汽车的车身冲压件的生产中。新材料在提高汽车性能的同时，也推动着冲压技术向前发展。与此同时，出现了一些相应的冲压新技术，如激光拼焊、热冲压成形、内高压成形、液压拉深成形等。

6. 冲压设备

目前冲床主要有两个发展方向：一个是大型多工位压力机，另一个是大型压力机柔性自动化生产线，如图8.5所示。先进的冲压设备已经包含了全自动快速换模系统、自动监控系统、高精度冲压等先进技术，每分钟的冲压行程次数越来越多。而采用伺服电动机的冲床可实现冲压速度与冲压行程的数字化控制，吨位也已经超过了1000t，随着这些技术的发展和在冲压设备上的逐步改进，冲压技术将有更大的发展空间。

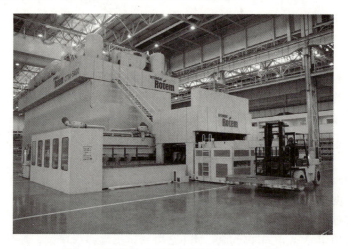

图 8.5　某汽车冲压车间柔性全自动生产线

8.1.2　冲压模具

1. 模具设计

冲压模具是冲压技术中非常重要的部分。它的设计直接关系到冲压件的质量和性能。

如图8.6所示，模具设计可按设计内容的不同分为三部分，分别是模具结构设计、模面设计和冲压工艺设计。现在国外的模具设计是先行设计冲压工艺，再以此工艺来指导模具的模面设计和结构设计，模面设计则是利用计算机模拟技术进行设计，并依靠积累的经验数据，可以制出尺寸精度极高并符合生产要求的模面，大大减小了制作出模具后的钳修和边试验边修整、调校的工作量，同时针对冲压件可能出现的回弹、断裂等问题也可在计算机模拟时及时发现，并通过合理的模面设计避免这些问题，降低废品率，使产品的性能和生产效益大大提高。

由于我国汽车制造技术起步晚，没有有效的经验积累机制，设计时的专业分工也不明确，在模具设计方面离国际先进水平仍有很大的差距。国内的模具设计一般都集中在模具

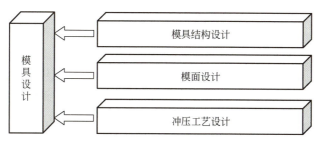

图 8.6　模具设计三部分

的结构设计方面,很多中小型模具厂还采用制作出模具后边试验边调试的方式,这样就导致了模具生产水平落后。但近几年来,国内部分模具厂商还是依靠自身积累的经验和计算机 CAD/CAM/CAE 技术的应用,在中档汽车零件冲压模具方面占有了一定的市场,具备与国外厂商竞争的实力。

2. 汽车冲压模具的发展趋势

现在汽车冲压模具要重点发展以下方面:①模具类型;②模具制造技术;③CAD/CAM/CAE 技术的应用。在模具类型方面的发展有几个重点,如多功能冲压模、多工位级进模、汽车大型覆盖件冲压模等。原来汽车覆盖件都是由很多零碎的冲压件焊接而成的,但现在很多整车厂为了提高汽车的性能,偏向于使用大型覆盖件。大型覆盖件的好处是能够减少加工工序,减少焊点,降低生产成本,同时大型覆盖件更加美观,阻力也更小。所以现在汽车冲压模具的发展趋势是冲压件的大型化、集成化。

与此同时,模具性能要求的提高也催生了一批先进的模具制造技术。例如,高速铣削加工(图 8.7),可大幅度提高模具的加工效率和模具的表面质量,它的特点是能够加工高硬度的模具材料,加工时温升小,发展潜力很大;电火花铣削加工是在以前电火花加工成形技术上发展起来的,其利用简单电极在数控系统的控制下沿一定路线移动,通过简单电极与工件之间不同位置放电加工使模具成形,与传统的电火花加工成形技术相比,它加工后表面粗糙度值更低,而且不会出现电弧放电或短路现象,可以加工硬度更大、形状更复杂的模具;另

图 8.7　汽车模具的高速铣削加工

外,还有模具真空热处理技术、气相沉积和等离子喷涂等表面处理技术。

CAD/CAM/CAE 技术在模具设计方面的作用是举足轻重的,它使得模具的设计更合理、模具性能更优秀,可在制造模具之前发现缺陷并修正,缩短了模具开发周期,降低了开发成本。

3. 多工位级进模

多工位级进模是汽车冲压模具的一种新的形式,模具通常设有两个或两个以上的等距冲压工位,不同工位可以有不同的冲压方式,如冲裁、拉深、弯曲、装配、空工位等。在一次冲压行程中各工位上的工件都能完成相应的冲压,并得到对应形状的坯件,如

图 8.8 各工位不同的冲压形状

图 8.8 所示。送料带每次前进一个步距（一个工位的距离）使工件进入下一个冲压工位，当最后从级进模送出后，得到成形的冲压件，如图 8.9 所示。

如图 8.10 所示，多工位级进模是较先进的冲压工艺，它具有高精度的导向和定距系统、自动送料和自动检测功能、安全保护装置，在汽车冲压行业得到了广泛的应用。但它对模具的要求也较高：模具要有很高的精度，结构复杂、构件多，模具材料加工困难，并且要求模具零件能够迅速、方便、可靠地进行更换。

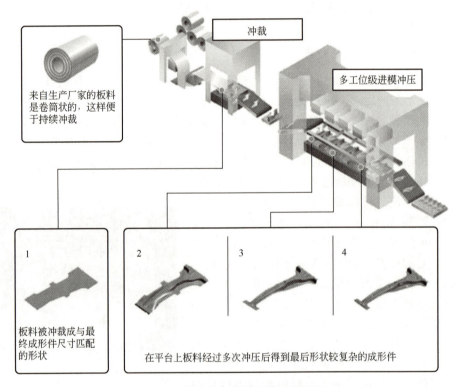

图 8.9 多工位级进模冲压成形过程

多工位级进模的特点如下。

(1) 生产效率高。一副多工位级进模可以完成诸如冲裁、压筋、弯曲、拉深、冲压成形等工序，减少了半成形件在不同功能冲床间的运送和重复定位，大大提高了生产效率。现在先进的多工位级进模一次可以完成 50 个工位以上的冲压，每分钟能冲压几十次。

(2) 产品质量高。多工位级进模的精度很高，并且具有高精度的导向定位系统，产品误差小、尺寸精度高，精度可达到 IT10 级。

(3) 操作安全简单。多工位级进模在送料机、开卷机和数控系统的配合下能够实现自动化生产，操作简单，需要工作人员少。

(4) 模具设计制造困难、使用寿命长、制造费用高。

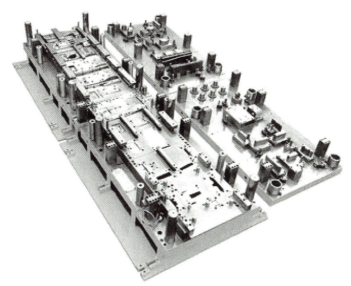

图 8.10 多工位级进模

（5）多工位级进模一般只用于冲压厚度为 **2mm 左右的薄板材料**，当产品为大批量生产、形状复杂时，可体现出生产成本低的优点。

8.1.3 冲压新技术

1. 高强度钢板的热冲压成形

使用高强度钢板是汽车轻量化的一个途径。因此高强度钢板在现在汽车行业中得到了大量使用。汽车上使用高强度钢板的零部件如图 8.11 所示。

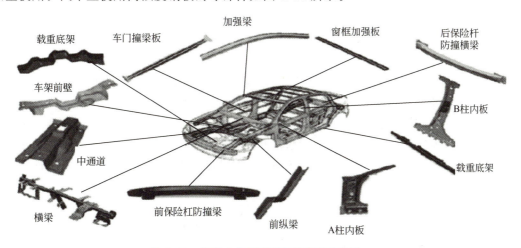

图 8.11 汽车上使用高强度钢板的零部件

热冲压成形是利用高强度钢板在高温状态下金属塑性和延展性提高、屈服强度迅速下降的特点，将板材加热到再结晶温度以上的某适当温度，使板料处在奥氏体状态下对其进行冲压成形。通常将高强度钢板加热到 900℃ 左右进行冲压成形，再进行速冷处理，可使钢板的抗拉强度达到 1450MPa 以上。

热冲压成形加工高强度钢板的工艺流程如图8.12所示。

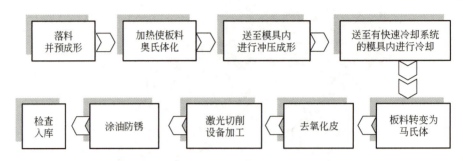

图8.12　热冲压成形加工高强度钢板的工艺流程

热冲压成形的设备包括落料机、加热设备、液压机、水循环装置、激光切割设备、去氧化皮设备和传送零件装置，设备多样复杂，前期投资较大。

热冲压工艺成形零件的特点如下。

（1）高温下成形零件表面易氧化，表面质量较差。

（2）由于材料的塑性好，因此在成形过程中零件不易起皱和破裂，无回弹，尺寸稳定性较好。

（3）冷却过程中由于温度分布不均匀，易产生热应力和热变形，严重时导致开裂。

（4）材料通过加工变形和快速冷却，晶粒得到了细化，力学性能提高。

（5）材料经过变形和硬化后，强度提高，冷冲压切边冲孔已无法对其进行加工，达不到工艺和零件对精度的要求，需要使用昂贵的激光切割设备进行加工。

冷冲压工艺成形零件的特点如下。

（1）在室温下成形和采用冷轧钢板，零件表面光滑。

（2）由于室温下材料的塑性差，因此在成形过程中零件易起皱和破裂，易发生回弹，尺寸稳定性较差。

（3）材料在加工过程中产生加工硬化，导致加工困难。

从表8-1可以看出，冷冲压和热冲压各有优点，在高强度钢板方面，热冲压更适合，但是它也容易出现一些其他问题。在热成形过程中，可以通过增加工序将总变形量分散到各成形工序上来解决热应力导致裂纹的问题；通过设计过渡结构规避起皱问题，使用合适的热处理工艺防止强度降低。另外，热冲压成形的问题还有零件的后续切削加工难度大、生产设备复杂、模具工作环境温度变化频繁、模具易出现失效导致使用寿命下降等，但在高强度钢板冲压方面，冷冲压却是无法替代热冲压的，因此，热冲压成形仍有很好的发展前景。

表8-1　不同冲压工艺下零件性能对比

类　型	材　料	屈服强度/MPa	抗拉强度/MPa	伸长率/（%）
冷冲压	B340（1.5mm）	340～500	≥590	≥18
热冲压	BTR165（1.8mm）	1100	1450	9～12

2. 液压拉深成形

拉深成形是冲压的工艺之一。如图8.13所示，传统拉深成形在拉深过程中由凸模压下毛坯的中间部分,毛坯的凸缘区在径向拉应力和压边圈向下压应力的作用下被逐渐拉入凹模成为筒壁。在这个过程中,如果拉应力超过工件材料的极限拉应力,工件将被拉裂。另外,传统的拉深工艺在很多情况下需要多次拉深才能成形,工序较多,尺寸精度较差。而液压拉深技术是一种在原理和方法上都不同于传统拉深工艺的加工方法,它可分为液压深拉深和液压正拉深两种工艺,深拉深用于加工深度较深的工件,正拉深用于加工深度较浅的工件。

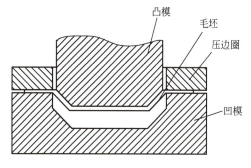

图 8.13　传统拉深成形

(1) 液压深拉深。

如图 8.14 所示,液压深拉深是利用压力介质成形的。在下模设置压力介质容器(液压容器)作为液压腔,并用于紧固凹模。液压容器与液压机的压力调节装置相连,用一个夹紧环将凹模固定在液压容器上,同时环上开有槽,可将泄漏的液体排出去。上模则由凸模和压边圈构成。

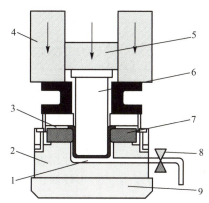

1—压力介质；2—液压容器；3—压边圈；4—压边滑块；5—滑块；
6—凸模；7—凹模；8—压力调节装置；9—工作台

图 8.14　液压深拉深模具

正常状态下液压机是打开的,液压容器内充满了液体。成形时,将毛坯放在凹模上后液压机闭合,压边圈压紧毛坯,凸模进入液压容器,与液压容器相连的压力调节装置根据工件不同的拉深深度调节液压容器内液体的压力,液体产生的压力紧压进入容器的毛坯部分,将其紧压在凸模上。

液压深拉深的优点如下。

① 能在成形时利用液体能在各个方向产生的压力将毛坯紧紧压在凸模上,增大凸模与毛坯的摩擦力,改善板料在成形时的受力状态,工件上应力分布均匀,可降低工件的起皱现象,提高工件的表面质量和尺寸精度。

② 液压容器内的高压液体会从工件凸缘与凹模端面的缝隙流出到夹紧环处,所以在凹模端面与工件凸缘面形成一层润滑流体,减小了工件凸缘与凹模间的摩擦力,从而减小了径向拉应力,使毛坯的拉深极限大大提高。

③ 成形工序少,而且可用于形状复杂的拉深工件。

(2)液压正拉深。

与液压深拉深更多地考虑材料的拉深极限相比,液压正拉深考虑更多的是材料拉深后的回弹和变形。汽车上的大型覆盖件(如车前盖、车门、发动机罩等)面积很大而拉深深度小,因为板料的变形程度小,达不到足够的强度,抗凹性比深拉深工件差很多,有时只需在工件中部施加很小的力就能使工件发生变形,汽车发生碰撞或受冲击时很容易损坏。使用液压正拉深工艺可以解决这些问题。

液压正拉深同样是利用液体施加压力进行成形的。在拉深过程中,板料周围受凹模与压边圈的压紧固定,中间部分在压力介质作用下向上发生塑性变形,贴紧到凸模上完成预拉深。之后,压边圈与预成形件和凹模构成的整体压向凸模,压力介质在压力控制系统作用下调整压力,使板料完全紧压于凸模上最终成形,其原理如图 8.15 所示。

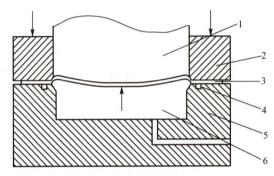

1—凸模;2—压边圈;3—板料;4—密封圈;5—凹模;6—压力介质

图 8.15 液压正拉深的原理

液压正拉深的优点是板料与模具不存在相对运动,只是板料在液体压力的作用下紧压到凸模上成形,模具损耗小、使用寿命长,工件尺寸精度高、表面质量好,设计完善的模具对板料的材料和厚度没有太大的要求,生产效率较高。

3. 内高压成形

内高压成形技术是轻量化结构件的新型制造技术,它可以使冲压件减轻 30% 左右的质量,而且空心轴比实心轴质量也要更轻。内高压成形技术在加工形状复杂的空心件方面与传统的工艺相比有明显的优势。以排气管为例,传统的方法是采用整体铸造或多件单独成形的薄钢管焊接而成的,前者由于采用铸造,尺寸精度和表面质量都很差;后者采用焊接,零件多且工艺复杂。而使用内高压成形技术制作的零件不需要焊接,成形件精度高、质量轻,即使形状复杂也能以整体成形加工,零件材料的冷作硬化效应也提高了零件成形后的刚度。

内高压成形模具(图 8.16)由上下模组成,托架和轴向缸可调节轴向缸的密封压头的位置和方向,直到密封压头能使管件毛坯两端密封后,在密闭的模具内利用高水压使管件从内侧膨胀,在施加水压的基础上轴向缸进一步推动管件使其镦粗,直到管件与模具内腔壁面完全贴合得到工件。

内高压成形需要半成品坯料作为其毛坯,通常断面必须是圆形的管状毛坯。如果生产中工件因形状特殊或其他问题导致无法膨胀到最终形状,则还需要后续的冲压或切削加工。目前在汽车冲压行业中,内高压成形是非常有优势的,其产品的性能用其他加工方法很难达到,而且产品强度高、质量轻,是汽车轻量化的一种加工方式,如排气歧管

(图 8.17)、底盘、部分车身覆盖件都开始使用内高压成形技术。国外一些企业和研究机构已经开始研究非圆截面管件的内高压成形技术，如将板材焊接后中间形成空腔，再用内高压成形技术进行加工，这样可为内高压成形技术提供更广的使用范围。另外，正在开展的研究还有双层管内高压成形、拼焊管内高压成形、热态介质内高压成形等新技术。可以看出，内高压成形具有很好的发展前景。

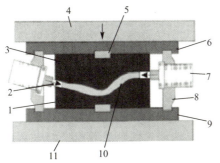

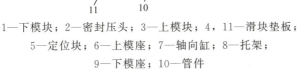

1—下模块；2—密封压头；3—上模块；4，11—滑块垫板；
5—定位块；6—上模座；7—轴向缸；8—托架；
9—下模座；10—管件

图 8.16　内高压成形模具的结构　　　　图 8.17　使用内高压成形的排气歧管

4. 激光拼焊板成形工艺

激光拼焊板最先是由德国蒂森克虏伯集团开始应用的，开始是为了得到超大尺寸的板材冲压件，后来发展到使用不同厚度、不同材质的材料，将其焊接成一块板料，然后进行冲压成形。图 8.18 所示为激光拼焊。

激光拼焊板的使用可以减少零件数量(图 8.19)、减轻零件质量、降低生产成本和减少模具投资等，在欧美汽车制造业得到广泛应用，每种新车型都有十余种零件应用激光拼焊板。激光拼焊板主要应用在车门内板、侧围内板及梁类零件。据统计，汽车车门内板采用激光拼焊板成形的占 40% 以上。

通过图 8.19 可以看出，在采用激光拼焊工艺之后，该位置的加强板可以变得更小而不影响车身性能，该处的新加强板能为汽车减重约 1.5kg。

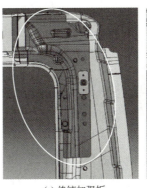
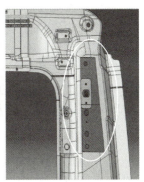

(a) 传统加强板　　(b) 采用激光拼焊的新加强板

图 8.18　激光拼焊　　　　图 8.19　汽车车门侧围内板新加强板

5. 激光下料

激光下料指利用激光振荡器输出的激光以光速通过聚焦镜聚焦,产生高密度能量照射在金属或非金属等材料上,使之蒸发而进行的下料方法,可进行缝隙较小的高精度下料。目前,在汽车冲压车间,主要使用的激光下料切割机有两种:一种是二氧化碳激光切割机,另一种是光纤激光切割机(图 8.20)。

激光下料在下料要求做出调整时,只需修改激光器的数控程序即可,方便快捷,能十分简单地切出各种合适的轮廓,最大限度地使冲压工序变得容易。激光下料时产生的热量比较集中,可有效控制工件的热变形,尤其对要求直线度的细长工件产生的效果较好。随着激光下料工艺参数的不断完善,能够通过编程更好地处理下料本身存在的缺陷而造成的质量问题,使整个生产过程更加系统化、完善化和高效化。

激光下料工艺路线如图 8.21 所示。工艺过程如下:卷板 1 安装在开卷机上,板料进入矫直机 2;校平后的板料进入活套 3,活套的主要功能是调节矫直机 2 与夹送辊 4 的速度差;夹送辊 4 夹持板料,送至激光切割机组 5;激光切割的状态有三种:静态切割、动态切割与往复切割。目前,静态切割与激光切割机原理相同,都通过 X、Y 轴插补,完成图形切割;动态切割时,板料持续向前,在运动中完成切割,此时,X 轴需叠加板料运动的速度;往复切割是夹送辊通过正反转往复送料,激光切割只在 Y 轴移动,夹送辊与激光动作相互配合,完成切割。其中,切割图形通过编程软件,将 .dwg 或 .dxf 图形文件转换为切割程序。切割后的工件根据实际需求配备自动抓取、堆垛装置。

1—卷板;2—矫直机;3—活套;4—夹送辊;5—激光切割机组

图 8.20 光纤激光切割机　　　　图 8.21 激光下料工艺路线

6. 伺服冲压

伺服压力机数量根据生产模具工序数设定,一般为 4 台或 5 台,首台伺服压力机吨位可选为 2500t,完成拉深工序;后序伺服压力机吨位一般为 1000t,完成切边、冲孔、翻边整形等工序。伺服压力机采用伺服电动机控制,直接驱动连杆机构,带动滑块上下往复直线运动,由于伺服电动机的特点,滑块可以在任意位置停止,工件成形保压时间可控,同时匹配数控拉伸垫,压边力可调,能生产高品质冲压件。伺服压力机实物及结构分别如图 8.22、图 8.23 所示,冲压车间现场如图 8.24 所示。

7. 激光检测

激光检测是一种不影响被测物体运动的非接触式测量,具有自动化程序高、精度高、稳定性强、测量范围大、检测时间短、可适应危险环境等优点,同时具有很高的空间分辨率,主要应用有激光干涉测长、激光测距、激光测振、激光准直、激光测位移、激光散斑测量等。在汽车冲压车间,运用激光检测技术时一般采用激光测距原理(图 8.25)和激光

图 8.22 伺服压力机实物

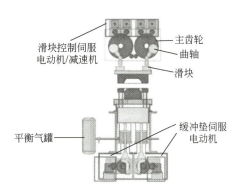

图 8.23 伺冲压力机结构

图 8.24 冲压车间现场

测位移原理。激光检测技术实现了对工件尺寸、形状、颜色等特征的自动判断和识别,是实现工业自动化和智能化的必要手段,其工作流程如图 8.26 所示。

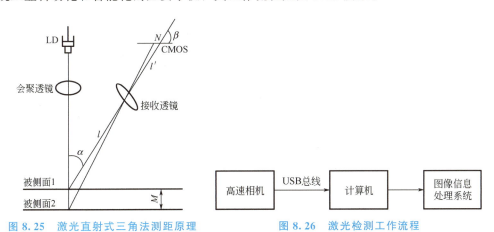

图 8.25 激光直射式三角法测距原理　　　图 8.26 激光检测工作流程

8. AGV 小车

AGV(automatd guided vehicle)小车(图 8.27)是指装备电磁或光学等自动导引装置,以可充电的蓄电池为动力来源,能够沿规定的导引路径行驶,具有安全保护及各种移载功能的运输车,工业应用中不需要驾驶人的搬运车,一般可通过计算机来控制其行进路线及行为，或利用电磁轨道来设立其行驶路线。AGV小车不仅可以高效、准确、灵活地完成搬运任务，而且行驶路径可以根据生产工艺流程的改变而灵活改变，既降低了运行路径改变费用，又大大提高了冲压生产线的柔性和智能化水平。

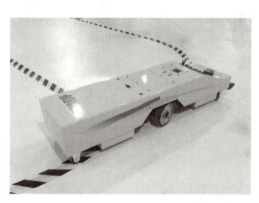

图 8.27 AGV 小车

8.1.4 冲压工艺的有限元分析技术应用

冲压成形仿真技术是在有限元分析技术和计算机开发能力快速发展的基础上发展起来的，是现在国际上研究的热点之一。实践证明，成形仿真技术是解决传统设计难题的有效途径。通过在计算机上建立模型（图 8.28），然后进行模拟冲压，再进行结果分析（图 8.29），可以完成模具和冲压工艺优劣的判断并发现问题。通常是通过"仿真—修改—仿真"循环过程来进行设计的，并且这一切都是在计算机上完成的。当得到满意的分析结果后将数据投入实际生产中，极大限度地避免了实际模具的报废和修改，提高了产品的开发效率和产品质量，降低了开发风险和产品成本。

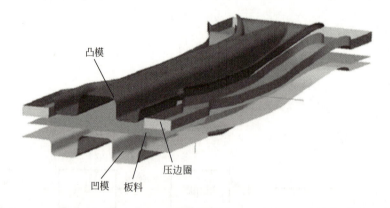

图 8.28 热冲压总体建模

仿真分析技术的进步依赖塑性成形有限元理论的成熟和计算机计算、开发能力的发展，现在国外已经有很多可用于冲压成形仿真的有限元分析软件，能模拟成形过程中的各种基本工艺和液压成形、热冲压等新型工艺，在模具模面设计、合理排样等方面的功能非常强大。

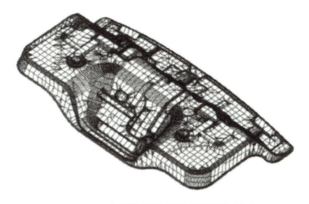

图 8.29　冲压模具有限元分析网格划分

美国 ETA 公司和 LSTC 公司联合开发的 DYNAFORM 软件就是用于成形仿真分析的软件，它包括有限元前、后处理器和 LS－DYNA 求解器。LS－DYNA 求解器是世界上著名的通用显式动力分析程序，能够模拟真实世界的高速碰撞、爆炸和金属成形等高度非线性动力冲击问题，保证了其计算的可靠性。DYNAFORM 软件采用自适应网格技术，初始坯料的网格可以较粗，在模拟成形过程中，当坯料遇到比较剧烈的变形时自动进行局部区域的网格细分，以提高这些部位计算的准确度。自适应网格技术很好地解决了分析精度与计算效率的矛盾，在时间与精度上巧妙地取得了平衡。DYNAFORM 软件是目前国内外应用较多的仿真分析软件。

图 8.30～图 8.32 所示就是利用仿真分析软件模拟汽车冲压件冲压过程压力、温度等的分布和可能出现的问题。

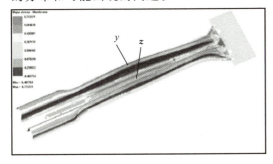

图 8.30　汽车冲压件冲压压力仿真分析

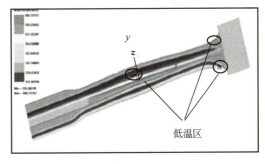

图 8.31　汽车冲压件温度仿真分析

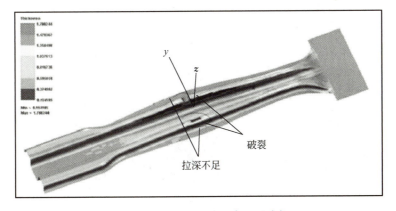

图 8.32　汽车冲压件仿真问题分析

8.1.5 汽车冲压技术的展望

汽车冲压是对汽车工业来说非常重要的一种工艺。国外冲压方面的应用已经很成熟，而在国内，专门从事冲压件生产的大型企业却很少，基本以中小型冲压件为主。但随着汽车产业在我国的迅猛发展，汽车零部件制造业得到了很好的发展机遇，冲压技术在我国也受到更多的重视。近年来汽车冲压专业化有了很大的提高，相比以往绝大部分整车企业都从国外或合资企业采购冲压件的情况，现在一些国内民营企业在冲压件方面也占有了一定的市场，基本能够提供所有的汽车用中、小型冲压件，而且成本和价格都比国外或合资企业低，产品的性价比较高，具有一定的国际竞争力，特别是在模具生产方面，已经能够生产较精密的模具，发展也很迅猛。但我们仍要认清形势，加大对冲压技术的研究，争取赶上或缩小与国外的差距。

未来，汽车冲压技术将向着模具开发专业化、制造过程的自动化和数字化、冲压设备的智能化和吨位大型化等方向发展，同时，新型的冲压技术和新材料也将得到更好的研究和应用。

在现在汽车产业欣欣向荣的情况下，冲压技术将会有很好的发展前景。

8.2 焊 接 技 术

焊接是被焊工件的材质（同种或异种），通过加热、加压或两者并用，用或不用填充材料，使工件的材质达到原子间的键和而形成永久性连接的工艺过程。焊接技术主要应用在金属母材上，按工艺特点主要分为熔焊、压焊和钎焊三大类。焊接产品与铆接件、铸件和锻件等相比，具有质量轻的优点，用在交通工具上可以达到减轻自重、节约能源的目的。焊接还拥有优秀的密封品质，常用来制造各种容器。对于焊接结构，可以采用不同部位应用不同性能材料的方法，使得各种材料的性能得到充分发挥，有效地利用材料，达到成本与性能双赢的效果。焊接已成为现代机械制造工业中一种不可缺少的工艺方法，尤其是在汽车制造中得到了广泛的应用。图 8.33 所示为某车型焊接车间。

图 8.33 某车型焊接车间

表8-2列出了汽车工业所用到的焊接方法及零部件的应用。

表8-2 汽车工业所用到的焊接方法及零部件的应用

焊接方法		零部件的应用
电阻焊	点焊	主要用于车身总成、地板、车门、侧围、后围、前桥和小零部件等
	多点焊	用于车身底板、载货车车厢、车门、发动机盖和后备箱盖等
	凸焊及滚凸焊	用于车身零部件、减振器阀杆、制动蹄、螺钉、螺母和小支架等
	缝焊	用于车身顶盖雨檐
	对焊	用于钢圈、进排气阀杆、刀具等
电弧焊	CO_2保护焊	用于车厢、后桥、车架、减振器阀杆、横梁、后桥壳管、传动轴、液压缸和千斤顶等
	氩弧焊	用于机油盘、铝合金零部件的焊接和补焊
	焊条电弧焊	用于厚板零部件(如支架、备用胎、车架等)
	埋弧焊	用于半桥套管、法兰、天然气汽车的压力容器等
特种焊	摩擦焊	用于阀杆、后桥、半轴、转向杆和随车工具等
	电子束焊	用于齿轮、后桥等
	激光焊	用于车身底板、齿轮、零件下料及修边等
氧乙炔焊		用于车身总成的补焊
钎焊		用于散热器、铜和钢件、硬质合金的焊接

8.2.1 搅拌摩擦焊在汽车制造中的应用

1. 搅拌摩擦焊原理

搅拌摩擦焊(friction stir welding)是一种固态连接方法。此项技术原理简单,控制参数小,易于自动化,可将焊接过程中的人为因素降到最低,因而具有广泛的应用前景和发展潜力。与普通摩擦焊相比,搅拌摩擦焊可不受轴类零件的限制,可焊接直焊缝,还可以进行多种接头形式和不同焊接位置的连接。

图8.34所示为搅拌摩擦焊原理。搅拌摩擦焊与常规摩擦焊一样,也是利用摩擦热作为焊接热源的。不同之处在于,搅拌摩擦焊焊接过程是由一个圆柱形的焊头伸入工件的接缝处,通过焊头的高速旋转,使其与焊接工件材料摩擦,从而使连接部位的材料温度升高软化,同时对材料进行搅拌摩擦来完成焊接。

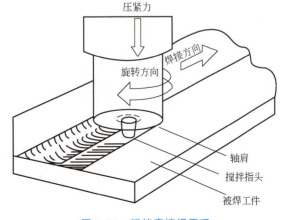

图8.34 搅拌摩擦焊原理

2. 搅拌摩擦焊工艺

搅拌摩擦焊的焊接过程如图 8.35 所示。在焊接过程中工件要刚性固定在垫板上,置于垫板上的对接工件通过夹具夹紧以防止对接接头在焊接过程中松开,如图 8.35(a)所示。一个带有特型搅拌指头的搅拌头旋转并缓慢地将搅拌指头插入两块对接板材之间的焊缝处,如图 8.35(b)所示。一般来讲,搅拌指头的长度接近焊缝的深度。当旋转的搅拌指头接触工件表面时,与工件表面的快速摩擦产生的摩擦热使接触点材料的温度升高,强度降低。搅拌指头在外力作用下不断顶锻和挤压接缝两边的材料,直至轴肩紧密接触工件表面为止,如图 8.35(c)所示。这时,由旋转轴肩和搅拌指头产生的摩擦热在轴肩下面和搅拌指头周围形成大量的塑化层,如图 8.35(d)所示。当工件相对搅拌指头移动或搅拌指头相对工件移动时,在搅拌指头侧面和旋转方向上产生的机械搅拌和顶锻作用下,搅拌指头的前表面把塑化的材料移送到搅拌指头后表面。在搅拌指头沿着接缝前进时,搅拌指头前方的对接接头表面被摩擦加热至超塑性状态。搅拌指头和轴肩摩擦接缝,破碎氧化膜,搅拌和重组搅拌指头后方的磨碎材料。随后当焊头旋转即搅拌指头离开时,尾部塑性金属流在挤压下重新结合形成固相焊缝,如图 8.35(e)所示。

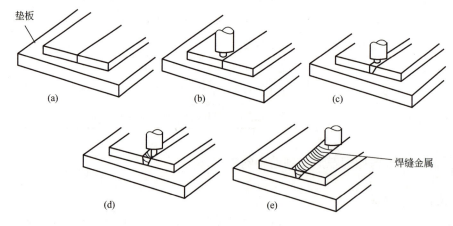

图 8.35 搅拌摩擦焊的焊接过程

3. 搅拌摩擦焊技术优势

搅拌摩擦焊的主要优点如下。

(1) 焊接接头质量高。

① 焊接接头不易产生缺陷。焊缝是在塑性状态下受挤压完成的,属于固相,避免了熔焊时熔池凝固过程产生裂缝、气孔等缺陷。这为熔池凝固裂缝敏感材料的焊接提供了新工艺,如对焊接高强度铝合金是十分有利的。

② 焊接接头热影响区显微组织变化小。固相焊加热温度低,热影响区金相组织变化小,如亚稳态相能保持基本不变,故有利于焊接热处理强化铝合金。

③ 焊接工件不易变形。焊接有刚性固定,并且固相焊加热温度低,故焊接工件不易变形,对较薄铝合金结构如小板拼成大板的焊接极为有利,也是熔焊难以做到的。

(2) 能一次完成较长、较大截面,不同位置的焊接。由于不是依靠两焊接相对摩擦来进行焊接的,根本上改变了传统的摩擦焊只能焊接简单断面的局限性,扩大了应用范围。

(3)操作便于机械化和自动化。不需要熟练技巧的高水平焊工进行操作,因此质量稳定性好,重复性高。

(4)成本低。①不需要填充材料,也不用保护气体;②厚焊接件边缘不用坡口加工;③焊接铝材工件不用去氧化膜,只需用溶剂擦去油污即可;④对接允许留一定间隙,不苛求装配精度;⑤节能,安全,无污染,无烟尘。

搅拌摩擦焊可以用于众多汽车零件的制造,比如汽车车体顶篷加强板、车体地板加强构件、铝合金发动机构架、发动机壳体内衬、悬架系统加强件、侧体内衬加强件、车门加强结构件、后门加强结构件等。图8.36所示是美国Tower Automo-tive公司利用搅拌摩擦焊为福特公司生产的铝合金悬架臂。

图8.36 用搅拌摩擦焊生产的铝合金悬架臂

8.2.2 激光焊接技术在汽车制造中的应用

汽车底板激光焊接

激光焊接是以激光作为能量载体的一种高能密度焊接方法。激光焊接是把能量很高的激光束照射到工件上,使工件受热熔化,然后冷却得到焊缝。图8.37所示为激光焊接原理。

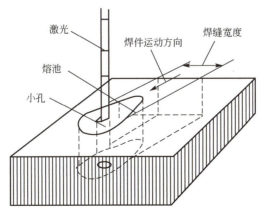

图8.37 激光焊接原理

激光焊接与常规焊接方法相比有如下特点。

(1)可焊接高焊点材料(如钛、石英等),并能对异性材料进行焊接,效果良好。

(2) 聚焦光斑小，焊接速度快，作用时间短，热影响区小，变形小。

(3) 属于非接触焊接，无机械应力和机械变形。

(4) 易与计算机联机，能实现精确定位，实现自动焊接。

(5) 可在大气中进行，无环境污染。

(6) 可焊接难接近的部位，可以远距离焊接。

(7) 激光束易实现按时间与空间分光，能进行多光束同时加工及多工位加工，为更精密的焊接提供了条件。

(8) 激光束功率密度很大，焊缝熔深大，速度快，效率高。

(9) 激光焊缝组织均匀、晶粒很小、气孔少、夹杂缺陷少，在力学性能、抗腐蚀性能和电磁学性能上优于常规焊接方法。

(10) 激光焊接具有熔池净化效应，能纯净焊缝金属。

激光焊接以其优异的性能和高柔性、高效率等优点作为焊接的手段应用于汽车制造业，是一种具有很大发展潜力的加工方法。激光焊接是一种高速、非接触、变形极小的焊接方式，非常适合大量而连续的在线加工。随着汽车需求量的增加，安全性能的提高和轻量化的发展趋势，原来的点焊技术已经难以满足技术要求。激光焊接具有单位热输入量小、热变形小、焊缝深宽比大、焊接速度高、焊缝强度普遍高于母材、可单边加工、复杂结构适应性好、能焊接多层板、易于实现远程焊接和自动化等优点。

激光焊接在汽车制造中的整个工艺主要包括三大类型：车身总成与分总成的激光组焊、不等厚板的激光拼焊、汽车零部件的激光焊接。

1. 车身总成与分总成激光组焊

激光组焊技术是将已冲压或切割成形的各种车身构件，先两两件组焊，然后多件组焊，从而形成白车身分总成，各白车身分总成再组装成白车身总成。

车身的激光焊接主要分为分总成焊接、车架焊接、顶盖和侧围焊接、后续焊接，如图8.38所示。

激光焊接技术运用于汽车车身能大幅度提高汽车的刚度、强度和密封性；减轻车身质量，并达到节能的目的；提高车身的装配精度，使车身的刚度提升30%，从而提高车身的安全性；降低汽车车身制造过程中的冲压和装配成本，减少车身零件并提高车身一体化程度；使整个车身强度更高，安全性更好，并且降低了汽车行驶过程中的噪声和振动，改善了乘坐舒适性。激光焊接技术在国外发展很快，而且国外已经充分利用激光焊接技术进行铝合金车身的焊接，为铝合金车身的制造提供了有效的方法。同时，激光焊接技术推动了汽车在不降低刚度和强度的前提下，向轻量化设计方向发展。激光焊接在汽车工业中，特别是中高档车的生产中已成为标准。

2. 不等厚板的激光拼焊

激光拼焊板在汽车工业上被大量应用为不同强度或不同表面处理状态的零件的整体成形。使用拼焊板将多个小零件通过激光焊接集成为一个大的毛坯并进行冲压，从而可以使模具和后续的生产工序减少，这样既降低了成本，又提高了汽车零部件的质量，使零件结构得到最大限度的优化，充分发挥不同强度、不同厚度板材的性能，并使汽车减重，减少零部件和保证安全，成为提高优化设计和制造技术的有效手段之一。典型激光拼焊构件如图8.39所示。以车门内板为例，为了保证功能的需要，车门内板的主体必须具备一定

(a) 分总成焊接(车门焊接)

(b) 车架焊接

(c) 顶盖和侧围焊接

(d) 后继焊接

图 8.38 激光焊接在车身中的应用实例

的柔性，而门板的前、后部都需要具有一定的强度。如果采用传统的冲压成形方法就需要另外设计加强板，而采用拼焊技术，只要将三块不同厚度的钢板拼焊成一块整板，即可冲压成形。

图 8.39 典型激光拼焊构件

目前，激光拼焊板已广泛应用在汽车车身的各个部位上，如后备箱加强板、后备箱内板、前轮罩、侧围、门内板、前底板、前纵梁、保险杠、横梁、轮罩、中立柱等，如图 8.40 所示。

激光拼焊在汽车工业上的应用具有增强汽车安全性、减轻质量、减少加工工序、降低成本、提高生产效率、减少材料消耗及提高总成装配的精确性等重要作用。采用激光拼焊板，可使车身零件减少约 25%，车身减重 20%，抗扭刚度提高 65%，振动特性改善 35%，并且增强了弯曲刚度。

随着人们对提高汽车结构安全性和减轻车身质量、降低燃油消耗要求的关注，激光拼焊板这一技术已经在全球汽车业兴起。激光拼焊板正在被世界各地的新车型所接受，世界

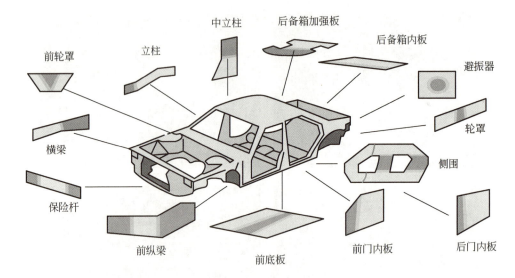

图 8.40 激光拼焊板在车身部件中的应用

各汽车制造商对激光拼焊板的需求大大促进了激光拼焊板的生产。目前,激光拼焊板在欧洲国家、美国、日本等的各大汽车厂的整车制造中已获得普遍应用。

3. 汽车零部件激光焊接

激光焊接在汽车制造中的应用始于变速器的齿轮焊接(图 8.41),由于采用了激光焊接,焊接后的齿轮几乎没有焊接变形,不需要焊后热处理,而且焊接速度大大提高,因此很快得到了应用。汽车零部件焊接采用激光焊接代替传统焊接,零件焊接部位几乎没有变形,焊接速度快,而且不需要焊后热处理。目前,激光焊接广泛用于变速器齿轮、气门挺杆、车门铰链、传动轴、转向轴、发动机排气管、离合器、增压器轮轴及底盘等汽车部件的制造中,成为汽车零部件制造的标准工艺。

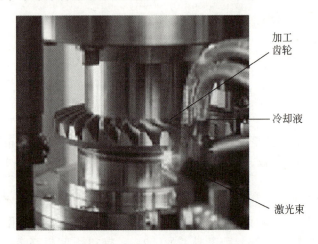

图 8.41 激光焊接齿轮

8.2.3 冷金属过渡焊在汽车制造中的应用

为减轻车身质量并控制制造成本,目前汽车大量使用镁铝一类的轻量化金属材料。根据镁铝合金的特点及焊接易出现的缺陷,焊接时应选用能量密度高、热输入小和焊接速度快的焊接方法。近些年出现的冷金属过渡焊技术,因焊接过程中低热输入和无飞溅的特点,可化解镁合金焊接中存在的难点。

1. 冷金属过渡焊的工作原理

冷金属过渡焊的基本原理是短路过渡,如果熔滴被大电流破断(在短路过程中),就会将更多的热量输入母材中。使用冷金属过渡焊,送丝运动与熔滴过渡过程相结合:对于普通焊接形式来说,其送丝速度是固定的;而冷金属过渡焊过程中,送丝运动与熔滴过渡相配合,通过焊丝回抽运动来促进熔滴过渡,这样熔滴在过渡时几乎没有电流,实现熔滴"冷"过渡,大大减小了焊接过程的热输入,减小了变形,有更好的间隙容忍性,焊接过程无飞溅,焊缝成形美观。其焊接过程如下:电弧引燃,焊丝向前进给,熔滴向熔池过渡;待熔滴进入熔池,电弧熄灭,焊接电流减小;电路发生短路,焊丝回抽使熔滴脱落,短路电流保持极小值,同时避免了普通短路过渡方式产生飞溅;焊丝运动方向改变,焊丝恢复到进给状态,熔滴过渡,依此过程循环往复,如图 8.42 所示。

(a) 焊丝进给,电弧燃烧

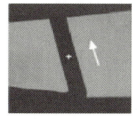
(b) 电流短路,焊丝回抽

(c) 电弧再燃,熔滴过渡

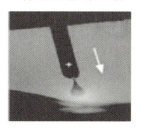
(d) 焊丝进给,循环往复

图 8.42 冷金属过渡焊的焊接过程

2. 冷金属过渡焊技术优势

冷金属过渡焊技术打破了传统焊接方法的热输入量大和热输入连续等特点,真正实现了焊接过程中熔滴的"热—冷—热—冷"规律性循环模式,最大限度地降低了焊缝区的热输入量,具有以下优点。

(1) 真正实现焊接过程无飞溅:熔滴过渡时,焊接电流几乎为零,通过焊丝回抽促使熔滴平稳过渡,避免形成飞溅,改善焊缝成形效果,减少焊后清理工作。

(2) 热输入小：熔滴短路时，系统在数字化控制下减小电流，电弧熄灭，对焊缝区的热输入随之降低，减小焊后的残余变形和残余应力。

(3) 引弧稳定迅速且可靠，冷金属过渡焊技术的引弧速度是传统熔化极气体保护焊的2倍，而且弧长精度控制度高，稳定性强，焊缝成形均匀一致，熔深一致，焊缝质量美观。

(4) 良好的搭桥能力，装配要求低，可进行异种金属的焊接。

(5) 工作环境相对洁净，绿色环保、节约能源。

3. 冷金属过渡焊工艺

针对不同的零件定义及装配，需要合适的工艺参数与之匹配，冷金属过渡焊主要参数如下。

(1) 送丝速度：冷金属过渡焊为参数一元化设置，调节送丝速度直接影响电流、电压等参数，进一步影响热输入。不同的送丝速度需配合相应的机器人行走速度，两者共同影响焊缝外观成形，冷金属过渡焊自动弧焊系统构成如图8.43所示。

(2) 弧长控制：不同的弧长对焊缝成形影响很大。与长弧相比，短弧形成的焊缝宽度较窄，熔深较大，热输入小，产生的热影响区也相应较小，对薄板焊接时的变形控制更有好处。另外，短弧的气体保护效果更好，能最大限度地抑制各种侵入性气孔。短弧焊缝搭桥能力强，焊缝更加连续。

(3) 起弧及收弧电流：冷金属过渡焊拥有的特殊两步工艺，可以对起弧及收弧的电流单独进行调节。为了更加容易起弧，一般将起弧电流设置为正常焊接电流的1.2倍。为了防止焊缝结束处材料堆积或热量累积，收弧电流一般设置为焊接电流的80%。电流持续时间根据起弧段、收弧段的长度进行控制，主要用于对起弧段及收弧段焊缝外观有特殊要求的情况。

(4) 抽拉丝电动机电流监控：冷金属过渡焊的送丝动作由送丝机的推丝电动机及焊枪的拉丝电动机共同完成。在正常工作状态下，推丝电动机及拉丝电动机分别对应着一个工作电流，可在小范围内变动。推丝电动机及拉丝电动机的电流超出正常工作电流，会导致断弧，焊接外观成形不良等缺陷。

(5) 焊接控制：为了得到更好的焊缝外观，需要增加对焊缝的控制。不同车型的不同焊缝均需要设置单独的焊接参数及轨迹程序。这样可以对每条焊缝进行更精确的调节，并保证在调节某条焊缝过程中不会对其他焊缝造成影响。在焊接侧围外板时，根据焊缝的特殊形状和位置，总共设置五套参数供机器人在焊接过程中调用，这五套参数可单独进行调节。

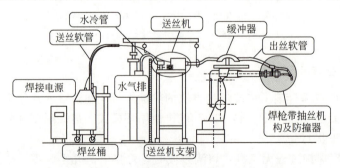

图8.43 冷金属过渡焊自动弧焊系统构成

4. 镁铝合金与异种金属的冷金属过渡焊技术研究现状与进展

冷金属过渡焊技术的研发初衷是解决铝-钢异种金属焊接时出现的变形、飞溅和焊缝成形不良等问题,后来由于冷金属过渡焊出色地完成了铝-钢异种金属连接,加之镁合金连接技术的不断发展,国内外部分学者开始尝试镁合金与异种金属的冷金属过渡焊,并取得一定进展。

对于镁-钢的冷金属过渡焊,实验结果表明,在合适的工艺条件下,如果焊丝中的合金成分含量小,可能产生金属间化合物的量小,因而焊缝力学性能好;此外,MnE21等焊丝中的 Mn 元素通过氧化还原反应可以起到净化熔池金属并适渡提高焊缝金属力学性能的作用,但是 MnE21 焊丝的焊接工艺参数选择范围较窄,降低了其适用性,冷金属过渡焊现场如图 8.44 所示。

图 8.44 冷金属过渡焊现场

表 8-3 为镁合金与异种金属的冷金属过渡焊工艺参数对比。从中可发现,在镁合金冷金属过渡焊中,随异种金属熔点下降,焊接电流随之降低,而且焊接热输入减小,金属间化合物较少,化合物的厚度变薄,焊缝力学性能提高。因此,从提高焊缝力学性能的角度出发,镁合金与异种金属的冷金属过渡焊应着重研究 Mg-Al 的冷金属过渡焊技术。

表 8-3 镁合金与异种金属的冷金属过渡焊工艺参数对比

合金	熔点/℃	焊丝型号	焊丝直径/mm	接头形式	焊材厚度/mm	焊接电流/A	焊接电压/V
镁-钛	1678	AZ61	1.2	搭接	1	150~160	13
镁-钢	1535	AZ61	1.2	搭接	1	120~150	17
镁-铜	1084	AZ61	1.2	搭接	1	100~150	11
镁-铝	660	AlSi5	1.2	搭接	1	97~114	11
镁-镁	648	AZ31B	1.2	搭接	1	50~60	12

8.2.4 新型焊接技术

1. 激光-电弧复合焊

激光-电弧复合焊技术是一种功能多、可靠性高、适应性强的精密焊接技术；与单热源焊接相比，它能够通过两热源间的相互作用有效抑制和改善单热源焊接中的常见缺陷，如烧穿、咬边及孔隙等。由于其热源具有极高的功率密度，焊接过程中热输入量就极低，因此采用该方法得到的焊件具有变形量小、线能量小、热影响区窄及接头力学性能好等优点。

图8.45所示为激光-电弧复合焊原理。激光-电弧复合焊是激光与电弧同时作用于金属表面的同一位置，焊缝上方因激光而产生等离子体云，等离子体云会降低激光能量利用率，当外加电弧之后，低温、低密度的电弧等离子体会稀释激光产生的等离子体，从而使激光的能量利用率显著提高；同时电弧作用使母材温度升高，也提高了母材对激光的吸收率；激光熔化金属，为电弧提供了大量的自由电子，减小了电弧通道的电阻，这也不同程度地提高了电弧的能量利用率。

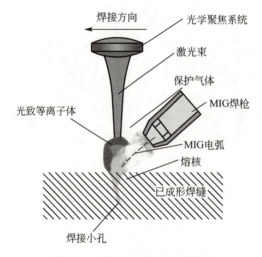

图8.45 激光-电弧复合焊原理

电弧焊容易使用焊丝填充焊缝，采用复合焊会进一步扩大拼缝间隙的宽容度，减少或消除焊后接口部位的凹陷，改善焊缝形貌，提高焊缝质量，降低焊接成本。单独激光和电弧热源的作用区域小，复合焊中电弧的加入，扩大了热作用范围，熔化金属增加，桥接能力增强，降低了对焊件接口的装配要求；同时电弧热作用范围、热影响区扩大，温度梯度减小，冷却速度也较小，熔池凝固过程减缓，可减少或消除裂纹和气孔的产生，提高焊接的可靠性和稳定性。

另外，激光-电弧复合焊具有很宽的焊速调整范围。例如，采用激光-电弧复合焊焊接某车门对接接头（图8.46）时，焊接速度在1.2～4.8m/min内都是可行的，焊丝送丝速度为4～9m/min，激光功率为2～4kW。因此激光-电弧复合焊对汽车工业来说具有极大的吸引力和经济效益。

激光-电弧复合焊是一种新兴、高效的焊接工艺方法，既可提高电弧的稳定性和引燃率,又可大大提高彼此能量的利用率。激光-电弧复合焊还能够改善某些难焊材料的焊接性,如异质金属、铝合金等。因此,无论是从工艺角度还是从经济角度考虑,激光-电弧复合焊都具有广阔的发展前景。

2. 激光远程焊

图 8.47 所示为用激光远程焊焊接某车型车身后窗。由于传统激光焊接系统在焊接位置之间移动的速度较低,因此在实际生产中很难达到大批量生产要求。这一缺点在焊点分布多的复杂三维零件(如车门)上的应用显得尤为突出。高光束质量、高功率新型盘形激光器和光纤激光器的应用推广,为激光远程焊技术的实现奠定了硬件基础。如今激光

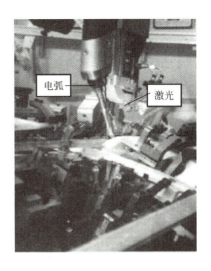

图 8.46 用激光-电弧复合焊焊接某车型车门

远程焊正在成为一种替代传统汽车白车身应用中电阻点焊的一种手段。

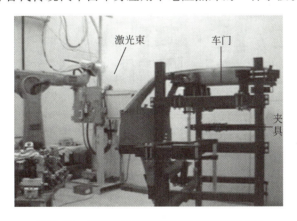

图 8.47 用激光远程焊焊接某车型车身后窗

激光远程焊发挥了单侧、非接触式激光焊接带来的技术和经济优势,并将其与高速扫描镜片带来的优势相结合,大大缩短了焊接时间,在整个焊接流程中提高了总生产效率。激光远程焊的优势非常显著,与传统激光机器人焊接的工作周期相比:传统激光机器人焊接 20mm 的缝焊可在 0.2~0.4s 内完成,重复定位时间最大为 3s;而激光远程焊的焊接时间相同,重复定位时间仅为 0.2s。激光远程焊的关键优势在于缩短了定位时间,这是因为装备了高速光束扫描装置。

激光远程焊技术仍然在发展中,系统不断被改良以适应实际生产需求。随着激光技术的发展(如更高光束质量、更短波长激光器及高功率传输光纤及镜片导光方式的研制),以及不使用保护气体的手段使用,激光远程焊进行多工位加工以最大化激光使用,获得高质量的焊缝和更高产量的生产将成为现实。

3. 螺柱焊

螺柱焊是一种将直径为 2~25mm 的螺柱或圆柱状零件焊接到板件(或管件)表面的先

进焊接方法，具有焊接效率高、质量好、成本低等优点，广泛应用于汽车制造、锅炉、管道和工程机械等领域。

拉弧式螺柱焊没有向电容充电的过程，而是通过变压器或整流器降压后直接放电，其焊接过程如图8.48所示。焊接时，金属熔池竖直分布于螺柱焊接区域，同时受到重力、电磁力和表面张力等的共同作用，导致其表面张力和电磁力无法有效克服熔滴重力的影响，熔滴将向下流动，很容易出现焊缝不均匀、不完整和螺柱上表面出现咬边、弧坑等不合格现象。要改善大直径螺柱横焊技术，关键是解决熔池下垂问题。目前从焊接陶瓷环结构和焊接参数两个方面进行研究改进，取得了良好效果。

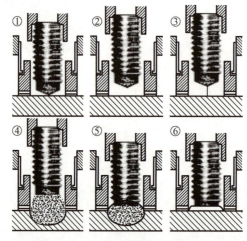

图8.48　拉弧式螺柱焊的焊接过程

（1）改进螺柱焊陶瓷环。螺柱焊陶瓷环在螺柱焊过程中起保护和成形的作用，对拉弧式螺柱焊的焊接质量有非常重要的作用，大直径螺柱横焊时，由于重力熔池向下流动，普通全齿陶瓷环［图8.49(a)］保护和成形效果较差，不能满足螺柱横焊要求。为此，改进陶瓷环结构，将陶瓷环由全齿改为半齿［图8.49(b)］，焊接时使陶瓷环无齿部分在螺柱下方，增强陶瓷环对熔池的保护和成形作用，从而提升陶瓷环抑制金属熔池下垂的能力，提高焊接质量。

(a) 普通陶瓷环(全齿)　　　　　　(b) 横焊陶瓷环(半齿)

图8.49　螺柱焊陶瓷环

(2) 改进螺柱横焊工艺。大直径螺柱横焊工艺应遵循"一快、二慢、三稳、四等"的原则。"一快"是指横焊时要在极短时间内大电流完成拉弧、熔化螺柱焊接部位，实现焊接，减小重力对焊接质量的影响；"二慢"是指在焊枪缓冲器（图 8.50）的作用下将螺柱缓慢推入熔池，为解决熔池喷溅问题，在焊枪上安装阻尼装置，调节螺柱压入熔池的速度，减少熔池喷溅；"三稳"是指焊接时手持焊枪要保持

图 8.50　焊枪缓冲器

稳定的姿态，焊枪垂直工件表面，焊接时如果持枪不稳，会产生缺口和偏弧，金属熔滴会从缺口处喷出，影响焊接质量；"四等"是指焊接完成后保持固定姿态稍作等待，防止快速抽离焊枪时焊缝会因外力作用而变形，影响螺柱焊接质量。

8.2.5　汽车制造中焊接数值模拟技术的应用

在许多焊接结构中，由于焊接工艺本身的特点，焊缝结构存在应力集中等各种焊接缺陷。由于焊接应力分布复杂，引起承载能力下降和焊接变形，采用常规的手段无法分析焊接应力分布和预测焊接变形、很难控制焊接总成的质量。因此采用数值模拟技术进行焊接应力和焊接变形方面的研究很有必要。通过焊接数值模拟，可以模拟出焊接过程中的应力变化及分布情况，为制定合理的焊接工艺提供理论依据。数值模拟软件很多，如 ANSYS 和 SYSWELD 等。

达索（DELMIA）公司为汽车制造业提供了全面的解决方案，从白车身焊接、油漆、总装的工艺规划到加工仿真等，提供了一系列的软件的整体解决方案。DELMIA BIW 是对汽车白车身规划与仿真应用的一套解决方案。用户可以利用 DELMIA BIW 并自行开发白车身焊接工艺、机器人加工单元仿真。DELMIA BIW 支持整个企业各部门浏览与利用 PPR 数据库中的各种信息。

8.2.6　汽车工业焊接的总体发展趋势

焊接技术的发展水平是一个国家机械制造和科学技术发展水平的标志之一。目前焊接技术的发展趋势具有如下特点。

（1）随着新的焊接材料和结构的不断出现，需要开发新的焊接工艺方法。

（2）改进常用的普通焊接工艺方法，提高焊接过程机械化、自动化水平，提高焊接质量和生产效率。

（3）采用电子计算机控制焊接过程，大力推广焊接机器人、焊接中心。

（4）发展专用成套焊接设备。

可以说，世界焊接技术在各方面有了很大进步，焊接材料种类更加丰富，焊接自动化、清洁化更加突出；焊接技术的综合成本更低，焊接对工业的服务更加广泛。在不久的将来，焊接核心技术的作用会得到更多的关注，数控和电源方面会有更好的发展，激光焊接技术和机器人会得到更广泛的应用。

8.3 涂装技术

涂装是现代产品制造工艺的一个重要环节。防锈、防蚀涂装质量是产品全面质量的重要方面之一。产品外观质量不仅反映了产品防护、装饰性能,而且是构成产品价值的重要因素。涂装的主要功能是防腐、装饰和保护。涂装涂层至少包括电泳底漆、中漆、色漆和清漆等。

汽车涂装工艺经过了百余年的发展历程,随着新材料、新工艺的发展,以及机器人的大量应用,涂装处理方式也发生了很大变化。一般来说,涂装工艺可大概分为四个步骤:漆前处理、电泳、中涂、面漆。

8.3.1 涂装漆前处理

1. 漆前处理工艺

涂装前处理工艺流程如图 8.51 所示。漆前处理包括脱脂、除锈、磷化(锆化、硅烷、复合工艺处理)三部分,目的是增大金属表面与涂层间的结合力,提高涂层质量,延长涂层的使用寿命,在涂漆前必须充分除去车身表面的各种污物,在金属表面生成一层不溶于水的磷酸盐薄膜,为涂层提供一个良好的基底。合格的磷化膜要求如下。

(1) 外观应为结晶致密、连续均匀的浅灰到深灰色膜。

(2) 涂漆用磷化膜重应低于 $7.5 g/m^2$;磷化膜的耐蚀性采用盐水浸泡法,磷化工件在 3% (质量百分数) NaCl 水溶液中,在 15~25℃下,浸泡 1h 不应出现锈蚀。

(3) 将磷化工件涂覆 25~35μm 的 A04-9 白氨基漆,划痕后进行盐雾试验(按 GB/T 1771—2007)经 24h 盐雾试验(铁系磷化是 8h 盐雾试验)漆膜应无起泡、生锈、脱落现象。

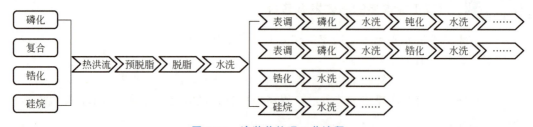

图 8.51 涂装前处理工艺流程

传统分步磷化工艺是用磷酸或锰、铁、锌、镉的磷酸盐溶液处理金属制品表面,使金属表面生成一层不溶于水的磷酸盐薄膜。这种工艺对钢铝混合金属制品处理的能力存在一定不足,如工作液沉渣量大,在金属交接处磷酸盐易沉积,成膜效果欠佳,为后续涂装带来漆膜颗粒、性能下降等不良影响。目前对磷化工艺的改进包括常规磷化、加氟磷化、薄膜转化。常规磷化是指三元锌系磷化工艺;加氟磷化是指调整磷化工作液的氟离子,使其具备一定的钢铝混线处理能力的磷化前处理工艺;薄膜转化是指含有硅、锆的漆前化学转化工艺。

2. 前处理关键设备

前处理工作液中的渣子有很多危害，比如容易堵塞管路，药剂消耗量增大，导致电泳颗粒、废渣处理成本增加等。现场的控制指标通常是含渣量，即每升前处理工作液中含有渣子的体积。为了减小含渣量，选择除渣设备至关重要。国内涂装线应用较多的前处理除渣设备有三种，分别是纸带过滤机与斜板沉降组合设备、板框压滤机、袋式过滤机，如图 8.52～图 8.54 所示。

图 8.52　纸带过滤机与斜板沉降组合设备　　　图 8.53　板框压滤机

纸带过滤机与斜板沉降组合设备进行除渣，优点是设备投资成本低，但除渣效果一般，占地面积大，因此往往在前处理后的沥水平台增加人工湿打磨和冲洗工序来尽量减少车身附着的磷化渣。

板框压滤机的除渣效率较高，渣饼含水率更低，废渣的处理成本低，现场感观更加高端、美观，但设备投资较高。

袋式过滤机是一种压力式过滤装置，主要由过滤筒体、过滤筒盖和快开机构、不锈钢滤袋加强网等主要部件组成。滤液由过滤机外壳的旁侧入口管流入滤袋，滤袋装置在加强网篮内，液体渗透过所需细度等级的滤袋即能获得合格的滤液，杂质颗粒被滤袋拦截。该机更换滤袋十分方便，过滤基本无物料

图 8.54　袋式过滤机

消耗。此外，袋式过滤机要还有以下优点：结构紧凑、尺寸合理；安装及操作简单、方便，占地面积较小；过滤精度高，适用于任何细微颗粒或悬浮物，过滤范围为 0.5～200μm；单位过滤面积的处理流量较大，过滤阻力较小，过滤效率高。一个滤袋的过滤功能相当于滤芯的 5～10 倍，可大大降低成本；设计流量可以满足 1～500m^3/h 要求，成本造价低。但是，袋式过滤机存在过滤压力小、滤袋更换频繁等问题，因此多在产生渣量极小的薄膜转化工艺中使用，使用受到限制。

各汽车企业对前处理含渣量的控制指标不同，选用的除渣设备有所差异。日系车合资汽车企业采用纸带过滤机与斜板沉降组合设备进行除渣；欧美车合资汽车企业多采用板框压滤机除渣；国内的自主品牌往往更倾向于选择板框压滤机除渣，一般情况下板框压滤机的流量选择为每 4h 左右过滤槽液一次，并且两台板框压滤机一备一用的并联使用方式也十分多见，利于连续生产时进行交替清理。

8.3.2 电泳涂装

1. 电泳涂装工艺

电泳涂装与电镀类似,将工件作为阳(或阴)极,浸渍于盛有电介质——水溶性涂料的槽中,槽体作为阴(或阳)极。两极间通直流电后,在工件表面形成一层均匀的溶膜。其实质为胶体的电泳现象。电泳涂装主要使用丙烯酸树脂或环氧树脂(无铅),对人体无特别的毒性。电泳涂装中带出的涂料可以100%回收利用,所以在提高产品防蚀性和装饰性的同时,简化了工艺流程,大大减少了废弃物的排放量,降低了成本,又利于环保。电泳涂装具有涂层膜厚均匀致密、防护性能好、涂装工艺稳定、生产率高及易于实现自动化生产等优点,被认为是今后涂装工业发展中极有前途的工艺之一。

电泳工艺分为阳极电泳和阴极电泳。若涂料粒子带负电,工件为阳极,涂料粒子在电场力的作用下在工件沉积成膜称为阳极电泳;反之,若涂料粒子带正电,工件为阴极,涂料粒子在工件上沉积成膜称为阴极电泳。阳极电泳的特点:原料价格低;设备较简单,投资少;技术要求较低;涂层耐蚀性能比阴极电泳差。阴极电泳涂层耐蚀性高的原因:工件是阴极,不发生阳极溶解,工件表面及磷化膜不破坏;电泳涂料(一般为含氮树脂)对金属有保护作用,而且所用漆价高质优。

经过40多年的发展,目前汽车生产企业主要采用阴极电泳涂装技术,即车身作为阴极,通过加压将涂料泳涂到车身上。一般来说,阴极电泳涂装技术从反应机理上分为四个步骤:电解、电泳、电沉积、电渗。近年来,薄膜型电泳涂装技术逐渐取代厚膜型技术。电泳涂装的流程为前处理→电泳→超滤清洗→纯水洗→新鲜纯水洗→烘烤。影响电泳涂装质量的因素很多,包括整流器、电泳材料、槽液参数、纯水质量、超滤及阳极系统、板材等。

2. 电泳涂装新材料

泳透力是电泳涂装材料的一项重要性能指标,直接影响整车的质量和工艺成本。常规的电泳漆泳透力不足,为了使内腔膜厚达到$10\mu m$以保证基本的防腐性能,必须采用较高的施工电压、较长的电泳时间,但会造成外表面膜厚超标,使得生产成本也相应增加。寻找新型电泳漆、提高漆的泳透力是在保证车身防腐质量要求的同时实现降低成本和提高生产能力的有效措施。

对于阴极电泳工艺来说,开发和应用新型阴极电泳涂料是不断发展和改进电泳涂装技术的重要途径。涂料的性能指标包括涂料的泳透力、涂装线的工艺参数、电泳涂装的环保性、电泳涂膜的耐腐蚀性和平滑性等。泳透力用以确保车身内表面电泳涂装完全,其膜厚标准为车身内表面及空腔内表面为$10\mu m$、外板表面为$15\mu m$。

泳透力是实现电泳膜厚标准的关键因素,当内表面涂膜厚度均达到$9\sim 10\mu m$时,高泳透力电泳漆的外表面膜厚为$15\mu m$,要比常规电泳漆的$23\mu m$低,在保证涂装质量的同时节省了成本。在保持内表面电泳膜厚的同时,外表面膜厚有不同程度的降低,这样可以有效地降低涂装成本,单车电泳漆消耗量降低了25%以上。

由表8-4可见,高泳透力薄膜电泳漆湿膜阻抗比传统电泳漆高,从而在外板达到一定膜厚之后,导电性能快速下降,膜厚不再增大,大幅度地降低了外板膜厚。通过对材料消耗的数据统计(表8-5),单台车油漆用量减小约20%,材料成本降低。高泳透力薄膜电泳漆电泳电压比传统电泳漆电泳电压降低约30V,从而降低了涂装车间的能耗成本。

表8-4 高泳透力薄膜电泳漆与传统电泳漆膜厚对比

项 目	各部位膜厚/μm				
	车门外板外表面	大顶外板外表面	车门内板内表面	内地板	下边梁内腔
高泳透力薄膜电泳漆	15.62	15.03	13.36	13.66	11.32
传统电泳漆	20.39	19.23	11.73	11.64	8.83

表8-5 传统电泳漆与高泳透力薄膜电泳漆物化性能对比

检测项目	性能指标	传统电泳漆	高泳透力薄膜电泳漆
槽液参数			
pH		5.68	5.86
电导率/(μS/cm)		1 360	1 377
固体分/(%)		19.81	21.93
颜基比		13.86	12.04
施工参数			
电泳时间/s		120	120
电泳温度/℃		32	32
电泳电压/V		270	240
膜厚/μm		20~22	14~16
耐冲击性/cm	≥50	合格	合格
铅笔硬度	≥H	H,无擦伤	2H,无擦伤
杯突试验/mm	≥6	6.5	6.6
附着力/级	≤1	0	0
耐碱性	漆膜无明显变色、失光、起泡、起皱、生锈、脱落等现象	合格	合格
耐酸性	漆膜无明显变色、失光、起泡、起皱、生锈、脱落等现象	合格	合格
耐水性	附着力≤1级,漆膜外观无异常	合格	合格
粗糙度 Ra/μm	≤0.3	0.11	0.11
60°光泽	≥50	86.1	78.6
L效应/极		9	9
耐丙酮擦拭性	往复8次,漆膜无异常	合格	合格
耐盐雾性(×10^8)	1000h,单边扩蚀≤2mm	合格	合格
湿膜阻抗(×10^8)/(Ω·cm)		3.76	4.61
泳透力/(%)		41.7	68.9

3. 电泳设备的节能措施

汽车涂装设备按功能分为喷漆室、烘干室、搬送设备、空调、前处理设备、电泳设备、作业场等，其能耗比例如图8.55所示。其中电泳设备所消耗的电能约占涂装车间总能耗的23%，故对电泳设备进行节能改造，将对降低整体能耗，减少废液废气排放起到关键作用。

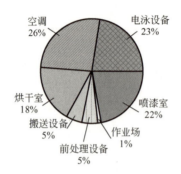

图8.55 涂装设备的能耗比例

电泳生产中使用水洗喷淋泵、超滤装置、纯水装置、涂料换热装置、涂料循环泵等，大功率设备中采用的各种泵通常在工频状态下连续运转，每天消耗约8000kW·h的电量。采用变频系统后，水洗喷淋泵与车体自动检测装置连锁，只有在有车的状态下才进行喷淋清洗；而UF装置和纯水装置的高压泵也会随着UF膜和超滤膜透过液的压力来调节输出功率；涂料换热装置原采用电磁阀和旁通阀来调节冷热水的流量，而利用变频装置可由调节泵的转速实现调节；涂料循环泵在生产结束及休息日，其循环量维持在涂料不沉积即可，因此在生产结束后循环泵可以切换到低频下工作。以上依靠削减生产中无效的设备运转，可以实现节电10%左右。

8.3.3 中涂、面漆涂装技术

1. 汽车车身中涂、面漆涂装工艺的发展趋势

为适应环保、清洁生产的时代要求，解决挥发性有机物对大气污染的问题，从20世纪80年代起欧美汽车工业就开始采用低挥发性有机物、低污染型涂料替代有机溶剂型汽车涂料(中涂、面漆)，并已基本上实现这一更新换代。日本汽车工业从21世纪初才开始重视这一问题。我国汽车工业在近15年来才开始采用水性中涂和水性底色漆(只有10多条轿车车身涂装线，低于轿车产量的1/6)。

更新采用水性涂料(中涂、底色漆、清漆)的难点是难施工，喷涂环境的温度、湿度控制要求严，能耗大(即增大CO_2的排放量)，按传统工艺施工，涂装成本增加。再加上国家尚无防止大气污染的法规(令)，仅靠企业的社会责任性难以推动。

进入21世纪以来，在各汽车涂料公司和汽车公司的通力协作下，水性中涂和底色漆及其涂装工艺有了创新性的技术进步。"三湿"中涂、面漆涂装工艺于2008年6月柏林国际汽车涂装会议被公认为除高级轿车外普通轿车车身涂装的主流，是世界车身涂装技术的发展趋势。

近10年来，世界各大汽车涂料公司和汽车公司为了环保、清洁生产，降低涂装成本，

都在创新改革轿车车身涂装工艺。其主攻课题如下：①开发新的防蚀底漆工艺，采用环保型的无磷无镍的表面处理工艺＋超高泳透力阴极电泳工艺；②更新材料，替代现用PVC车底涂料和密封胶，将部分工序转移到焊装车间和总装车间进行；③开发、采用"三湿"水性中涂、面漆涂装工艺技术。

2. 中涂、面漆涂装工艺及技术

中涂具有提高电泳底漆与面漆间附着结合力，增强涂层耐崩裂性、耐候性、面漆遮盖性、外观装饰性，提高涂层抗紫外光及抗石击能力的作用。面漆涂装的作用是保证车身外观装饰和保护性。因此中涂、面漆工艺直接决定车身涂装的外观效果和保护性能，成为消费者评判车身涂装质量的重要标准。

(1)"三湿"涂装工艺。

进入21世纪以来，为节能、减排、降低涂装成本，涂料公司适应汽车公司的需求，开发和改进中涂和底色漆(HS、SB和WB型涂料)，创新了"三湿"喷涂中涂、面漆新工艺，即3C1B(三喷一烘)，中涂、底色漆和罩光清漆"湿碰湿"喷涂后一起烘干。如今新建车身涂装线80%以上采用3C1B水性中涂、面漆涂装工艺；原有涂装线改造选用3C1B的HSSB中涂、面漆涂装工艺。

"三湿"中涂、面漆涂装工艺包含3C1B和双底色涂装工艺(BC1＋BC2＋罩光)。双底色工艺又称集成工艺(或无中涂涂装工艺)，其第一道底色漆的膜厚较常规的BC1稍厚，并且具有一定的中涂功能。

汽车车身的最新水性涂料涂装工艺流程如图8.56所示。图中的单涂层水性本色面漆

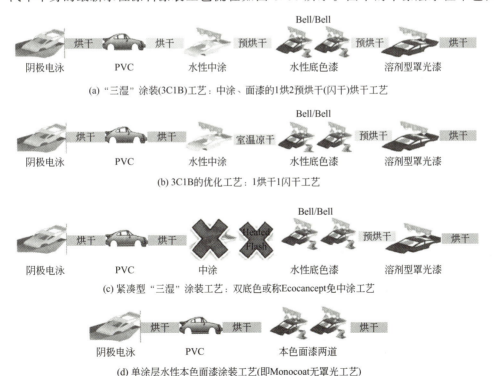

图8.56 汽车车身的最新水性涂料涂装工艺流程

涂装工艺(即 Monocoat 无罩光工艺),适用于装饰性要求较低的商用车车身和轻微型车车身涂装领域,在欧洲已有车型应用,有利于降低挥发性有机物的排放量。单涂层水性涂装工艺在环保及成本方面优势相当显著,如图 8.57 所示。

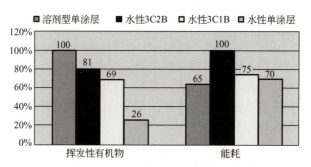

图 8.57 四种中涂、面漆喷涂工艺的对比(含中涂)

双涂层面漆涂装工艺的最新发展动态:紫外线固化清漆、烘干温度低温化。

紫外线固化清漆。罩光清漆的固化一般采用热风烘干,其标准工艺为升温(10min、140℃)—保温(20min、140℃,车身温度)—冷却。还可以选用紫外线固化清漆与低温闪干或免中涂的"三湿"喷涂工艺配套。其优点为工艺性能优异,借助新的机器人系统解决光照遮挡阴影问题,烘干室长度可缩短 70%。罩光清漆的热风烘干与紫外线固化工艺对比如图 8.58 所示。

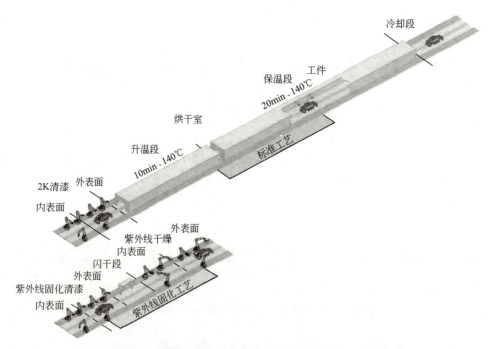

图 8.58 罩光清漆的热风烘干与紫外线固化工艺对比

烘干温度低温化。目前,在"三湿"喷涂新工艺中,BC1 和 BC2 除着色功能外,尚有其他功能差别。即同色不一定是同一品种(配方),如 BC1 可能是双组分(2K)型,而 BC2 仍为单组分(1K)。为节能、减排,适应多种底材的轻量化车身涂装、塑料件涂装的需要，正在研究开发低温（80℃）烘干型"三湿"喷涂工艺（即与2K、20min、80℃烘干的有机溶剂型清漆配套组成的面漆层）。三种80℃烘干的工艺流程如图8.59所示。

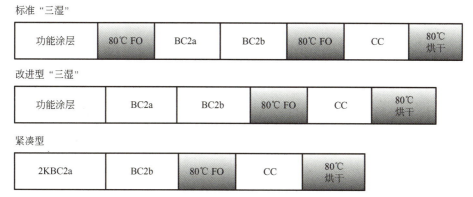

图8.59　三种80℃烘干的工艺流程

SONIC涂装工艺是由日本关西涂料和丰田汽车两家企业创新开发的底色漆涂装工艺，其涂层结构和形态演变如图8.60～图8.62所示。

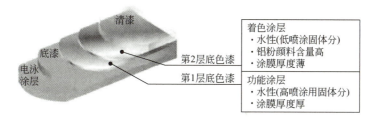

图8.60　SONIC涂层结构示意

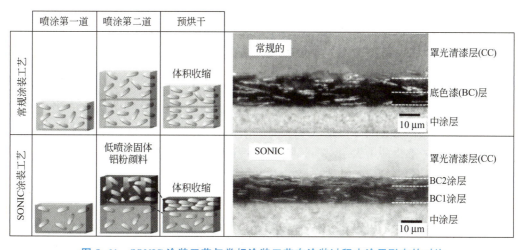

图8.61　SONIC涂装工艺与常规涂装工艺在涂装过程中涂层形态的对比

采用"三湿"中涂、面漆喷涂新工艺（3C1B）或双底色喷涂工艺替代传统常规的3C2B中涂、面漆涂装工艺的优点：减少了烘干次数、节能、减排；削减了中涂烘干、打磨、涂面漆前的表面准备工序及设备，降低了投资和涂装运行成本。但要注意涂料使用和涂装工

345

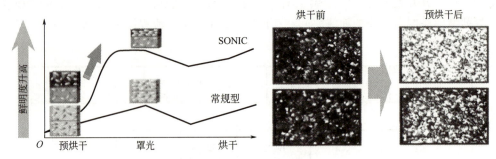

图 8.62 铝粉颜料定向排列在涂装过程中的演变

艺的难点。

所选用中涂(或功能涂料)、底色漆(无论是 SB 体系还是 WB 体系)都应适应"三湿"喷涂工艺要求或应是 3C1B 工艺专用涂料,防止"湿碰湿"工艺中产生"互溶"、分层不清的弊病。无论是高温(140℃)体系还是低温(80℃)体系都要注意中涂、底色漆、罩光漆之间的配套性;常规的中涂、底色漆、罩光漆一般不适用;汽车公司和涂料公司应联合攻关,一体化统筹。

"三湿"喷涂新工艺取消了中涂烘干、打磨、涂面漆前的表面准备等工序或取消了中涂涂装线,相应削减了涂层的总厚度。为确保涂层的外观装饰性和喷涂线的"一次合格率",必须按工艺要求确保车身底材表面和电泳底漆涂膜的平整光滑及缺陷的许可度;必须加强工艺和现场的科学管理,确保喷涂作业场所及环境清洁无尘,减少颗粒、尘埃等涂膜弊病。

(2) 机器人自动喷涂和电动泵循环技术。

在当今的涂装工艺中,小型高转速杯式静电喷枪的成功开发,使机器人对车体内/外表面进行全喷涂成为可能。机器人全喷涂是实现漆膜标准化、稳定化,降低油漆成本和能耗,减少污染的有效方式,可以提高上漆率,避免人为因素造成漆膜的不稳定性,减少挥发性有机物的排放和喷房中漆雾的处理,减小喷涂环境的风量等,极大地满足了汽车行业大规模生产高质量汽车的要求,有效地缩短了单车工时,HPV(污染物指标)下降了 17%。

输、调漆系统由加料系统、液位控制系统、搅拌系统、循环系统、过滤系统、保温系统和电控系统等组成。循环系统包括输漆泵、输漆管路、稳压塔和背压阀等,它们为喷涂工位源源不断地提供涂料。全自动内外表面喷涂机器人(图 8.63)和电动循环泵(图 8.64)等设备的使用极大地提高了生产效率、降低了操作成本,为不断追求大规模整车生产提供了便利的条件。

3. 预膜工艺

在车身涂装上应用预膜工艺有其独特优势,预膜工艺未来有取代中涂、面漆工艺的趋势。通常涂装线投资占总成本的 40%,占地面积也要占 30%~40%,采用预膜工艺可节省百万美元的成本,三废排放大大降低,工厂每年可节约用电 1.5 亿千瓦·时,相当于 17000 户美国家庭的用电量。有一个预膜工艺用户估算可节约用电 2300 万千瓦·时,相当于 13200 桶石油,节水 115000t。

图 8.63 全自动内外表面喷涂机器人

图 8.64 电动循环泵

预膜工艺有很多优点：环境污染小（比传统涂装工艺的挥发性有机物的排放量降低了 98％，几乎为零）；设备投资少，改型快；材料利用率高，废料少；无废漆处理；外观好，无橘皮等。表 8-6 分别列出了溶剂型涂料、水性涂料和预膜工艺的每辆车的挥发性有机物的平均排放量和以每辆车 240ft^2（每辆车散发的有机物的车内面积视为 240ft^2，1ft＝30.48cm）计的单位平方英尺的挥发性有机物的排放量。从表中可见，预膜工艺的挥发性有机物的排放量几乎为零。

表 8-6　汽车外用漆与预膜工艺的挥发性有机物排放量比较

涂装方法	每辆车的挥发性有机物平均排放量	以每辆车 240ft^2 计的单位平方英尺的挥发性有机物的排放量
溶剂型涂料	52.96	0.22
水性涂料	14.00	0.058
预膜工艺	0.66	0.0028

图 8.65 所示为预膜结构，上面的透明层是 PMMA、PVDF 和 PU 的共混物；下一层可以是照相凹版印制花纹，如木纹、大理石纹等，也可以是珠光、金属色等各种颜色层；基底层是 ABS、TPO、PC 等材料，某些情况还需要黏合层。预膜的成型加工工艺有压敏贴纸、汽车贴膜、热成型、注塑、挤塑、挤出层压片、In-mold Decorating（IMD）、In-mold Foil（IMF）、热成型（真空或压力）、插入注模等。

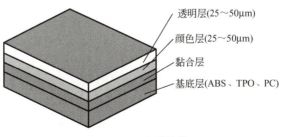
图 8.65　预膜结构

预膜工艺的缺点是制作有花纹的部件时不能过度延伸，必须大批量生产才能达到经济性，此外，还有以下难点值得探讨。

（1）表面处理和电泳涂装的防腐等综合性能及特有的电泳涂装优点是预膜工艺无法取代的。

（2）预膜工艺消除了橘皮，但是，光泽取决于滚筒或模具的表面状态，总体外观未必能够胜过涂料。

（3）如果汽车部件改变形状，涂料和涂装是没有关系的，但预膜工艺需重新调整工艺参数。

（4）预膜的制造需要使用涂料和辊涂，施涂黏合剂也等于辊涂一层涂料。

8.3.4 涂装后处理技术

1. 漆雾捕集技术

对汽车进行涂装喷漆时，喷漆室排放的废气中的主要有害成分是喷漆过程中挥发的有机溶剂，产生的废气成分也是不相同的，常见的有酯类的乙酸丁酯、乙酸乙酯等，醚类的乙二醇丁醚，酮类的甲基异丁基酮和苯系物中的甲苯、二甲苯等有害气体。

传统的漆雾捕集方法：先依靠大量的循环水在喷漆室的底部或是侧面形成水幕，喷房中的循环风将漆雾带走并与水幕进行充分混合；接着含有漆雾的循环水被收集到文丘里室，用絮凝剂使油漆絮凝和沉积；最后经过除渣过滤，循环水被重新泵回喷漆房继续使用，对滤出的废渣进行收集清除。传统的文丘里室在漆雾收集和漆渣分离过程中要消耗大量的絮凝剂，还需要补充新鲜的水和风，增加了处理漆雾的操作成本，还会对环境产生污染（废水、废渣和废气等）。

（1）E-Scrub。

E-Scrub 是根据高压模块产生高压静电将过量的漆雾与分离介质相结合的原理来处理废漆的。先使漆雾带电，油漆颗粒在高压板作用下被吸附到接地的分离板上；接着通过分离剂捕获油漆颗粒，取出油漆颗粒，经处理后的分离介质液返回，循环使用。

E-Scrub 的工作流程：喷漆室里产生的过喷漆雾随着空调供给的风带到 E-Scurb 静电漆雾捕捉系统（图 8.66），系统内静电分离模块（图 8.67）的高压板产生的高压静电是负电荷，而漆雾也带负电，根据电荷同性相斥、异性相吸的原理，将过喷漆雾打到旁边的接地分离板上，和分离介质一起流到下层的介质收集盘，然后流到系统槽。经处理后的分离介质液返回，循环使用。废漆随分离介质液进入系统槽，向系统槽内加入絮凝剂、消泡剂、凝聚剂等助剂，使废漆呈絮状，脱开分离介质液，清洁介质液循环回捕漆系统，如图 8.68 所示。

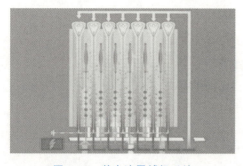

图 8.66 静电漆雾捕捉系统

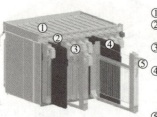

①分离介质液分配系统
②翻滚系统：使分离介质液随翻滚系统均匀顺分离板流下
③主动元件阳极：接收高压发生器的高压，使漆雾带电
④被动元件阴极：主动元件与被动元件间形成电场，带电漆雾向分隔板移动，附着在其分离介质液水膜上
⑤高压发生器

图 8.67 静电分离模块

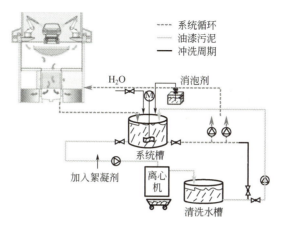

图 8.68 废漆处理系统

E-Scrub 系统设备投资大，系统稍显复杂，并且存在一定安全风险，清理时须格外注意。E-Scrub 设备主要元件为高压模块，高压接通瞬间容易击穿空气形成电弧，存在着火隐患。在维护方面，E-Scrub 需要每隔两周清理高压模块阴极、阳极板上的积漆，清理时要注意设备防护及人身安全；需要定期清理喷漆间下方、E-Scrub 进风口及周边环境的积漆；更换防护膜的周期为一个月。

(2) 迷宫式漆雾分离器。

迷宫式漆雾分离器包含纸盒过滤单元漆雾捕捉系统和排风再循环利用系统。当含有油漆颗粒的气流在纸孔中穿行，油漆颗粒撞到纸板表面时，附着在纸箱表面，采用纸盒过滤方法处理喷漆室漆雾，净化效率较高，运行稳定。迷宫纸盒干式喷房的排风可以做到 80%~95% 的循环风利用，能有效降低投资成本和运营成本，在节能减排上有很大的优势。与干式文丘里系统相比，迷宫氏漆雾分离器处理涂装废气效果相当，但极大降低了能源、药剂、维护的成本。

干式过滤纸箱（漆雾分离器）根据材质和结构的不同可分为迷宫式漆雾分离器、过滤式漆雾过滤盒、迷宫捕捉式漆雾过滤箱。几种漆雾分离器的技术参数见表 8-7。

表 8-7 几种漆雾分离器的技术参数

品名	迷宫式漆雾分离器	过滤式漆雾过滤盒	迷宫捕捉式过滤箱
材质	阻燃防水纸	阻燃漆雾过滤纸+薄过滤棉	漆雾过滤毡
尺寸/(mm×mm×mm)	490×490×500	490×490×500	1250×850×2150
耐温度/℃	80	80	65
过风量/(m³/h)	2000	1500	≥9000
初阻力/Pa	70	145	200~250
终阻力/Pa	450	500	780
过滤等级（EN779）	—	G4	F5

续表

品名	迷宫式漆雾分离器	过滤式漆雾过滤盒	迷宫捕捉式过滤箱
初始质量/kg	2.3	2.8	50.00
容漆量/kg	20.00	17.00	170.00
更换标准	风量或质量	风量或压差	质量或压差或风量

2. 烟气余热回收技术

汽车涂装生产线中烘干炉设备能耗占整车生产线总耗能的20%以上,直接影响车间的生产成本。目前,国内涂装生产线大多采用焚烧炉处理烘干产生的废气,燃烧处理后的烟气直接排放到厂房外,而排放的烟气温度一般为180~220℃,未经回收的排放烟气势必会带走很多余热。现多选择气-水换热方式的热管式余热回用器,并且加热的是涂装线空调的工艺回水,可节约大量能源,降低车间的运行成本,降低了排烟温度,减少了有害气体(硫化物、CO_2、NO_x等)的排放(表8-8)。这样做的好处有两个:一是加热回水,不影响工艺控制和关键参数;二是工艺回水被加热后,统一回到换热站的工艺回水集水器,换热站再根据回水温度自动控制供水温度,供水可以供给到全车间用热点。

表8-8 气-气换热与气-水换热比较

项目	气-气换热方式	气-水换热方式
余热回用器选择	气-气式换热器,15t,体积相对较大	气-水式换热器,8t,体积相对较小
加热工艺	外界新风换热后,直接引入空调采风口	把空调区域的工艺回水引入换热器换热后,再返回循环水系统
换热效率	一般,85%	高,95%
管路	不锈钢网管,120m,直径1.5m	无缝碳钢水管,300m,DN150mm
施工难度	全部风管在屋顶施工,施工难度较大	水管主要在厂房内施工,难度中等
投资额	综合换热器、钢构、网管等,投资额较大	投资额相对较少
其他	对屋顶承重要求较高	厂房内施工较多,需要较多停产时间

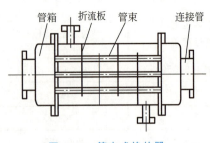

图8.69 管壳式换热器

管壳式换热器(图8.69)是一种常用的热交换器,在圆筒形壳体内设置许多平行的管子(这些平行的管子称为管束),使两种流体分别从管内空间和管外空间流过进行热量交换。管壳式换热器的主要优点是结构简单,选材范围广,处理能力大,能适用高温高压的要求。

烘干炉烟气余热的应用方向主要有加热热水和加热热风。烟气回收的余热加热热水,可以使用在前处理工序对槽液加热,空调送风机组冬季加热,循环热水的回水加热,工厂其他车间清洗机用热水,员工浴室、食堂等生活用水。烟气回收的余热加热热风,主要用于烘干炉补充新鲜风的加热,对于PVC等低温烘干炉可以作为热风循环换热设备等。烟气回收系统工作流程如图 8.70 所示。

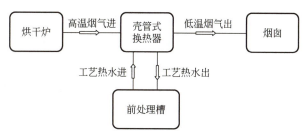

图 8.70 烟气回收系统工作流程

烟气余热回收工艺具备以下特点，无论是新建涂装线还是旧线改造均能得到较好的推广利用。

（1）改造方便。不需要对原设备本体进行大的改动，可根据生产线设备情况进行个性化、差异化设计及改造。

（2）运行使用灵活。加装旁通烟道后，可根据排烟温度情况方便选择投入使用度，无论烟气回收器是否投入运行，设备均能正常运行。

（3）维护方便。不改变原有的操作习惯，结构简单，热管可单根更换，无运动部件，运行维护方便。

（4）节能减排效益好。可节能 10% 左右，减排 10% 左右，设备投资回报时间短，一般 1 年左右能收回设备投资成本。

烘干炉余热回收的效益主要体现在节省天然气用量的经济效益（表 8-9）和减少有害物质排放的社会效益（表 8-10）上。

表 8-9 烟气回收经济效益

项目	数量
回收热量/（kcal/h）（1cal=4.186J）	285600
天然气热值/（kcal/m³）	8600
回收热效率/（%）	85
每天工作时间/h	24
每年工作天数/d	250
天然气价格/（元/立方米）	2
每年节约天然气量/m³	2.0×10^5
每年节约天然气费用/万元	40

表 8-10 烟气回收社会效益

项目	数量
回收热量/（kcal/h）	285600
标煤热值/（kcal/kg）	7000
年回收热量/kcal	1.7×10^9

续表

项目	数量
每天工件时间/h	24
每年工作天数/d	6000
年节约煤量/t	243
年减排 SO_2 量/t	2.1
年减排 NO_x 量/t	1.8
年减排 CO_2 量/t	646.2

3. 涂装废水后处理技术

汽车整车制造厂涂装废水具有水质复杂、水质波动大、水量大等特点，产生的涂装废水种类繁多，成分复杂，含有树脂、表面活性剂、重金属离子、油、磷酸盐、油漆、颜料和有机溶剂等，如处理不当必然会对人类生存及生态环境造成严重危害。随着国家对环保的要求日益严格，对汽车涂装废水后处理的研究正方兴未艾。

(1) 磷化废水处理。

磷化废水含有的重金属镍是国家严控的第一类污染物质，如处理不当必然会对人类生存及生态环境造成严重危害。通过二级化学＋混凝沉淀工艺处理磷化废水，出水水质达到《水污染物排放限值》(DB44/26—2001)第二时段三级标准。

涂装车间磷化工艺产生的水质特点：磷化废水的 pH 为 4～6，呈酸性，含有大量的 PO_4^{3-}、Ni^{2+} 重金属离子。去除反应原理如下。

$$3Ca^{2+} + 2PO_4^{3-} \rightarrow Ca_3(PO_4)_2 \downarrow$$

$$3Fe^{2+} + 2PO_4^{3-} \rightarrow Fe_3(PO_4)_2 \downarrow$$

$$10Ca^{2+} + 6PO_4^{3-} + 2OH^- \rightarrow Ca_{10}(OH)_2(PO_4)_6 \downarrow$$

$$Al^{3} + PO_4^{3-} \rightarrow AlPO_4 \downarrow$$

$$Ni^{2} + 2OH^- \rightarrow Ni(OH)_2 \downarrow$$

通过化学方法去除磷酸盐、镍离子具有处理效率高、效果稳定等优点，采用二级化学＋混凝沉淀的处理工艺流程如图 8.71 所示。

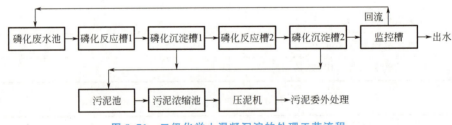

图 8.71 二级化学＋混凝沉淀的处理工艺流程

先将磷化废水收集到磷化废水池，利于调节磷化废水水质，避免水质波动过大影响废水处理效果。在一级反应槽中将磷化废水的 pH 调至碱性，通过投加氯化钙、聚合氯化铝铁、聚丙烯酰胺等化学药剂，去除废水中的磷酸盐、重金属离子等污染物质，将细小沉淀物质转化为大颗粒物质。接着废水进入一级磷化沉淀槽,污泥于沉淀槽在重力沉降的作用下实现泥水分离,污泥排入污泥池,上清液流入下一道废水处理工序。然后废水经过二级反应槽和二级沉淀槽进行再处理,随后进入监控槽监控出水水质指标,合格水质外排,不合格水质回流处理,保证出水达标排放。沉淀的污染物送至污泥池浓缩后运走,做进一步处理。

(2) 涂装废水深度处理工艺。

涂装废水除了预处理的磷化废水,还有喷涂涂料工序中产生的废水,其中含有大量有机污染物,单靠化学沉淀方式无法处理。对已经过活性污泥法处理的涂装废水,根据水质指标,应确定合理的深度处理工艺流程,使出水指标达到 GB/T 18920—2020《城市污水再生利用　城市杂用水水质》的要求,作为厕所便器冲洗、道路清扫、消防、城市绿化、车辆冲洗、建筑施工杂用水使用。

一种新的涂装废水深度处理工艺(图 8.72)主要分为气浮预处理、MBR 膜生物反应、臭氧氧化处理和物化处理四个系统。原污水站氧化槽出水首先进入气浮系统,经过气浮预处理后排入 MBR 膜生物反应器,在 MBR 膜生物反应器内通过维持高浓度活性污泥,进一步降解污水中的 COD(污水中需被氧化的还原性污染物)及氨氮,同时采用 MBR 膜的过滤出水。滤后出水进入絮凝沉淀池,投加复合絮凝剂和助凝剂,确保 COD 及总磷达标。当排放高浓度废水时,MBR 膜生物反应器出水先进入臭氧接触池进行化学氧化处理,然后进入絮凝沉淀池继续处理。絮凝沉淀池出水再经过多介质和活性炭过滤后,作为冲厕、绿化、道路喷洒使用。

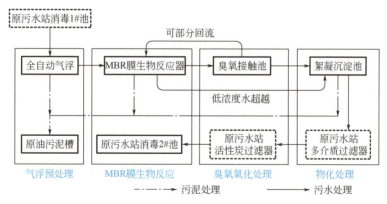

图 8.72　涂装废水深度处理工艺

8.4　总装技术

总装,作为汽车生产的四大工艺(冲压、焊接、涂装、总装)之一,也是汽车由零配件到整车的最后环节。总装生产线能否正常运行,关系到整车能否按节拍下线。汽车总装线主要由输送系统和众多相应的工序站点组成,其中输送系统承担着各个工序站点之间的输送任务。总装线输送系统包括车身储存线、内饰输送线、底盘输送线、车门输送线、轮胎输送线、最终装配线等。各生产线的载具、节拍、布局等必须紧密结合,否则总装过程会受到性能最差、速度最慢的环节拖累，不能发挥总装生产线的全部实力。

8.4.1 汽车总装线的仿真建模

在仿真软件出现之前，线体配置主要通过公式计算得到，如胡利杰等在其文献中对总装输送系统底盘吊具数量进行了核算分析，给出了底盘吊具的计算公式。利用公式虽然能较快计算出输送线上载体的数量，但是只能应用于简单线体上载体数量的计算。如果线体之间有转接，或者是间歇式输送设备、交叉工位等，通过公式计算载体数量的方法将变得十分复杂。仿真软件的出现，解决了复杂输送系统线上载具数量计算的难题。

Flexsim 是美国 Flexsim 公司开发的一款具有 3D 可视化的离散型仿真软件，通过仿真来计算线上载体的数量，如图 8.73 所示。

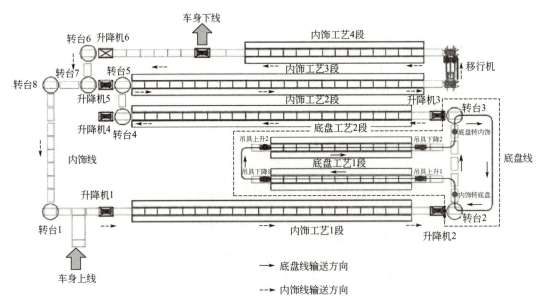

图 8.73 总装内饰线和底盘线工艺布局

仿真的步骤：按照图示工艺布局建模，为模型设置工艺参数，在关键部位设置检查点，监控模型运行状态。常用设备及模块见表 8-11，最终建成的模型如图 8.74 所示。

表 8-11 常用设备及模块

序号	设备或工序位置	建模中用到的模块
1	升降机	Elevator、Conveyor、Process Flow
2	转台	Kinematic、Process Flow
3	工艺段（连续推进）	Motor
4	快速段（间歇式递进）	Photoeye 区域限制
5	内饰转底盘	Process Flow

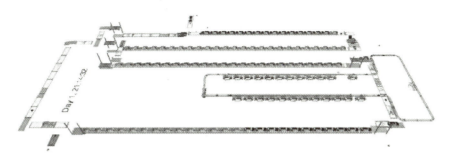

图 8.74　总装内饰线底盘线仿真模型

目前，人工装配还是汽车总装工艺的主流形式。基于 DELMIA 仿真软件提供的全面集成及协同的数字化解决方案，能在产品设计阶段就发现并提前解决后续人机装配中可能存在的问题。利用 DELMIA 仿真软件中完整的虚拟人模型及相应的人机工程学评估方法，可以对产品的不同装配方案进行评估和筛选，实现优化选择，提高产品装配人机工程设计的效率和准确度，获得满意的装配方案。汽车总装工艺关键性工位的人机仿真，可缩短整车开发周期，减少实际样车，降低开发成本。

DELMIA 仿真主要包括装配仿真和人机仿真，又可分为静态仿真和动态仿真。静态仿真可进行装配人体的可达性、人体负载与视野及人体疲劳与舒适度等的分析；动态仿真可用于产线通过性、工装结构及装配工时等模拟人体动作及装配过程。

在汽车总装工艺装配仿真（图 8.75）中，对于需要人员执行较复杂的装配动作才能完成的工序，以及需要使用工装协助才能完成的困难装配工序，如天窗总成、仪表总成、前端模块、顶棚模块、备胎、车门、动力总成、悬架总成及底盘合车等，要重点进行人机仿真，并且从操作的可达性、可视性、操作空间及舒适度等方面进行评价。

人机仿真的基础是利用 DELMIA 软件中 Safework 模块下的 Human Builder 子模块，建立合适的人机模型，进行静态人机分析，如图 8.76 所示。

仿真过程中人机模型的可视化有三个层级（图 8.77）。对于拧紧标准件、线束插接、管路连接

(a) 天窗

(b) 车门

(c) 仪表

图 8.75　汽车总装重点工序
人机装配仿真模型

及零部件装配基准定位等需要目视化操作的仿真工序，可视化重心必须落在 A 层级区域内；对于简单装配动作及非安全类的基本装配，可视化重心落在 B 层级区域内；对于其余的目视检查动作等可视化的仿真工序，可视化重心要确保落在 C 层级区域内，不允许盲视下的任何装配动作出现。

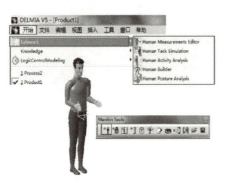 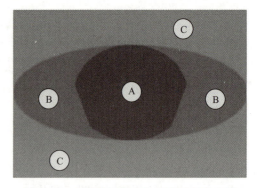

图 8.76　人机模型分析界面　　　　图 8.77　人机模型可视性评价层级分布图

人机仿真流程如图 8.78 所示。利用 Human Task Simulation 模块，导入所需的基础数据后，插入合理的人体模型，编辑人体模型姿态，创建仿真行为及任务，建立工艺流程，将人体模型分配到工艺流程，仿真，美化仿真。人机仿真的效果受到工程师的从业经验及对软件使用熟悉程度的影响。

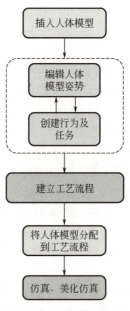

图 8.78　人机仿真流程

8.4.2　新能源汽车总装工艺

新能源汽车之所以"新"，就在于其与传统汽车有所区别，最大的区别在于动力系统。其动力系统的核心是由驱动电动机、调整装置及动力源等构成的电力驱动系统。传统汽车及新能源汽车总装流程分别如图 8.79 和图 8.80 所示。

目前，新能源汽车总装工艺仿真大部分基于 DELMIA 软件，从工艺策划、工艺分析、工艺设计、工艺实施及工艺验证方面开展工作；开展的工艺数字化虚拟装配包含七方面：工艺模型的建立、虚拟装配环境的建立、装配工艺模拟设计、装配过程仿真、模拟分析、

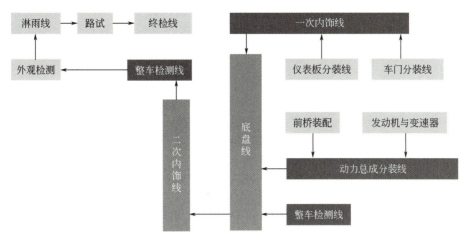

图 8.79 传统汽车总装流程

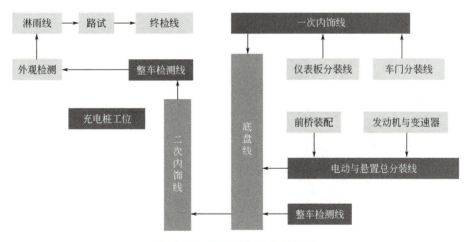

图 8.80 新能源汽车总装流程

人机工程、节拍分析。

工艺设计是工艺路线的总体规划。为了防止工艺过程设计出现干涉，物流路线不合理，工序排布不合理，工具、器具及工装配备不合理，在产品及工艺的设计阶段就需要对生产有精确的控制。同时，工序排布不合理会造成人、车及物流的混乱。合理的工艺规划是新能源汽车缩短产品上市周期的关键。使用 DELMIA 软件中的 DPE 模块，可在数字样车初期，利用数模和零件清单进行同步工程分析、工序拆分、零件拆装性分析、工艺路线规划，建立虚拟产品、工艺、资源的结构树。软件过程设计流程如图 8.81 所示。

DPM 模块在 3D 环境中对整车的详细工艺进行编制，并对零件的分装、装配、输送过程进行数字化虚拟验证；为工艺设计和工艺验证提供支持，以数字样车的模型，建立数字化的工艺流程，最终实现工艺过程理论仿真分析；可以准确分析模拟工厂硬件投入情况，为成本测算提供强大的数据支撑。

物流是影响生产效率的关键因素之一，合理的生产线物流在多品种规模定制生产线中

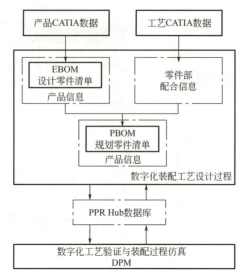

图 8.81 软件过程设计流程

图 8.82 物流仿真模型

面布置图将装配区和物流区布置完成，然后根据装配工艺信息和资源信息分析、规划和重组，实现对产品设计和功能的仿真及原型制造，形成数字化制造方式。DELMIA 软件装配单元构架如图 8.83 所示。

数字样车冻结是汽车产品在试制样车之前，在计算机软件环境中完成样车的装配过程并进行各种虚拟计算

显得尤为重要。物流过程分析，先建立物流运行节点图，对此类节点之间的物流运行状态进行仿真，预先发现物流瓶颈，合理规划物流运行路线，从而缩短整车投放市场周期。物流仿真模型如图 8.82 所示。

数字化装配是建立零件与零件之间的自由度约束关系，并与实际装配关系一致；在汽车总装生产线中设备、人及器具等为装配区，物料存放、分拣、卸货及排序为物流区，并按照平

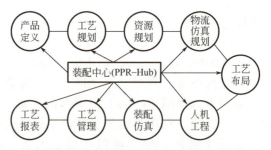

图 8.83 DELMIA 软件装配单元构架

仿真。对数字样车按生产线工序装配并进行仿真校核，保证批量产品的可装配性、人机工程符合性及工具的可达性等。装配过程仿真如图 8.84 所示。

虚拟仿真软件模块与实物比例为 1∶1，能模拟现场人的装配工序、人员作业手法，以及作业路径、设备的机械运动轨迹、机器人行走轨迹、机器人与夹具的轨迹规划和自动干涉避让及抓手与夹具的干涉验证等。整个装配需按如下步骤操作。

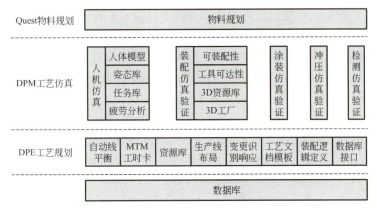

图 8.84　装配过程仿真

（1）装配仿真环境设置。
（2）构建虚拟装配关系。
（3）虚拟装配工艺设计。
（4）碰撞检测、自动轨迹规划优化、机器人连续制造工艺间隙检查等。
（5）生成各种工艺文档。

总装生产线的特点是人参与度较高，操作人员的适应性、工作强度、工作效率等是评价工艺设计的重点。DELMIA 软件中的"人机工程"是解决此类问题的关键手段。软件可设置操作人员在完成各项装配作业的动作、工作强度及走动路径等（如软件设置的工序时间与节拍，如图 8.85 所示），可参考《人机工程学与设计应用》中定义的人机典型姿态，合理地评价器具、人员和设备的工作效率。

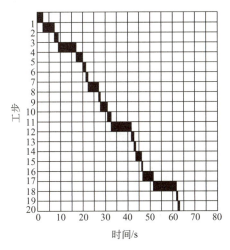

图 8.85　工序时间与节拍

通过仿真分析，在 DELMIA 软件中加载产品、资源并设计工艺过程，节拍平衡率可提升至 90% 以上，做到人机操作最佳、劳动强度最佳，达到最佳的工艺设计。

8.4.3　总装车间自动化质检

自动化装配及机器视觉检查、引导等高新科技正在汽车制造企业总装车间快速普及。

克服总装车间工艺难题，挖掘可改进工序，降低劳动成本，提升生产品质，是所有汽车制造总装车间的共同追求。发动机零部件多，装配精度要求高，对发动机总装环节的质检与其他工位相比要求高。因此以发动机为代表介绍总装车间的自动化质检技术。

在总装车间（图8.86），发动机在分装线进行装配，装配后需经过一系列的品质确认，如发动机上各零配件是否已经组装完好，重要部位的螺栓是否进行扭力确认，重要管路是否连接完好，是否点上红油标记，部分零件规格是否安装正确。需检查的点多，但复杂度不高，都是目视确认品质状况，耗时长，使用自动化设备进行品质质检是非常经济的措施。

要完成一台发动机的品质检查，由于检查点达50～60处，而工时为45～48s，除去发动机吊具进出的时间仅剩35～38s。使用四台机械手协同工作，每台机械手处理12～15个检查点，每个点有约3s进行拍照处理。由于被检查点各点之间分布较分散，拍照方向不同，需要四个摄像头平均分布在发动机四周（图8.87），以便拍照范围可覆盖发动机的各个角落。

图8.86 发动机总装现场

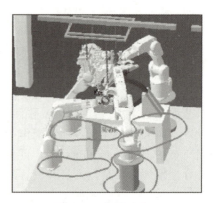

图8.87 摄像头布置

质检时发动机需静止，便于拍照。而当发动机从移动减速至静止之后，吊着的发动机会因惯性而晃动，晃动会影响视觉拍照精度，所以需增设一个发动机定位稳定装置，防止发动机晃动，夹紧装置采用可升降机构，伸出定位胶块固定住发动机，防止发动机摇晃。

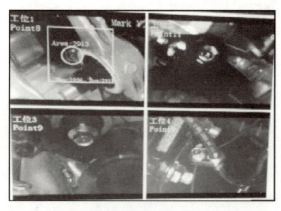

图8.88 视觉软件视觉识别灰度图中特征点

当摄像头拍到关键点照片后，计算机对图片进行视觉处理，将照片彩色三通道转为单通道的灰度图，再经过一系列的平滑滤波，降噪处理，判定目标轮廓后得出轮廓的具体信息，进而识别出照片特征点（图8.88）。如识别是否点红油时，将彩色图片进行二值化处理，只提取红色像素，再检测二值化后高亮区域的面积，该面积可由像素点的数量表征，当像素点数量大于设定的某个阈值后，即可断定拍摄照片的监测点已经点上红油标记。

视觉系统与发动机链系统紧密结合，信号连锁，发动机链到位等待，视觉系统启动；

视觉系统检测为 NG 时,发动机链停止,等待人工确认操作,具体工作流程如图 8.89 所示。

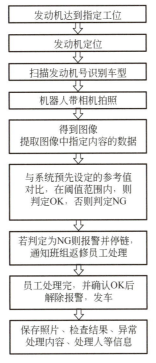

图 8.89 视觉系统工作流程

视觉质检系统功能模块简单易用,每当换一款新车型发动机需重新调试时,只需重调模板即可。每次重调模板,对每个检查点进行重新调试,都使用同一套程序,只需修改每个检测点对应的模板数据,每次检测基准就相应改变,以达到每款车型使用同一套系统进行检测的目的,降低了车间维护成本与新车型导入调试成本。

发动机需检查特征点有 50~60 个,普通情况下的声光报警不足以满足要求,异常处理系统有详细的处理界面,当检查出异常点情况时,能够自动报警,并显示出异常点位置,提示现场人员点对点进行处理。异常处理系统能够以时间点、发动机号、NG 点等为依据进行产品的追溯,可追溯的数据包括发动机号、装配车号、车型、排量、故障历史、返修历史等,数据保存时间不少于五年,图片保存时间不少于一个月,可以追溯在追溯范围内的任何一台发动机的装配情况。

总数达 50~60 个点的特征点检查数量,耗费的工时转化成人工时间约 40s,单班次减去约 0.9 个人工,双班共 1.8 人。该设备采用成本较低的小机器人搭配单目视觉系统,可以控制在 36 个月内回收成本,36 个月之后,每个月节约的人力成本都将转化为收益,经济效益巨大。用自动化设备对总装车间进行改造将成为行业趋势,该领域也成为近年来许多汽车制造企业的关注重点。

思考题

1. 冲压的工作原理是什么？在汽车零部件的生产中适用于制造哪些类型的零件？
2. 简述多工位级进模的工作原理及在汽车生产自动化中的应用优点。
3. 焊接的工作原理是什么？有哪些新型焊接技术？
4. 简述仿真技术在汽车零件制造设计中的应用。
5. 简述涂装工艺的基本步骤。有哪些新型涂装工艺？
6. 简述新能源汽车的总装工艺过程。

参 考 文 献

白鸿，刘海峰，2018. CMT焊接汽车外观件运用 [J]. 汽车工艺与材料（4）：30-34.

包伟华，王蕾娜，2020. 汽车总装线Flexsim仿真建模及线上载具的数量研究 [J]. 物流技术与应用，25（4）：137-140.

陈剑虹，余建永，曹睿，等，2012. 镁合金焊丝成分对镁钢异种金属CMT焊接性的影响 [J]. 兰州理工大学学报（6）：10-15.

陈慕祖，杨颂坤，杨海津，2017. 新型车身预处理和电泳输送设备：Rx自动输送系统 [J]. 汽车实用技术（23）：47-49.

陈平，黄炽凯，黄逸稳，等，2017. 基于DELMIA的汽车总装工艺人机装配仿真 [J]. 汽车工程师（10）：37-40.

陈卫东，余皓，2017. 高泳透力薄膜电泳漆的应用研究 [J]. 上海涂料，55（2）：9-11.

陈占鹏，2018. 3种过喷漆雾捕捉处理系统在涂装车间的应用 [J]. 现代涂料与涂装（7）：51-54.

邓俊强，2020. 磷化废水处理工程应用实例 [J]. 广东化工，47（10）：101-102.

官志明，于晖，2018. 一种柴油机使用的可变截面的涡轮增压系统 [J]. 内燃机与配件（20）：60-61.

郭黎晓，2019. 汽车涂装"油改粉"及相关新技术 [J]. 现代涂料与涂装，20（10）：65-70.

胡延平，朱天阳，蒋鹏飞，等，2020. 线控转向系统路感摩擦补偿研究 [J]. 合肥工业大学学报：自然科学版，43（5）：584-589，595.

黄开启，王新健，瞿桂鹏，2018. 基于主动轮胎力的汽车稳定性协调控制系统 [J]. 汽车安全与节能学报，9（4）：418-426.

黄宇翔，2020. 太阳能-锂电纯电动车设想与运行模式计算 [J]. 中国设备工程（5）：117-120.

金帅，刘雄才，余维，等，2020. 浅谈汽车涂装新型漆雾分离技术应用 [J]. 汽车实用技术（5）：209-211.

景敏，2014. 镁/铜异种金属冷金属过渡技术（CMT）焊接性研究 [D]. 兰州：兰州理工大学.

寇发荣，何凌兰，田蕾，等，2020. 混合空气悬架多工况阻尼自匹配协调控制 [J]. 液压与气动（4）：15-22.

李松，武金斗，王丽平，等，2018. 基于MAC整流电源设备的新型电泳工艺控制系统 [J]. 现代涂料与涂装，21（10）：42-46.

刘德志，熊升升，高勇，等，2020. 某汽车公司总装车间发动机质量检查自动化应用 [J]. 汽车实用技术（9）：222-224.

刘国杰，2018. 高固体分涂料一些思考及研发与应用简况 [J]. 中国涂料，33（4）：23-31.

刘剑，2019. 氢燃料电池增程式混合动力系统概念设计 [J]. 客车技术与研究，41（3）：12-14，17.

刘腾飞，马璞，王亚丹，等，2020. 汽车镁合金件加工中全合成切削液的应用 [J]. 金属加工：冷加工（4）：19-22.

刘一昕，2018. 浅谈新能源汽车和传统汽车的总装工艺比较 [J]. 时代汽车（7）：112-113.

刘永刚，秦大同，叶明，2008. ISG型中度混合动力汽车动力驱动系统设计及性能仿真 [J]. 中国公路学报，21（5）：121-126.

骆冬智，孙智富，2019. 铝合金增材制造技术在军工领域的研究进展 [J]. 兵器装备工程学报，40（8）：212-218.

申海亮，2020. 涂装废水深度处理工艺在工程中的应用 [J]. 山西化工，40（1）：142-144.

沈勇，杨辉，任健康，等，2019. 两级可变排量机油泵在发动机上的应用研究 [J]. 汽车与新动力，2（3）：70-73.

汪道彰，2010. 汽车涂料的进展与挑战［J］. 上海涂料（3）：19-23.

王磊，李梁，2020. 高温烟气余热回用技术在涂装车间的应用［J］. 中国设备工程（10）：181-183.

王蕾，2017. 中国建成世界上承重最大的太阳能道路！让电动汽车边跑边充电［J］. 新能源经贸观察（11）：92-93.

王庆国，张炜，王凯，等，2016. 石墨烯在汽车领域的应用展望［J］. 汽车实用技术（4）：3-7.

王锡春，宋华，宫金宝，2016a. 汽车车身中涂·面漆喷涂工艺技术：Ⅰ［J］. 中国涂料（4）：54-57.

王锡春，宋华，宫金宝，2016b. 汽车车身中涂·面漆喷涂工艺技术：Ⅱ［J］. 中国涂料（5）：26-29.

王鑫恫，杨坤，王杰，等，2020. 轮毂电机驱动太阳能电动车匹配及经济性分析［J］. 机械科学与技术，39（8）：1211-1216.

王艳芳，赵征，杨新华，2018. CMT 冷金属过渡焊接技术动态研究［J］. 焊接技术（3）：6-10.

王震，祝恒佳，陈晓宇，等，2020. 基于交叉型双气室空气互联悬架的全地形车侧倾特性研究［J］. 力学学报，52（4）：996-1006.

项盛荣，2017. 基于陶瓷压电效应的轮胎压力发电系统模型设计［J］. 电子设计工程，25（2）：97-100，104.

邢毓华，胡词烨，程绍谦，2019. 无人值守太阳能充电站设备管理系统的设计［J］. 计算机测量与控制，27（8）：188-192，197.

徐洪雷，卢继伟，2014. 涂装线烘干炉烟气余热回收应用探讨［J］. 现代涂料与涂装（11）：1-2，26.

薛松柏，王博，张亮，等，2019. 中国近十年绿色焊接技术研究进展［J］. 材料导报，33（17）：2813-2830.

颜伟，陈龙华，王锦艳，等，2017. 汽油机停缸技术发展现状与趋势分析［J］. 汽车实用技术（18）：242-244.

叶永伟，江叶峰，蒋建东，等，2008. 汽车车身涂装线节能关键技术［J］. 汽车技术（12）：52-56.

于颖敏，2020. 金属元素在氢能利用过程中的作用［J］. 化学教育：中英文，41（8）：6-12.

余卓渊，闾国年，张夕宁，等，2020. 全息高精度导航地图：概念及理论模型［J］. 地球信息科学学报，22（4）：760-771.

张春凤，韦城杰，2016. 镁合金成型技术及设备分析［J］. 机电工程技术，45（7）：70-73.

张瑞英，2014. 镁合金交流 CMT 焊接工艺研究［D］. 石家庄：河北科技大学.

张效宾，2016. 镁合金冷金属过渡（CMT）焊接技术研究现状及进展［J］. 技术与教育（2）：34-38.

赵含雪，李芳，吴艳，等，2020. 线控转向系统路感模拟与主动回正控制［J］. 电工电能新技术，39（4）：64-72.

赵冉，任庆春，高成勇，等，2020. 钢铝混合车身前处理关键技术研究［J］. 汽车工艺与材料（2）：27-30.

赵雪林，李旭，2013. 浅析绿色技术在汽车涂装行业中的应用和发展［J］. 现代涂料与涂装，16（02）：16-19，42.

周俊锋，茅卫东，王成文，等，2020. DELMIA 软件在新能源汽车总装工艺同步开发中的应用［J］. 汽车工艺与材料（4）：53-57.

朱环，2020. 大直径螺柱横焊技术研究［J］. 金属加工：热加工（4）：50-52.

CAO R，WANG T，WANG C，et al.，2014. Cold metal transfer welding-brazing of pure titanium TA2 to magnesium alloy AZ31B［J］. Journal of Alloys and Compounds，605（25）：12-20.

PICKIN C G，WILLIAMS S W，LUNT M，2011. Characterisation of the cold metal transfer (CMT) process and its application for low dilution cladding［J］. Journal of Materials Processing Technology，211（3）：496-502.

SHANG J，WANG K H，ZHOU Q，et al.，2012. Microstructure characteristics and mechanical properties of cold metal transfer welding Mg/Al dissimilar metals［J］. Materials & Design，34（11）：559-565.